Oliver Drewes

the indian secret

Das Geheimnis der Schicksals-
und Palmblattbibliotheken

Mit einem Vorwort von
Johannes von Buttlar

Erkenntnisse aus Reisen nach
Indien, Sri Lanka und Bali.

Was unser Schicksal bestimmt!

Über das Buch

Ist das Leben der Menschen vorbestimmt oder vom freien Willen gelenkt? Mit dieser Frage im Gepäck reiste der Autor zusammen mit einem befreundeten Spezialisten für Körpersprache nach Indien, Sri Lanka und Bali. Dort besuchten sie verschiedene Schicksals- und Palmblattbibliotheken, in denen individuelle Schicksale von heute auf der ganzen Welt lebenden Menschen dokumentiert sind. Diese Aufzeichnungen sind allerdings bereits vor Jahrtausenden von Sehern niedergeschrieben worden. Wie ist so etwas möglich? Zahlreiche Lesungen mit den Beschreibungen von vergangenen, gegenwärtigen und zukünftigen Lebensstationen der beiden Reisenden von mehreren verschiedenen Bibliotheken werden in diesem Buch dargestellt und kritisch analysiert, um einer Antwort auf diese und andere Fragen näherzukommen. Die Einbeziehung der modernen Physik und spiritueller Denkmodelle gibt dem Leser in gut verständlicher Sprache zahlreiche Denkanstöße zu Realität, Schicksal, freiem Willen und gestaltender Gedankenkraft. Ausführliche Details zum Reiseverlauf und praktische Tipps zur Organisation sollen ihm darüber hinaus dienlich sein, wenn er eine solche oder ähnliche Reise einmal selbst unternehmen möchte.

Über den Autor

Oliver Drewes, gelernter Kaufmann und Betriebswirt, ist Prokurist in einem mittelständischen Unternehmen und als Autor und Verleger tätig. Nach einem außergewöhnlichen Erlebnis in der Kindheit hat er schon früh Interesse an Fragen des Bewusstseins entwickelt, und er beschäftigt sich seit langem mit den Grenzbereichen von Wissenschaft und Spiritualität. An der Paracelsus Heilpraktikerschule in Aachen absolvierte er die Ausbildung zum Trainer und Seminarleiter für Entspannungstechniken. Von Doreen Büchner, bekannt aus der TV-Reihe „Wer war ich?" bei VOX, und dem international renommierten Reinkarnationstherapeuten Dr. Jan Erik Sigdell wurde Oliver Drewes in Rückführungstechniken ausgebildet. Intensiv beschäftigt er sich mit dem Gedanken der Wiedergeburt und dem Prinzip des Karmas, was auch in den Schicksals- und Palmblättern zutage tritt, die ihm auf seinen Reisen vorgelesen wurden. Mit seinem zweiten, im Jahr 2008 gegründeten Holistika Verlag möchte Oliver Drewes im Glauben an eine Bewusstseinsentwicklung, die einen anderen Umgang der Menschen untereinander und mit ihrer Umwelt anstrebt, einer breiten Öffentlichkeit ganzheitliches Denken zugänglich machen.

„Wenn es eine erste Grundregel für die Wissenschaft gibt,
so besteht diese meiner Meinung nach darin,
dass man der gesamten Wirklichkeit, allem, was existiert,
allem, was geschieht, einen Platz einräumen sollte,
um es zu beschreiben.
Vor allem anderen muss die Wissenschaft
alles einbeziehen und all-umfassend sein.
Sie muss selbst das in ihren Zuständigkeitsbereich aufnehmen,
was sie nicht verstehen oder zu erklären vermag, das, wofür
keine Theorie existiert, was man nicht messen, voraussagen,
kontrollieren oder einordnen kann.
Sie muss selbst das Widersprüchliche und Unlogische,
das Mystische, Vage, Zweideutige, Archaische,
das Unbewusste und all die anderen Aspekte unseres Lebens
akzeptieren, die schwer mitzuteilen sind.
In ihrer besten Ausprägung ist sie für alles aufgeschlossen und
schließt nichts aus; sie hat keine ‚Zulassungsbedingungen'. "

Abraham Maslow

„Es gibt keinen Platz für Dogmen in der Wissenschaft.
Der Wissenschaftler darf alles fragen,
jede Behauptung bezweifeln,
Beweise suchen und Fehler korrigieren.
Wo Wissenschaften früher zur Stützung eines Dogmas
missbraucht wurden, hat sich gezeigt, dass das Dogma
mit dem wissenschaftlichen Fortschritt nicht vereinbar war.
Und schließlich wich entweder das Dogma,
oder die Wissenschaft starb zusammen mit der Freiheit."

J. Robert Oppenheimer

1. Auflage 2011
© 2011 Holistika Verlag
Alle Rechte vorbehalten

Holistika Verlag
Oliver Drewes
Dürerstr. 23
53340 Meckenheim
www.holistika.de

Covergestaltung: Vogelsang Werbegrafik, 53127 Bonn
Layout, Satz, Fotos, Illustrationen: Oliver Drewes, 53340 Meckenheim
Lektorat: Ralf Lay, 41063 Mönchengladbach
Druck: Finidr, Tschechische Republik

ISBN 978-3-9812671-1-2

6

Inhalt

9

Vorwort

Wird das kosmische Geschehen von Geist und Logik, von dem Gesetz von Ursache und Wirkung bestimmt? Ist unser Schicksalsweg vorgezeichnet? Sind zukünftige Ereignisse wie Ortschaften auf einer Landkarte, die uns, wenn überhaupt, nur die Freiheit lassen, einen Weg dorthin zu wählen? Bei vielen Kulturen wurde der Begriff der freien Willensbestimmung nicht akzeptiert, weil ihrer Ansicht nach das Schicksal von bestimmten Verhältnissen und Mächten abhängig sei, auf die der menschliche Wille keinen Einfluss hat. Das Geschick wurde vielmehr als übernatürliche Lenkung empfunden, die den Menschen in dunkler Verkettung aller Lebensumstände oder rein zufällig heimsucht. Im Griechenland des Homer wurde beispielsweise der dem Menschen zukommende Anteil – sein persönliches Geschick – von „Moira", der Spinnerin des Schicksalsfadens, bestimmt. Konnten Moiras Absichten erkundet und damit das Schicksal beeinflusst werden?

In Frühkulturen, insbesondere aber dann in der Antike waren Priester und Wahrsager damit beschäftigt, dem Menschen unter Anwendung der abwegigsten Methoden die Zukunft zu orakeln. Oft machten sie wichtige Entscheidungen von der Lage der Organe der Opfertiere abhängig. Unter anderem deuteten sie die Zukunft aus Feuer, Rauch und Steinen, vor allem aber aus dem Stand der Gestirne und besonderen Himmelserscheinungen.

Abgesehen davon, dass die Eingeweide von Opfertieren als Hilfsmittel zur Vorschau in die Zukunft dem Computer weichen mussten, der nun Horoskope für die Kundschaft vieler Astrologen erstellt, hat sich bis heute eigentlich wenig geändert. Jedenfalls haben die Wahrsager und Hellseher gerade in unserer Zeit einschneidender Veränderungen Hochkonjunktur.

Viele Wissenschaftler, insbesondere Physiker und Mathematiker, haben natürlicherweise Schwierigkeiten, sich mit Phänomen wie der „Zukunftsschau" beziehungsweise „Prophetie" oder mit astrologisch erstellten Horoskopen auseinanderzusetzen. Die Frage der Vorsehung und die Möglichkeit der Präkognition oder des Prädeterminismus berührt ein fundamentales Prinzip des Verständnisses der Zeit. Denn wie sind Begriffe wie „Determinismus", „Kausalität" und „freier Wille" zu verstehen? Philosophen haben sich seit eh und je die Köpfe heißgeredet. In der Physik weiß man, dass die Kausalität, die augenscheinliche Entstehung künftiger Ereignisse aus früheren Ursachen, eine in unserem Leben oder im Labor zu beobachtende

Tatsache ist, aber nicht zwangsläufig auch ein Gesetz des Universums. Mit einem tieferen Verständnis quantenphysikalischer Vorgänge sind wir gezwungen, von linearen Vorstellungen Abstand zu nehmen. Sie eröffneten die verblüffende Vision alternativer Wirklichkeiten, quasi eines kosmischen Hologramms. Mehr noch: Die neuesten Erkenntnisse deuten an, dass die Natur immer wieder die Grenzen der von uns etablierten „Naturgesetze" überschreitet, dass die sogenannte Wirklichkeit aus den unterschiedlichsten Facetten besteht.

Noch einmal die Frage: „Ist unser Schicksal vorbestimmt – oder bestimmen wir unsere Zukunft selbst? Sind wir Marionetten unseres Schicksals?" Sogenannte Schicksalsbibliotheken, vor allem in Indien, ziehen in den letzten Dekaden viele Menschen an, die sich ihre Zukunft vorlesen lassen wollen. Nicht zuletzt haben mein Buch „Gottes Würfel – Schicksal oder Zufall?" und meine ZDF-Dokumentation „Es steht geschrieben – Auf den Spuren der Weltformel" den Anstoß für das lebhafte Interesse an den Palmblattbibliotheken gegeben.

Schon seit unendlichen Zeiten haben indische Weise – Seher – auf 6 Zentimeter breiten und 48 Zentimeter langen Palmblättern die Lebensläufe und Schicksale von Menschen festgehalten, die in unserer Zeit leben, selbst von Europäern, die nie zuvor in Indien gewesen sind. Von wenigen Ausnahmen abgesehen, kann jeder in einer solchen Palmblattbibliothek vorsprechen, um sich aus seinem Palmblatt den Verlauf des eigenen Schicksals vorlesen zu lassen. Natürlich sind auf den Blättern nicht die Lebensläufe aller Erdenbewohner festgehalten, sondern nur die von jenen Menschen, die eines Tages auch tatsächlich in einer solchen Palmblattbibliothek erscheinen.

Oliver Drewes' Verdienst ist es, einen persönlichen Erlebnisbericht über verschiedene Palmblattbibliotheken aus seiner subjektiven Sicht zu veröffentlichen. Es ist eine Abenteuerreise in das Mysterium einer möglichen Vorbestimmung. Ich wünsche seinem Werk viel Erfolg.

Johannes Freiherr von Buttlar
im Oktober 2011

Einführung

„Palmblattbibliotheken" existieren seit Tausenden von Jahren. Bei diesen überwiegend in Indien beheimateten Sammlungen handelt es sich um meist auf langen, schmalen Palmblättern eingeritzte Texte unterschiedlicher Thematiken. Die phänomenalsten darunter, die deswegen auch das Thema dieses Buches sind, enthalten persönliche Schicksalsbeschreibungen von Menschen aus aller Welt. Daher werden die Sammlungen auch als „Schicksalsbibliotheken" bezeichnet. Für Sammlungen wie in Hoshiarpur allerdings, das im äußersten Norden Indiens liegt, wäre die Bezeichnung „Palmblattbibliothek" eigentlich unzutreffend, sind die dortigen Aufzeichnungen doch auf quadratischem Papier und gar nicht auf Palmblättern ausgeführt wurden.

Einige der heutigen Bibliotheken gehen auf gleiche Urbibliotheken zurück. Der Bestand dort gesammelter Aufzeichnungen wurde in manchen Fällen innerhalb der Familie der Palmblattleser geteilt. Oder es führten Abschriften zu Verdopplungen. In anderen Fällen wurden zumeist von englischen Besatzern beschlagnahmte Palmblattsammlungen in Teilen an andere Familien verkauft. In einigen Orten greifen heute mehrere Mitglieder als Leser auf dieselbe Sammlung der Familie zurück.

Palmblattmuseum Gedong Kirtya in Singaraja auf Bali.

12

Der Ursprung der Aufzeichnungen auf den Schicksals- und Palmblättern soll auf sieben indischen Weise zurückgehen, sogenannte Rishis. Sie hießen Agastya, Brighu, Kakabujandra, Kapila, Shuka, Ravana und Vashista. Dank ihrer Fähigkeiten, die für uns kaum vorstellbar, ja geradezu übermenschlich sind, überwanden sie jegliche Zeitschranken und erlangten Einsichten in unglaublich zahlreiche zukünftige Schicksale.

Man sagt, in Schicksals- und Palmblattbibliotheken sei (nur) das Schicksal derjenigen Menschen aufgezeichnet, die sich auf den Weg zu ihnen machen. Dies wirft unweigerlich die Frage auf, ob das Leben somit vorgezeichnet, ja vorbestimmt ist. Sollten die Vorhersagen der Schicksals- und Palmblätter unveränderlich sein, wie viel bleibt uns dann noch vom freien Willen? Oder setzen wir im Gegenteil nur sich selbst erfüllende Prophezeiungen um und werden auf diese Weise unfreiwillig zu Erfüllungsgehilfen eines raffinierten Täuschungsmanövers? Stehen wirklich alle Aussagen genau so niedergeschrieben da, wie sie uns vorgelesen werden? Oder ist vielmehr das obligatorische persönliche Erscheinen vor dem Leser der Bibliothek bereits ausreichend für das „Cold Reading", das Gesichtslesen und die Interpretation der Körpersprache des Besuchers? Lässt sich aus dem von manchen Bibliotheken verlangten Daumenabdruck wie aus der Hand lesen? Ist die Angabe von Geburtsort, -datum und eigenem Namen Basis für astrologische und numerologische Auswertungen? Werden zusätzliche Informationen gezielt im mündlichen Dialog entlockt und wird das Ganze später dann so wiedergegeben, als sei es von den Blättern vorgelesen?

Fasziniert von derartigen Fragen, machte ich mich zusammen mit einem befreundeten Körpersprachetrainer auf die Suche nach Antworten auf die Frage, ob und wodurch unser Leben vorbestimmt ist und ob und wie viel Raum es noch für den freien Willen gibt. In Indien besuchten wir dazu zunächst drei von geschätzten mehr als hundert Schicksals- und Palmblattbibliotheken. Ein Jahr nach dem Indienaufenthalt reisten wir zusammen zu zwei darüber hinaus bekannten Sammlungen nach Colombo, der Hauptstadt Sri Lankas, sowie Gianyar auf Bali.

Das Buch beschreibt die Erlebnisse auf diesen Exkursionen. Sie sind bewusst im Form eines Reisetagebuchs verfasst, um die Erfahrungen in den Ländern nachvollziehbarer vermitteln zu können. Skizzen zeigen den Reiseverlauf und werden ergänzt durch Adressen der besuchten Bibliotheken, Hotels und Reiseagenturen, die wir genutzt haben. Fotos geben Ihnen Eindrücke der Länder und ihrer faszinierenden Schicksals- und Palmblattsammlungen. Empfohlene Internetlinks führen zu weiteren Fotos der Reise und Bibliotheken, Ratschlägen und Tipps.

Sie begleiten mich in diesem Buch nicht nur auf dem Weg durch Indien, Sri Lanka und Bali, ich nehme Sie auch mit auf gedankliche Ausflüge. Die Dialoge mit meinem Reisegefährten beschäftigen sich mit der Frage, wie das Phänomen individueller Schicksalsdarstellungen auf Palmblättern verstanden werden kann. Welche Informationsquellen könnten für die Vorhersagen zur Verfügung gestanden haben? Welche Erkenntnisse können wir daraus für unser Leben und seine Entwicklung ziehen? Dabei setzen wir uns für den aufgeschlossenen Leser auch mit Modellen der theoretischen Physik und mit spirituellem Gedankengut auseinander. Es ist verblüffend festzustellen, wie exakt manche Auffassungen, die vielfach abfällig der spirituellen, religiösen, esoterischen, anders- oder abergläubischen „Ecke" zugeordnet werden, in Wahrheit teilweise dem Bild der modernen Wissenschaft und den neuesten Forschungsergebnissen entsprechen.

Nicht jeder Leser wird das gleiche Interesse an derlei Ausführungen haben. Daher beschränken sich die meisten Aussagen und Dialoge in diesem Buch auf das Wesentliche. In den Anmerkungen finden Interessierte grundlegende oder weiterführende Informationen, zum Beispiel die Erklärung des Doppelspaltexperiments der Quantenphysik, Grundsätzliches zur indischen Mythologie oder die Beschreibung bestimmter Glaubenssysteme.

Zeremonie mit Segnung, Reinigung, Gesundheits- und Glücksprechung auf Bali.

14

Einige Theorien und Gedankenmodelle, die in diesem Buch vorgestellt werden, scheinen sich im Widerspruch zu befinden oder sich sogar auszuschließen. Das ist aber keineswegs ein Mangel, sondern Zeugnis für die Komplexität eines Themas, das sich naturgemäß einer eindeutigen Kategorisierung entzieht. Absicht auf den folgenden Seiten ist es nicht, ein stimmig in sich geschlossenes Weltbild nach dem Faustregelprinzip zu liefern. Auch soll keine subjektive Sicht, basierend auf voreiligen Schlüssen, als allgemein gültig dargestellt werden. Vielmehr will ich ein Gespür für die Lücken, die Realität hinter dem Offensichtlichen wecken. Die dem etablierten Weltbild widersprechenden Ansichten beruhen dabei auf aktuellen Forschungen nach wissenschaftlichen Standards und Interpretationen anerkannter Naturwissenschaftler oder renommierter Bewusstseinsforscher.

Diese Annährung von Themen der Physik, der Philosophie und der Psychologie, wie wir sie in unserer heutigen, spannenden Zeit erleben dürfen, ist eine große Chance für eine Revision unseres teilweise (selbst) beschränkenden Weltbilds. Ich würde mich sehr freuen, wenn auch die hier beschriebenen Besuche der Schicksals- und Palmblattbibliotheken einen Betrag dazu leisten könnten.

Aber lassen Sie uns jetzt einfach aufbrechen!

Oliver Drewes
im August 2011

15

I. Die Schicksals- und Palmblattbibliotheken in Indien

1. Die Reise nach Hoshiarpur

Der Flug nach München

Erster Tag, 2. November. Ich sitze in der Wartehalle des Köln-Bonner Flughafens. Eine Reise nach Indien steht mir bevor. Indien, ein Land voller Gegensätze. Eine der frühzeitlich höchstentwickelten Kulturen, die man heute wirtschaftlich als Schwellenland klassifiziert. Ein Staat mit zweistelligem Wirtschaftswachstum und dennoch über einem Drittel der Bevölkerung unterhalb der Armutsgrenze. Eine Nation mit etwa einem Drittel Analphabeten gegenüber wenigen, aber hochgebildeten Naturwissenschaftlern und Softwareexperten. Ein Land neunmal so groß wie Deutschland mit zwölfmal so vielen Einwohnern, mit einer Vielzahl von Religionen und Sprachen.

Von Palmblattbibliotheken las ich wohl schon als Teenager [1] in einem der Bücher Johannes von Buttlars, der vermutlich als einer der Ersten überhaupt von diesem Phänomen berichtete. Seit der Zeit hatte ich mich immer wieder gefragt: Könnte auch ich einer derjenigen sein, die sich selbst eines Tages auf die Reise dorthin begeben, um etwas über ihr persönliches Schicksal zu erfahren?

> „Soweit ich das beurteilen kann, wurde nichts unterlassen – weder vom Menschen noch von der Natur –, um Indien zum außergewöhnlichsten Land unter der Sonne zu machen. Nichts scheint vergessen und nichts übersehen worden zu sein."
>
> *Mark Twain*

Bei Johannes von Buttlar besuchte ich im September 2007 ein Seminar, lauschte theoretischer Physik am Tage und seinen Geschichten aus der Studienzeit sowie seinen Reisen beim Abendessen. Am Ende des Seminars zeigte er Ausschnitte aus dem Film „Es steht geschrieben. Auf den Spuren einer Weltformel", den er 1993 im Auftrag des ZDF zusammen mit Wulfing von Rohr gedreht hatte. Im Film geht es um ein heute noch immer aktuelles Problem der theoretischen Physik. Sowohl die Relativitätstheorie als auch die Theorie der Quantenphysik [2] scheinen Gültigkeit zu haben. Allerdings schließen sie sich in gewisser Weise aus [3], und gesucht wird eine Weltformel [4], die beide Theorien in sich gültig vereinen kann. Quanten können sich, vereinfacht ausgedrückt, entweder wie Teilchen oder wie Wellen verhalten. Dies ist abhängig davon – und nun kommt das Faszinierende daran –, ob ein beobachtendes Bewusstsein beteiligt ist.

Eine Parallele dazu wird im Film in den indischen Schicksals- und Palmblattbibliotheken gesehen, und ein Besuch in der Palmblattbibliothek von Bangalore gezeigt. Es soll hier entweder ein individuelles, unverwechselbares Palmblatt vorhanden sein oder nicht, abhängig davon, ob eine Person die Bibliothek besucht. Um Missverständnissen vorzubeugen, sei erwähnt, dass dies keine Benachteiligung von Menschen darstellt, die sich das finanziell nicht leisten oder aus welchen Gründen auch immer das Land nicht besuchen können. Es soll vielmehr bei Niederschrift der Palmblätter bereits bekannt gewesen sein, wer in der Zukunft nach seinem Palmblatt fragt.

Jedenfalls entstand nach diesem Ausschnitt des Films bei mir die Idee, das Phänomen der Schicksals- oder Palmblattbibliotheken in Indien persönlich zu untersuchen. Nachdem ich den ganzen Film gesehen hatte, den mir Johannes' Sohn Timur freundlicherweise als Kopie mitgegeben hatte, stand mein Entschluss fest. Gut zwei Monate später erzählte ich beim Abendessen des Fortsetzungsseminars von meinem Vorhaben.

Ein Schweizer Pfeifenraucher, der mir beim ersten Teil als sympathischer Seminarteilnehmer aufgefallen war und mit dem ich in diesem Teil ein wenig mehr über

Tipp: Fotos der Reise durch Indien finden Sie im Internet unter: www.schicksalsbibliotheken.de.

Gott und die Welt geplauscht hatte, fragte mich spontan, ob er sich der Reise anschließen dürfe. Seitdem haben Christian und ich in großer Vorfreude unser Vorhaben regelmäßig telefonisch besprochen und sehen uns nach gut einem Jahr in wenigen Stunden wieder.

Unseren Reiseverlauf hatte ich in Deutschland nur grob ausgearbeitet. Für die Schicksalslesungen habe ich die Schicksalsbibliothek in Hoshiarpur und die Palmblattbibliothek in Bangalore ausgewählt, weil sie im besagten

Film gezeigt wurden. Die Palmblattbibliothek in Kanchipuram, weil die Bibliothek als eine der größten und die Tempel im Ort als sehr sehenswert beschrieben wurden. Die Route finden Sie auf Seite 177 skizziert.

Geplant ist, dass wir nach Ankunft in Delhi noch am selben Tag nach Chandigarh fliegen, dem an Hoshiarpur nächstgelegen Flughafen. Von dort am nächsten Tag mit Bus oder Bahn vor Ort organisiert nach Hoshiarpur (Abb. 19). Dort besuchen wir die erste Bibliothek (Abb. 5–9) des Doktor Mohan (Abb. 7). Von da geht's spätestens am dritten Tag wieder zurück nach Chandigarh, um am nächsten Tag zurück nach Delhi fliegen zu können. Von hier ist lediglich der Weiterflug vier Tage später nach Bangalore (Abb. 21, 24) geplant, mit der Absicht, zwischenzeitlich das Taj Mahal (Abb. 22) in Agra besuchen zu können. Von Bangalore aus wollen wir am folgenden Tag nach Kanchipuram (Abb. 20, 23) gelangen, für das ich maximal vier Tage zur Besichtigung der Tempelstadt nach der zweiten Lesung in der Palmblattbibliothek (Abb. 10–14) von Mr Balasubraminam (Abb. 14) eingeplant habe. (Retrospektiv empfehle ich, besser von Delhi nach Chennai, früher Madras, zu fliegen. Dies liegt näher an Kanchipuram. Später können Sie dann von Chennai direkt nach Bangalore fliegen.) Nach unserem Aufenthalt in Kanchipuram soll es zurück nach Bangalore gehen, um am nächsten Tag die dritte Lesung in der Palmblattbibliothek (Abb. 15–18) bei Mr Murthy (Abb. 16) zu erhalten. Vor dem Rückflug nach Deutschland bleiben dann noch vier Tage zum Erholen oder Erkunden übrig.

„Die wirkliche Entdeckungsreise besteht nicht darin, nach neuen Ländern zu suchen, sondern darin, mit neuen Augen zu sehen."

Marcel Proust

Langsam füllt sich die Wartehalle. Es sind auch Passagiere mit traditioneller indischer Bekleidung dabei, sehr farbenfroh. Ich bin gespannt auf die Menschen, die Farben, die Gerüche, die Eindrücke. Die Zeit bis zum Boarding vergeht schnell. Zunächst geht der Flug nach München, wohin Christian aus Zürich kommt, da wir gemeinsam in Delhi ankommen wollen. Das Flugzeug ist nicht allzu groß, und ich beobachte von meinem Sitzplatz in der rechten Reihe am Gang aus die eintreffenden Passagiere und die sich

18

vor mir ausnahmslos füllenden Plätze. Auf der linken Seite, einige Reihen vor mir, fragt ein älterer Mann eine Inderin beim Platznehmen auf dem mittleren Sitz, ob er nicht den Platz ihrer Tochter am Gang bekommen könne. Er regt sich dann unverhältnismäßig auf, weil die Tochter nicht tauschen möchte. Keine zwei Minuten später kommt ein Steward an den anderen Sitzen vorbei auf mich zu: „Sir, wir haben im hinteren Teil der Maschine noch freie Plätze. Wenn Sie mehr Platz möchten, können Sie sich noch vor dem Start gern umsetzen." Ich nehme das Angebot dankend an und freue mich insgeheim, dass es mir, nicht aber dem Mann gemacht wurde, der sich so echauffiert hatte. Ob das Universum einen Sinn für Humor hat?

Ist der Wille frei? – Gespräch mit einer Mitreisenden

Im hinteren Teil der Maschine angekommen, wähle ich wieder einen Gangplatz. Der mittlere Sitz bleibt frei. Am Fenster sitzt eine Frau, einige Jahre älter als ich, der Kleidung nach zu urteilen, geschäftlich unterwegs, die zur Begrüßung nickt und sich dann wieder ihrer Lektüre widmet. Dass ich meinen umfangreichen Indienreiseführer beim Überstreifen eines Pullovers auf den mittleren Sitz lege, weckt ihr Interesse.

„Nach Indien?", fragt sie. „Was zieht einen denn dahin?"

„Palmblattbibliotheken", antworte ich ehrlich. – „Bitte was?"

„Auch Schicksals- oder Zukunftsbibliotheken genannt" erkläre ich. Die Frau legt ihre Lektüre weg. „Können Sie sich vorstellen, dass dort über Sie persönlich und unverwechselbar der Verlauf Ihres Lebens bereits dokumentiert ist?", frage ich. „Und dass dies seit Hunderten von Jahren auf Palmblättern niedergeschrieben steht, die einer wissenschaftlichen Altersbestimmung standhalten? Und wenn dem so ist, stößt man dann nicht auf die Frage nach der Vereinbarkeit von Schicksal und freiem Willen?", erkläre ich ein wenig zur Motivation zu meiner Reise.

„Ich glaube weder an den freien Willen noch an die Vorbestimmung", entgegnet sie. Ein geistiger Sparringspartner, die schickt der Himmel, denke ich. Mein erster Tagesbericht erfährt seine Bereicherung.

„Interessant", erwidere ich, „die meisten Menschen glauben an den freien Willen, nicht aber an die Vorbestimmung. Andere an die Vorbestimmung mit Einschränkung des freien Willens. Sie glauben so ziemlich an das Gegenteil von *dem, was ich glaube, nämlich an freien Willen und an Vorbestimmung. Nur über die Gewichtung bin ich mir noch nicht ganz klar."*

"Ich denke, wir leben in einem chaotischen System. Nichts ist vorherbestimmt, und der freie Wille ist eine Illusion, der wir unterliegen", entgegnet sie.

"Chaotisch ist für mich regellos", greife ich ihr Stichwort auf. *"Unsere Welt wird durch Gesetzmäßigkeiten bestimmt. Nicht menschliche Gesetze, deren wir umso mehr bedürfen, je niedriger unser Bewusstsein entwickelt ist. Physikalische Gesetze, auch wenn unser Irrtum von gestern, für richtig gehalten, das Wissen von heute ist. Und universelle Gesetze wie das der Polarität."*

"Das sagt mir jetzt nichts", gesteht sie ein.

"Polaritäten sind Gegensätze, es gibt immer einen Pol und einen Gegenpol. Polarität ist Zweiheit als Gleichgewicht, denn Gegensätze bilden eine Gesamtheit. Somit setzt Polarität Einheit voraus [5]. Tag und Nacht, Hell und Dunkel", beginne ich.

"Licht und Schatten, Gute und Böse, Richtig und Falsch?", führt sie das Gespräch fragend weiter.

"Na ja, hier kommen wir auf das Problem des sogenannten monopolaren Denkens. Wenn es kein Licht ohne Schatten gibt, kann es dann Gut ohne Böse geben? Gibt es ein Richtig ohne Falsch? Wer sagt, was richtig ist? Bei uns ist Alkoholkonsum legitim, in muslimischen Ländern nicht. Bei uns gilt Pressefreiheit, in anderen Ländern nicht. Je nachdem, unter wessen Betrachtung oder, sagen wir, Beurteilung ich dasselbe tue, ist es einmal richtig und einmal falsch. Abhängig von dieser Art der Betrachtung gibt es kein Gut ohne Böse! Es gibt Gegenpole, es gibt Bewegung dazwischen. Bewegung ist Veränderung. Veränderung ist die Chance zur Entwicklung. Bewegung muss nicht kreisförmig verlaufen, sie kann in eine Spirale führen.

"Die menschliche Freiheit besteht lediglich darin, dass sich die Menschen ihres Wollens bewusst und der Ursachen, von denen sie bestimmt werden, unbewusst sind."

Baruch Spinoza

Die Richtung bestimmen wir. Und da kommen wir wieder auf den freien Willen", führe ich das Thema zurück und hake nach: *"Wenn Sie, wie eben gesagt, nicht an eine Vorherbestimmung glauben, sondern an ein chaotisches*

System, wieso halten Sie den freien Willen dennoch für eine Illusion? Bedarf es nicht gerade in einem chaotischen System eines freien Willens?"

„Wissen Sie, ich verdiene mein Geld in der Werbebranche. Durch Arbeit von uns Werbern werden Bedürfnisse erzeugt oder, sagen wir besser, geweckt, denn auf etwas Vorhandenes müssen diese ja treffen. Fragen Sie sich einfach mal selbst, bei welchen Einkäufen Sie wirklich ein freier Wille leitet und bei welchen Sie einer wie auch immer gearteten Beeinflussung unterliegen.

Bei Mode wird zum Beispiel ein Grundbedürfnis wie Abgrenzung aufgegriffen. Mit bestimmter Kleidung gehört man zu einer bestimmten, wenn auch kleinen Gruppe. Praktische Beispiele sind die Flower-Power-Generation der 60er und 70er, die Popper oder Waver der 80er oder die Gothic-Szene von heute."

„Kann ich nachvollziehen", unterbreche ich, „das gab es schon, wenn man an das schottische Hochland denkt, wo jeder Clan sein unverkennbares Webmuster hatte. Zur Abgrenzung würde ich vielleicht noch die Zugehörigkeit ergänzen. Wo wir ja schon über Polarität gesprochen hatten."

„Einigen wir uns darauf, zu sagen, dass man zeigen will, zu wem man gehört und wem man sich verbunden fühlt. Nein, eigentlich gefällt mir Abgrenzung doch besser als Zusammengehörigkeit. Deshalb brauchen wir nämlich Marken. Segler oder Menschen mit Affinität und Sympathie zum Thema Segeln tragen bevorzugt Kleidungsstücke wie Helly Hansen oder Paul Shark. Auch Golfer und Tennisspieler tragen ihre Marken. Und gerade hier ist der hohe Preis der Marke eine gern akzeptierte Abgrenzungsgrenze. Das kann sich nicht jeder leisten. Man bleibt unter sich."

„Nun verstehe ich, warum Sie nicht an den absolut freien Willen glauben", stimme ich zu.

„Und um Sie zu verstehen: Mit diesen Fragen beschäftigen Sie sich, weil auf einem Palmblatt in Indien Ihr Schicksal geschrieben stehen soll?"

„Ja. Daneben werden aber noch weitere Fragen aufgeworfen. Woher stammen die Informationen des Palmblattes? Was bedeuten sie für uns? Wie gehen wir mit den Informationen einer Palmblattlesung um? Welche Gestaltungsmöglichkeiten ergeben sich für unser Leben?"

Durch die angeregte Unterhaltung ist die Zeit schnell vergangen, und die erste Zwischenlandung steht bevor.

Weiterflug nach Delhi und Ankunft in Chandigarh

Gelandet in München, bleibt am Terminal für die Begrüßung Christians, der aus Zürich kommt, wenig Zeit. Unser gemeinsames Boarding für den Flug nach Indien hat schon begonnen. Der Flug mit der Lufthansa nach Delhi dauert etwa acht Stunden, die schnell vergehen, weil wir uns viel zu erzählen haben. Zum Schlafen kommen wir kaum.

In Delhi angekommen, sehen wir noch viele andere Europäer. Wir sind auch nicht die einzigen zu bestaunenden Exoten, wie das im Norden von Indien der Fall sein wird. Nur wir werden mit dem Shuttlebus zu einem anderen Terminal gefahren. Nachdem wir Geld umgetauscht und eine Kleinigkeit gegessen haben, findet Christian im Gebäude des Flughafens eine Tür nach draußen, sodass er sich hin und wieder eine Pfeife anzünden kann. Ungefähr sechs Stunden müssen wir uns bis zum Weiterflug gedulden.

Zwischendurch möchte mir etwas zu trinken kaufen. An einem Kiosk entscheide ich mich zunächst für eine Dose Cola, die 55 Rupien kostet, reiche 100 Rupien und stoße zum ersten Mal auf das angebliche Problem, dass mir in Ermangelung von Kleingeld kein Rückgeld gegeben werden könne. Das Problem wäre für mich eher nachvollziehbar, wenn ich mit viel größeren Rupienscheinen bezahlen wollte. Ähnlich scheint es auch ein hinter mir wartender Inder zu sehen, der sich unaufgefordert einmischt und, wenn auch für mich nicht verständlich, den Verkäufer zurechtzuweisen scheint. Kurzerhand entscheide ich mich um und nehme stattdessen zwei Flaschen Wasser für jeweils 45 Rupien. Auf die restlichen 10 Rupien, umgerechnet gerade einmal 6 Cent, verzichte ich. Der Verkäufer, der nun sein Gesicht nicht verloren hat, und der andere Kunde, der sich jetzt nicht mehr an der Übervorteilung stößt, nicken mir zur Verabschiedung beide zu.

Bei knapp unter 20 °C besteigen Christian und ich später das Flugzeug nach Chandigarh. Dort angekommen, verlassen wir den Flieger bei schwülen 29 °C. Eigentlich hatte ich erwartet, dass es Anfang November hoch im Norden und etwa 200 Kilometer Luftlinie von Pakistan entfernt, kühler wäre. Chandigarh liegt, wie auch Hoshiarpur, im Bundesstaat Punjab, was „Land der fünf Wasser" bedeutet. Nach Abspaltung des hindisprachigen Teils Haryana fließen jedoch nur noch die beiden Flüsse Sulej und Beas durch Punjab. Der punjabisprachige Bundesstaat beherbergt etwa 25 Millionen Einwohner und ist dank seiner wasserreichen Ebenen als „Kornkammer Indiens" bekannt.

Für die etwa 12 Kilometer bis zum Hotel Aroma, das vom Reiseführer *Lonely Planet* und vom *Baedeker* als gediegenes Mittelklassehotel beschrieben wird, nehmen wir uns ein Taxi vom Flughafen. Leider werden wir bei Ankunft mit der Aussage enttäuscht, dass keine Zimmer mehr frei wären, es sei denn, wir würden vier Tage bleiben. Eine seltsame Logik. Da wir bereits für den nächsten Tag die Abreise nach Hoshiarpur geplant haben, ist uns dies unmöglich. Unsere Frage an das gleichgültige Rezeptionspersonal, dass sie doch bestimmt in ihrer großen Freundlichkeit für uns ein alternatives Hotel anrufen würden, können sie natürlich nicht verneinen. Wir bekommen die Adresse des Hotels Piccadily und die Empfehlung, an der Straße eine der Fahrradrikschas zu nehmen, wie sie für Indien typisch sind.

Der zuerst angesprochene Fahrer weiß nicht, wo das Hotel sein soll, und fährt weiter. Sofort eilen hilfsbereite Passanten vorbei, von denen einer englisch spricht und einem zweiten herbeigewinkten Rikschafahrer den Weg erklärt. Mir macht der fast zahnlose, dürre Mann nicht den Eindruck, dass er die Wegbeschreibung wirklich verstanden hätte, aber unser freundlicher Übersetzer beteuert dies immer wieder durch wiegendes Kopfschütteln. Eine Geste, die in Indien für uns Europäer erst gewöhnungsbedürftig ist, da wir sie anfangs als ein „Ich weiß nicht so recht" falsch interpretieren.

Fahrradrikschas sind weitverbreitete Verkehrsmittel in Indien.

Christian und ich, unsere beiden über 20 Kilo schweren großen Rücksäcke sowie zwei kleine Tagesrucksäcke, die wir als Handgepäck im Flugzeug hatten, werden von dem schmächtigen, aber zäh wirkenden Mann auf seiner Rikscha gefahren. Ich erinnerte mich daran, einmal gelesen zu haben, dass Inder früher nicht nur deshalb nach Südafrika geholt wurden, weil sie sich mit dem Zuckerrohr auskannten, sondern auch, weil sie genug Ausdauer für die körperlich harte Arbeit in der extremen Hitze aufwiesen.

Das Hotel findet der bedauernswerte Fahrer doch nicht auf Anhieb. Wir werden wieder an bereits passierten Häuserzeilen, vor denen sich viel Müll an den Straßenrändern sammelt, zurückgefahren. Am Ende des Blocks angelangt, wo sich die Hotels befinden, fragen wir noch einmal und fahren wieder ein ganzes Stück zurück in die ursprüngliche Richtung, bis der Fahrer endlich vor dem Hotel hält, das sich inzwischen in „Hotel Mark" umbenannt hat, auch wenn der alte Name „Piccadily" noch angeschlagen über dem Eingang steht. Unser Fahrer bedankt sich nach Bezahlung freundlich durch langes Schütteln unserer Hände.

Das Hotel Mark macht einen sauberen Eindruck. Im Reiseführer wurde extra erwähnt, dass ein Föhn im Bad zu finden ist, was sich schon als Besonderheit für indische Mittelklassehotels herausstellen sollte. Alternativ zu zwei Einzelzimmern bekommen wir ein Doppelzimmer angeboten, dessen geteilter Preis gerade einmal 5 Euro Ersparnis für jeden bedeuten würde. Die Differenz erachten wir nicht als wert, ein Doppelbett, die Toilette und Dusche teilen zu müssen. Ein Entschluss, der für die gesamte Reise gilt und den man selbst oder auch der andere im nicht auszuschließenden Fall von Reisedurchfall durchaus schätzen wird.

Die Bettmatratze ist zu meiner Freude hart. Ein besonderes Erlebnis ist das erste Duschen in Indien. Ich nutze einen vermeintlich dafür bereitgestellten Eimer mit eingehängtem Litermaß zum schwallweisen Übergießen mit warmem Wasser. Ich dachte, er stünde da, weil die normale Dusche nicht funktionieren würde. Dabei hatte ich lediglich nicht herausgefunden, wo man vom Wasserkran auf die Brause umstellt.

Von der Rezeption aus versuche ich, Dr. Mohan zu erreichen, den Leser der Schicksalsbibliothek in Hoshiarpur. Erst das Hotelpersonal macht mich darauf aufmerksam, dass ja heute Sonntag ist. Man verliert auf so einer Reise schnell das Zeitgefühl.

Ist der Wille frei? – Antworten großer Philosophen

Abends erkunden wir den Häuserblock des Hotels sowie die nächsten Blöcke, die sich immer neben den mehrspurigen Hauptstraßen in die Länge ziehen. Ich erzähle von meinem Gespräch mit der Werbefrau während des ersten Fluges. *„Ja, der freie Wille. Wie frei kann er sein, geprägt durch Erziehung, soziales Umfeld, gesellschaftliche Normen und kulturelle Bewertungsmaßstäbe? Eingeschränkt durch Einflüsse, Wünsche und den Willen anderer, wenn dies qualitativ oder quantitativ stärker ist. Sicher das meistdiskutierte Problem seit der antiken Philosophie und in den großen Weltreligionen"*, merkt Christian an. *„Und ich kann dir dazu für einen guten Überblick übrigens ein Buch aus Reclams Universalbibliothek mit den Antworten der großen Philosophen sehr ans Herz legen. Es ist erst letztes Jahr erschienen, und ich habe es kürzlich gelesen."*

„Danke für den Buchtipp. Dann erzähl du mir doch etwas über die philosophischen Ansichten. Ich habe mich gerade mit Büchern naturwissenschaftlicher Betrachtung beschäftigt.".

„Nun, seit jeher geht es ja vor allem um die Frage, ob der Mensch frei handeln kann, und um die Vereinbarkeit von Willensfreiheit und Vorbestimmung, Determinismus" beginnt Christian. *„Es gibt die Vertreter der Theorie der Inkompatibilität; das heißt, Willensfreiheit und Determinismus seien nicht miteinander kompatibel, vereinbar. Und es gibt die Vertreter der Theorie der Kompatibilität; das heißt, Willensfreiheit und Determinismus seien miteinander vereinbar. Vertreter des Inkompatibilitätsmodells unterscheiden sich in solche, die die Willensfreiheit vertreten, und solche, die den Determinismus vertreten. Erstere gehen von unbedingter Freiheit aus, der Mensch entscheidet frei, wenn er unter identischen Bedingungen alternative Entscheidungsmöglichkeiten gehabt hätte. Letztere behaupten, dass es Willensfreiheit gar nicht gäbe, und halten an einem deterministischen Weltbild fest. Vertreter des Kompatibilitätsmodells reduzieren Willens-*

> **„Willensfreiheit verschwindet, wenn Personen glauben, dass sie keine Willensfreiheit haben, und sie nimmt zu, wenn Personen glauben, dass sie Willensfreiheit haben."**
>
> *Bettina Walde*

freiheit als bedingte Freiheit. Alternative Entscheidungsmöglichkeiten werden ausgeschlossen. Eine Person hätte gar nicht anders entscheiden können, weil eigene Überzeugungen, Wünsche, Ziele und Motivation durch psychologische und soziologische Prozesse von Fremdbestimmtheit beeinflusst sind."

„Dass die Frage der menschlichen Willensfreiheit große Bedeutung hat, ist nachvollziehbar. Ohne freien Willen wäre der Mensch fremdbestimmt, und er könnte eine Sonderstellung unter den irdischen Lebewesen nicht länger beanspruchen. Was hätte sein Leben überhaupt für einen Sinn? Abgesehen davon, dass unser System der Rechtsprechung und Bestrafung zu hinterfragen wäre. Denn nur für das, was man verantwortet, sollte man zur Rechenschaft gezogen werden können. Aber was ist überhaupt Freiheit? Nehmen wir das Beispiel, ob man Schuluniformen einführen sollte. Für den einen wäre es Abschaffung der Wahlfreiheit der Bekleidung, also Freiheitsbeschränkung. Für den anderen, da aus der Kleidung, insbesondere teuren Marken, soziale Ungleichheiten ersichtlich werden, Abschaffung von Diskriminierungs-, aber Zulassen von Entfaltungsmöglichkeiten, also Freiheitsgewinn" erwidere ich.

„Freiheit zu definieren ist nicht leicht. Schon Aristoteles hat die Frage über 300 Jahre vor Christus beschäftigt [6]. *Er unterschied zum Beispiel in die Freiheit des Wollens (also die Frage ‚Kann der Wille frei gebildet werden?') und die Freiheit des Handelns (die Frage ‚Ist das Handeln im Einklang mit dem eigenen Willen?'). Aristoteles hat als einer der Ersten die Fragen aufgegriffen, ob die Zukunft offen ist, wie weit wir Verursacher unserer Handlungen sind und inwieweit wir dann Verantwortung tragen müssen. Der römische Philosoph Seneca, mit dem ich mich am meisten beschäftigt habe und den ich gern zitiere, vertritt die stoische Philosophie* [7].

Die Stoa bietet eine ganzheitliche Betrachtung der Welt mit lückenlosem Kausalzusammenhang aller Dinge und Ereignisse [8]. *Zufall bedeutet demnach beispielsweise nichts anderes, als dass eine Ursache für ein Ereignis der menschlichen Einsicht noch verborgen ist. Eine Gesetzmäßigkeit, die bisher noch nicht erkannt wurde. Was aber die Willensfrage angeht,*

„Den Wollenden führt, den Nichtwollenden zieht das Schicksal."

Lucius Annaeus Seneca

wird die Stoa dem Kompatibilismus zugeordnet. Vertreter [9] *der Stoa haben sich entschieden dagegen gewehrt, den Menschen als fremdbestimmten, einer Frei-*

heitsillusion unterlegenes Bindeglied in der Kette kausaler Ereignisse zu sehen. "

„Neben großen Philosophen, sagtest du, dass das Reclam-Büchlein auch die Ansicht der großen Weltreligionen darstellt. Die Position des Buddhismus ist mir klar. Der freie Wille ist Unabdingbarkeit, da aus heilsamen oder unheilsamen Willenshandlungen erst Karma resultiert, mit dem wir später wieder konfrontiert werden. Was aber sagt denn zum Beispiel der Islam zur Willensfreiheit?"

„Die Aussagen im Koran sind durchaus widersprüchlich [10]", antwortet Christian. „Es gibt zwar überlieferte Ansichten, nach denen der Mensch frei wählen könnte [11] und Gottes Wille keinen Einfluss auf sein Handeln hätte [12]. Wenn der Mensch aber Belohnung und Strafe Gottes unterworfen bliebe [13], bleibt wohl gar nicht so viel Freiheit übrig. "

„Es reicht nicht, sich zwischen Belohnung und Bestrafung entscheiden zu müssen. Man ist in beiden Fällen nicht frei von der Beurteilung Gottes", stimme ich zu und frage: „Kann ein Mensch im Glauben an höhere Mächte überhaupt noch willensfrei sein? Gibt der Mensch Verantwortung für ein Ereignis ab, sagen wir ruhig einen Unfall oder eine Krankheit, und schreibt sie der Schuld eines Schicksals oder dem Willen eines Gottes zu, verliert er dann nicht seine Freiheit? Missversteht er sich als Opfer?

Ich bin überzeugt, nur wenn er Verantwortung übernimmt, kann er Mitschöpfer sein. Kann man dann folglich sagen: Nur der Mensch, der Verantwortung übernimmt, hat einen freien Willen? Anders herum: Hat der Mensch, der keine Verantwortung übernimmt, keinen freien Willen mehr? Der freie Wille wäre somit bei jedem Menschen möglich, aber nicht immer

> **„Jedes Opfer ist ein unbewusster Schöpfer seines Unglücks."**
>
> *Robert Betz*

bei jedem vorhanden. Den freien Willen auf- oder abzugeben ist auch ein Ausdruck des freien Willens. Ihn wieder anzunehmen ware aber auch ein freier Wille. Also kann man ihn gar nicht ganz abgegeben haben. Er muss ja noch da sein, um sich entscheiden zu können, ihn wieder ufzunehmen. Dann dürfte man also nur von nichtabsoluter, temporärer, partieller oder bedingter Aufgabe des freien Willens sprechen. Dennoch glaube ich nicht, dass Gottesglaube grundsätzlich mit Freiheitsverlust gleichzusetzen ist. Wohl aber, dass Freiheitsgewinn mit Bewusstheit, nämlich der Verantwortlichkeit, zu tun hat. "

„Da schließe ich mich deiner Meinung an", sagt Christian. *„Nicht der Glaube an die Existenz eines Gottes, sondern der Glaube an seine Be- und Verurteilung sind das Problem. Da der Islam eine abrahamitische Schwesterreligion des Christentums ist, sieht es bei uns aber auch nicht anders aus. Kann ein Mensch frei sein, wenn er für die Nutzung des gottgegebenen freien Willens eines Tages von ihm zur Rechenschaft gezogen wird? Herausragend sind unter den Verfechtern des freien Willens zwei Dominikaner, Meister Eckhart und Thomas von Aquin [14]. Nach Thomas von Aquin agiert Gott nicht allein mit uns als Statisten, sondern beteiligt uns kreativ am Schaffen. Nach seiner Ansicht ist die menschliche Freiheit im Intellekt angelegt. Nicht der Wille, nicht der Intellekt, sondern der denkende und wollende Mensch ist frei. Nicht das Gehirn, sondern der Mensch denkt."*

„Das ist ja eine wunderbare Überleitung zu den Büchern, die ich gelesen habe. Nach einem Buch eines Wirtschaftsingenieurs [15], der sich mit Verhaltens-, Neuro- und Evolutionsbiologie auseinandersetzt, soll Willensfreiheit aus naturwissenschaftlicher Sicht eine reine Illusion sein. Die Vorstellung der Willensfreiheit hätte lediglich die Aufgabe, den Hirnstamm zur Erzeugung von Schuldgefühlen zu bewegen. Dies würde im Cortex, der Hirnrinde, zur Suche

„Die Wurzel aller Freiheit ist in der Vernunft grundgelegt."

Thomas von Aquin

nach künftig zweckmäßigerem Verhalten führen. Die Hinterfragung, ob man freiwillig falsch gehandelt hätte, löse einen Lern- und damit Optimierungsprozess im menschlichen Verhalten aus. Letztendlich sei es also ein Instrument des Überlebens und damit der Arterhaltung.

Neurologen und Vertreter deterministischer Erklärungsmodelle des freien Willens triumphieren schon seit 1983. Damals führte der amerikanische Gehirnforscher Benjamin Libet neurologische Untersuchungen durch, deren Ergebnisse so interpretiert werden können und von einigen Verfechtern auch werden, dass keine menschliche Willensfreiheit bestünde. Dabei wollte Libet eigentlich mit dem Vorsprung der Willensentscheidung das Vorherrschen des Geistes naturwissenschaftlich beweisen. Libet maß die zeitliche Verzögerung zwischen einem Willensentschluss und der erfolgten Handlung am Beispiel eines erhobenen Arms und später am zum Drücken eines Knopfes bewegten Finger. Dabei stellte er zum eigenen

Erstaunen fest, dass das sogenannte Bereitschaftspotenzial, also die Gehirnaktivität, der es zur Bewegung des Fingers bedarf, etwa 550 Millisekunden vor der Bewegung aufgebaut wird. Der Entschluss, den Finger überhaupt zu bewegen, konnte dagegen erst 200 Millisekunden vor der Handlung gemessen werden. Unser Bewusstsein hätte also nicht selbst entschieden, sondern wäre nachträglich, nämlich mit 350 Millisekunden Verzögerung, darüber informiert worden. So beschrieben in einem Beitrag [16] eines populärwissenschaftlichen Symposiums zur Willensfreiheit. Unter verbesserten Bedingungen wurde Libets Experiment 1999 von zwei Wissenschaftlern [17] wiederholt und bestätigt. Die berechtigt abgeleitet Frage ist: Tun wir, was wir wollen, oder wollen wir, was wir tun?

Zu meiner Freude, wie ich zugebe, übte bei gleichem Symposium ein Professor für Moraltheologie [18] Kritik an der Libetschen Experimentinterpretation. So wären erstens Armheben und Knopfdrücken vereinfachte motorische Handlungsalternativen in extrem vereinfachten Versuchsanordnungen. Zweitens würden Sekundenentscheidungen unter Zeitdruck betrachtet und nicht seelische Entscheidungsprozesse, die das eigentliche Vermögen der Freiheit ausdrücken. Drittens würde die experimentell suggerierte Entscheidungssituation die Komplexität der Willensentscheidung aus einzelnen Teilhandlungen nicht ausreichend abbilden können."

Dem kann auch der fasziniert zuhörende Christian zustimmen.

Zu Fragen des Schicksals werden in Indien noch heute die Priester konsultiert.

Einstimmung auf die Reise

Inzwischen sind wir mehrere Häuserblocks entlanggelaufen. Wir beschließen umzukehren, da wir am Ende unseres Blocks ein ansprechendes Restaurant gesehen haben. Unser Häuserblock wird mehr von der Gastronomie dominiert, die folgenden immer mehr von Bekleidungsgeschäften. Die unteren Eingänge und Ladenfronten sind etwa drei Meter zurückgesetzt, sodass das nächste Stockwerk darüber automatisch Schutz bei Regen bietet. Zur Straße hin muss man vier bis fünf Treppenstufen hinabsteigen. Das Restaurant ist leer. Wir zählen zu den ersten Gästen. Für den Preis eines Abendessens bekäme man in Deutschland gerade mal ein Getränk.

„Einquartiert, geduscht, Essen bestellt, so langsam fühle ich mich angekommen", resümiere ich.

„Auf unsere Reise!", nickt Christian und prostet mir zu.

„Auf die Reise!", erwidere ich vor dem ersten Schluck eines kühlen indischen Biers. *„Meine ersten Eindrücke von heute schreibe ich vielleicht gleich noch kurz auf. Sie geben mir ein erstes Bild des Landes und seiner Menschen."*

Einsicht des Tages:
Der erste Eindruck ist nicht immer der stimmende, aber oft der bestimmende!

„Schreib, wie du es subjektiv erlebst. Jemand anders wird vielleicht ganz andere Erfahrungen machen oder hat bereits ganz andere Erfahrungen gemacht", rät Christian. *„Da brauchst du nichts zu beschönigen. Auch nicht auf kritische Betrachtungen verzichten. Denn letztendlich erlebt jeder nur seine eigene Realität."*

„Oder schafft seine eigene Realität", pflichte ich ihm bei.

„So ist das. Und unsere Reise, die wird nicht nur gut, die ist bereits gut", stimmt Christian zu.

Gleich nach dem Essen, müde, da wir im Flieger in der Nacht zuvor nicht mehr als vielleicht zwei Stunden geschlafen hatten, machen wir uns auf den Rückweg. Jetzt müssen wir uns behutsam den Weg, zwischen nunmehr überall auf dem Boden vor den Eingängen liegenden, teils schon schlafenden Menschen, bahnen.

Die Fahrt nach Hoshiarpur

Zweiter Tag, 3. November. Nach dem Auschecken aus dem Hotel Mark will ich ein Taxi zur Busstation nehmen, von wo aus täglich in regelmäßigen Abständen Busse nach Hoshiarpur fahren. Christian macht alternativ den Vorschlag, die Rezeption fragen zu lassen, was uns ein Taxi direkt zur Bibliothek kosten würde. Letztendlich zahlen wir zu meinem Erstaunen für knapp 150 Kilometer, die der Fahrer Ramu in 3½ Stunden bewältigt, umgerechnet weniger als 28 Euro inklusive Steuern. Hinzu kommen für vier passierte Mautstationen nur 3 Euro.

Vor den Häuschen der Mautstationen, dessen Kassierern man eigentlich aus dem Auto heraus auch das Geld anreichen könnte, sitzt jeweils ein Inder mit der Aufgabe, das Geld weiter- und das Wechselgeld zurückzureichen. Eine eigentlich verzichtbare Form der Beschäftigung, die aber, wie in vielen vergleichbaren bevölkerungsreichen Gesellschaften, Arbeitsplätze im Niedriglohnbereich sichert. Wie froh bin ich, dass Christian die Idee mit dem Taxi hatte. Eine Bus- oder Zugfahrt wäre sicher länger, unkomfortabler und stressiger gewesen. Wenn vielleicht auch abenteuerlicher. Wobei Autofahren in Indien ebenfalls ein Erlebnis ist.

Einsicht des Tages:
Wer Alternativen in
Betracht zieht,
fährt manchmal besser!

Die Fahrt selbst besteht aus hupenden Überholmanövern. Offensichtlich ist es auch kein Problem, unter Ignorierung der Geschwindigkeitsbeschränkung ein Auto zu überholen, das selbst gerade die Polizei überholt. Für uns Europäer schon ein wenig merkwürdig.

Genauso befremdlich aber auch das seit 2008 erst eingeführte strikte Rauchverbot in der Öffentlichkeit. Nicht nur in geschlossenen öffentlichen Räumen, selbst unter freiem Himmel wird das Rauchen mit Bußgeld geahndet. Umgerechnet 3 Euro würden bei uns wohl niemanden davon abhalten, aber man muss das zum einen immer entsprechend den Verhältnismäßigkeiten sehen, und zum anderen würden wir das als unnötige Provokation empfinden. Christian nutzt die Autofahrten, um bei geöffnetem Fenster auf der Rückbank hin und wieder seine Pfeife zu entzünden. Ich schalte in der Zeit einfach die Klimaanlage ab.

31

Für Inder alltägliche Szenen sind für uns oft kuriose Fotomotive.

Leider ist der Fahrer oft viel zu schnell, obwohl durchaus dem normalen Verkehrsfluss angepasst, sodass ich vom Beifahrersitz aus nur selten interessante Situationen wie mit Heu beladene Eselskarren, vier Personen mit Gepäck auf einem Motorrad oder buntgekleidete Menschen vor den zahlreichen geöffneten Geschäften der Dorfdurchgangsstraßen fotografieren kann.

Die Architektur und Ausstattung der simplen Häuser erinnert mich an Mittelamerika und meinen einjährigen Aufenthalt in Mexiko vor gut zehn Jahren. Unterschiedlich sind eigentlich nur die Schriftzeichen der Plakate und Hausbemalungen.

Während ich von meiner Stipendienzeit erzähle, erfahre ich von Christian, dass er drei Töchter in ungefähr meinem Alter hat und zuvor schon zweimal in Indien gewesen ist. Das erste Mal im Polizeidienst während einer kurzen Zeit als Air Marshall der Swiss Air in den 70er Jahren. Damals hätte sich Christian wohl nicht träumen lassen, später eine Reise zum Mysterium der Palmblattbibliotheken zu machen.

Das Phänomen der Palmblattbibliotheken

„Auf unsere Palmblattlesungen bin ich sehr gespannt. Seit wann weiß man eigentlich bei uns von den Palmblattbibliotheken?", fragt Christian.

„Mit zu den ersten Erwähnungen des Phänomens der Palmblätter im deutschsprachigen Raum dürfte nach meinem Kenntnisstand eine Veröffentlichungen der Zeitschrift Bunte aus dem Jahr 1989 zählen. Johannes von Buttlar berichtet darin in einer Serie über das Übersinnliche von einem Unternehmensberater Bartholomäus Schmidt und seiner unglaublichen Erfahrung in der Palmblattbibliothek von Bangalore. Seitdem wurde das Thema dann von mehreren Autoren in verschiedenen Magazinen und Büchern aufgegriffen [19]."

„Und wie viele Palmblattbibliotheken gibt es in Indien?"

„Über den Subkontinent verteilt gibt es mehrere Dutzend. Auch die heute in Colombo auf Sri Lanka betriebene hat ihre Wurzeln in Indien. Der Bestand einer Bibliothek wird gewöhnlich einem der Söhne des Palmblattlesers vererbt, mitunter sind sie auch zwischen den Söhnen aufgeteilt worden. Dies dürfte mit ein Grund sein, warum die Bestände in einigen Dörfern und Städten nur ein paar hundert Blätter umfassen."

„Wie muss ich mir eigentlich eine Palmblattbibliothek vorstellen?"

„Wenn du dir alte Tempelanlagen und Klöster vorstellst, wirst du sicher enttäuscht. Uns erwarten Betonbauten, auch nicht immer mit Strohdach, teils innerstädtisch, teils mitten unter Wohn- und Büroetagen oder -gebäuden. Räume, die mit Klimaanlage oder Ventilator versehen sind. Ein Schreibtisch, an dem uns der Palmblattleser, über Palmblätter gebeugt, vorliest. Dass wir die Sammlung aller Palmblätter der Bibliothek sehen dürfen, ist eher unwahrscheinlich. Unser Palmblatt mitnehmen zu können ist auch so gut wie ausgeschlossen."

„Sind Palmblätter denn individuell?"

„Das sollen sie sein. Keine andere Person dürfte mit dem Inhalt etwas anfangen können. Oder sagen wir, was den uns betreffenden Text auf einem Palmblatt betrifft. Es soll wohl so sein, dass endende oder beginnende Texte anderer Personen vor oder nach unserem Textabschnitt mit auf einem Palmblatt stehen können."

„Und ein Palmblatt soll nur für jemanden existieren, der dort auch die Bibliothek besucht?"

„So sagt man. Es sei vorausgesehen, wer einmal kommen würde. Sicher für die meisten schwer vorstellbar. Aber wenn man das Leben einzelner Personen wirklich unverwechselbar vor langer Zeit kennen und aufschreiben konnte, warum soll

man durch die gleiche Informationsquelle nicht auch schon gewusst haben, dass sie überhaupt kommen? Ein befreundeter Skeptiker kommentierte mal sarkastisch, das Bier in der Kneipe sei für ihn auch nur da, wenn er hingehen und danach fragen würde. Ein Bier ist allerdings nicht individuell. Vergleichbar wäre das eher, wenn auf dem Bierglas seine unverwechselbare Lebensgeschichte eingraviert wäre ...“

„Was schätzt man, wie viele aufgezeichnete Schicksale es gibt?“

„Insgesamt mag es zwar über mehrere Hunderttausende geben. Es gibt auch Menschen, deren Schicksal in mehreren Bibliotheken aufgezeichnet ist. Diese sollen übereinstimmende, teils aber auch ergänzende Informationen bekommen. Manchmal haben Bibliotheken nur Aussagen über bestimmte Lebensabschnitte, manches Mal nur Zusammenfassungen, manchmal nur über frühere Inkarnationen, oder es findet sich gar kein Blatt. Entweder weil es nicht da ist oder nicht gefunden wurde beziehungsweise nicht gefunden werden sollte. Aber dann weiß man wohl wenigstens, dass kein falsches Blatt zugeordnet oder ‚improvisiert‘ wurde.“

„Auf Palmblättern wurden aber nicht nur Schicksale niedergeschrieben, oder?“, will Christian wissen.

„Nein, als Pendant zu Pergament in Europa und Papyrus in Ägypten bewahren Palmblätter in Indien nicht nur das Schicksal einzelner Menschen. Palmblätter nutzte man über 2000 Jahre als Datenträger im gesamten asiatischen Raum [20]. Individuelle Lebensläufe einzelner Menschen üben natürlich die größte Faszination aus. Vor allem für uns im westlichen Denken [21] geprägte Menschen mit unseren Vorstellungen von Zeit, Zufall und freiem Willen. Ein mehrere hundert Jahre altes Palmblatt vorgelegt zu bekommen, das eine Abschrift von noch viele, viele Jahre älteren Niederschriften ist und im Detail Stationen unseres Lebens nennt, ist mit dem rationalen Verstand nicht zu begreifen. Man fragt sich, wie Vergangenheit, Gegenwart und Zukunft, Tausende von Jahren [22] bevor man selbst überhaupt geboren wurde, von jemandem dokumentiert werden konnten.“

„Mehrere hundert Jahre? Wie lange halten Palmblätter eigentlich?“

„Mit zunehmendem Alter werden die Blätter brüchig, reißen hier und da ein, und es brechen Ecken ab. Regelmäßig muss daher ihr Inhalt vor dem Verfall, etwa alle 600 bis 800 Jahre, auf frische Blätter übertragen werden.“

„Macht man das auch heute noch?“

„Die Tradition des Schreibens starb mit Einführung der Druckerpressen im 19. Jahrhundert, die das Abschreiben erübrigten, fast aus. Da die Konservierung und Restaurierung sehr aufwändig und kostspielig ist, werden viele Manuskripte der Palmblätter heute schon auf Mikrofilmen und digitalen Speichermedien erfasst.

34

Im indischen Kunsthandwerk werden Palmblätter aber immer noch nach der traditionellen Weise hergestellt [23]. "

„*Kann man eigentlich ausschließen, dass es beim Übertragen der alten auf neue Palmblätter Übersetzungsfehler gegeben hat? Zum Beispiel bei der Bibel ist so etwas doch bekannt.*"

„*Vorsatz mal außen vor, lassen die Formulierungen im Aramäischen oder Griechischen bei der Übersetzung unterschiedliche Interpretationen und Auslegungen zu. Wo die Texte noch im Originalsanskrit* [24] *sind, entfällt das. Zudem hat das Sanskrit eine Besonderheit. Die Sprache hat eine eigene Matrix, bei Übertragungsfehlern würden Unstimmigkeiten im Sprachrhythmus auffallen.*"

„*Es gibt also Palmblattmanuskripte, die nicht im Sanskrit verfasst sind, wenn ich das richtig herausgehört habe?*"

„*Ja, in Südindien sind Blätter in Alt-Tamil* [25] *verfasst. Der Autor Johann Landes (2003) mutmaßt, dass diese ursprünglich in Sanskrit geschrieben waren, da in ihnen zahlreiche Sanskritbegriffe als Fremdwörter verwendet wurden. Hier wären theoretisch nicht vorsätzliche Übertragungsfehler denkbar. Wobei die Inder eigentlich sehr verliebt in Details und Genauigkeit sind. Bei der Bibel gab es natürlich auch vorsätzliche Übertragungsfehler, überwiegend machtpolitisch motiviert. Dies kann bei Texten von Einzelschicksalen von Durchschnittsmenschen auf Palmblättern ja nicht zutreffen.*"

„*Und in welcher Sprache findet heute die Lesung statt?*"

„*Manche Leser übersetzen direkt ins Englische, meistens arbeiten diese allein zu Hause. Andere arbeiten mit vielen anderen Lesern parallel in großen Palmblattsammlungen. Diese arbeiten dann öfter mit einem Dolmetscher zusammen. Wenn die Texte in Sanskrit geschrieben stehen, ist die Herausforderung für die Palmblattleser heute, aus der blumigen, vieldeutigen Sprache, die mitunter umschreiben musste, für was es früher noch gar keine Bezeichnung gab, zutreffende Formulierungen zu finden.*"

„*Dann wird vom Sanskrit oder Alt-Tamil, wenn nicht direkt ins Englische, zunächst in die heutige Landessprache und dann ins Englische übersetzt. Und du übersetzt mir das dann ins Deutsche. Da werde ich bei Unklarheiten schon mal nachfragen müssen, ob das so gemeint war, wie ich es verstanden habe*", versichert sich Christian. „*Das Vorlesen ist also ein Ergebnis aus Fähigkeit und Erfahrung.*"

„*Richtig. Und Gesinnung. Und sicher ist die Kombination niedriger Erfahrung und Fähigkeit mit hoher Gesinnung höher zu bewerten als die hohe Erfahrung und Fähigkeit in Kombination mit niedriger Gesinnung. Man sollte daher auch nicht zu schnell über einen Nadi-Reader, also Palmblattleser urteilen. Gerade bei großen Bibliotheken, wo viele Leser unterschiedlicher Erfahrung und Alters gemeinsam arbeiten, wundert es nicht, wenn diese in manchen Büchern oder Internetseiten verteufelt und in anderen in den höchsten Himmel gelobt werden."*

„Niedrige Gesinnung, da muss ich einhaken. Viele Jahre Polizeidienst haben Spuren hinterlassen", grinst der aufmerksame Christian.

„Nun, Tigo Zeyen (2006) schreibt in ihrem Buch über Palmblattbibliotheken von einem Test, bei dem drei verschiedene Personen mit drei unterschiedlichen Geburtsdaten bis auf den Einleitungssatz das exakt selbe Orakel bekamen. Wenn dann zur Befreiung von angeblichen Sünden im Vorleben noch hohe Geldbeträge verlangt werden, fragt man sich schon nach der Gesinnung. Aber mit einem ehemaligen Kriminologen und Körpersprachelehrer an meiner Seite bin ich ja gut gewappnet", lache ich.

„Faszinierend an den Palmblattbibliotheken finde ich jedenfalls die Masse an Einzelschicksalen. Es gibt zahlreiche Forschungspublikationen, die beweisen, dass außersinnliche Wahrnehmung möglich ist [26]. Aber überlieferte Voraussagungen kennt man eher für ein Volk im Allgemeinen oder einen Monarchen oder eine Führungspersönlichkeit im Speziellen", stellt Christian fest.

„Richtig, beides unterscheidet sich extrem von den Palmblattaufzeichnungen. Welche Methoden die Rishis dazu angewendet haben, das können wir nur mutmaßen, aber wohl nie beweisen."

„Und Palmblattlesen wird im Englischen als ‚Nadi-Reading' bezeichnet?"

„Ja, die Deutung von Palmblättern bezeichnet man hier so. Grundlage, heißt es, sei die Lehre des Shuka Nadi. ‚Shuka' erklärt man als ‚göttliche Weisheit'. ‚Nadi' steht für einen bestimmten Moment im Ablauf der Zeit. ‚Nadi' kann aber auch mit ‚fließen' oder ‚Puls' übersetzt werden. Es gibt auch die Meinung, die Voraussagungen wären ursprünglich durch Erfühlen des Pulses eines Menschen gemacht worden, so wie ayurvedische Ärzte Patientendiagnosen stellen. Ich werde die Palmblattleser im Interview dazu noch einmal befragen. Die Lehre des Shuka Nadi jedenfalls befasst sich mit den menschlichen Zielen, seien sie nun geistiger oder materieller Natur, und bietet Hilfestellung im alltäglichen Leben und bei grundlegenden Entscheidungen. Richtige Entscheidungen zu treffen vermeidet, negative karmische Folgen erleben zu müssen."

2. Die Schicksalsbibliothek in Hoshiarpur

Ankunft in Hoshiarpur

In der Schicksalsbibliothek von Hoshiarpur (Abb. 5–9) angekommen, begrüßen uns Priyansch, ein Sohn Dr. Mohans (Abb. 6), und einige dort hilfsweise tätige oder benachbarte Inder. Dr. Mohan (Abb. 7) selbst ist unterwegs und wird in etwa ein bis eineinhalb Stunden zurückerwartet. Nach ein wenig Smalltalk lässt uns Priyansch eine Fahrradriksha kommen. Wir sollen nicht mehr als genau 10 Rupien bezahlen. Christian und ich schauen uns fragend an. Das sind ungefähr 15 Cent, um uns beide samt Gepäck ins Hotel zu fahren.

„*10* Rupi*en?*", frage ich fast beschämt noch einmal nach. „*Bezahlt nicht mehr*", wiederholt Priyansch. „*Aber das ist nichts*", beginne ich, als mich Priyansch unterbricht. „*10 Rupien sind hier absolut üblich. Wenn ihr mehr zahlt, weckt ihr nur die Gier. Es wird dann nie mehr genug sein. Bitte respektiert die Verhältnismäßigkeit für andere Dienstleistungen. Bezahlt nicht mehr!*"

Wieder fährt uns beide ein relativ schmächtiger Mann mit all unserem Gepäck in unser Hotel, das Maharaja Palace. Wir bezahlen wie von Dr. Mohans Sohn ausdrücklich instruiert. Ohne Diskussion rollt der Fahrer seine Riksha wieder auf die Straße.

Der Weg von der Bibliothek zum Hotel war einfach zu merken. Von der Railway Mandi, in der sich Dr. Mohans Haus befindet, zurück auf die Hauptstraße, dann links und an der nächsten Kreuzung rechts. Die Einzelzimmerpreise sind wie in Chandigarh, aber die Ausstattung ist etwas gehobener, und es gibt ein hoteleigenes Restaurant. Sogar eine Bar ist vorhanden, aber derart schummrig beleuchtet, dass sie nicht sehr einladend auf uns wirkt. Wir vermuten, dass die schwache Beleuchtung dort vielleicht eine Anweisung oder Empfehlung der Stadt ist, da die ständigen, mehrminütigen Stromausfälle ja scheinbar auf eine Überlastung des Stromnetzes zurückzuführen sind.

Beim sehr sättigenden Mittagessen im Hotelrestaurant kommen wir auf unsere Erwartungshaltungen zu sprechen. „*Was versprichst du dir eigentlich von den Lesungen?*", fragt Christian interessiert.

„*Mein persönliches Schicksal zu erfahren ist für mich gar nicht das Wichtigste. Und dafür allein hätte ich die weite Reise nach Indien auch nicht gemacht. Mich fasziniert, dass Vorhersagen für menschliche Schicksale gemacht werden, die dann auch eintreffen sollen. Daraus leitet sich in der Konsequenz die Frage ab, inwieweit wir einer Vorbestimmung unterliegen und ob es einen freien Willen gibt. Davor kann man sich fragen, wie solche Vorhersagen überhaupt möglich sind. Im Endeffekt auch, ob unsere Welt überhaupt so funktioniert, wie wir glauben, dass sie funktioniert. Insofern sind die Lesungen meines persönlichen Schicksalsblattes für mich natürlich eine Überprüfungsmöglichkeit. Zumindest, was meine Vergangenheit und Gegenwart betrifft. In ein paar Jahren im Rückblick erst, was danach an Vorhersagen eingetroffen ist. Und was sind deine Erwartungen?"*

„Ach, weißt du", beginnt Christian, *„in meiner Lebensphase die Zukunft zu erfahren ist mir nicht mehr so wichtig. Aber das Phänomen interessiert und fasziniert mich ebenfalls. So begleite ich dich gern. Ich wollte schon länger wieder mal nach Indien reisen. Aber mein Englisch ist nicht so gut. In meiner Generation haben wir das nicht in der Schule gelernt. Ich habe mir das ja mehr oder weniger auf der Straße beigebracht. Mit dir zusammen unterwegs ist das für mich weniger ein Problem, als allein zu reisen. Und ich freue mich, wenn ich dir mit Körperspracheanalysen deiner Interviewpartner etwas helfen kann."*

Kennenlernen des Lesers Dr. Mohan

Zwei Stunden später machen wir uns zu Fuß auf den Weg zu Dr. Ratish Mohan. Der ältere Mann erwartet uns am Eingang seines Hauses. Nach ein wenig Konversation über die Burgunderkriege in der Schweiz, mit der er vor allem Christian beeindruckt, sollen wir unseren Namen, den des Vaters, unsere Geburtszeit sowie unseren Geburtsort in ein Buch eintragen und bekommen eine Referenznummer zugewiesen. Seinen musternden Blick kann ich nicht einordnen. Ist es ein Test, seinem Blick standzuhalten, nicht auszuweichen, oder die diskrete Aufforderung zu gehen, wenn wir heute keine Fragen mehr haben?

Wir beschließen, uns zu verabschieden, und werden gebeten, am nächsten Tag zwischen 11.00 und 12.00 Uhr wiederzukommen. Unsere Frage, ob es in Hoshiarpur noch etwas Interessantes zu sehen gäbe, wird lächelnd verneint, und der Weg über nichtasphaltierte Straßen mit primitiver Infrastruktur lässt uns das gern glauben.

Dritter Tag, 4. November. Vom Frühstückskellner erfahren wir, dass die Bar so dunkel ist, weil Trinken in der Öffentlichkeit verpönt sei. Im Norden Indiens gelte es auch als respektlos, wenn Söhne vor den Augen der Eltern rauchen oder trinken. Gestärkt machen wir uns nach dem Frühstück auf zu Dr. Mohan. Unterwegs blicken die meisten Menschen auf der Straße plötzlich auf und schauen uns wie erstarrt und ohne jede Mimik an. Einige, die uns auf der anderen Straßenseite schon vorher erblickt haben, winken, nicken uns freundlich zu oder lächeln. Einige Kinder in Schuluniformen begrüßen uns auf Englisch.

Bei Dr. Mohan herrscht ein reges Kommen und Gehen. Sein Büro hat eine stets offene Tür und liegt hinter einem kleinen Hof zur Straße hin. Neben seinem antiken Schreibtisch befindet sich eine Liege zur Rechten und Stühle zur Linken sowie auch gegenüber. Dort werden wir platziert. Über uns befindet sich ein großes, beleuchtbares Bild des Rishi Brighu, auf dessen Vorherschungen die Schicksalsblätter dieser Bibliothek zurückgehen. Viele Leute sprechen kurz mit Dr. Mohan. Bei der Begrüßung verbeugen sich nicht nur viele, sondern fassen auch seine Füße an, eine Geste der Ehrerbietung. Des Öfteren verlässt Dr. Mohan den Raum. Einmal befrage ich einen etwa fünfzigjährigen Helfer nach den Söhnen von Dr. Mohan. Den jüngeren Sohn Priyansch hatten wir ja schon bei der Ankunft an der Bibliothek kennengelernt. Er soll einmal die Nachfolge seines Vaters antreten und managt jetzt schon Abläufe im Büro. Der ältere Sohn, Atinder, wohne in der Nähe von Los Angeles, besuche aber regelmäßig seine Familie und sei auch derzeit gerade mal wieder in Hoshiarpur.

Noch am selben Morgen lernen wir Atinder kennen. Sogleich bietet er an, uns den „Tempel" (Abb. 9) zu zeigen, und wir dürfen ihm ohne Schuhe und Gürtel über den Flur folgen. Lederprodukte, da tierischen Ursprungs, gelten als unrein.

Wir kommen in einen langen Raum mit dickem, rotem Teppich und einem Schrein am Ende. Hier können Hunderte von Menschen gemeinsam meditieren, und hier finden zweimal im Jahr große Versammlungen statt. Neben dem großen Schreinbild des Brighu steht rechts ein Foto von Dr. Mohans Großvater, dem Gründer der Einrichtung. Wir erfahren, dass die Familie schon in der fünfzehnten Generation Lesungen der Blätter vornimmt. Ebenso, dass die anderen Leser in Hoshiarpur Familienmitglieder sind und auf die gleiche Bibliothek zurückgreifen.

Wulfing von Rohr hatte mir bei einem Seminar in Frankfurt den Tipp gegeben, die einzige Leserin in Hoshiarpur aufzusuchen, deren Adresse er aber leider nicht habe. Sie sei besonders talentiert, Umschreibungen der alten Sprache für uns verständlich zu interpretieren. Man muss ja bedenken, dass es für heute gebräuchliche Gegenstände oder Fahrzeuge, die damals noch gar nicht erfunden waren, oder heute übliche Berufe, die damals noch gar nicht ausgeübt wurden, kein entsprechendes Vokabular geben konnte.

Laut Atinder handele es sich bei der Leserin um die Schwester von Dr. Mohan, also seine Tante. Ein Besuch bei ihr wäre aber nicht möglich, da sie zur Zeit in Australien sei. (Leider hatte ich Atinder nicht nach ihrer Adresse gefragt. Atinders Anschrift in Kalifornien, jedoch nicht Telefonnummer oder E-Mail-Adresse, konnte ich später zurück in Deutschland recherchieren; ein Brief kam jedoch nach sieben Wochen als unzustellbar zurück. Ein paar Wochen vor Fertigstellung des Buches hatte ich die Idee, „Brighu Samhita", also Textsammlung des Rishis Brighu, und „Hoshiarpur" zu googeln. Tatsächlich führte mich dies zum Namen einer Leserin aus Hoshiarpur. Zwar stimmte die gefundene Telefonnummer nicht, aber mein Kontakt Mr Jayathirunathan fand die Adresse und Telefonnummer ihres Neffen Ramanuj Sharma heraus, über den man sie erreichen kann. Dieser wiederum war so freundlich, mir die Familienstruktur der Leser aus Hoshiarpur zu erläutern, und überraschte mich damit, dass es sogar zwei Leserinnen in der Verwandtschaft gibt [27].)

Eine kleine Enttäuschung

Die nächsten Stunden warten wir, ohne zu wissen, warum und wie lange. Fragen wollen wir aber nicht, um nicht den Eindruck zu erwecken, wir seien ungeduldig. Wir beobachten das Kommen und Gehen der Menschen und Dr. Mohan, der immer öfter auf die Wanduhr schaut. Obwohl meine Motivation für die Reise primär das Erforschen des Phänomens der Schicksals- und Palmblattbibliotheken ist und weniger, mein eigenes Schicksalsblatt zu finden, bin ich dennoch auf die Lesung gespannt.

Pünktlich um 13.00 Uhr bekommen wir dann belehrend eröffnet, unsere Vorgehensweise sei nicht korrekt gewesen. Der formale Ablauf sei telefonische Kontaktaufnahme, Angabe der persönlichen Daten und Erhalt einer Referenznummer. Nach allerfrühestens fünf bis sechs Tagen sei unser Blatt gefunden, und wir könnten nach Terminvereinbarung zu einer Lesung kommen. Daher könne man heute nichts für uns tun, und wir dürften gern in ein paar Tagen wieder vorstellig werden.

Einsicht des Tages:
Es gibt auch Bürokratie
außerhalb Deutschlands!

Die Erwähnung unseres fixen Rückflugtermins und die Unmöglichkeit, innerhalb dieser festverplanten Reise wiederzukommen, wird mit der simplen Wiederholung der Beschreibung des formalen Ablaufs beantwortet. Christians Vorschlag, ihm zu übersetzen, dass wir uns entschuldigen und es sich nur um ein Missverständnis handelt, wir unsere Flugtermine wirklich nicht mehr ändern können, aber es uns noch möglich ist, den Aufenthalt in Hoshiarpur um zwei Tage zu verlängern, bringt nicht die Lösung. Dr. Mohan wiederholt, dass fünf bis sechs Tage das absolute Minimum zum Finden der Blätter seien. Enttäuscht bin ich natürlich nicht nur wegen der Situation, sondern vielmehr, weil sich Dr. Mohan nicht an unser persönliches Telefonat und unsere Terminabsprache erinnert und mir weismachen möchte, ich hätte mit irgendjemand anderem gesprochen, aber nicht mit ihm persönlich. So wie er sich nicht an das Telefonat kann ich mich nicht an eine mitgeteilte Referenznummer erinnern. Es fällt mir schwer, meine Enttäuschung zu verbergen. Wenigstens habe ich Gelegenheit, die Interviewfragen für dieses Buch zu stellen.

Interview mit Dr. Mohan

Oliver Drewes: Dr. Mohan, ist es richtig, dass Palmblätter nur für die Menschen existieren, die in Palmblattbibliotheken danach fragen?
Dr. Mohan: Die Schicksale hier sind nicht auf Palmblättern aufgezeichnet, aber es stimmt.
Oliver Drewes: Warum haben die Rishis individuelle Schicksale aufgezeichnet?
Dr. Mohan: Zum Nutzen der Menschen und Verbesserung ihres Lebens.
Oliver Drewes: Zeichnet die Existenz eines Schicksalsblattes die Besucher als besondere Menschen aus?

Dr. Mohan: *Alle Menschen sind gleich. Aufzeichnungen sind unabhängig von Staats- oder Religionszugehörigkeiten. Jeder kann hierherkommen.*

Oliver Drewes: Wie konnten denn die Rishis die Schicksale sehen? Wie kann ich mir das vorstellen?

Dr. Mohan: *Sie haben klare Bilder gesehen.*

Oliver Drewes: So, als wenn sie das mit ihren eigenen Augen gesehen hätten?

Dr. Mohan: *Ja, so kann man sich das vorstellen.*

Oliver Drewes: Konnten nur die Rishis Schicksale sehen oder hatten sie Schüler, die das auch konnten?

Dr. Mohan: *Das konnte nur der Rishi Brighu, auf den diese Bibliothek hier zurückgeht.*

Oliver Drewes: Glauben Sie, dass Astralreisen oder außerkörperliche Erfahrung die Grundlage der Informationen sein könnten?

Dr. Mohan: *Astralreisen?*

Oliver Drewes: Ja, mit dem feinstofflichen Körper zu reisen, während der grobstoffliche in einer Art Schlaf ist.

Dr. Mohan: *Das ist im Yoga [28] möglich, aber nicht der Ursprung der Schicksalsaufzeichnungen.*

Oliver Drewes: Stimmt es, dass man zu Beginn die Schicksale nicht aufschreiben konnte, da es noch keine Schrift gab und die Schicksale über Generationen überliefert wurden?

Dr. Mohan: *Ja.*

Oliver Drewes: Wie konnten sich dann die Schüler an so viele Schicksale über so lange Zeit erinnern?

Dr. Mohan: *Sie hatten eine geistige Kapazität, die wir so nicht mehr kennen.* (Nachträgliche Anmerkung: Denken wir doch einfach mal an das unglaubliche Erinnerungsvermögen von Autisten.)

Oliver Drewes: Wie viele Schicksale sind in dieser Bibliothek niedergeschrieben?

Dr. Mohan: *Das weiß ich nicht. Aber bei einem Umzug haben wir etwa 2000 Kilogramm Schicksalsblätter bewegt.*

Oliver Drewes: Wie viele Bibliotheken gibt es in ganz Indien?

Dr. Mohan: *Das kann ich nicht sagen.*

Oliver Drewes: Haben alle Bibliotheken denselben Ursprung?

Dr. Mohan: *Nein, sie gehen auf verschiedene Rishis zurück.*

Oliver Drewes: Wie viele Menschen besuchen diese Bibliothek im Monat?

Dr. Mohan: *Hierhin kommen etwa hundert Personen im Monat. Das sind Leute mit einfachen Problemen und dem Wunsch nach Entscheidungshilfen, aber auch Berühmtheiten und Leute, die alles erreicht haben und sich die Frage nach dem Sinn von allem stellen.*

Oliver Drewes: Wie lange wird diese Bibliothek noch besucht werden? Endet das irgendwann?

Dr. Mohan: *Das geht immer so weiter.*

Oliver Drewes: Wissen Sie vorher, dass eine bestimmte Person kommt?

Dr. Mohan: *Wir wissen vorher nicht, wer kommt beziehungsweise nach einem Termin fragt, um kommen zu können.*

Oliver Drewes: Geben Sie Informationen auch an jemanden, der nicht persönlich kommt?

Dr. Mohan: *Nein.*

Oliver Drewes: Was halten Sie von Vorhersagen aus Palm- oder Schicksalsblättern, die im Internet angeboten und per E-Mail verschickt werden?

Dr. Mohan: *Ich kann Ihnen die Übersetzung ins Englische von Ihren Blättern zumailen.*

Oliver Drewes: Was, von unseren Blättern? Das wäre ja toll, aber die Frage war anders gemeint. Was die Qualität solcher Bibliotheken angeht, die anbieten, englische Übersetzungen von Lesungen persönlicher Palmblätter zu mailen, ohne dass man dafür nach Indien kommen muss.

Dr. Mohan: *Dazu kann ich nichts sagen.*

Oliver Drewes: Wozu dienen die Angaben der persönlichen Daten und des Namens des Vaters bei Ihnen?

Dr. Mohan: *Lediglich der Suche und Identifikation des Schicksalsblattes.*

Oliver Drewes: Sind die Informationen auf Schicksalsblättern personenspezifisch oder ergeben sie sich in Kombination mit astrologischen Daten?

Dr. Mohan: *Jedes Schicksalsblatt ist individuell.*

Oliver Drewes: Wie viele Kapitel hat ein Schicksalsblatt?

Dr. Mohan: *Es gibt ein bis zwei Blätter. Über vergangene Leben, Vergangenheit, Gegenwart und Zukunft sowie künftige Leben.*

Oliver Drewes: Ist es wahr, dass Schicksalsblätter sich in speziellen Zeremonien mysteriös mit neuen Inhalten füllen?

Dr. Mohan: *Bei uns nicht.*

Oliver Drewes: Und es gibt auch heute niemanden mehr, der neue Schicksale aufzeichnet?

Dr. Mohan: *Nein.*

Oliver Drewes: Was bedeutet das Wort „Nadi-Reading" übersetzt?

Dr. Mohan: *Wir haben hier „Readings". Das hier ist keine Palmblattbibliothek. „Nadi-Reading" findet in Palmblattbibliotheken statt. Die Schicksalsbibliothek von Hoshiarpur ist älter als alle Palmblattbibliotheken.*

Oliver Drewes: Sind Sie aus Familientradition ein Leser geworden?

Dr. Mohan: *Ja, mein Großvater hat diese Bibliothek als Einrichtung in ihrer heutigen Form gegründet. Unsere Familie hat zuvor aber schon über viele Generationen Schicksalsblätter vorgelesen.*

Oliver Drewes: Braucht man, um Leser zu werden, bestimmte Fähigkeiten? Muss man spirituell sein?

Dr. Mohan: *Man muss lernen, Sanskrittexte interpretieren zu können.*

Oliver Drewes: Was macht einen guten Nadi-Leser aus?

Dr. Mohan: *Es geht nur um das Übersetzen.*

Oliver Drewes: Könnte der Rishi, auf den diese Bibliothek beruht, seine Informationen vielleicht aus der Akasha-Chronik bekommen haben?

Dr. Mohan: *Mit dem Begriff kann ich nichts anfangen.*

Oliver Drewes: Die Akasha-Chronik ist eine Aufzeichnung menschlicher Schicksale, in der fähige Menschen lesen können sollen wie in einem Buch. Könnte das der Ursprung der Information sein?

Dr. Mohan: *Das kann ich nicht sagen.*

Oliver Drewes: Eine deutsche Autorin verstehe ich in ihrem Buch über Palmblattbibliotheken so, dass sie „Nadi-Reading" für angewandte Astrologie beziehungsweise das Stellen von Horoskopen hält. Ist es mehr als das?

Dr. Mohan: *Hier findet, wie gesagt, kein „Nadi-Reading" statt. Die Informationen hier basieren nicht auf Astrologie.*

Oliver Drewes: Dienen Informationen wie Geburtstag, Geburtszeit, Geburtsort wirklich nur dem Auffinden des Schicksalsblattes oder sind es nicht doch die Basisinformationen für ein Horoskop?

Dr. Mohan: *Nein, sie dienen lediglich dem Auffinden des Schicksalsblattes.*

Oliver Drewes: Glauben Sie, dass unsere Vorstellung der Zeit und die Aufteilung in Vergangenheit, Gegenwart und Zukunft falsch ist?

Dr. Mohan: *Möglicherweise.*

Oliver Drewes: Glauben Sie, dass sich die Zukunft noch gestalten lässt?

Dr. Mohan: *Der Sinn der Brighu Samhita ist vor allem, denen zu helfen, die leiden. Nach Einsicht der Zusammenhänge und spiritueller Entwicklung kann* *eine Änderung der Zukunft durch göttliche Gnade möglich sein.*

Oliver Drewes: Und denken Sie, dass der Glaube an eine falsche Vorhersage, unterstellt, es gäbe so etwas, sie selbsterfüllend zutreffen lässt?

Dr. Mohan: *Möglich. Aber die Intention von Brighu war, den Menschen zu helfen.*

Oliver Drewes: Danke für Ihre Zeit und Geduld, Dr. Mohan.

Nach dem Interview komme ich auf die falschverstandene Frage und das Verschicken unserer übersetzten Vorhersagen zurück. Damit hatte ich nun nicht gerechnet. Wir bedanken uns für das unerwartete Angebot.

Auf unsere Frage nach der Bezahlung antwortet Dr. Mohan, wir sollten über Western Union Money Transfer den Betrag zahlen, der es uns nach Erhalt der Vorhersagen wert erscheint.

> „O könnte man im Buch des Schicksals doch nur lesen."
>
> *William Shakespeare*

Ein Vorschlag, der für mich trotz der bisher unglücklichen Umstände einen sehr seriösen Eindruck macht. Nach Verlassen der Bibliothek versuche ich mit der genannten Angabe von etwa 2 Tonnen Schicksalsblättern, die beim Umzug bewegt wurden, eine Menge zu schätzen. Würde ein Blatt, wie wir es gezeigt bekommen haben, etwa 20 Gramm wiegen, könnte man von 100.000 Schicksalsblättern ausgehen. Vermutlich wiegt ein Schicksalsblatt dort aber viel weniger. Wobei nicht klar ist, ob in den 2 Tonnen Aufbewahrungs- oder Ordnungssysteme wie Holzkästchen mit eingerechnet waren.

Christian, der in der Interpretation von Körpersprache ausgebildet ist und sowohl privat als auch bei der Weiterbildung der Polizei mehrere Jahre lang Seminare darüber gegeben hat, schildert mir seine Eindrücke. Beim Beantworten der Fragen war Dr. Mohan sichtlich in seinem Element. Wenn er eine Frage nicht verstanden hatte, zeigte er ein typisches Kratzen am Hinterkopf im Sinne von „Ich gebe jetzt nicht auf". Bei meinem Einspruch, wir hätten sehr wohl miteinander telefoniert, entgegen seiner Aussage, dass dies nicht stimme, zeigt sein Kratzen an der Nase emotionale Verlegenheit und physisches Unwohlsein. Er war sich nicht sicher, wusste es nicht genau.

3. Aufenthalt in Chandigarh

Die Rückreise aus Hoshiarpur

Da wir noch vor halb drei im Hotel Maharaja Palace ankommen, beschließen wir, trotz verlangtem halbem Tagessatz für das Zimmer, da wir ja nicht schon morgens ausgecheckt haben, die knapp dreistündige Rückfahrt noch anzutreten. Der junge Fahrer fährt bedeutend gelassener, als wir es vom Hinweg kennen, jedoch kommt es schon zu zwei bis drei Situationen, die ohne seine schnelle Reaktion oder unser Glück zu leichten Unfällen hätten führen können. Da unser Hotel Mark in Chandigarh für diesen Tag ausgebucht ist, nehmen wir vorlieb mit geringfügig teureren, aber im Vergleich minderwertiger eingerichteten Zimmern des benachbarten Hotels Monarch. Immerhin entdecken wir dadurch, dass man im dortigen Restaurant morgens auch frühstücken kann. Wir beschließen, auch das Abendessen gleich hier einzunehmen.

Die Akasha-Chronik

„Mit dem Begriff ‚Akasha-Chronik‘ konnte Dr. Mohan ja heute gar nichts anfangen", kommt Christian noch einmal auf unseren Vormittag zurück.

„Verwundert mich nicht. Zwar stammt der Begriff akasha aus dem Sanskrit, lässt sich mit ‚Himmel‘, ‚Raum‘ oder ‚Äther‘ übersetzen, hat aber keine indische Tradition [29]. *Er stammt aus einer esoterischen, der sogenannten theosophischen Weltanschauung nach Helena Blavatsky* [30], *Ende des 19. Jahrhunderts, die wiederum auf älteren Vorstellungen basiert."*

„Ja, die Weltanschauung und der Begriff sind mir bekannt. Die Chronik als ein übersinnliches ‚Buch des Lebens‘, das in nichtmaterieller Form ein allumfassendes Weltgedächtnis [31] *enthält",* erwidert Christian.

„Soweit ich mich erinnere, verwendete Rudolf Steiner, Begründer der Waldorfschulen, den Begriff in der Aufsatzserie Aus der Akasha-Chronik [32]. *Er leitete um die Zeit* [33] *die deutsche Sektion der Theosophischen Gesellschaft. Seine zunehmend abweichenden, an abendländischen Quellen orientierten Ansichten führten jedoch zur Auflösung der Sektion durch Blavatskys Nachfolgerin* [34]. *Daraufhin nannte Steiner seine Theosophie in Anthroposophie um."*

„Ja, ja, darüber habe ich gelesen", erinnert sich Christian und fasst noch einmal zusammen. *„Sich die Akasha-Chronik als ein Buch vorzustellen, in dem alle vergangenen, gegenwärtigen und zukünftigen Ereignisse niedergeschrieben sind, ist ein Versuch, visuell darzustellen, dass Informationen in Form von Energien* [35] *nicht verloren gehen."*

„Genau. Je emotionaler Ereignisse erlebt wurden und je mehr Energie somit im Spiel war, desto intensiver sollen Informationen im Weltgedächtnis erhalten bleiben.

„Denn es geschieht kein Unheil auf Erden oder an euch, das nicht in einem Buch wäre, bevor wir es ins Dasein rufen."

Koran, Sure 57, Vers 23

Vergleichbar mit einem Fußabdruck, der umso tiefer ist und umso länger eine Spur hinterlässt, wie mehr Gewicht ihn geprägt hat", ergänze ich beispielhaft.

Stadterkundung

Vierter Tag, 5. November. Wir beschließen, am heutigen Tag die Stadt Chandigarh mit einem offenen Stadtrundfahrtbus zu erkunden. Die Hauptstadt des Bundesstaates Punjab gilt als die sauberste und grünste Stadt Indiens. Sie wurde in den frühen 50er Jahren vom weltberühmten Architekten Le Corbusier am Reißbrett entworfen. Wichtig waren ihm breite, gerade und schattige Alleen, große Grünflächen und ein großer Naherholungssee.

Direkt vor dem Hotel Mark, in das wir wieder umgezogen sind, bietet ein Schuhputzer seine Dienste an. Dieser versteht *vor* dem Putzen kein Wort Englisch, als wir ihn immer wieder nach dem Preis fragen. Seinem hartnäckigen Drängen nachgebend, lasse ich für meine rotbraunen Schuhe aus mehreren Komponenten einen Farbton anmischen. Der passt zwar nicht wirklich, und das Verschmieren von Schnürsenkeln und Textillabel des Herstellers sind auch nicht sehr professionell, aber nun gut. *Nach* Erledigung überrascht er uns nicht nur mit perfektem Englisch, sondern vielmehr seiner Forderung. Für seine Tätigkeit verlangt er zwei Tageslöhne eines indischen Durchschnittsverdieners. Ein zur Unterstützung herbeigeeilter Hotelangestellter empfiehlt uns, maximal 5 Prozent des verlangten Betrages zu geben. Ein ziemlicher Unterschied! Erst nach 10 Prozent, die wir nach späterer Belehrung durch das Hotelpersonal nicht hätten zahlen sollen, können wir das viele Lamentieren über die angeblich teuren Komponenten seiner Farbtonmischung beenden. Im Lauf des Tages werden wir noch viele seiner Kollegen kennenlernen, die sich auch vom Anblick unserer bereits auf Hochglanz polierten Schuhe nur schwer davon überzeugen lassen, dass ein erneutes Schuheputzen derzeit nicht unser dringendstes Anliegen ist.

Der Versuch, eine Fahrradriksch an der Straße zum Tourist Office zu nehmen, scheitert am nicht vorhandenen Englisch der Fahrer, die in ihrem Leben kaum eine Schule besucht haben dürften. Mit einem bestellten Taxi lassen wir uns zum Hotel Shivalikview im Sektor 17 bringen, wo die Stadtrundfahrt mit dem Bus beginnen soll. Hier erfahren wir aber, dass der Bus entgegen den Angaben des Reiseführers nicht stündlich fährt, sondern bereits gegen 10.00 Uhr gestartet ist und der nächste erst um 14.00 Uhr abfahren wird.

Einsicht des Tages:
Nicht immer auf das
geschriebene Wort verlassen!

Wir überbrücken die Zeit mit der Suche nach einem der seltenen Geldautomaten in Chandigarh, der auch ausländische Kreditkarten akzeptiert, und damit, eine Kleinigkeit zu essen. Zurück im Hotel Shivalikview, wird uns erklärt, dass der Rundfahrtbus nun in die Werkstatt müsse und auch die Touren für den nächsten Tag ungewiss seien.

Kurz entschlossen halten wir eine motorisierte Riksch vor dem Hotel Shivalikview an und nehmen den Fahrer bis zur fremdsprachenmächtigen hilfsbereiten Rezeptionsdame mit. Wir stellen unsere eigene Tour aus den Highlights der ausgefallenen Bustour zusammen, besichtigen den Rose Garden mit über 6000 gepflegten Rosen, den Rock Garden mit seinen phantasievollen Attraktionen von steinernen Mensch- und Tierarmeen sowie Landschaften aus Scherben, Kieselsteinen oder zerbrochenen Keramikfassungen und besuchen den nicht weit entfernten, künstlich angelegten und zur Naherholung gedachten Sukhnasee. Nach Rückkehr ins Hotel verbringen wir den Rest des Tages mit der Besprechung über die weitere Reise, der telefonischen Vorreservierung der nächsten Hotels, Christian mit einem Nickerchen und ich mit dem weiteren Verfassen meiner Reisenotizen.

48

Fünfter Tag, 6. November. Vor unserem Abflug haben wir einen weiteren Tag in Chandigarh zu Verfügung. Bei der Planung hatte ich noch nicht gewusst, wie problemlos sich das Reisen in Indien gestaltet, und hatte absichtlich Pufferzeiten eingerichtet. Heute würde ich etwas anders organisieren und kann dies nunmehr als Tipp an die Leser weitergeben, die eine ähnliche Reise planen.

Nur 80 Kilometer nordnordöstlich von Hoshiarpur entfernt liegt verkehrsmäßig gut angebunden Dharamsala, bekannt als Exilheimat seiner Heiligkeit, des Dalai-Lama. Als Sehenswürdigkeit soll diese Stadt lediglich den farbenfrohen Kotwali Bazaar bieten, ist aber nur 4 Kilometer entfernt von McLeod Ganj. Ursprünglich als britischer Garnisonsstützpunkt angelegt, gilt dieser Ort heute als tibetischer denn indisch und als ein beliebtes touristisches Reiseziel.

Christian und ich wollen den Tag nutzen, um ein Internetcafé zu finden und die Post aufzusuchen, weil wir Briefmarken kaufen wollen. Ich will auch Mr Jayathirunathan, einem Geschäftspartner, der mir bei der Kontaktaufnahme zu den Schicksals- und Palmblattbibliotheken sehr geholfen hat, ein kleines Dankeschön per Post schicken. Ich habe aus Deutschland eine große Maglite-Taschenlampe mitgebracht, die ich mit seinem Namen hatte gravieren lassen. Ein Internetcafé findet sich bereits im übernächsten Häuserblock nach dem Kreisverkehr. Leider ist die Tastatur der Computer so ausgeleiert, dass man jeden Buchstaben fast dreimal antippen muss. Als nach einstündigem Schreiben auch noch der Rechner abstürzt, schicke ich für heute nur ein kurzes Lebenszeichen nach Deutschland.

Zusammen mit Christian mache ich mich dann zu Fuß auf den Weg zur Post. Irgendwie erweisen sich die Bezeichnungen der Querstraßen des Reiseführers als ebenso falsch wie die Bezeichnung der Sektoren. Über den Stadtplan gebeugt rätselnd, sprechen uns zwei junge Inder aus ihrem Auto an und sind so hilfsbereit, uns direkt zur nächsten Post zu fahren. Für den Rückweg bieten uns indische Passanten genauso freundlich ihre Hilfe an, den nicht englischsprachigen Rikschafahrern unsere Hoteladresse beziehungsweise den Weg dorthin zu erklären. Unter Beschimpfung werden sogar erste Fahrer weggeschickt, die uns Europäer nur mit unverhältnismäßig hohen Fahrpreisen befördern wollen. Es ist wirklich bemerkenswert, dass auf überzogene Forderungen des einen oft jemand anders zu unserer Unterstützung da ist.

Ähnlich geht es uns noch einmal vor dem Hotel. Dort läuft uns eine sehr ärmlich gekleidete Inderin mit etwa sechsjährigem Sohn und etwa vierjähriger Tochter über den Weg. *„Hello, hello, where do you come from? What is your name?"*, überrascht uns der dunkelhäutige Junge. *„Oliver, look at my sister."* Das kleine Mädchen schmeißt sich einen schwarzen Sack über, dreht sich dreimal im Kreis, zieht den Sack wieder ab, lässt sich nach hinten überfallen, stützt sich mit den Armen ab und streckt den Kopf unter dem gebogenen Rücken zu den Füßen. Für die unaufgefordert überraschend erbrachte akrobatische Leistung seiner kleinen Schwester verlangt der Kleine plötzlich Geld. So viele Rupien, wie ein Schuhputzer normalerweise für seine Arbeit bekommt, sind ihm nicht genug, und er wird zunehmend aggressiv. Warum dürfen diese Kinder nicht einfach nur Kinder sein? Der Rezeptionist weist die Straßenakrobaten zurecht, wir gehen ins Hotel und können uns so der Situation entziehen.

Schuster reparieren und besohlen am Straßenrand sitzend.

Erfahrungen mit Palmblattvorhersagen per E-Mail

Da wir am Abend noch Zeit haben, erzähle ich Christian von meinen Erfahrungen mit Palmblattbibliotheken, deren Vorhersagen ich übersetzt per E-Mail zugeschickt bekommen und zu deren Qualität ich Dr. Mohan ja vorgestern nach seiner Meinung gefragt hatte. Die englischen Übersetzungen habe ich mit im Gepäck dabei.

Als ich meine Termine ungefähr ein halbes Jahr vor der Reise ausmachen wollte, stellte sich das Erreichen der Bibliotheken als erste Hürde heraus. Die in den mir bekannten Büchern zu Palmblattbibliotheken gemachten Angaben sowie die im Internet recherchierten Telefonnummern erwiesen sich schlichtweg als falsch. Die indische Telefonnummernauskunft hatte ihren Service eingestellt, die deutsche Auslandsauskunft konnte mir nicht behilflich sein, die indische Botschaft wurde nicht für mich aktiv, auch mit der deutschen Vertretung in Indien kam ich nicht weiter, und auf Briefe direkt an die Bibliotheken bekam ich keine Antwort.

Genau zu dieser Zeit meldete sich in der Firma, in der ich neben der Verlagstätigkeit in Teilzeit arbeite, ein Hersteller aus Indien, der gern mit uns ins Geschäft kommen wollte. Aus meiner Erwähnung, dass ich Indien bald selbst einmal kennenlernen würde, entstand die Frage nach meiner Intention. Mr Jayathirunathan war begeistert, von dem Buchprojekt zu hören, und bot mir sofort seine Hilfe bei irgendwelchen Fragen und Schwierigkeiten an. So fand er für mich nicht nur die richtigen Telefon- und örtlichen Vorwahlnummern heraus, er kontaktierte auch gleich die Bibliotheken in Hoshiarpur und Kanchipuram wegen eines Termins.

Gleichzeitig fragte mich Mr Jayathirunathan, ob ich nicht Zeit, Geld und Energie sparen wolle, und mailte mir zwei Internetlinks von Palmblattbibliotheken zu, die übersetzte Lesungen per E-Mail verschicken. Auf meine Skepsis, lieber zu erleben, wie vom Palmblatt gelesen wird, statt vielleicht lediglich Auswertungen eines Horoskops zu bekommen, schlug mir Mr Jayathirunathan vor, an meiner Stelle eine Palmblattbibliothek in seiner Heimatstadt Trichy, wie Tiruchirappalli abgekürzt wird, zu besuchen. Die englische Übersetzung könne er mir dann zumailen.

Davor, eine Palmblattlesung über das Internet zu bestellen, war ich bisher zurückgeschreckt, hatte ich doch wie erwähnt bei Tigo Zeyen (2006) von den gleichen Orakeln für unterschiedliche Personen gelesen. Jemand an meiner Stelle vor Ort, der mir eine Übersetzung mailt, schien mir etwas anderes zu sein. Ich hatte immer nur gehört, dass man bei Bibliotheken mit gutem Ruf immer persönlich zur Lesung vor Ort erscheinen muss. Dass Mr Jayathirunathan stellvertretend für mich Informationen über mein Schicksal erhalten könne, hatte mich neugierig gemacht. Die von mir später besuchten Bibliotheken lehnten so etwas übrigens kategorisch ab.

Ich beantwortete Mr Jayathirunathans Fragen zu meinem Geburtsdatum, meiner Geburtszeit, dem Geburtsort, dem Namen meiner Eltern, meinem Familienstand, dass ich keine Kinder habe, und schickte ihm wunschgemäß eingescannte Abdrücke meines rechten Daumens. Vor allem Letzterer sollte dem Auffinden meines persönlichen Palmblattes dienen. Die Unmengen von Palmblättern müssen ja nach einem wie auch immer gearteten Ordnungssystem archiviert werden. Ich hatte bereits gelesen, dass manche Bibliotheken mit astrologischen Sternenkonstellationen eine Zuordnung machen, andere die Besucher Muscheln [36] auf einen besonders gemusterten Teppich werfen lassen, einige sich eine Zahl zwischen 1 und 108 nennen lassen [37] und wieder andere den Abdruck des Daumens erbitten.

In der Lesung ließ sich Mr Jayathirunathan einige Informationen zu meiner beruflichen Tätigkeit und der Branche entlocken, in der ich arbeite. Er sandte mir die fünf DIN-A4-Seiten umfassende englische Übersetzung mit dem Hinweis, dass die Aussagen seiner Ansicht nach hauptsächlich auf den von mir gegebenen Informationen beruhten.

Die erste Seite der Lesung enthält als Deckblatt die Auflistung meines Geburtsdatums, meiner Geburtszeit, Deutschland als Geburtsland, das Geburtsjahr, den Geburtswochentag, das englische und ins Tamilische umgerechnete Tagesdatum, den Geburtsstern Bharani und meinen Aszendenten Widder.

Die zweite Seite beginnt mit der Einleitung: *„Diese Lesung ist eine Vorhersage eines menschlichen Lebens. Durch ihren göttlichen Status (mit einem Seelenzustand, der sich der Vereinigung mit dem universellen Geist nähert) haben große Heilige, Rishis und Mönche wichtige Gegebenheiten aus dem Leben der Menschen vor Tausenden von Jahren in vorzeitlichen Sprachen in Palmblätter graviert.* " Es folgt eine Lobpreisung des heiligen Agasthiya zur Gottheit Shiva [38] und die Bitte, mein allgemeines Lebenskapitel preiszugeben. Mein Daumenabdruck sei als *Mani Mahuda meru rekha* identifiziert, daher sei ich tapfer, mutig und selbstsicher.

Es folgt eine Aufzählung von schneller Auffassungsgabe, Intelligenz, Gutmütigkeit, Aufgeschlossenheit und so weiter. Anschließend werden die astrologischen Planetenkonstellationen zum Zeitpunkt meiner Geburt aufgelistet. Daraus lasse sich ableiten, dass ich in einer respektablen Familie geboren und mit guten Eigenschaften und Glück ausgestattet sei. *„Schon im jungen Alter hat der Geborene sein Elternhaus verlassen."* Ausgezogen bin ich mit 26 Jahren. Ist das ein junges Alter, wenn es um das Verlassen des Elternhauses geht?

Es folgt die Mutmaßung: *„Aufgrund seines scharfen Verstandes mag der Geborene mit Forschungsaktivitäten beschäftigt sein."* In wie vielen Berufen wird man direkt oder indirekt mit Forschungsaktivitäten beschäftigt sein? Weiter folgen allgemeingültige, mit meinen vorgegebenen Daten verknüpfte Aussagen: *„Bis ins Alter von 22 war der Geborene frei von Krankheiten, Unfällen und Gerichtsverfahren. Bis ins Alter von 30 war er beschäftigt mit einer Ausbildung oder geschäftlichen Tätigkeit und hat Freundschaften mit noblen Personen gemacht."* Solch eine Aussage dürften bei den meisten Personen richtig sein.

Anschließend geht der Text auf meinen Familienstand ein: *„Zwischen 30 und 32 hat der Geborene geheiratet."* Ich war 29, bin drei Monate später 30 geworden. *„Er hat eine Frau geheiratet, die er sehr liebte."* Das sollte bei den meisten Ehen der Fall sein, hoffe ich zumindest. *„Konflikte und Meinungsverschiedenheiten haben seine Frau von ihm getrennt. Der Geborene sah sich vielen Schwierigkeiten, Problemen und Hindernissen in seiner Ehe gegenüber."* Das würde jeder Geschiedene bejahen. Interessant ist jedoch die Feststellung, dass ich überhaupt geschieden bin. Ob Mr Jayathirunathan vielleicht vorher zu meinem Familienstand gefragt wurde, weiß ich leider nicht. *„Im Alter von 34 Jahren ist er geschieden worden."* Das ist absolut richtig.

Anschließend folgt die Erklärung: *„All dies ist nicht nur wegen schlechter Planetenkonstellationen erfolgt, sondern auch wegen der Sünden in einem seiner vorherigen Leben. In diesem hat der Geborene in Sri Lanka gelebt."* Neben der Nennung eines Ortes auf Sri Lanka, Beschreibung der Lage und Nennung der Namen der Eltern folgt eine Auflistung schwerer Verfehlungen. Immerhin sei ich im Alter ausgewandert, auch in Indien gewesen und von einem Propheten auf einem Berg im Bundesstaat Tamil Nadu gesegnet worden.

Es folgt, dass der Beschriebene heute Oliver Drewes heiße, wie seine Eltern heißen und dass die Planeten derzeit nur allzu ungünstig stehen. *„Im Alter von 39 bis 40 kann es sein, dass der Geborene westliche Länder besucht."* Um diese Zeit könnten auch mir Nahestehende *„Erlösung erreichen"*.

Im Alter von 41 bis 42 wird auf eine mögliche Gefahr hingewiesen. *„Im Alter von 43 bis 44 Jahren könnte es sein, dass der Geborene aus beruflichen Gründen das Ausland besucht. Im Alter von 45 baut er vielleicht ein Haus. Im Alter von 46 bis 51 Jahren neue Geschäfte zu beginnen wird den Ruf und den Wohlstand des Geborenen mehren. Das Geschäft sollte nichts mit Gift, Alkohol oder Geldverleih zu tun haben."* Anschließend werden eine Angabe zu meiner erreichbaren Lebensdauer gemacht und meine Glückszahlen und -tage genannt. Um Misserfolge durch meine Sünden aus dem Vorleben abzuwenden, müssten aber *„Shanti- und Deeksha-Poojas"* von einem Nadi-Guru für mich praktiziert werden.

Zum Verständnis, ob „Erlösung erreichen" so viel wie „sterben" bedeuten würde und was „Shanti", „Deeksha" und „Poojas" sind, bat ich Mr Jayathirunathan um Hilfe. Ich bekam eine zweiseitige Erklärung des Palmblattlesers weitergeleitet, dass „Poojas" mehrfach täglich und über einen längeren Zeitraum praktizierte religiöse Rituale sind, „Shanti" sich auf begangene Sünden vergangener Leben und Maßnahmen zur Minderung deren Auswirkungen beziehen und „Deeksha" mit Vermeidung von Feindschaften und Unannehmlichkeiten und Übergabe eines Talismans zu tun hat. Das mögliche Sterben der mir nahestehenden Menschen wurde explizit auf meine begangenen Sünden zurückgeführt. Die Abwendung der karmischen Auswirkungen durch „Poojas" wurde unter Auflistung der Gebühren religiöser Praktiken mit umgerechnet etwa 360 Euro beziffert.

Einsicht des Tages:
Wenn das Geld im Kasten klingt, die Seele aus dem Fegefeuer springt!

Der größte Teil dieser Lesung ist falsch oder schwammig formuliert. Vorhersagen für die Zukunft sind eher allgemein formuliert und können erst in einigen Jahrzehnten rückblickend beurteilt werden. Christian, der sich ja schon einige Jahrzehnte länger mit spirituellen Themen und Glaubenssystemen befasst, schüttelte nur den Kopf.

Nicht, dass ich behaupten wollte, in Vorleben keinerlei Sünden begangen zu haben, aber für die „Poojas" einen im Vergleich zu indischen Einkommen derart hohen Betrag bezahlen zu sollen lässt mir die wirkliche Veranlassung dazu suspekt erscheinen. Vielleicht wäre es eher annehmbar mit dem Argument, dass der Betrag ein gewisses Opfer darstellen müsse. Dass sich die Summe an meinem eigenen Einkommen bemäße. Oder mit der Gewissheit, dass das Geld sozialen Zwecken, aber nicht nur dem Palmblattleser und seinen Helfern zuflösse.

Völlig inakzeptabel ist für mich aber, dass Leben und Tod anderer Menschen davon abhängen sollen, ob ich „Poojas" durchführen lasse oder nicht. Nach allgemein akzeptierter Ansicht leitet sich Karma, die Auswirkung im Leben des Jetzt aus dem Leben des Damals, immer nur aus dem Eigenen ab. Kein Mensch erfährt Leid zur Strafe eines anderen. Außerdem arbeitet man Karma ab, durch Einsicht oder Erleben, nicht dadurch, dass man sich davon freikauft.

Selbst hoch unzufrieden mit der ersten Lesung hatte Mr Jayathirunathan initiativ weitere Bibliotheken kontaktet. Lediglich Daumenabdruck, Name, Geburtsdatum, -zeit und -ort sollten gegeben werden, ohne weitere Informationen wie Name der Eltern und Familienstand mitzuteilen und berufsbezogene Fragen zu beantworten. Mit der anderen Bibliothek in Tiruchirappalli, dessen Link er mir auch geschickt hatte, vereinbarte Mr Jayathirunathan einen Termin für eine weitere Lesung. Einheimische bekommen übrigens immer kurzfristigere Termine als Ausländer. Auch hier wurde ihm dann doch der Name meiner Eltern zum Finden meines Palmblattes abverlangt. Angesicht zu Angesicht sollte, sofern aufgefunden, mein Palmblatt vorgelesen werden.

An diesem Tag bekam ich eine E-Mail von Mr Jayathirunathan, dass er vor Ort sei und der Leser mein Blatt nicht gefunden habe. Mr Jayathirunathan wurde gebeten, die Anzahl meiner Geschwister, deren Geschlecht und Alter im Verhältnis zu meinem zu erfragen. Des Weiteren, ob die Geschwister verheiratet seien. Ob ich Eigentum habe oder zur Miete wohne. Ob ich gerichtliche Auseinandersetzungen geführt habe.

In der nächsten E-Mail schrieb mir Mr Jayathirunathan, dass er vor zwei Stunden den Palmblattleser erneut getroffen habe. Zwischenzeitlich habe dieser mithilfe meines Daumenabdrucks mein Blatt gefunden. Anhand einiger, aber nicht aller meiner Antworten habe es einen Gegencheck gegeben, dass es sich wirklich um mein Blatt handele. Er habe eine Kassette mitlaufen lassen und bekomme zudem vom Leser eine schriftliche Zusammenfassung auf Tamil, die er mir nach Abgleich mit der Kassette ins Englische übersetzen werde.

In den folgenden Tagen erhielt ich per E-Mail-Anhang neben einem Deckblatt, dessen Angaben denen des ersten Bibliothekenreports entsprachen, sechs mit Schreibmaschine getippte Seiten in teils holprigem Englisch mit teils widersprüchlichen Inhalten.

Die zweite Seite beginnt mit der Einleitung: „*Guten Morgen, Mr Oliver. Wir heißen Dich willkommen, um an diesem Tag durch Schriftenlesung die Aussagen über Deine Gegenwart und Zukunft zu machen, die vor langer Zeit auf astrologischen Blättern niedergeschrieben wurden. Du hast uns Deinen rechten Daumenabdruck geschickt, durch den wir das richtige astrologische Blatt finden konnten, das die göttliche Wahrheit und die Geheimnisse über Deine zukünftigen Lebensereignisse preisgibt.*" Es folgt eine kurze Beschreibung der Merkmale meines Daumenabdrucks. „*Durch Lesung der Schriften, die der Weise, Rishi Vashista [39] aufgeschrieben hat, können wir die Leistungen und Vorkommnisse während Deiner Lebensspanne vorhersagen. Der Weise hat in den Schriften die folgenden Gegebenheiten Deines Lebens vorhergesagt.*"

Nun folgen allgemeine Schmeicheleien, dass ich einen starken Glauben an den Allmächtigen habe, reinen Geistes sei, nichts auf Gerüchte gebe, viel Zeit mit Nachdenken verbringe und, obwohl ich schon auf viele Schwierigkeiten im Leben gestoßen sei, niemandem etwas Böses wünsche. Anschließend folgen völlig realitätskonträre Aussagen zum Verhältnis mit meinen Eltern, zu deren finanzieller Situation, meinen Interessen und dass ich verheiratet sei. „*Der Weise Vashista hat nach Lobpreisung der Gottheiten Ganesha [40] und Shiva und Gebeten zum Allmächtigen, der mit übernatürlicher Macht Gottesfürchtige vor höchsten Schwierigkeiten, Elend und Verwirrungen beschützt, dafür gebetet, dem Geborenen Wohltaten und Hilfe für eine glänzende Zukunft sowie Befreiung von allen Sünden und Verfluchungen aus seinem vergangenen Leben zukommen zu lassen und alle Leiden und Traurigkeiten von ihm zu nehmen. O Gott, erbarme dich, diesem Geborenen alle Annehmlichkeiten und Wohlstand zu geben und sein Leben durch eine glänzende Zukunft in der Gesellschaft zu erhellen.*"

Anschließend heißt es, man habe aus dem astrologischen Blatt mein Horoskop aufgezeichnet, nennt mein Geburtsdatum und ordnet ihm Geburtsstern, Aszendent und Planetenkonstellationen zu. „*Durch all diese Planetenkonstellationen in Deinem Horoskop bist Du in einer angesehenen Familie geboren und hast eine gute Ausbildung gemacht.*" Dann folgt fälschlich, dass ich „*als zweites Kind geboren*" sei. Dann, „*dass mein Bruder ein glückliches Familienleben*" führe. Zu dem Zeitpunkt leidet er in Wirklichkeit darunter, dass sich seine Frau mit den beiden Kindern von ihm trennt. Dann heißt es, dass ich „*verheiratet bin und meine Frau zur Zeit von mir getrennt lebt*". Dabei bin ich zum Zeitpunkt der Lesung dreieinhalb Jahren nach einem vorangegangenen Trennungsjahr geschieden.

Nun kommt eine Beschreibung meiner Führungsposition im Angestelltenverhältnis und die Beschreibung der Produkte, die das Unternehmen führt. Weiter heißt es, man habe herausgefunden, dass mein Name Oliver Drewes und der meines Vaters Siegfried sei. Dann werden aber ein falscher Name meiner Mutter und ein völlig falscher Vor- und Zuname meiner geschiedenen Frau angegeben. Weiter heißt es, dass ich im Alter von 38 Jahren das Jothida-Nilayam-Nadi-Lesen aufgesucht habe, um Ereignisse in meinem Leben und meiner nahen Zukunft zu erfahren. Obwohl ich viele Tugenden besäße, die alle noch einmal aufgezählt werden, hätte ich einige Sünden in Vorleben begangen und Verfluchungen erhalten, die neben den ungünstigen Planetenkonstellationen mein Leben, mit diversesten Ausschmückungen aufgezählt, erschweren würden. *„Um diese Effekte und negativen Einflüsse der horoskopischen Planetenkonstellationen loszuwerden und ein komfortables und friedliches Leben führen zu können, solltest Du die speziellen ‚Shanti- und Deekshapoojas‘ ausüben, was enorme Veränderungen in Deinem Leben, Wohlstand, Zukunftsaussichten und ein langes Leben bewirkt.“*

Danach folgt eine Aufzählung von Lebensabschnitten, nach denen ich vielleicht eine eigene Geschäftstätigkeit ausüben könnte, eine neue Partnerin kennenlerne, vielleicht das Ausland bereise, finanzielle und gesundheitliche Höhen und Tiefen würde durchleben müssen und ein respektiertes Mitglied der Gesellschaft werde. Dann wird noch einmal auf die Notwendigkeit der speziellen „Poojas“ hingewiesen. *„Diese sollten für einen Zeitraum von 48 Tagen ausgeführt werden vom Guru dieses Instituts, der Dir anschließend einen Talisman überreicht, den Du ständig am Körper tragen musst und der mystische Kräfte hat, die Nachwirkungen und ungünstigen Planetenkonstellationen fernzuhalten, um Wohlstand und Glück in Dein Leben zu bringen.“*

Anschließend werden meine Glückssteine, -zahlen, -tage und -farben aufgezählt, bevor man mir Mildtätigkeiten auszuüben und den Talisman in Empfang zu nehmen empfiehlt und die Lesung mit den Lobpreisungen und Fürbitten des Weisen Vashista an den Allmächtigen schließt.

Leider ist auch in dieser Lesung, was meine Vergangenheit und Gegenwart betrifft, mehr falsch als richtig über mich angegeben worden. Dass ich getrennt bin und was meine berufliche Tätigkeit im Angestelltenverhältnis angeht, ist richtig, könnte aber auch Mr Jayathirunathan entlockt worden sein.

4. Rundreise Delhi–Agra–Jaipur

Der Reinkarnationsglaube

Sechster Tag, 7. November. Nach dem Frühstück im benachbarten Hotel bestellen wir telefonisch ein Taxi zum Flughafen. Während des Flugs kommt Christian auf das Thema Reinkarnation [41] zu sprechen. *„Da die jahrhundertealten Schicksals- und Palmblätter neben der individuellen Gegenwarts- und Zukunftsbeschreibung eines heutigen Lebens auch Aussagen zu Vorleben und künftigen Inkarnationen machen, muss man sich auch mit dem Thema beschäftigen, schon einmal gelebt zu haben und wiedergeboren zu sein.“*

„Oder sich sogar in einem Kreislauf von Geburten zu befinden mit dem Ziel, davon erlöst zu werden“, unterbreche ich.

„Das wäre sonst genauso, wie ein Auto ohne das Vorhandensein einer Straße zu betrachten“, fährt Christian fort. *„Du arbeitest als Reinkarnationstherapeut, aber wusstest du, dass schon Pythagoras über den Glauben an körperliche Wiedergeburt geschrieben hat?“*, fragt Christian.

> **„Wir sind keine menschlichen Wesen, die eine spirituelle Erfahrung machen. Wir sind spirituelle Wesen, die eine menschliche Erfahrung machen.“**
>
> *Willigis Jäger*

„Auch Plato und andere griechische Philosophen [42]. Übrigens ist der Begriff ,Therapeut' bei mir nicht richtig. Man kann Ausbildung in Therapien machen, aber darf sich nicht gleich ,Therapeut' nennen. Dazu bedarf es eines anerkannten Ausbildungsabschlusses in heilenden oder erziehenden Berufen. Seit 2004 sind geistige Heilmethoden berufsmäßig und gewerblich erlaubt [43], wenn der Klient darauf hingewiesen wird, dass dies nicht die Diagnose oder Behandlung eines Arztes oder Heilpraktikers ersetzt. ,Reinkarnationsbegleiter' wäre also zutreffender. Wobei ich die Bezeichnung [44] ,Rückführungsbegleiter' vorziehe. Der eine Grund ist die neutralere Sprache. Der andere, dass in hypnotischen und nichthypnotischen Methoden zur emotionalen Befreiung nicht nur in frühere Leben, sondern auch in die frühe Kindheit zurückgeführt wird. Und ,arbeiten' trifft bei mir zumindest derzeit auch nicht zu, da ich mit meiner Schriftsteller- und Verlegertätigkeit nebenberuflich viel zu ausgelastet bin.

58

Aber völlig richtig, der Reinkarnationsglaube berühmter griechischer Philosophen wird oft übersehen. Auch dass Persönlichkeiten wie Johann Wolfgang von Goethe daran glaubten und auch Albert Schweitzer damit sympathisierte.

Der Reinkarnationsglaube ist keineswegs nur auf Indien beschränkt oder indischen Ursprungs, sondern in vielen Teilen der Welt verbreitet [45]. *Er ist kein offizieller Bestandteil des Judentums und des Islams, lässt sich aber in jüdischen und islamischen Strömungen finden"*, ergänze ich.

"Und älter als das Christentum", fügt Christian hinzu.

„Des Menschen Seele
gleicht dem Wasser,
vom Himmel kommt es,
zum Himmel steigt es,
und wieder nieder, zur Erde,
muss es ewig wechseln."

Johann Wolfgang von Goethe

"Einer langjährigen Freundin aus Süddeutschland gegenüber hatte ich einmal das Thema ‚Rückführung in frühere Leben' angeschnitten", erzähle ich. *"Die Frau, die ich für aufgeschlossener gehalten hatte, beendete abrupt das Thema: ‚Damit brauchst du mir nicht zu kommen. Das passt nicht in mein Weltbild. Ich bin Christin.'* Noch immer überrascht es den einen oder anderen, dass den frühen Christen der Glaube an die Wiedergeburt nicht so fremd war, wie man heute glaubt oder uns glauben lässt. Der Rückführungsexperte Dr. Jan Erik Sigdell, der sich in vielen seiner Bücher immer wieder mit der Vereinbarkeit von Reinkarnationsglauben und Christentum auseinandersetzt, befasst sich mit den Urchristen wie den Gnostikern, einer großen Glaubensströmung der ersten Jahrhunderte. Sie glaubten an die Wiedergeburt und wurden von der erst später im 4. Jahrhundert entstandenen Kirche wegen Konkurrenz zum eigenen abgewandelten Christentum als Ketzer erklärt und verfolgt.

Hinweise auf die Wiedergeburt wurden vom römischen Kaiser Konstantin und seiner Mutter Helena im Alten und Neuen Testament im Jahre 325 nach Christus gestrichen [46]. Die Lehren an die Existenz der Seele vor der Zeugung und damit der Reinkarnation durch Origenes, einem Vertreter gnostischen Christentums in Alexandrien, belegte Kaiser Justinian 543 nach Christus mit Bannflüchen und ließ sie sich zehn Jahre später vor Beginn des Vatikanischen Konzils in Konstantinopel nachträglich von den versammelten Bischöfen unterzeichnen. So kam zu der weitverbreiteten Meinung, dass Origenes'

Lehren beim Vatikanischen Konzil 553 verurteilt worden wären. In Wirklichkeit waren sie nicht Bestandteil der Konzilbeschlüsse, und es wurde den Christen auch nicht verboten, an die Reinkarnation zu glauben.

Noch heute gibt es zahlreiche Passagen zur Vorexistenz und Reinkarnation der Seele in der Bibel [47]. Dr. Jan Erik Sigdell bringt es somit auf den Punkt, wenn er fragt: ‚Ist der Glaube an Reinkarnation wirklich unchristlich oder nur unkirchlich?' Jedenfalls wundert es so nicht, dass 47 Prozent aller Deutschen und 40 Prozent aller Katholiken der Meinung sind, es gäbe nichts nach dem Tod. Und dass nur 12 Prozent aller Befragten und 11 Prozent aller Katholiken an eine Wiedergeburt glauben [48].

> „Jemandem, der geboren wurde,
> ist der Tod gewiss,
> und jemandem, der gestorben ist,
> ist die Geburt gewiss."
>
> Bhagavad-Gītā 2.27

In einer Diskussion mit einem guten Freund über die Möglichkeit, wiedergeboren zu sein, entgegnete er: ‚Ich kann mich aber nicht erinnern, früher gelebt zu haben und gestorben zu sein. Also bin ich es wohl auch nicht.' Eine wunderbare Vorlage.

‚Kannst du dich denn erinnern, geboren zu sein? Und wenn nicht, hast du jetzt Zweifel daran, zu leben?' Ihm habe ich das Buch Die zahlreichen Leben der Seele von Brian L. Weiss empfohlen, das sich spannend wie ein Krimi liest. Der Psychiater beschreibt darin, wie durch Behandlung einer Patientin in Hypnose Erinnerungen an frühere Leben zutage kamen, die sich als Ursache ihrer heutigen Probleme erwiesen, und wie seine konventionellen, wissenschaftlichen Überzeugungen ins Wanken gerieten. Darin wird auch genau die Frage aufgegriffen, warum wir uns nicht an frühere Leben erinnern können. So antwortet seine Klientin, die angegeben hatte, schon Dutzende Male gelebt zu haben, dass sie sich dann an bestimmte Leben erinnern würde, wenn es wichtig für sie wäre.

Ähnlich antworten auch Klienten anderer Therapeuten [49]. Ein unglaublich großer Schatz an Vorwissen aus anderen Inkarnationen ist nicht durch Vergessen vergeudet. Im unbewussten Ich tragen wir alle Erfahrungen als unbewusste Erinnerungen in uns. Es ist nur das bewusste Ich, das sie vergessen hat. Zu relevanter Zeit rücken sie wieder ins Bewusstsein. Inwieweit sich aus dem Unbewussten in Déjà-vu-Erlebnissen oder Träumen solche Erinnerungen zeigen, ist spekulativ. Spätestens in einer Rückführung kann aber fast jeder Zugriff darauf erlangen.

60

Interessant sind übrigens auch andere Antworten während einer Rückführung befragter Klienten. Sie geben an, den Herausforderungen im heutigen Leben gegenüberzustehen, die zu lösen sie sich aufgrund bestimmter Ereignisse in früheren Leben zur Aufgabe gemacht haben. Und dass Lernaufgaben oft nicht in einem einzigen Leben abzuschließen sind und sich zum Beispiel erst in der dritt- oder viertnächsten Inkarnation fortsetzen.

Die plausibelste Begründung, warum wir uns nicht oder nicht immer beziehungsweise nicht immer bewusst erinnern, habe ich vor kurzem gelesen [50]. Das war übrigens ganz merkwürdig. Ich habe mit dem Buch begonnen. Es war in Deutsch geschrieben. Gutes Hochdeutsch. Beim Lesen setzen sich die Buchstaben und Wörter zu Sätzen im Kopf zusammen. Es fühlt sich nicht anders an, als wenn man denkt oder mit sich selber im Geiste spricht. In seiner eigenen Sprachmelodie. Wie man durch seine Umgebung halt geprägt ist. Ich hatte aber permanent das Gefühl, in Schweizerdeutsch vorgelesen zu bekommen. Das war einfach nicht wegzukriegen. Bis ich irgendwann nachgeschlagen habe, was für eine Frau denn das Buch geschrieben hat. Und es wird dich kaum überraschen, es war eine Schweizerin.

Aber nun zu ihrer Begründung. Nimm zum Beispiel das schmerzliche Betrogen- und Verlassenwerden, um die Erfahrung der Enttäuschung zu machen. Und dann frag dich: Hätte man sich genauso leidenschaftlich und bedingungslos auf den anderen Menschen eingelassen, wenn man das vorher alles gewusst hätte? Hätte man sich nicht nur so weit darauf eingelassen, dass man nur geringstmöglich verletzt wird? Natürlich, vergessen ist also wichtig, um seine Emotionen ohne Berechnung einzusetzen und den vollen Lernerfolg erleben zu können.

Dass sich Menschen nicht außerhalb einer Rückführung erinnern können, stimmt auch nicht uneingeschränkt. In einem Buch [51] beschreibt Ian Stevenson, ein amerikanischer Professor der Psychiatrie, zwanzig überzeugende und wissenschaftlich bewiesene Fälle, in denen sich Menschen sehr wohl und richtig erinnern konnten. Annett Friedrich, die auch über Palmblattbibliotheken geschrieben hat, erwähnt einen Lehrstuhl zur wissenschaftlichen Erforschung von Reinkarnation [52], wo von mehr als 250 Fällen 77 Prozent in ihren Angaben zu früheren Leben bestätigt worden sein sollen.

> **„Geburt und Tod sind nicht zweierlei Zustände, sie sind zwei Aspekte desselben Zustands."**
>
> *Mahatma Gandhi*

Ein Beweis nicht nur dafür, dass wir uns erinnern können, sondern darüber hinaus auch für den Wiedergeburtsglauben an sich sind Fälle aus Rückführungen mit gegenseitigen Bestätigungen. So berichte Dr. Jan Erik Sigdell mir persönlich von Menschen, die in Rückführungen die gemeinsam erlebte Geschichte aus den jeweiligen Perspektiven ihrer damaligen Inkarnationen schildern. Wobei Beweisbarkeit für die therapeutische Praxis eigentlich von zweitrangiger Bedeutung ist.

Gerade in den letzten Jahren haben diverse Fernsehsender das Thema ‚Rückführungen‘ für sich entdeckt und gehen mit einem Team aus Historikern und Forschern daran, geschilderte Erlebnisse von live zurückgeführten Menschen auf ihren Wahrheitsgehalt zu untersuchen. Sicher trägt dies zur Akzeptanz des Reinkarnationsgedankens bei, aber nach meiner persönlichen Meinung sollte die Motivation für eine Rückführung keine Neugierde, sondern psychische Befreiung von alten Lasten sein."

„Im Leben geht es nicht darum, sich selbst zu finden, sondern darum, sich selbst zu erschaffen."

George Bernard Shaw

Ich genieße es, mit Christian so offen reden zu können, was mit vielen, selbst langjährigen Freunden nicht immer geht. Was die Angaben zu letzten und künftigen Inkarnationen in Schicksals- und Palmblättern angeht, stimmen wir überein, dass diese in vielen Fällen helfen können, heutige Lebenssituationen zu verstehen. Und wir fragen uns: Wenn Aussagen über das heutige Leben zutreffend wiedergegeben werden, ob dann nicht auch Skeptiker – Seriosität des Palmblattlesers vorausgesetzt – von den Aussagen über frühere Leben zumindest nachdenklich gestimmt werden?

Hotelsuche in Delhi

In Delhi gelandet, fragen wir im Flughafen an der Touristeninformation nach den Abfahrtszeiten der Züge und einem Hotel für, wie gewohnt, umgerechnet etwa 20 Euro. Eine recht unfreundliche, ältere Frau erklärt uns, der Zug fahre nur einmal täglich morgens um sechs und Hotels seien in Delhi weitaus teurer und in dieser Preisklasse nicht zu haben. Nach dem Abholen des Gepäcks steht nun ein Mann hinter der Theke der Touristeninformation. Wir versuchen unser Glück erneut.

Er informiert uns, dass es Züge von zwei Stationen gäbe, einmal um 6.00 und einmal um 7.00 Uhr, und dass wir alternativ für die 225 Kilometer besser ein Taxi nehmen könnten. Da der Preis dem Dreifachen entspricht, was wir bisher dafür bezahlt haben, lehnen wir dankend ab. Telefonisch lassen wir uns mit einem Hotel aus dem Reiseführer verbinden und bekommen in der Nähe des Bahnhofs für einen Spottpreis ein Doppelzimmer angeboten. Der Mann der Touristeninformation macht uns nun ein Gegenangebot für Einzelzimmer, die lediglich ein Viertel teurer als zuletzt in Chandigarh sind. Wir nehmen es an, da uns der niedrige Preis beim zuvor angefragten Hotel schon suspekt vorkommt.

Einsicht des Tages:
Offen sein, und es geht immer irgendwie weiter!

Das Hotelniveau des Megha Palace ist weit unterhalb dessen, was wir gewohnt sind, aber es soll ja nur für eine Nacht sein. Es ist die bisher teuerste und zugleich einfachste Unterkunft. Die Möbel haben deutsche Sperrmüllqualität, und eine Matratze wird durch eine 10 Zentimeter starke Schaumstoffunterlage simuliert, bezogen mit einem fleckenreichen Laken. Die Badezimmertür ist wegen des Fehlens eines Duschvorhangs völlig aufgequollen.

Nach dem Beziehen der Zimmer wollen wir am Bahnhof noch am selben Tag Tickets für den nächsten kaufen. Geplant sind nach der Zugreise zwei Übernachtungen in Agra zum Besuch des Taj Mahal, die Zugfahrt zurück und eine weitere Übernachtung in Delhi vor unserem Weiterflug nach Bangalore. Nach dem Weg gefragt, empfiehlt uns die Rezeption eine kleine Agentur in der Nähe, in der wir auch Tickets kaufen könnten. Wir lassen uns abholen, und es stellt sich heraus, dass der Fahrer persönlich der Inhaber dieses und noch zwei weiterer Hotels in Delhi ist und von der Tourenorganisation

„Megha Tours & Travels" lebt. Das Zugticket hätte pro Person zirka 48 Euro für die Hin- und Rückfahrt gekostet.

Wir bekommen von ihm ein Auto mit Chauffeur für umgerechnet 90 Euro pro Person geboten für folgende Leistungen: eine Citytagestour in Delhi und die vierstündige Fahrt nach Agra mit Stopp in Mathura am ersten Tag. Die Besichtigung von Agra Fort und dem Taj Mahal am zweiten Tag. Die fünfstündige Fahrt nach Jaipur, die Besichtigung der Stadt und des Fort-Palasts in Amber am dritten Tag. Die fünfstündige Fahrt am vierten Tag mit Stopp bei der verlassenen Mogulstadt Fatehpur Sikri, zurück nach Delhi und den Transfer zum Flughafen. Nicht inbegriffen sind drei Übernachtungen, deren doppelt so hohen Preis wie üblich er mit Drei-Sterne-Kategorie und viel höherem Standard als in Delhi erklärt. Besonders das Hotel in Jaipur sei ein Luxushotel.

Wir nehmen nach kurzer Besprechung das Angebot an und sitzen an diesem Abend noch sehr lange mit dem gesprächigen Hotelinhaber über diversen von ihm georderten indischen Snacks und Bier und tauschen uns über unsere Kultur- und Lebensansichten aus.

Besuch von Alt-Delhi und Stadterkundung

Siebter Tag, 8. November. Am frühen Morgen werden wir von einem sympathischen Inder namens Karan abgeholt, der uns die nächsten drei Tage fahren wird. Zunächst sind wir aber erst noch mal ins verqualmte Büro des Inhabers eingeladen, um einen Tee oder Kaffee mit ihm zu trinken. Anschließend besichtigen wir bis um die Mittagszeit Delhi. Die indische Hauptstadt lernen wir dabei von zwei Seiten kennen: den moderneren Teil Neu-Delhis mit seinen mehrspurigen Hauptstraßen sowie Einflüssen der britischen Kolonialzeit und Alt-Delhi, die überwiegend von Moslems überbevölkerte Altstadt mit engen, überwiegend schmutzigen Gassen und geschäftigem Treiben. Auf knapp 1500 Quadratkilometern leben hier knapp dreizehn Millionen Menschen. Der heutigen Stadt gingen mindestens acht Städte voraus, Indraprastha, die älteste Siedlung, wurde schon im jahrtausendealten Mahabharata-Epos erwähnt.

Den dem Affengott geweihten Hanumantempel sehen wir nur im Vorbeifahren. Zum Fotografieren der im anschließenden Park vorkommenden Affen machen wir aber ein paar Halts. Anschließend besuchen wir den Lakshmi-Narayan-Tempel, welcher der Göttin des Reichtums gewidmet ist.

Nach einer Aufnahme der orange-dunkelrot gestrichenen Architektur mit ihren aufragenden Kuppeln, des 1938 durch den Industriellen Birla Mandir gebauten Tempels, muss ich die Kamera leider im Auto lassen. In Indien sind Tempel belebte Zentren des kulturellen Lebens. Religion und Alltag sind eng miteinander verknüpft. Wo von Touristen zu rücksichtslos fotografiert wurde, erfolgte vielerorts ein Fotografierverbot.

Nach dem Ablegen der Schuhe werden wir sofort von einem Fremdenführer in Beschlag genommen, dessen Erklärungen zu den Abbildungen der Gottheit Vishnu [53] eigentlich nicht über das hinausgehen, was an den Tafeln darunter in Englisch geschrieben steht. Unser nächster Halt ist der in der Nähe gelegene, westlich über die Rajpath mit dem India Gate verbundene Rashtrapati-Bhavan-Präsidentenpalast. Da Autos hier nicht parken dürfen, lässt uns Karan zum Besichtigen und Fotografieren aussteigen, um uns nach einer Runde wieder abzuholen. Durch die verkehrsdichten Straßen zwischen überwiegend heruntergekommenen Gebäuden Alt-Delhis geht es zu Jama Masjid, der größten Moschee Indiens. Die zwischen 1644 und 1658 erbaute Moschee aus abwechselnd folgenden vertikalen Schichten aus rotem Sandstein und weißem Marmor beeindruckt mit vier verwinkelten Türmen, drei großen Toren und zwei 40 Meter hohen Minaretten.

Lal Qila, das Red Fort, ist eine der vielen Sehenswürdigkeiten Alt-Delhis.

Letzter Halt bei der Stadtrundfahrt ist Lal Qila, das Red Fort. Am Haupteingang des Lahore Gate sind an einer Tafel die Eintrittspreise angeschlagen: Etwa 20 Cent für Einheimische, knapp 4 Euro für Ausländer und 10 Prozent Aufpreis für Videokameras extra. Da braucht man sich ja eigentlich gar nicht zu wundern, wenn von uns auch anderenorts ein Vielfaches des Einheimischentarifs für gleiche Dienstleistungen verlangt wird.

Das 1648 fertiggestellte, massive Fort aus der Blütezeit der Moguln wurde unter Shah Jahan in zehn Jahren erbaut. Nachdem er von seinem Sohn Aurangzeb abgesetzt wurde, regierte dieser als einziger Mogulherrscher in der als „Shahjahanabad" bezeichneten neuen Hauptstadt. Für die Besichtigung der vielen imposanten Gebäude inmitten von Gartenflächen mit Brunnen und kleinen Pavillons sollte man genügend Zeit einplanen.

Knapp 60 Kilometer vor Agra machen wir einen Halt in Mathura, einem religiösen Zentrum und Pilgerort der Hindus, wo nach überlieferten Texten der Gott Krishna geboren wurde und aufwuchs. Vorbei am Potara-Kund-Taufbecken beginnt ein Spießrutenlauf zwischen hartnäckigen Straßenverkäufern und uns belagernden Scharen von Kindern und Teenagern, bis wir zum Kesava-Deo-Tempel gelangen.

Ein Junge mit ziemlich viel Souvenirs lacht mich an und streckt mir die Hand entgegen. Nur genervt hebe ich meine Hände augenblicklich hoch und schüttele meinen Kopf. Ob er mir irgendwas zum Kaufen in die Hand drücken wollte, was ich dann erst mal wieder nicht losgeworden wäre? Gleichzeitig befällt mich ein Gefühl unendlicher Trauer. Sind meine antrainierten Abwehrmechanismen schon so groß, dass ich Menschen nicht mehr mit Offenherzigkeit begegnen kann? In Mexiko hatte man mir eine Pistole in die Seite gedrückt, in Spanien bin ich sogar angeschossen worden. Ich bin dennoch nicht misstrauisch gegenüber Fremden geworden, aber hier sind die Eindrücke einfach zu viel und zu schnell. Ich nehme mir vor, mehr mit dem Herzen als mit dem Kopf sehen zu wollen.

Am Tempeleingang werden wir in mehreren aufeinanderfolgenden, übertrieben intensiv ausgeführten Abtastritualen auf verbotene Kameras, Handys, Tabakwaren und Feuerzeuge untersucht. Das Tempelinnere bietet dann nach unserem Eindruck allerdings nichts, was man nicht schon anderenorts gesehen hätte.

Die Fahrt nach Agra

Unser Weg nach Agra führt uns in den mit knapp 170 Millionen Einwohnern bevölkerungsreichsten Bundesstaat Indiens Uttar Pradesh. Vor über 2000 Jahren war die Region Teil des riesigen buddhistischen Herrschaftsgebiets des Kaisers Ashoka. Heute ist die Region nicht nur für Buddhisten, sondern mit dem heiligen Fluss Ganges auch für die Hindus von höchster religiöser Bedeutung. Zwischen dem 11. und 16. Jahrhundert besetzten Muslime das Gebiet, diese stellen aber heute eine Minderheit in der Bevölkerung dar.

An der Bundesgrenze muss Karan den Wagen verlassen und die Einreisesteuer für uns entrichten. Sofort nähert sich uns ein Trupp von Verkäufern aller möglicher, nach ihrer Auffassung unverzichtbarer Dinge des alltäglichen Lebens.

In Agra angekommen, beziehen wir ein akzeptables Hotel, dessen Namen ich mir leider nicht aufschreibe und später per Nachfrage über E-Mail beim Verkäufer der Tour auch nicht mehr genannt bekomme. Die geschichtsträchtige Stadt Agra wurde bereits 1501 von Sultan Sikander Lodi als Hauptstadt eingerichtet. Heute übernachten in Agra, im Gangestal am Ufer des Yamuna gelegen, die wenigsten Touristen, da sich durch die Zuganbindung nach Delhi die Besichtigung meist auf einen Tag beschränkt. Dabei ist Agra mit über 1,3 Millionen Einwohnern nicht gerade eine Kleinstadt und bietet weitere Sehenswürdigkeiten in Form von Moscheen, Mausoleen, Parks und natürlich dem von Sha Jahan zu einem Palast umgebauten Agra Fort. Hier wurde der Mogulnherrscher, von seinem Sohn Aurangzeb aus der neuen Hauptstadt Delhi vertrieben, eingesperrt. Nach Eroberung durch die Jats 1761, Übernahme der Herrschaft durch die Marahten 1770, Ablösung durch die Briten 1803 und Verlagerung des Verwaltungssitzes 1857 nach Allahabad verlor Agra seine politische Bedeutung und entwickelte sich zu einem industriellen und touristischen Zentrum.

Auf Vorschlag Karans essen wir auswärts in einem Restaurant, zu dem er uns fährt. *„Kennst du eigentlich die Geschichte, wie Gott den Inder geschaffen hat?"*, fragt Christian unseren Fahrer, der schon gespannt den Kopf schüttelt. *„Du auch nicht, Oliver? Dann passt mal auf"*, macht uns Christian weiter neugierig. *„Also, als Gott die Menschen gemacht hat, da hat er sie aus Erde und Lehm geformt und zum Backen in den Ofen gesteckt. Den ersten hatte er viel zu lange drin. Als er ihn rauszog, war er ganz schwarz geworden. Das sind dann die Afrikaner geworden. Beim zweiten Mal, dachte sich Gott, muss ich ihn viel früher rausholen. Doch* *er war noch ganz weiß. Das sind dann die Europäer geworden. Beim dritten Anlauf hat Gott dann die richtige Zeit gefunden. Nicht zu dunkel, nicht zu hell. Jetzt ist er perfekt, sagte sich Gott, und so waren dann die Menschen in Indien entstanden.*"

Karan strahlt erheitert bis über beide Ohren, da hat Christian doch mächtig Sympathiepunkte für uns gesammelt. Nachdem er uns am Hotel abgesetzt hat, verabschiedet er uns herzlich bis zum nächsten Morgen.

Einsicht des Tages:
Mit Humor gewinnt
man Herzen!

Der Erlösungsglaube

Christian und ich beschließen, noch etwas zusammen auf der Dachterrasse unseres Hotels zu trinken. In unserem Gespräch kommen wir auf den Erlösungsgedanken der Inder vom Kreislauf der Wiedergeburt zu sprechen.

„Nach hinduistischer Religionsauffassung entwickeln sich doch die Seelen durch unzählige Leben als Mensch und sogar als Tier in einem wiederkehrenden Kreislauf", beginnt Christian.

„Richtig, ‚Samsara' genannt. Die Erfahrung in der Individualität und die Existenz in der materiellen Welt wird dabei als zu überwindende Bindung und Illusion angesehen", merke ich an.

„Aber hast du in Rückführungen schon mal Klienten mit Erinnerungen an Tierleben gehabt oder ist dir davon berichtet worden?", will Christian wissen.

„Nein, ich habe nur darüber gelesen. Es gibt Ansichten, dass die am weitesten zurückliegenden Inkarnationen in niedrigeren Bewusstseinsformen als der menschlichen stattgefunden hätten. Dabei geht man aber von einer Steigerung aus. Nach einem menschlichen Leben als Tier zurückzukommen erscheint mir daher wenig sinnvoll. Aber ich würde Klienten mit solchen Eindrücken nicht be- oder verurteilen. Wie schon im letzten Gespräch darüber angedeutet, geht es um emotionale Befreiung und nicht um den Beweis der Schilderungen", erkläre ich. *„Der westliche und der östliche Reinkarnationsgedanke unterscheiden sich in einigen Glaubensfragen, nicht aber im Ziel, aus dem Kreislauf der Wiedergeburten erlöst zu werden. Hier in Indien wird das natürlich bewusster angestrebt. Während der Verkörperungen in unseren Leben häufen wir nach dem Gesetz von Ursache und Wirkung durch gute und schlechte Taten Karma*

68

an, das unsere zukünftigen Reinkarnationen positiv oder negativ beeinflusst."

„Ja", bestätigt Christian, *„unsere Handlungen und Denkweisen bilden Energien, die nicht verlorengehen und uns selbst in späteren Leben beeinflussen."*

„Interessanterweise habe ich neulich gelesen, dass dieses Gedankengut eine Entsprechung in der klassischen Physik findet, dem Energieerhaltungssatz in der Thermodynamik, die auch als Wärmelehre bezeichnet wird. Der erste Hauptsatz der Thermodynamik besagt, dass die Gesamtenergie eines geschlossenen Systems sich mit der Zeit nicht ändert, sondern Energie eine Zustandsgröße ist. Jedes thermodynamische System verfügt über eine bestimmte Menge an Energie. Zwar kann diese zwischen verschiedenen Energieformen umgewandelt werden, beispielsweise von Bewegungsenergie in Wärme, aber innerhalb eines geschlossenen Systems nicht erzeugt oder vernichtet werden. Somit, schlussfolgere ich, werden all unsere Gefühle, Gedanken, Worte, Taten und Gewohnheiten umgewandelt in Energie weiter fortbestehen."

„An dieser Stelle ergibt die folgende Weisheit dann wirklich einen Sinn: ‚Achte auf deine Gefühle, denn sie werden deine Gedanken. Achte auf deine Gedanken, denn sie werden deine Worte. Achte auf deine Worte, denn sie werden deine Taten. Achte auf deine Taten, denn sie werden deine Gewohnheiten. Achte auf deine Gewohnheiten, denn sie werden dein Charakter. Achte auf deinen Charakter, denn er bestimmt dein Leben und Schicksal", bemerkt Christian zutreffend.

„Dein Schicksal ist der Nachklang und das Resultat deines Charakters."

Johann Gottfried Herder

„Der Endpunkt der geistigen Entwicklung durch die Wiederverkörperungen ist das letzte der vier Lebensziele im Hinduismus, die Erlösung, Moksha", gebe ich mein kürzlich angelesenes Wissen weiter. *„Im Buddhismus wird der Begriff ‚Nirwana', übersetzt ‚Nichtsein', verwendet. Moksha wird als Erleuchtung, Erkenntnis beschrieben, die materielle Welt nicht länger als real und das Ich als losgelöst zu betrachten und sich mit dem All-Einen wiederzuvereinigen. Wann man Moksha und wie man Moksha erreichen kann, wird innerhalb des Hinduismus unterschiedlich interpretiert.*

Dazu muss man sich etwas mit der Definition und Besonderheit der Bezeichnung ‚Hinduismus' auseinandersetzen. Ursprünglich wurden Religionen ver-

schiedener Richtungen, die nicht Christen, Juden, Muslime oder Anhänger der Reformschulen [54] der Buddhisten oder Jainas waren, unter Englischsprachigen unter der Sammelbezeichnung ‚Hinduismus' geführt. In der ersten Hälfte des 19. Jahrhunderts entwickelte sich der von außen herangetragene Begriff eigendynamisch zur Selbstbezeichnung. Im Gegensatz dazu definiert die indische Verfassung den Hinduismus aber auch als Buddhismus, Jainismus und Sikhismus umfassend. Durch die unterschiedlichen religiösen Strömungen gibt es keine zentrale, autoritäre Institution für alle Hindus, warum man auch von der ‚Einheit in der Vielfalt' im Hinduismus spricht. Indem der vorherrschende Brahmanismus den Erlösungsgedanken der Buddhisten [55] und den Erlösungsgedanken der Jainas [56] integrierte und das Ausscheiden aus dem ewigen Kreislauf der Wiedergeburten annahm, entstand der eigentliche Hinduismus. Buddha wurde einfach als weitere Inkarnation Vishnus eingegliedert.

Durch die Absorption der konkurrierenden Glaubenssysteme erlebte der Hinduismus ungefähr ab dem 3. Jahrhundert n. Chr. eine derartige Renaissance, dass Buddhismus und Jainismus erfolgreich zurückgedrängt wurden. Ebenso wurden das Christentum, das Judentum und der Islam später integriert, indem man ihren Gott neben die Götter Vishnu und Shiva stellte. Man erklärte, dass alle wie der Weltgeist Brahma [57] aus dem Brahman hervorgingen, dem Urprinzip des Kosmos. So verwundert es nicht, dass an hinduistischen Tempeln sowohl Buddha als auch Jesus dargestellt werden oder das Om-Zeichen neben dem Kreuz und dem islamischen Halbmond hinduistische Gedenkstätten zieren.

Zur Frage, wann im Hinduismus Erlösung, Moksha, erreicht werden kann, glauben einige Hindus [58], dass man im inkarnierten Leben Befreiung erlangen kann. Andere [59] hingegen glauben, dass man erst nach dem Tod durch Gottes Gnade Moksha erfährt. Zur Frage, wie Moksha im Hinduismus erreicht werden kann, zieht man drei, mitunter vier Möglichkeiten in Betracht:

Der erste ist der Weg der Gottesliebe [60], nachdem der Mensch zur Erlösung die Gnade Gottes benötigt [61]. Der zweite ist der Weg der selbstlosen Taten [62], gemäß dem Erlösung nur über den selbstlosen, uneigennützigen Dienst ohne Erwartung an die Entlohnung zu erreichen ist. Der dritte ist der Weg des Wissens [63] nach dessen Auffassung die Erlösung nur durch das Streben nach wahrem Wissen und Erkenntnis zu erlangen ist. Zum sogenannten Königsweg [64], gehören Meditation, geistberuhigende Konzentrationsübungen mit dem Ziel der Bewusstseinserweiterung sowie Askese, strenge Enthaltsamkeit zur Vervollkommnung spiritueller Fähigkeiten."

„Interessant. Und was ist aus Sicht der westlichen Reinkarnationstherapie Voraussetzung, um aus dem Kreislauf der Wiedergeburten auszusteigen?", interessiert es Christian im Vergleich.

„Manche Experten würden dir antworten, wenn dein Karma abgebaut ist und du kein neues mehr angehäuft hast, was nicht überraschend für dich klingen wird. Andere [65] äußern sich dazu etwas konkreter, indem es heißt, dass wir die Liebe ganz begreifen und leben müssen und es keine Seelen mehr gibt, die unsere Opfer waren und deren Opfer wir waren, mit denen wir uns noch versöhnen müssten. Daher sollten wir schon im heutigen Leben erlittenen Schmerz verzeihen, unseren Familienangehörigen, Partnern, Vorgesetzten und so weiter. Ansonsten treffen wir wohl immer auf bestimmte Menschen oder Situationen, bis wir uns versöhnt haben."*

> **„Demjenigen, den du liebst, darfst du wiederbegegnen. Demjenigen, den du hasst, musst du wiederbegegnen."**
>
> *Jan Erik Sigdell*

Besuch des Taj Mahal

Achter Tag, 9. November. Noch vor dem Klingeln des auf 5.00 Uhr gestellten Weckers wache ich auf, als mit einem Knall die Sicherung im Zimmer durchbrennt. Weil das Morgenlicht so optimal zum Fotografieren wäre, will uns Karan bereits um 6.00 Uhr zum Taj Mahal fahren.

Das Mausoleum für die zweite Frau Mumtaz Mahal des schon erwähnten Herrschers Shah Jahan, die bei der Geburt des vierzehnten Kindes 1631 verstarb, ist ein architektonisches Meisterwerk und gilt heute als das Wahrzeichen Indiens schlechthin. Das Grabmal wurde von über 20.000 Menschen innerhalb von 22 Jahren erbaut, sogar aus Europa wurden Spezialisten für die Marmoreinlegearbeiten geholt. An den Ecken der erhöhten Plattform, auf dem sich das Taj Mahal befindet, stehen weiße Minarette in einem Neigungswinkel, der sie bei möglichen Erdbeben nach außen umstürzen ließe, ohne das Grabmal selbst zu beschädigen. Unter der Hauptkuppel wurde neben dem Grab für seine betrauerte Ehefrau im Jahr 1666 in einer von seinem Sohn schlicht gehaltenen Zeremonie auch Shah Jahan selbst bestattet.

Beim Einsteigen sind wir überrascht, dass für diesen Ausflug ein Guide engagiert wurde, der sich mit zu uns ins Auto setzt. Fahren dürfen wir nur bis zum Parkplatz des Taj Mahal. Dort müssen wir in ein umweltfreundliches Elektromobil umsteigen. Vom Guide erfahren wir, dass sich wegen der Umweltverschmutzung der Marmor am Taj Mahal gelb gefärbt hat und in Agra heute deshalb nur noch abgasfreie Industrie wie Leder- und Textilfabrikation erlaubt sei. Dass diese Fabriken ihre Abwässer in den Fluss leiten, interessiert dafür weniger.

Vor den Eingangstoren des Taj Mahal wartet bereits eine lange Schlange von Menschen auf Einlass, die sich durch den aufwändigen Security-Check auch nicht allzu schnell auflöst. Während wir uns anstellen, besorgt der

Der Besuch des Taj Mahal ist für viele Indienreisende ein absolutes Muss.

Guide die Eintrittskarten und für jeden eine kleine Flasche Wasser. Sein Englisch ist verständlich, aber wir erfahren nicht mehr, als ohnehin schon in unserer Sprache auch in unserem Reiseführer steht. Eher stören seine Ausführungen dabei, sich gute Positionen zum Fotografieren auszusuchen. Des Weiteren wollen mir Gärtner gegen Honorar ständig gute Blickwinkel zum Fotografieren zeigen, die sich dann aber nicht wirklich als vorteilhaft erweisen. Leider werden die meisten Fotos vernebelt, und das Licht wird bis 8.00 Uhr auch nicht besser.

Nach der Besichtigung, die wir ohne den Guide sicher mehr genossen hätten, lehnen wir freundlich, aber nachdrücklich ab, zum Einkaufen in unzählige Souvenir-, Teppich- und Marmorproduktgeschäfte gebracht zu werden. Dass wir nicht einmal interessiert sind, uns auch nur deren Produktionsstätten anzusehen, drückt ziemlich auf die Stimmung von Fahrer und Guide. Auch zu erfahren, dass ihnen allein dafür eine Provision durch die Betreiber zusteht, ändert nicht unseren Wunsch, lieber in Ruhe etwas frühstücken zu gehen. Nach der Verabschiedung des Guides vereinbaren wir mit Karan, uns nach dem Frühstück in einem unterwegs entdeckten Restaurant für die Weiterfahrt wieder abzuholen.

Beim Rauchen im Hinterhof des Restaurants lernt Christian einen lebenslustigen Inder kennen. Dieser kommt mit ins Restaurant, setzt sich zu uns an den Frühstückstisch und bestellt einen Kaffee. Ich überlege, ob wir den vermeintlich armen Kerl nicht einladen sollten. Zu meiner völligen Verblüffung stellt er sich als Paul vor, einen nach eigenen Angaben in Australien groß gewordenen Millionär, der sein Geld mit Diamantenhandel und dem Bearbeiten australischer Opale in Indien vor

Einsicht des Tages:
Menschen nicht nach
ihrer Kleidung
kategorisieren!

dem Reimport verdient und dem das Hotel gehört, in dessen Restaurant wir gerade sitzen. Er schwärmt von seiner deutschen Freundin Gudrun und lädt uns zur Feier seines fünfzigsten Geburtstags am Abend ein, was uns wegen der Weiterreise leider verwehrt bleibt. Was für gegensätzliche Menschen haben wir doch schon allein heute wieder kennengelernt!

Besuch von Fatehpur Sikri

Die Besichtigung von Agra Fort lassen wir aus, da wir so, laut Karan, mehr Zeit für die Mogulnanlage haben und wir in der Nähe von Jaipur ein ähnliches, noch beeindruckenderes Fort besuchen werden. Nach etwa 40 Kilometern in Fatehpur Sikri angelangt, machen wir mit Karan aus, ihn erst zwei Stunden Zeit später wieder auf dem Parkplatz zu treffen.

Vor Besichtigung der Tempelstadt stellen wir uns in der Schlange zu einem Toilettenhäuschen an und halten wie die beobachteten Inder das auf der Informationstafel bezifferte Entgelt passend bereit. Als ich am Kassiertisch bin, soll es für mich plötzlich ein völlig anderer Betrag sein. Hörbar genervt frage ich, warum ich ständig und selbst hier das bis zu 25-Fache des Üblichen zahlen soll. Zu meiner Überraschung trifft die Forderung auch auf das Unverständnis bei den Indern in der Warteschlange, und eine etwa sechzig Jahre alte, etwas korpulente Inderin fängt an, den Kassierer so wüst zu beschimpfen, dass er mich schnell und geduckt zum Normalpreis durchwinkt. Beeindruckend, wie immer wieder Menschen für uns Partei ergreifen!

An der Straße vor dem Parkplatz nehmen wir ein Tuktuk, eine motorisierte Dreiradrikscha, und lassen uns bis zum Ticketschalter am Eingang der architektonisch eindrucksvollen Mogulnstadt fahren.

Fatehpur Sikri ist eine Anlage mit unzähligen Gebäuden und Innenhöfen.

Die unter der Herrschaft des als liberal und religionstolerant bekannten großen Mogulnherrschers Akbar entstandene Anlage war nur sechzehn Jahre lang bis 1585 Hauptstadt des Mogulreichs. Zu Ehren des Sufi-Heiligen Alim Chisthi, der sein Gebet auf Wunsch eines Sohnes erhört haben soll, als perfekte Stadt in der Wüste errichtet, zwang die große Entfernung zu einem Fluss und Wasserknappheit die Bewohner schon kurz nach Akbars Tod zur Aufgabe. Das Siegestor zur Erinnerung an den Kampf in Gujarat am Haupteingang dürfte mit 54 Metern Höhe zu den größten in ganz Asien gehören. Paläste, Pavillons und Moscheen aus rotem Stein sind mit ihren filigranen Steinmetzarbeiten und Ornamenten beeindruckend gut erhalten.

Die Fahrt nach Jaipur

Nach einem Zwischenstopp zum Essen quält unser Fahrer Karan das Auto durch die mit Schlaglöchern übersäte Landstraße Richtung Jaipur, die Hauptstadt des knapp sechzig Millionen Einwohner umfassenden Bundesstaates Rajasthan. Der für Mut und Tapferkeit genauso wie für die Extravaganz seiner Adelsschicht bekannte Kriegerklan der Rajputen beherrschte das Gebiet dieses Bundesstaates vor den Moguln über tausend Jahre lang. Im rauen und oft von Dürren geplagten Land überwiegt noch heute die ländliche Bevölkerung, deren traditionelle Kleider, Saris und Turbane zu den farbenfrohsten in Indien zählen. Das nächtliche Verkehrschaos hinter uns lassend, kommen wir spät im Hotel Glitz an. Das vom Delhier Hotelmanager angepriesene Luxushotel ist sehr einfach. Es unterscheidet sich allerdings von den letzten beiden Unterkünften durch die weniger abgenutzten Kolonialmöbel, ein sehr angenehmes Open-Air-Restaurant auf dem Dach und einen eigenen Internetraum. Ich nutze direkt die bisher zu selten gehabte Gelegenheit, mich noch einmal bei den Daheimgebliebenen zu melden.

Als wir uns zum Abendessen im Freien auf das Dach begeben, laufen wir gegenüber dem Aufzug direkt auf einen Tisch zu, an dem ein weißgekleideter Inder sitzt, den ich zunächst für einen Tischanweiser halte. Dann erst bemerke ich sein Schild mit der Aufschrift „Astro-Palmist and Face Reader D. D. Sharma". Auf seine Kunst angesprochen, bekomme ich eine Handlesung oder zum vierfachen Preis eine mehrseitige Horoskop-Dokumentation angeboten. Ich bin gespannt, was meine Hand verraten soll. Mr Sharma untersucht mit einer Lupe die Zeichnungen in meiner Hand und will darüber hinaus meinen Namen und mein Geburtsdatum wissen.

Anschließend bekomme ich eine mündliche und in Stichpunkten auf Papier gekritzelte Aussage über mich und eine Vorhersage über mein Leben. Neben Angaben über meinen Glückstag, meinen Glücksstein, sechs Glückszahlen, mein Glücksmetall und meine Glücksfarben erhalte ich ein paar konkrete Angaben. Meine rechte Körperseite wäre krankheitsanfälliger, insbesondere die Sehkraft auf dem rechten Auge sei schwächer. In der Tat sehe ich mit dem rechten Auge etwas schwächer und höre auf dem rechten Ohr schlechter, wie mir aus Ohren- und Augenarztuntersuchungen bekannt ist. Die Aussage stimmt zwar, aber lässt sich vielleicht als Fünfzig-zu-fünfzig-Chance abtun. Ich hätte eine schmerzhafte Beziehungstrennung gehabt. Auch das stimmt, aber würde da heute nicht fast jeder Enddreißiger zustimmen? Ich hätte Ende 2003 einen großen persönlichen Tiefpunkt gehabt. Dieser Zeitpunkt fällt bemerkenswerterweise auf den der Trennung von meiner Frau. Aber kann man sich nicht in jedem Jahr an ein Ereignis erinnern, das nicht gerade optimal gelaufen ist?

Anschließend macht er noch eine Aussage über die künftige Entwicklung meiner Gesundheit und eine spätere Beziehung. Was das Berufliche beträfe, sähe er gleich zwei Berufslinien in unterschiedlichen Tätigkeitsbereichen. Nun, ich bin einerseits Prokurist in einem mittelständischen Unternehmen und andererseits seit ein paar Jahren als Autor und Verleger tätig, aber wer bleibt heute noch sein Leben lang in nur einem Beruf? Abschließend erklärt er mir, dass seine Aus- und Vorhersagen auf vier Bereichen basierten: Astrologie, Numerologie, Hand- und Gesichtslesen. Christians Körpersprachenanalyse besagt, dass Mr Sharma glaubt, was er sagt, selbstsicher ist und angelerntes Wissen vermittelt.

Zu meiner Überraschung erzählt mir Christian, dass er sich vor Jahren selbst mit diesen Themen, insbesondere mit der Astrologie, einmal sehr intensiv auseinandergesetzt hat und seinen Kollegen und Bekannten ähnliche Aussagen machen konnte. Sein persönliches Interesse hatte nachgelassen, weil er zwar einen Teil als richtig, aber einen anderen als eben nicht zutreffend erlebte. Einige Prognosen bewahrheiten sich, andere werden durch den freien Willen, sich anders zu verhalten, nicht erfüllt. So hat sich Christian lieber auf die Körpersprache konzentriert, die untrüglich verrät, was das Gegenüber im Dialog nicht sagt oder nicht sagen möchte.

Der Karmaglaube

In unserem abendlichen Gespräch beschäftigen wir uns mit dem Karmagedanken, der untrennbar vom Glauben an Wiedergeburten und seiner Befreiung davon ist.

Von Albert Schweitzer wird ein Zitat überliefert, dass Gedankengut an Reinkarnation Erklärungen biete, um die sich europäische Denker vergeblich abmühen würden.

> „Der Gedanke der Reinkarnation beinhaltet eine überaus trostbringende Deutung der Wirklichkeit, was bedeutet, dass indisches Gedankengut Schwierigkeiten überwindet, mit denen sich die europäischen Denker vergeblich abmühen."
>
> *Albert Schweitzer*

Gleiches gilt für die Vorstellung des Karma, die im östlichen Glauben ja untrennbar mit dem Gedanken vorheriger Leben und ihren Verfehlungen verbunden ist. Eine zufällige Wiederverkörperung mal mit guten, mal mit schlechten Erfahrungen, mal hier und mal da, ohne Lernen und Entwicklung wäre völlig sinnlos. Nicht sonderlich abweichend vom Gedankengut der gnostischen Urchristen, erklärt sich Karma demnach wie folgt: Gelöst aus der universellen Verbundenheit des All-Einen, im Sanskrit *Brahman*, geboren in die materielle Welt, verdeckt das Ego, im Sanskrit *Ahamkara*, die Sicht der unsterblichen Seele, im Sanskrit *Atman*. Es entwickelt individuelle Begehrlichkeiten und bewirkt Handlungen, die Auswirkung nach sich ziehen. Art, Dauer, Intensität und Häufigkeit der Handlungen bestimmen die Höhe der auszugleichenden Auswirkungen, bevor die Seele befreit wieder mit der universellen Verbundenheit verschmelzen kann.

Indische Gelehrte fordern immer wieder dazu auf, das Ego zu entlarven, sich selbst zu erkennen, den Schleier der Illusion zu zerreißen und der unsterblichen Seele ihre Lebensaufgabe erfüllen zu helfen. Die Seele, *Dschiwa*, ist nach ihrer Ansicht ewig, transzendent und reines Bewusstsein. Die Welt, so wie wir sie sehen, ist danach nicht fest und real, sondern nur Illusion. Sie wird erlebt und erfahren durch Augen und Ohren eines

Körpers, einer Kombination von Atomen, der die wechselnden Inkarnationen der Seele beherbergt. Die Welt an sich ist kein Schein, dagegen aber unsere Wahrnehmung von der Welt. Die Unterscheidung in Dinge, Ereignisse und Strukturen ist eine Erfindung des Gehirns. Dabei ist der Weg das Ziel. Es gibt ein Ego, um es zu überwinden. Es gibt einen Schleier, um ihn zu durchschauen. Nur durch die Abspaltung gibt es die Wiedervereinigung. Aber ohne die Abspaltung kann sich das All-Eine nicht selbst erfahren.

Ein häufig vorkommender Denkfehler im Westen ist, Karma mit „Schicksal" oder „Vorherbestimmung" gleichzusetzen und den Begriffen „Zufall" und „freiem Willen" gegenüberzustellen. Das Wort „Schicksal" [66] beschreibt eher eine unausweichliche Fügung, der gegenüber wir machtlos, also zur Passivität verurteilt sind. Auch die „Vorherbestimmung" repräsentiert eine Passivität, da etwas schon bestimmt, entschieden ist. Der Begriff „Zufall" steht als Synonym für „Unvorherbestimmtheit" dem Begriff der „Vorbestimmung" zwar konträr gegenüber, drückt aber ebenfalls eine Passivität aus. Zumindest im allgemeinen Verständnis, dass einem etwas ohne eigenes Zutun „zufällt" [67]. Nur der „freie Wille" erlaubt aktives Handeln. Dabei bedeutet der Begriff „Karma" im eigentlichen Sinne „Werk", „Tat" oder „Handeln". Allein durch eigenes Handeln entsteht Karma. Im Prinzip ist es keine Frage des Glaubens, sondern ein Gesetz von Ursache und Wirkung. Die Auswirkungen sind auch völlig unabhängig davon, ob jemand selbst daran glaubt oder nicht. Die Wirkungsweisen zu erkennen ist eine Frage des Bewusstseinsstands. Ist man sich seiner eigenen Verantwortung bewusst, wird eine Flucht in die Passivität und Schuldzuweisung an ein Schicksal, eine Vorherbestimmung oder den Zufall nicht länger möglich sein.

> „Was wir als ‚Zufall' erleben, ist das Produkt einer großen Zahl von Individuen, die sich ihres Einflusses auf die Realität nicht bewusst sind und daher nur geringe und unkoordinierte Veränderungen in der Welt bewirken."
>
> *Jörg Starkmuth*

Ein zweiter Denkfehler ist, Karma mit fremdbestimmter, auferlegter Strafe gleichzusetzen. Es gibt aber keinen personifizierten Höheren, der bestraft. Karma ist vielmehr mit eigenbestimmter Entwicklung und freiwilligem Lernen zu erklären.

Nach der Karmalehre bekommt jeder selbst die Auswirkungen seines Handelns oder seiner Tat zu spüren, mitunter mit der zeitlichen Verzögerung der nächsten oder einer der übernächsten Reinkarnationen. Erlebt man selbst wiederkehrende Muster und Schemen in seinem Leben, ist die Möglichkeit einer karmischen Ursache durchaus

> „Man ist nicht nur
> für das verantwortlich,
> was man tut,
> sondern auch für das,
> was man nicht tut."
>
> *Laotse*

wahrscheinlich. Was ein Mensch in diesem Leben erfährt, kann die Auswirkung seiner Taten aus früheren Leben sein. Was jemand in diesem Leben Positives und Negatives vollbringt, kann er in seinen kommenden Leben erleben und erleiden, sofern sich die passenden Umstände dafür ergeben und die Notwendigkeit des Lernens noch besteht.

Karmische Konsequenzen müssen, so lehren die Erkenntnisse aus der Reinkarnationstherapie, nicht der Ursache in Ausmaß und Intensität gleichen. Es muss nicht zwangsläufig erschlagen werden, wer erschlagen hat, vergewaltigt werden, wer vergewaltigt hat. Da die Auswirkungen zeitverzögert auftreten, bis sich eine Resonanz [68] gefunden hat, kann eine inzwischen einsichtige, verzeihende, erfahrenere Seele in gemilderter Form Karma erleben, und zwar mit so starker Auswirkung, wie noch zum Ausgleich beziehungsweise Verstehen notwendig ist. Uneinsichtigkeit und fehlende Entwicklung machen andererseits ein intensiveres Lernen erforderlich.

Karmische Auswirkungen fallen dann entsprechend schmerzlicher aus [69], um den gleichen Lerneffekt zu erbringen, oder sie lassen eine „Restverbindlichkeit" offen, die zu einem späteren Zeitpunkt ausgeglichen werden kann. Auswirkungen in Form von Erkrankung oder Teilvermögensverlust zu erfahren kann man nicht einmal dadurch absichern, sich entsprechend zu versichern. Wenn das eine Lernaufgabe ist, kommt, was kommen muss.

Ein dritter Denkfehler ist noch heute, dass Hindus leidvolle Erfahrungen zu akzeptieren hätten und sich lethargisch fügen müssten. Der Glaube würde so zu einem gesellschaftlichen Entwicklungshemmnis [70]. In Form des Kastensystems ist es durch falsch ausgelegten Glauben tatsächlich zu Entwicklungshemmnissen gekommen. Das Kastensystem haben schon die uralte Bhagavad-Gītā [71] sowie die Reformschulen des Buddhismus und Jainismus vor über tausend Jahren abgelehnt. Auch außergewöhnliche Persönlichkeiten wie vor fast 500 Jahren Śrī Caitanya [72], der von seinen Anhängern als Inkarnation Krsnas bezeichnet wird [73], oder Mahatma Gandhi [74] im letzten Jahrhundert verurteilten die Klasseneinteilung. Dennoch ist das 1947 offiziell abgeschaffte Kastensystem selbst heute noch in vielen Bereichen des indischen Alltags wirksam. Karmaglaube darf aber keine Begründung dafür sein, es an Mitgefühl und Nächstenliebe mangeln zu lassen, weil das Leid anderer ihnen selbst zuzuschreiben und dementsprechend selbst zu tragen sei [75].

„Was nach meiner Ansicht, aus fast dreißigjähriger Praxis in Reinkarnationstherapie das meiste Karma verursacht, ist der Mangel an Liebe zu den Menschen, mit denen wir leben."

Jan Erik Sigdell

Aber dürfen Christen das verurteilen? Interessanterweise ist auch das Christentum oft in der Frage der Nächstenliebe gescheitert. *„Liebe deinen Nächsten"* wird auch heute oftmals mit *„Liebe deinen nächsten Christen"* verstanden, obwohl Jesus keinen Unterschied in Religion und Nationalität gemeint haben wird.

In beiden Glaubenssystemen wird nach meiner Ansicht übersehen, wie sehr wir in Wirklichkeiten alle mit unseren Nächsten verbunden sind.

Mit zunehmendem Verständnis des Karmas, leiblich oft erst erfahren durch zahlreiche Wiedergeburten, sieht das Individuum ein, dass es ein bequemer und falscher Weg ist, seine Erfolge mit dem eigenen Wirken, aber seine Misserfolge einfach mit einem Schicksal zu begründen. Je langsamer das Individuum lernt, desto öfter wird es wiedergeboren. Als ethische Grundlage im Hinduismus, frei vom Missverständnis des Kastendenkens, stellt der Karmagedanke einen hohen Anreiz dar, sich stets in Erkenntnis seiner Verantwortung für sich und andere um richtiges Handeln zu bemühen.

Provokation des Glaubens

Zwangsläufig kommen wir beim Thema „Karma" auf die Interpretation von Leid im Vergleich zwischen Hinduismus und heutigen Lehren des Christentums zu sprechen. *„Schweitzers Aussage hat auch fast fünfzig Jahre nach seinem Tod noch Gültigkeit. Trotz zahlreicher Hinweise in der Bibel wie ‚Was du nicht willst, dass man dir tu, das füg auch keinem anderen zu'* [76] *oder ‚Was man sät, wird man ernten'* [77] *leitet das heute praktizierte Christentum nicht gleich konsequent Ursache und Wirkung ab wie im Vergleich das hinduistische Glaubenssystem",* drücke ich meine Meinung aus. *„Mir erscheint der Karmagedanke schlüssiger und plausibler, aber die sich daraus ergebenden Konsequenzen sind mit Sicherheit für den einen oder anderen sehr provokant. Zum Beispiel wird ein verletztes oder krankes Kind bestimmt in beiden Kulturkreisen bemitleidet* [78]. *Auch ein Kind, das stirbt, wird von beiden Kulturkreisen betrauert."*

„Wobei es der Körper eines Kindes ist und die Seele ja durchaus schon mehrere Verkörperungen gehabt haben kann", unterbricht Christian richtig.

„Bleiben wir doch mal bei dem Beispiel. Welche Erklärung hat das Christentum und wie begegnet es der Frage nach Gerechtigkeit eines Gottes?"

„Wahrscheinlich", mutmaßt Christian, *„würde es heißen, Gott hat es so geliebt, dass er es zu sich geholt hat."*

„Genau das denke ich auch. Und welche Fragen ergeben sich daraus? Dass es nun weiterlebt, bei ihm? Wenn es also ein Leben nach dem Leben gibt, warum dann nicht auch ein Leben vor dem Leben? Und wenn das Kind es nun dort besser hat, ging es ihm bei uns also schlechter? Warum lässt Gott das denn zu? Und warum schickt er ein so geliebtes Kind überhaupt erst in die so schlechte Welt, wenn er es dann doch vorzeitig zu sich holt?"

Christian nickt und greift mein Beispiel auf: *„Falls es durch einen Unfall mit jemanden umgekommen ist, warum braucht es noch zudem einen Beteiligten, der die Schuld daran trägt oder sich schuldig fühlt? Warum kann es nicht einfach einschlafen und nicht mehr aufwachen? Erklärt sich ein Unfall als unglücklicher Zufall?"*

„Und falls es durch jemand schuldhaft umgekommen ist, gilt für den dann die ‚ewige Verdammnis'? Wäre es nicht besser, er bekäme eine Chance, daraus zu lernen? Zum Beispiel sich im nächsten Leben mal das Ganze von der anderen Seite anzuschauen?", führe ich die Gedanken weiter.

„Und würden wir ihn in dieser Rolle dann auch erleben können, würde er uns immer noch als der Böse erscheinen oder würden wir nicht auch Mitgefühl mit ihm empfinden?", folgert Christian.

„Aus Sicht des Karma- und Wiedergeburtsglaubens muss man sich die Opfer-Täter-Rollen vielleicht wie das Einpendeln einer Waage vorstellen", schlage ich vor und erkläre weiter: *„Nur dass unser kurzes, einzelnes Leben lediglich eine Momentaufnahme zeigen kann. Die uns dann im Ungleichgewicht erscheint. Weil ein Leben nicht ausreicht, das Auf und Ab des Einpendelns lange genug zu beobachten. Was ist die Zeit eines Lebens in kosmischen Dimensionen? Den mehrere Leben umfassenden Einpendelungsprozess bis zur Ausgeglichenheit könnten wir gar nicht erleben. Für uns gibt es oftmals nur Oben oder Unten, Gut oder Schlecht, Richtig oder Falsch, Täter oder Opfer. Könnten wir länger hinschauen, wäre wohl Oben bald Unten, Unten bald Oben, Schlecht bald Gut, Richtig bald Falsch und Opfer bald Täter [79]."*

„Vielleicht", merkt Christian an, *„wobei ein ehemaliges Opfer einem ehemaligen Täter ja nicht das Gleiche antun muss. Dann hätten wir letztendlich auch zwei Täter. Vielleicht wird die Schuld durch die zweite, wiederholte Tat nicht gelöscht, sondern wiederum neue Schuld geschaffen. Der Verzicht würde, um beim Bildnis der Waage zu bleiben, ausgleichend wirken.*

„Es gibt keine Opfer und Täter, es gibt nur Erschaffende."

Robert Betz

Dem Täter wäre vergeben, eine Last genommen. Der Endzustand wäre nicht, wenn beide Waagschalen gleich schwer, man könnte auch sagen gleich belastet wären, sondern wenn beide Waagschalen gleich leer, also gleich entlastet wären. Es nichts mehr gegeneinander aufzuwiegen gäbe."

„Wie es ja in der Bibel an diversen Stellen heißt, zu vergeben, auf Vergeltung zu verzichten und auch seine Feinde zu lieben", fällt mir ein.

„Das ist in der Bibel oder im Christentum richtig erkannt oder richtig überliefert. Aber mit dem heutigen Christentum, genauso wenig wie mit seinen abrahamitischen Schwesterreligionen Islam und Judentum, sind die grundlegenden Fragen – ‚Wer bin ich, woher komme ich, wohin gehe ich und warum das Ganze?' – nicht zu beantworten. Auch die vermeintlichen Ungleichheiten und Ungerechtigkeiten, warum jemand in Armut oder

Reichtum geboren wird, gesund bleibt oder krank wird, vom Pech verfolgt ist oder das Glück gepachtet hat, erfolgreich oder erfolglos wird, hässlich oder hübsch ist, stehen dem Bild eines gerechten und gütigen Gottes entgegen.

Wozu hat der Mensch Intelligenz und einen freien Willen erhalten, wenn er sich gehorsam den Ansichten einer Kirche unterordnen soll? Wie frei ist ein Wille, für dessen Gebrauch man von einem Gott belohnt oder bestraft wird?

> „Als Christin muss ich wohl an die göttliche Gerechtigkeit glauben, aber von ihrem Wirken bekommen wir auf Erden nicht viel mit."
>
> *P. D. James*

Wie sinnvoll ist die ewige Verdammnis aus den Verfehlungen eines kurzen, nur einmaligen Lebens? Warum zeigen sich schon früh bei Kindern unabhängig von Vererbung, Prägung des Elternhauses und der gesellschaftlichen Kultur ureigenste Charakterzüge?", fasst Christian seine Kritik zusammen und resümiert: *„Für mich ist es unbefriedigend, äußerst unbefriedigend, die Fragen dadurch zur Seite zu schieben, dass wir durch begrenzten Verstand nicht in der Lage wären, den göttlichen Plan hinter allem zu erkennen."*

„Wie auch in unserem Beispiel von davor", fasse ich unsere Ansicht zusammen, *„kann die heutige Lehrmeinung der christlichen Kirchen keine verständliche Erklärung bieten. Seit dem Mittelalter ist dies als Theodizee-Problem bekannt. Wiedergeburts- und Karmaglaube begründen den Unfalltod eines Kindes sowie auch eines beteiligten Unfallverursachers hingegen mit karmischen Folgen, dass Karma abgebaut oder bearbeitet wird, dass eine Lebensaufgabe erfüllt oder bearbeitet wird. Beide Beteiligten haben die Möglichkeit zu lernen, sich weiterzuentwickeln und zu vervollkommnen. Natürlich ist es genauso möglich, dass auch neues Karma geschaffen werden kann. Doch so macht das alles einen Sinn.*

> „In der relativen Welt sind alle Vorstellungen von Gut und Schlecht subjektiv. Zu urteilen ‚Dies ist gut' und ‚Das ist schlecht' ist deshalb beides falsch."
>
> *Caitanya-Caritāmṛta, Adi-lila 4.176*

Und so haben es auch die Urchristen selbst verstanden. Aber um noch einmal auf die Frage zurückzukommen ‚Warum lässt Gott bestimmte Dinge zu?‘ oder ‚Wenn er gut ist, warum gibt es das Böse?‘. Weißt du, was die einfach Antwort der Bhagavad-Gītā ist?, Weil Gott nicht gut ist!‘ [80]. Natürlich ist Gott auch nicht böse. Er ist ‚Weder-noch‘, er ist jenseits der Dualität, der Zweiheit in Spaltung. Man muss über die Zweiheit in Ausgeglichenheit, Polarität, die Einheit erkennen. Die Trennung in Gut und Böse, in Richtig und Falsch ist das Problem. Es gilt, die Getrenntheit zu überwinden und sich in der Einheit (wieder) zu erkennen. Risi formuliert es in etwa so: Maya ist die illusionierende Kraft, uns nur für vergängliche Materie zu halten. Ihr Einfluss wirkt aber nur auf jene, die dies auch wollen. Diejenigen, die das nicht wollen, werden geprüft, ob sie die angebotene Illusion auch wirklich nicht mehr wollen.“

Besuch des Amber-Fort-Palast

Neunter Tag, 10. November. Um das volle Tagesprogramm zu schaffen, holt uns Karan bereits vor 8.00 Uhr am Hotel ab. Mit Frühstücken bedeutet dies entsprechend frühes Aufstehen. Und das, nachdem es gestern Morgen schon sehr früh war. Als um 4.00 Uhr die ersten Gesänge des in der Nähe gelegenen Hindutempels herüberschallen, ist es mit dem Schlaf aber ohnehin vorbei.

Vor dem Hotel wartet bereits ein neuer Guide, der uns zur Besichtigung des Amber-Fort-Palast begleitet, einem Beispiel der Rajputen-Architektur. Amber war vor dem etwa 11 Kilometer südlicher gelegenen Jaipur die Hauptstadt der Region. Mit dem Bau seines bedeutenden Forts auf einem hohen Bergrücken wurde Ende des 15. Jahrhunderts begonnen.

Zunächst enttäuschen wir den Guide durch unser Desinteresse, uns zwei Stunden für einen vielleicht zwanzigminütigen Elefantenritt hinauf zum Amber Fort anzustellen. Dort oben mit dem Auto angekommen, ergeben sich schöne Fotomotive von den Elefantenreitern und dem Inneren des Forts.

Zur Besichtigung des internen Kali-Tempels ist zunächst das Ausziehen der Schuhe und das Ablegen aller unreinen, da tierischen Ursprungs, Ledererzeugnisse erforderlich. Für mich ist das etwas problematisch, da mein Ledergürtel an der Innenseite über die gesamte Länge einen Reißverschluss hat, sodass ich einen Teil meines Bargelds in Form von schmal gefalteten Geldscheinen immer bei mir tragen kann. Sofort nach dem Ablegen zusammen-

Szene im Amber-Fort-Palast, wie man sich Indien als Europäer vorgestellt hatte.

gerollt und im Rucksack verstaut, lasse ich ihn vertrauensvoll bei unserem Guide zurück.

Im Tempelinnern bestaunen wir verwundert, wie die Münder aller in Bildern aufgehängten Götterfiguren gerade der Reihe nach mit einer Teigmasse beklebt werden. Ähnlich wie mit in Tempeln erbrachten Opfergaben aus Obst bietet man den Gehuldigten Nahrung. Ein neben mir stehender Schweizer bemerkt in seinem typischen Akzent schmunzelnd zu seiner Frau, dass sie wohl gerade zur Fütterungszeit gekommen wären.

Auf dem Rückweg Richtung Jaipur passieren wir den sich aus einem See erhebenden Palast Jal Mahal, die Pink-City-Altstadt und den märchenhaften, bienenwabenartig anmutenden Hawa Mahal aus rosafarbenem Sandstein.

Enttäuscht zeigt sich der Guide, dass wir bei schönstem Wetter nicht in geschlossene, verstaubte Museen gehen wollen. Stattdessen besuchen wir in direkter Nähe zum City-Palast das Jantar-Mantar-Observatorium, wo gigantische Sonnenuhren skulpturenartig in einem Park ausgestellt werden.

Als wir anschließend nicht am Besuch von Teppich-, Handcraft- und Souvenirshops interessiert sind, haben wir die Planung des Guides wohl völlig durcheinandergebracht. Nun, um 11.00 Uhr, hätte er keine Idee mehr, was er uns noch zeigen könne. Wir brechen den gemeinschaftlichen Tagesausflug ab, lassen uns aber vor der Rückkehr ins Hotel noch in ein unterwegs entdecktes Café fahren.

Nach einer Weile setzt sich der Guide zu uns und rechnet vor, wie viel Provision ihm dadurch entgangen ist, dass er uns nicht an bestimmte Plätze und in gewisse Geschäfte gebracht hätte. Unverblümt schlägt er vor, seinen „Verdienstausfall" der letzten drei Stunden zu kompensieren. Allerdings entspricht seine Forderung dem Einkommen, das mehr als zwei Drittel der Inder an mehreren Tagen verdienen. Stattdessen geben wir ihm den Betrag eines Tageslohnes. Dr. Mohans Sohn, der uns in Hoshiarpur um Berücksichtigung von Verhältnismäßigkeit beim Bezahlen von Dienstleistungen gebeten hatte, hätte bestimmt auch das für noch zu überzogen gehalten.

Nach der Debatte nicken wir Karan zu, der sich so lange abgesondert hatte. Den Guide setzt Karan unterwegs in der Stadt ab, und wir fahren zurück in unser Hotel. Statt über „monetäre Aspekte des Lebens" weiterzudebattieren, kommen wir lieber wieder auf den hinduistischen Glauben zurück.

Karma, Vikarma und Akarma

„Du erinnerst dich, dass ich über unterschiedliche Wege zur Erlösung im Hinduismus berichtet habe", knüpfe ich an unser Gespräch von vorgestern an. *„Nachdem wir inzwischen über das Verständnis von Karma gesprochen haben, möchte ich noch einmal auf den ‚Weg der selbstlosen Taten' zurückkommen. Dies impliziert nach meiner Meinung eine ganz zentrale Aussage, nämlich ‚ohne Erwartung an die Entlohnung'. Denn auch gutes Karma ist bindend, die Erwartung an Entlohnung wiederum bindet weiter an die materielle Welt. In der Bhagavad-Gītā werden die Begriffe ‚Karma' (‚gutes Handeln'), ‚Vikarma' (‚schlechtes Handeln') und ‚Akarma' (‚bindungsloses Handeln') unterschieden. Gleichzeitig wird eingestanden, dass es selbst für Gelehrte verwirrend ist, Karma und Akarma zu unterscheiden [81], dass die Kompliziertheit des Karmas schwer zu verstehen ist, aber man versucht auch eine Erklärung [82].*

Ich versuche mal, es zu erläutern, wie es sich mir [83] erschließt, in der Theorie und an einem praktischen Beispiel. Allerdings muss ich zuvor ‚Dualität‘ erläutern. Vom lateinischen duo, ‚zwei‘, abgeleitet, beschreibt der Begriff unterscheidende Gegensätzlichkeiten. In der dualistischen Philosophie werden materielle von nichtmateriellen, oft geistigen Existenzen abgegrenzt. Die nonduale Philosophie gründet im Gegensatz auf der Idee, dass Dinge unterschiedlich erscheinen, aber dabei überhaupt nicht getrennt sind.

Karma, positives Handeln in der Dualität, führt zu zeitweiligem Glück in der materiellen Existenz. Vikarma, negatives Handeln in der Dualität, führt zu zeitweiligem Leid in der materiellen Existenz. Akarma, neutrales Handeln frei von Dualität, ‚entbindet‘ uns von schlechtem und gutem Karma und ‚verbindet‘ uns mit der Harmonie der Schöpfung und der göttlichen Liebe.“

„Die fortwährend hingebende Seele erlangt unverfälschten Frieden, weil sie das Ergebnis aller Tätigkeiten mir weiht. Jemand hingegen, der nicht mit dem Göttlichen verbunden ist und gierig nach den Früchten seiner Tätigkeiten strebt, wird in Karma verstrickt.“

Bhagavad-Gītā, S. 12

„Zum Stichwort ‚verbinden mit der Schöpfung‘ fällt mir noch etwas ein. Wusstest du, dass das Wort ‚Religion‘ von re, übersetzt ‚wieder, zurück‘, und ligare, übersetzt ‚verbinden‘, kommt?“, fragt Christian.

„Ja, Akarma und Religion bedeuten daher dasselbe, also ‚sich wieder verbinden‘. Mein angekündigtes praktisches Beispiel kommt aus der Haltung von Heimtieren. Du weißt, ich schreibe auch Bücher über artgerechte Haltung von zum Beispiel Reptilien. Dort kann es bei Haltungsfehlern zu Problemen kommen. Ähnliches gilt übrigens genauso für Fische. Natürlich kann man die Haltung in Aquarien und Terrarien grundsätzlich in Frage stellen. Nur meine Ansicht ist, dass die Haltung Bewusstsein und Verantwortungsbereitschaft für Natur und Umwelt schärft.

Also, jemand hält zum Beispiel auf zu kleinem Raum und ohne Rückzugs- und Versteckmöglichkeiten zwei männliche Exemplare einer Art oder rivalisierenden Art. In dem Fall kann es zu Revierkämpfen führen, in denen das unterlegene Tier Verletzungen bis zum tödlichen Ausgang erfährt. Anders als in der Natur kann es der Situation nicht entfliehen. Was kann der Halter tun und was wäre das im Sinne von Vikarma, Karma und Akarma?

Er könnte zum einen nichts unternehmen und das Leid des Tieres nicht mindern. Würdest du sein Verhalten als schädlich, als lieblos sehen? Dann könnte es Vikarma sein. Das könnte nach einem gewissen Ausgleich des Negativen verlangen.

Er könnte zum anderen eines der Tiere an jemanden verschenken und ihm noch ein Terrarium dazukaufen, der sich das sonst nicht leisten kann. Und stolz und zufrieden mit sich sein, etwas so Gutes getan zu haben. Würdest du sein Verhalten als gutmütig, im Einklang mit der Schöpfung sehen, aber ebenso auch die Bereitschaft oder gar

> „Der höchste Lohn für unsere Bemühungen ist nicht das, was wir dafür bekommen, sondern das, was wir dadurch werden.“
>
> *John Ruskin*

Erwartungshaltung, seine Tat gelobt oder belohnt zu bekommen durch Würdigung und Anerkennung? Und wenn es nur vor sich selbst ist? Dann könnte es Karma sein. Das könnte nach einem gewissen Ausgleich des Positiven verlangen.

Er könnte die Tiere auch trennen und getrennt unterbringen oder ein Tier umgehend verkaufen. Würdest du sein Handeln weder als schädlich noch als lobenswert positiv, sondern einfach als notwendig und neutral sehen? Dann könnte es Akarma sein. Das würde weder einen positiven noch einen negativen Ausgleich verlangen. “

> „Wahre Erkenntnis führt zur Loslösung vom kleinlichen Bestreben, gutes Karma zu genießen und schlechtes Karma zu vermeiden.“
>
> *Armin Risi*

Zukunft – erkennen oder erschaffen?

Als auf dem Weg zu unseren Zimmern die Tür des Hotelaufzugs aufgeht, fällt mir der Zimmerschlüssel aus der Hand. Augenblicklich sehe ich, wie er aufschlägt und genau in den Spalt zwischen Etagen- und Aufzugboden springt. So ein Ärger. Aber als ob jemand die Rückspultaste gedrückt hätte, noch bevor der Schlüssel endgültig verschwindet, wiederholt sich genau diese Szene, und der Schlüssel ist tatsächlich weg. Ich hatte mir das beim ersten Mal also wohl nur vorgestellt. Wenn auch sehr realistisch erlebt.

„Christian, kennst du so was? Ist dir das schon mal passiert?", frage ich und erzähle ihm meinen Eindruck.

„Da kannst du dich jetzt ja fragen, ob das Zufall ist, du das nur vorausgesehen oder vielleicht verursacht hast", meint Christian schmunzelnd, *„aber mal im Ernst, hast du von dem Buch über den ,unsinkbaren' Luxusdampfer Titan [84], die Eisbergkollision und die menschlichen Katastrophen aufgrund zu weniger Rettungsboote gehört, das erschien, vierzehn Jahre bevor die Titanic sank? Und den vielen übereinstimmenden Details [85]? Ist das nicht erschreckend?"*

„Ja, ich kenne die Geschichte. Es gibt noch andere dokumentierte Fälle, dass Menschen Unglücke voraussehen [86]. Und wahrscheinlich kennst du auch die vielmals beschriebene Geschichte mit dem Zeitungsbericht eines Vulkanausbruches [87]?", frage ich. *„Ein Mathematiker träumte von einem Vulkanausbruch einer Insel in Indonesien und wie er versuchte, die französischen Behörden einer Nachbarinsel von der tödlichen Bedrohung von 4000 Menschen zu warnen. Mit der nächsten Feldpost erfuhr er in einer Ausgabe des* Daily Telegraph *von einer Vulkankatastrophe in Martinique. Auf der Westindischen Insel verloren in einer französischen Handelsmetropole dabei 40.000 Menschen ihr Leben."*

„Zumindest im ersten Fall ist zweifelsohne das Ereignis oder ein verblüffend ähnliches antizipiert worden. Kann das Zufall sein? Wenn nicht, was hätten wir für Erklärungen?", fragt Christian.

„Wenn es kein Zufall ist, dann wäre die eine Hellsichtigkeit durch einen einzelnen Menschen. Alternativ wäre die andere: Schaffung dieser Realität durch Tausende von Menschen, die zuvor darüber gelesen haben. Wie gesagt, wenn es kein Zufall wäre", antworte ich. *„Dass jemand hellsichtig in die Zukunft schaut und es niederschreibt, wurde schon oft für möglich gehalten. Nicht zuletzt sind wir beide deshalb nun hier in Indien. Aber die Alternative, wenn Tausende von Menschen Realität durch Gedanken erschaffen … was wäre dann*

in Bezug auf meine mögliche Zukunft, die ich im Buch nach den Palmblattlesungen beschreiben wollte?", denke ich weiter. „Weißt du, was, ich besorg mir erst einmal einen neuen Zimmerschlüssel, bringe meine Kamera weg, und dann treffen wir uns auf der Dachterrasse und philosophieren noch etwas weiter."

Auf der Terrasse sind um die späte Nachmittagszeit fast alle Tische frei.

„Und, was denkst du?", fragt Christian, der sich inzwischen eine Pfeife angezündet hat. *„Unsere Grundüberlegung war ja, Zufall ausgenommen, ob eine Zukunft von einem Einzelnen gesehen oder sie von vielen, zum Beispiel durch Lesen darüber, erst erschaffen wird. Theoretische dritte Möglichkeit wäre ja noch, dass derjenige, auf dessen Hellsichtigkeit wir spekulieren, das Ereignis allein ausgelöst hat.*

Unbedeutende Ereignisse als Einzelner auszulösen wie das ungünstige Fallen eines Schlüssels liegt noch im Bereich meines Vorstellungsvermögens. So schwerwiegende Ereignisse aber wie die beiden Fälle aus der Literatur, da kann ich mir den qualitativen Effekt durch einen Einzelnen nicht vorstellen. Das schließe ich einmal aus. Aber ist eine quantitative Verstärkung durch Tausende Leser möglich? Wahrscheinlicher erscheint mir persönlich eher die Hellsichtigkeit des Einzelnen. Oder fallen dir Berichte gruppendynamischer Effekte ein?", fragt Christian.

„Ja, zum Beispiel dass die Kriminalitätsrate immer signifikant sinke, wenn eine bestimmte Anzahl Menschen für ein friedliches Miteinander meditieren würde [88]. *Mehrmals wiederholt und mit Berechnungen, die eine Zufälligkeit als unwahrscheinlich ausschließen",* gebe ich das Gelesene wieder. *„Zudem erinnere ich mich an einen Bericht, dass die Gehirnwellen von zwei Menschen in gleichzeitiger Meditation große Übereinstimmungen aufwiesen* [89]. *Bei Testpersonen, die eine geistige Verbindung zueinander aufbauen sollten, wurde noch mehr herausgefunden. Sprach das Gehirn einer Person auf einen äußeren Reiz an, konnte bei der anderen in gleicher Hirnregion und Stärke eine elektromagnetische Reaktion festgestellt werden* [90]. *Demnach ist also eine Art Synchronisierung feststellbar."*

„Dann wäre die Frage, wie soll die gemeinsame Verursachung eines Ereignisses funktionieren? Und wie viele Menschen würde es für die kritische Masse bedürfen?", erwidert Christian. *„Ich erinnere mich, eine Angabe darüber* [91] *und statistische Untersuchungen gelesen zu haben, vielleicht fällt es mir später wieder ein. Auf der anderen Seite ließe sich die kritische Masse vielleicht ja experimentell, wenn auch in zahlreich erforderlichen Versuchen, ermitteln."*

90

„Was das Wie angeht: Du erinnerst dich bestimmt an die Erkenntnisse der Quantenphysik. Durch Experimente mit Quanten erkannte man, dass ein menschliches Bewusstsein entscheidet, ob sich die eine oder die andere Realität manifestiert. Da frage ich mich doch, ob durch viele Menschen, die Vorhersagen lesen, nicht von einer sich potenzierenden Wirkung ausgegangen werden muss. Kannst du dich noch an die Berechnung von Vektorkräften, dargestellt in unterschiedlichen langen Pfeilen zwischen einer X- und einer Y-Achse, in der Schulzeit erinnern? Kräfte werden sowohl durch ihre Stärke als auch ihre Richtung festgelegt. Dadurch kann man aus sich überlagernden Kräften eine Gesamtstärke und Gesamtrichtung berechnen. Stell dir einfach mal vor, dass jedes einzelne Bewusstsein eine einzelne Kraft wäre. Dann würde die eigene Kraft immer von den anderen beeinflusst, verstärkt oder geschwächt.

„Man kann sich auf zwei Arten irren. Man kann glauben, was nicht wahr ist, oder man kann sich weigern zu glauben, was wahr ist."

Sören Kierkegaard

Es gibt ja den Begriff des ‚kollektiven Bewusstseins' [92], der dem individuellen Bewusstsein übergeordnet ist. Wenn jedes Bewusstsein eine Kraft ist, dann müsste es eine kollektive Kraft geben. Wenn viele ‚Bewusstseine' im Kollektiv an eine bestimmte Entwicklung glauben oder sie erwarten, könnte eine andere Realität entstehen."

Einsicht des Tages:
Bewußtsein kommt von bewußt sein!

„Kann man vermuten. Vielleicht sind wir in früheren Leben ja mal Philosophen gewesen, dann wüssten wir wenigstens, warum wir auch heute noch Spaß an theoretischen Denkmodellen haben", lacht Christian.

5. Reise über Bangalore nach Kanchipuram

Die Rückfahrt nach Delhi und der Flug nach Bangalore

Zehnter Tag, 11. November. Nach dem Frühstück versuchen wir bereits von der Rezeption des Hotels Glitz aus, das ausgesuchte Hotel aus unserem Reiseführer für die übernächsten Tage in Kanchipuram zu reservieren. Leider findet das Personal die Ortsvorwahl nicht, und wir versuchen es von unterwegs über Karans Handy. Offenbar haben die Hotels nicht mehr die angegebenen Telefonnummern aus dem Reiseführer, und Karan spricht für uns mit seinem Bekannten Lal Maurya, der eine kleine Reiseagentur in Bangalore betreibt. Geschäftstüchtig schlägt mir Lal über Karans weitergereichtes Handy vor, uns am Flughafen in Bangalore abholen und in unser bereits gebuchtes Hotel Tom's bringen zu lassen sowie am nächsten Morgen im Auto mit Chauffeur von Bangalore etwa 250 Kilometer nach Kanchipuram zum Komplettpreis von knapp 90 Euro fahren zu lassen.

Einsicht des Tages: Inder sind einfach geschäftstüchtig!

Hier gebe ich Christian nach, der die bequemere Variante favorisiert. Der Kompromiss sieht so aus, dass wir den Rückweg selbst zu organisieren versuchen und, falls doch nicht günstiger zu bekommen, in Bangalore anzurufen und Gleiches noch mal für die Rückfahrt zu buchen.

Am Flughafen in Delhi verabschieden wir uns von Karan und lassen von einem Passanten noch ein Bild zu dritt machen, das wir ihm über die E-Mail-Adresse eines Bekannten zukommen lassen wollen. Bevor wir gehen, bittet mich Karan, uns in seinem Gästebuch zu verewigen, und schreibt mir noch seine Kontaktdaten auf. Er ist ganz interessiert an meinem Buchprojekt und daran, vielleicht einmal den einen oder anderen Leser des Buches in Delhi oder Umgebung fahren zu können.

Bei Ankunft in Bangalore beeindruckt uns zunächst der hochmoderne, erst Mitte 2008 eingeweihte neue Flughafen, der 45 bis 60 Minuten Fahrtzeit außerhalb der Stadt liegt. Der Weg zum Hotel vermittelt uns einen völlig anderen Eindruck, als wir es von Delhi als Stadt gewohnt sind. Im Vergleich dazu ist Bangalore unglaublich modern. Im Hinblick auf den Ruf „schönste, sauberste und reichste Stadt" dürfte Bangalore Chandigarh mittlerweile den Rang abgelaufen haben. Chandigarh ist aufgrund der architektonisch geplanten statt wild gewachsenen Struktur immer noch außergewöhnlich und bietet viel Grün. Bangalore hat aber gerade in den letzten Jahren enorme Veränderungen durchgemacht, wie uns der neue Chauffeur Srinivas auf der Fahrt erzählt.

Mit etwa sechs Millionen Einwohnern leben knapp 10 Prozent der Bevölkerung des Bundesstaats Karnataka in der Hauptstadt Bangalore. Ihren Namen „Stadt der gekochten Bohnen" soll die florierende Metropole der Erzählung nach bekommen haben, weil eine alte Frau hier einem verirrten König der Hoysalas eine ärmliche Mahlzeit aus gekochten Bohnen reichte. Heute gilt die Stadt als das Zentrum der IT-Branche in Indien.

Der Preis des Hotel Tom's ist der bisher günstigste, und die Einzelzimmer überraschen mit zwar einfachem, aber modernem und sauberem Inventar. Noch am selben Abend buchen wir weitere fünf Nächte für die Zeit nach unserem morgigen Ausflug nach Kanchipuram.

Die Fahrt nach Kanchipuram

Elfter Tag, 12. November. Um 9.00 Uhr werden wir von unserem Fahrer Srinivas abgeholt und zum Office der Agentur Seagull Tours & Travels seines Chefs Lal Maurya, des Bekannten von Karan, gebracht, um die Abholung vom Flughafen und die Fahrt nach Kanchipuram zu bezahlen. Für etwa die Hälfte mehr, als wir bisher bezahlt haben, aber dafür mit Frühstück, bietet uns Lal ein als exklusiv beschriebenes Hotel an. Da die Hotelsituation in Kanchipuram in unserem Reiseführer als nicht sehr rosig beschrieben wird und wir zudem zu den drei als akzeptabel beschriebenen Hotels keinen Kontakt herstellen konnten, nehmen wir das Angebot an. Um ihn persönlich bei Fragen zu erreichen, schreibt mir Lal noch seine Handynummer auf.

Beim Verlassen der Stadt Bangalore fahren wir rund 15 Kilometer an einer auf Stützen gebauten Hochautobahn im Konstruktionsstadium vorbei. Nach über fünfjähriger Bauzeit soll diese die in den Vororten entstandenen Unternehmen der IT-Branche mit dem Stadtzentrum von Bangalore verbinden. Nach einigen Kilometern über eine gut ausgebaute, wenig befahrene dreispurige Autobahn kommen wir in den Bundesstaat Tamil Nadu, in dem sechzig Millionen

Menschen den südöstlichsten Teil des indischen Subkontinents bewohnen. Der 1956 geformte Bundesstaat gilt als Wiege der drawidischen Kultur, einer frühen Indus-Zivilisation um 1500 v. Chr. Ihre Spuren finden sich noch heute in Musik, Tanz und vor allem der Tempelarchitektur ihrer antiken Städte.

Unterwegs passieren wir größere Orte mit muslimischen und auch christlichen Kirchen und machen nach einigen Stunden Fahrt Mittagspause in einem Restaurant an der Strecke, das unser Fahrer empfiehlt. Nach nicht einmal einer halben Stunde müssen wir jedoch einen unaufschiebbaren Notstopp in einem Hotel machen und erreichen die Toiletten auf den buchstäblichen letzten Metern. Mit Glück bleibt dies unser einziges Erlebnis dieser Art in Indien. Weiter geht es durch kleinere Orte mit einfachen Gebäuden und dazwischen vereinzelt befindlichen kokosblattbedeckten Häusern. Das Landschaftsbild ist durch weite Strecken von riesigen Felshügeln geprägt, aus denen sich Brocken gelöst haben und nun wie überdimensionale Findlinge an den Hängen liegen. Am Straßenrand passieren wir vielerorts Kokosnussverkäufer, die gepflückte Nüsse über das aufgestellte Fahrrad gehängt anbieten.

Kanchipuram ist neben seiner Seidenindustrie vor allem für seine imposanten Tempel aus den Pallava-, Chola- und Pandya-Dynastien bekannt. Trotz seiner historischen Bedeutung und Bekanntheit bietet der Ort mit knapp unter 200.000 Einwohnern mit seinen lehmigen Straßen und seinem Verkehrschaos eher ein entwicklungsbedürftiges Stadtbild. Wir kommen vorbei an zwei im Reiseführer erwähnten Hotels und sind beim Anblick wahnsinnig froh, diese telefonisch nicht erreicht zu haben.

Einsicht des Tages:
Alles fügt sich
schon zum Besten!

Vor dem Hotel angekommen, verbindet uns der Fahrer über Handy mit Karan, der wissen möchte, ob wir gut angekommen sind und sich alles zu unserer Zufriedenheit darstellt. Das Hotel & Resort GRT Regency bietet, obwohl es bisher am teuersten ist, das beste Preis-Leistungs-Verhältnis unserer Reise. Zuvor wurden wir in unseren Hotels weder mit Getränken an der Rezeption empfangen, noch wurde uns über das Hochtragen des Gepäcks hinaus die Tagesdecke abends zurückgeschlagen. Weder ein Fernseher noch eine Minibar gehörten zu unserem bisherigen Standard. Als im exklusiv gestalteten Restaurant auf warmen Tellern serviert wird, sind wir vollends beeindruckt und freuen uns, gerade in diesem Hotel vier Nächte am Stück zu verbringen.

6. Die Palmblattbibliothek in Kanchipuram

Kennenlernen des Lesers Mr Balasubramaniam und des Übersetzers Mr Kumar

Zwölfter Tag, 13. November. Direkt nach dem Frühstück rufe ich Mr Kumar an, den Übersetzer der Palmblattbibliothek in Kanchipuram (Abb. 10-14), mit dem wir für morgen den Termin für die Palmblattlesungen vereinbart haben. Da man meines Wissens nach einen Tag vorher einen Daumenabdruck zum Auffinden des Palmblattes abgeben soll, frage ich, ob wir nicht schon heute zum Daumenabdruck vorbeikommen sollten. Er bittet uns, sofort zu kommen und pro Person den für mich unerwartet hohen Betrag von umgerechnet 160 Euro mitzubringen. Christian will sich daher erst zu einer eigenen Lesung entscheiden, wenn meine stattgefunden hat und er sich einen Eindruck von der Bibliothek machen konnte. Wir bitten an der Rezeption, ein Taxi zu rufen, finden aber zur Überraschung ein hoteleigenes Fahrzeug vorgefahren, das dann später auch mit dem zehnfachen Betrag des Tuktuks unserer Rückfahrt in Rechnung gestellt wird. Nach Ankunft und Ablegen der Schuhe nimmt uns Mr Kumar erst die Daumenabdrücke ab und führt uns nach einer Pause zu Mr Balasubramaniam (Abb. 14), dem Palmblattleser.

Die Palmblattsuche

Nachdem wir klargemacht haben, dass nicht zuerst mit Christian, dem Älteren, begonnen wird, wickelt Mr Balasubramaniam die Schnur um zwei Holzdeckel ab, zwischen denen etwa 5 Zentimeter breite und vielleicht 30 Zentimeter lange, an zwei Stellen gelochte Palmblätter zusammengehalten werden. Über ein Palmblatt gebeugt, beginnt der Leser Mr Balasubramaniam gesangartig in schnellem Tempo Fragen zu stellen, die Mr Kumar ins Englische übersetzt. Es ist eine Mischung aus Fragen, die mit Ja oder Nein beantwortet werden, und solchen, die eine konkrete Antwort verlangen. Die Frage nach dem Alter wird eingegrenzt und soll mit Ja oder Nein beantwortet werden. Bei falsch geratenen Altersangaben wird nach anderen Fragen zwischendurch das Alter höher oder tiefer gefragt, bis man sich irgendwann zwangsläufig bei meinem richtigen Alter befindet. Ähnlich werden die Namen von Vater und Mutter eingegrenzt. Die Aufnahmen meines Diktiergeräts sind leider qualitativ nicht sonderlich gut, sodass die nachfolgenden Fragen nur einen Eindruck geben, aber nicht vollständig sind. Ich hätte für Tonaufnahmen besser zum Beispiel eine Mini-DV-Kamera laufen lassen sollen, wie wir das dann während der Lesung in Bangalore gemacht haben.

Mr Kumars Übersetzungen der Fragen kommen sehr schnell, scheinbar durcheinander: *„Ist dein Alter 40 bis 42?" – „Nein." –*

Tipp: Fotos der Lesung in Indien finden Sie im Internet unter: www.schicksalsbibliotheken.de.

„Arbeitest du in der Papierindustrie?" – „Nein." – „Arbeitest du im medizinischen Bereich?" – „Nein." – „Bist du 39?" – „Nein." – „Bist du älter?" – „Nein." – „Bist du verheiratet?" – „Nein." – „Bist du geschieden?" – „Ja." – „Ist dein Alter 34 bis 35?" – „Nein." – „Bist du älter?" – „Ja." – „Arbeitest du in der Plastikindustrie?" – „Nein." – „Arbeitest du im Transportwesen?" – „Nein." – „Arbeitest du in der Chemieindustrie?" – „Nein." – „Was machst du dann beruflich?" – „Ich arbeite in der Branche für Heimtierbedarf. Das sind Produkte für Aquarien- und Terrarien." – „Bist Du 36?" – „Nein." – „Bist du älter?" – „Ja." – „Hast du Kinder?" – „Nein." – „Klingt deiner Mutter Name ma, mi, na, ni, nu, tra, ki, pu, su, ti, tu, a, i, u?" – „Ja, I." – „Ist er Irena?" – „Ähnlich, Irene." – „Leben Vater und Mutter noch?" – „Ja." – „Ist der Vater älter?" – „Ja." – „Arbeitet er noch?" – „Ja." – „Ist deines Vaters Name Josef?" – „Nein." – „Bist du 38?" – „Ja." – „Bist du 1970 geboren?" – „Ja." – „Hast du Gesundheitsprobleme?" – „Nein." – „Klingt deines Vaters Name a, i, ka, ti, pi, tu?" – „Nein." – „Mit welchem Buchstaben beginnt er?" – „S." – „Hat er mehr als drei Buchstaben?" – „Ja." – „Geht der Name weiter mit ma, mi, mu, ni, nu, tra, tri, tur, ri, a, i?" – „Ja, I." – „Ist er Siegfried?" – „Ja." Die Frage, ob mein Bruder verheiratet ist, beantworte ich wahrheitsgemäß mit Ja und erwähne nicht, dass er bereits aus dem gemeinsamen Haus ausgezogen ist und sich in diesem Moment in der Trennungsphase befindet. Mr Balasubramaniam verschwindet, um mein Palmblatt zu suchen.

Wir warten in dem Raum, wo Mr Kumar mich um meine Adresse bittet. Er würde in etwa sechs Wochen eine Übersetzung des Palmblattes auf Englisch per Post schicken. Der Leser hätte zu viele Termine und auch morgen keine Zeit, eine vollständige Lesung zu machen. Verständlich ist mir das nicht, hatte ich doch vor über einem halben Jahr schon einen Termin vereinbart und zahle für indische Verhältnisse ein kleines Vermögen dafür. Aber ich vermute, dass mich eine Diskussion nicht weiterbringen wird, und schwarz auf weiß ist das vielleicht gar nicht so schlecht bei der Qualität meines Diktiergeräts. Da wir die Qualität der Aussagen ohne das Vorlesen meines Blatts nicht beurteilen können, verzichtet Christian darauf, sein Blatt suchen zu lassen.

Mr Balasubramaniam kommt mit einem Palmblattbündel zurück, das meine Schicksalsblätter enthalten soll. Er liest vor, um zu prüfen, ob er wirklich das richtige gefunden hat. Alle von mir gemachten Angaben werden noch einmal repetiert und sollen sich alle zusammen auf dem neu gefundenen Blatt befinden. Danach folgen weitere Fragen. *„Du hast keine Kinder?"* – *„Ja."* – *„Hat dein Vater Gesundheitsprobleme?"* – *„Nein."* – *„Lebst du bei deinen Eltern?"* – *„Nein."* – *„Lebst du allein?"* – *„Ja."* – *„Leben Vater und Mutter noch?"* – *„Ja."* – *„Du hast einen Bruder?"* – *„Ja."* – *„Du bist geschieden?"* – *„Ja."* – *„Hast du Kon*

Einsicht des Tages:
So geht es also in einer Palmblattbibliothek zu!

takt zu deiner Exfrau?" – *„Nein."* – *„Dein Vater arbeitet?"* – *„Ja."* – *„Deine Mutter arbeitet nicht?"* – *„Ja."* – *„Du bist 38 Jahre?"* – *„Ja."* – *„Du bist an einem Freitag geboren?"* – *„Das weiß ich nicht."* – *„Du arbeitest nur im Büro?"* – *„Ich habe zwei Tätigkeiten, ich schreibe auch Bücher."* – *„Dein Vorname ist Oliver?"* – *„Ja."* – *„Der Name deiner Mutter ist Irene?"* – *„Ja."* Mr Kumar erklärt uns, dass dieses Palmblatt richtigerweise zu mir gehöre.

Wir werden aufgefordert, in der unteren Etage auf den Plätzen zu warten, wo uns die Daumenabdrücke abgenommen worden sind. Nach etwa 10 Minuten trägt mir Mr Kumar in zwölf Feldern um ein Rechteck Planetennamen ein und informiert mich über mein tamilisches Geburtsdatum, unter welchem Stern sowie indischen Sternzeichen und Aszendenten ich geboren bin. Dann bekomme ich eine kurze, grobe Zusammenfassung meines künftigen Lebens. Christian entschließt sich immer noch nicht zu einer Lesung, da ich noch keine Angaben zur Treffsicherheit machen kann und mir der Bericht ja erst noch zugeschickt werden soll. Mr Kumar bittet mich, das Geld abzuzählen, und zählt es selbst noch einmal genau nach.

Ich erzähle, dass ich aus Berichten über diese Bibliothek von anderen Beträgen gehört habe und nicht von der genannten Summe. Ich erfahre, dass der letzte Aufschlag ja nur die Kostendeckung für seine Übersetzung und das Verschicken mit der Post sei. Das erste Kapitel mit Namens- und Berufsangaben, Informationen zu Brüdern, Schwestern, Partner und Kindern und wesentlichen Vorhersagen aller zwölf Einzelkapitel wird mit 17 Euro berechnet. Alle elf weiteren Kapitel und vier Spezialkapitel würden dann jeweils nur noch mit dem halben Preis dessen berechnet. Selbstverständlich müsste man sich nicht alle Kapitel vortragen lassen.

Die Preise schreibt mir Mr Kumar auf ein Kapitelübersichtsblatt. Danach bezieht sich das zweite Kapitel auf Geld, Familie und Erziehung. Das dritte Kapitel handelt von Geschwistern und dem Verhältnis zu ihnen. Das vierte Kapitel geht über die Mutter, Haus, Auto und Vermögen. Das fünfte Kapitel befasst sich mit den Kindern und deren Leben. Das sechste Kapitel beschreibt Krankheiten, Schulden, Feindschaften und Möglichkeiten zu deren Abwehr. Das siebte Kapitel geht auf das Thema Heirat ein. Das achte Kapitel enthält Informationen zu Lebensdauer, Unfällen, Gefahren und Angaben zum Todeszeitpunkt. Das neunte Kapitel beschäftigt sich mit dem Vater, Wohlstand, Glück, Frömmigkeit und Wohltätigkeit. Das zehnte Kapitel bezieht sich auf künftige Tätigkeiten und Berufe mit deren Höhen und Tiefen. Das elfte Kapitel beschreibt Vermögen und weitere mögliche Ehen. Das zwölfte Kapitel handelt von Bemühungen, Auslandsbesuchen, Wiedergeburten und Erlösung.

Die Informationen der Spezialkapitel umfassen in A vergangene Leben, begangene Sünden und Maßnahmen, deren Auswirkungen zu mindern, in B Angaben zum Talisman und Vermeidung von Feindschaften und Unannehmlichkeiten, in C chronische Krankheiten und deren Heilung sowie schließlich in D Aussagen zu den uns beeinflussenden Planetenkonstellationen in den unterschiedlichen Lebensabschnitten.

Das Blatt schließt mit der fett gedruckten Information, dass die Vorhersagen leider nicht per Post verschickt werden könnten. Wo mir doch genau das vorhin vorgeschlagen wurde. Um die Bibliothek möglichst genau beurteilen zu können, bestätige ich noch einmal, dass ich fast alle Kapitel vorhergesagt beziehungsweise niedergeschrieben haben möchte. Anschließend setzt sich Mr Kumar mit uns für meine Interviewfragen zusammen, da Mr Balasubramaniam keine Zeit mehr hätte. Leider erweist er sich nicht als sehr auskunftsfreudig, und seine Antworten fallen entsprechend knapp aus.

Interview mit Mr Kumar

Oliver Drewes: Ist es richtig, dass Palmblätter nur für die Menschen existieren, die in Palmblattbibliotheken danach fragen?
Mr Kumar: Ja, das stimmt.
Oliver Drewes: Warum haben die Rishis individuelle Schicksale aufgezeichnet?
Mr Kumar: Als Dienst für die Menschheit.
Oliver Drewes: Zeichnet die Existenz eines Palmblattes die Besucher als besondere Menschen aus?
Mr Kumar: Nein.
Oliver Drewes: Wie konnten denn die Rishis die Schicksale sehen. Wie kann ich mir das vorstellen?
Mr Kumar: Sie hatten besondere Fähigkeiten.
Oliver Drewes: So, als wenn Sie das mit ihren eigenen Augen gesehen hätten?
Mr Kumar: Das könnte man sich so vorstellen.
Oliver Drewes: Konnten nur die Rishis Schicksale sehen oder hatten sie Schüler, die das auch konnten?
Mr Kumar: Vermutlich konnten das nur die Rishis.
Oliver Drewes: Wer war der Rishi, auf den diese Bibliothek hier zurückgeht?
Mr Kumar: Der Rishi Agasthiyar.
Oliver Drewes: Glauben Sie, dass Astralreisen oder außerkörperliche Erfahrungen die Grundlage der Informationen sein könnten?
Mr Kumar: Das was die Grundlage ist?
Oliver Drewes: Außerkörperliche Erfahrung ist, mit dem feinstofflichen Teil des Körper zu reisen, während der grobstoffliche in einer Art Schlaf ist.
Mr Kumar: Das sagt mir nichts.
Oliver Drewes: Stimmt es, dass man zu Beginn die Schicksale nicht aufschreiben konnte, da es noch keine Schrift gab und die Schicksale über Generationen überliefert wurden?
Mr Kumar: Die Schicksale wurden von Anfang an niedergeschrieben.
Oliver Drewes: Wie viele Schicksale sind in dieser Bibliothek niedergeschrieben?
Mr Kumar: Tausende.

Oliver Drewes: Wie viele Bibliotheken gibt es in ganz Indien?

Mr Kumar: Das ist mir nicht bekannt.

Oliver Drewes: Haben alle Bibliotheken denselben Ursprung?

Mr Kumar: Nein.

Oliver Drewes: Wie viele Menschen besuchen die Bibliothek jeden Tag, jede Woche oder jeden Monat?

Mr Kumar: Hier etwa vierzig Personen am Tag bei allen hier arbeitenden Lesern.

Oliver Drewes: Wie lange wird diese Bibliothek noch besucht werden? Endet das irgendwann?

Mr Kumar: Ein Ende ist nicht bekannt.

Oliver Drewes: Wissen Sie vorher, dass eine bestimmte Person kommt?

Mr Kumar: Es ist eine Überraschung für uns, wann jemand kommt.

Oliver Drewes: Geben Sie Informationen auch an jemanden, der nicht persönlich kommt?

Mr Kumar: Nein

Oliver Drewes: Was halten Sie von Vorhersagen aus Palmblättern, die im Internet angeboten und per E-Mail verschickt werden?

Mr Kumar: Ich glaube nicht, dass das eine gute Qualität sein kann.

Oliver Drewes: Ist die Abgabe des Daumenabdrucks in dieser Bibliothek nur für die Identifikation des Palmblattes wichtig oder wird daraus gelesen wie andernorts aus der Hand?

Mr Kumar: Der Abdruck dient lediglich der Identifikation.

Oliver Drewes: Sind die Informationen auf Palmblättern personenspezifisch oder ergeben sie sich in Kombination mit astrologischen Daten?

Mr Kumar: Jede Person hat ihr eigenes Palmblatt.

Oliver Drewes: Wie viele Kapitel hat ein Palmblatt?

Mr Kumar: In dieser Bibliothek sind es zwölf.

Oliver Drewes: Ist es wahr, dass Palmblätter sich in speziellen Zeremonien mysteriös mit neuen Inhalten füllen?

Mr Kumar: In dieser Bibliothek nicht.

Oliver Drewes: Und es gibt auch heute niemanden mehr, der neue Schicksale aufzeichnet?

Mr Kumar: Nein.

Oliver Drewes: Ist Mr Balasubramanian wegen der Familientradition ein Nadi-Leser geworden?

Mr Kumar: Ja, und das nun schon seit über dreißig Jahren.

Oliver Drewes: Braucht man, um Nadi-Leser zu werden, bestimmte Fähigkeiten, Spiritualität?

Mr Kumar: Man braucht eine spirituelle Kraft und Talent.

Oliver Drewes: Was muss denn ein Nadi-Leser lernen?

Mr Kumar: Vor allem die alttamilische Sprache.

Oliver Drewes: Was macht einen guten Nadi-Leser aus?

Mr Kumar: Es gibt keine schlechten.

Oliver Drewes: Könnte der Rishi, auf den diese Bibliothek beruht, seine Informationen vielleicht aus der Akasha-Chronik bekommen haben?

Mr Kumar: Akasha-Chronik?

Oliver Drewes: Die Akasha-Chronik ist eine Aufzeichnung menschlicher Schicksale, in der fähige Menschen lesen können sollen wie in einem Buch. Könnte das der Ursprung der Information sein?

Mr Kumar: Das kann ich nicht sagen.

Oliver Drewes: Eine deutsche Autorin verstehe ich in ihrem Buch über Palmblattbibliotheken so, dass sie Nadi-Reading für angewandte Astrologie beziehungsweise das Stellen von Horoskopen hält. Ist es mehr als das?

Mr Kumar: Es hat nichts mit Horoskopen zu tun.

Oliver Drewes: Dienen Informationen wie Geburtstag, Geburtszeit, Geburtsort wirklich nur dem Auffinden des Palmblattes oder sind es nicht doch die Basisinformationen für ein Horoskop?

Mr Kumar: Sie dienen nur dem Auffinden des Palmblattes.

Oliver Drewes: Glauben Sie, dass unsere Vorstellung der Zeit und die Aufteilung in Vergangenheit, Gegenwart und Zukunft falsch ist?

Mr Kumar: Ja.

Oliver Drewes: Glauben Sie, dass sich die Zukunft noch gestalten lässt?

Mr Kumar: Die Vorhersagen treten so ein, sie sind nicht veränderbar.

Oliver Drewes: Mr Kumar, danke, dass Sie sich die Zeit genommen haben.

Ob Mr Balasubramaniam einige Fragen anders beantwortet hätte, bleibt offen. Während Mr Kumar uns sagt, in den Blättern seien keine Vorleben enthalten, führt die Preisliste mit aufgeführten Kapiteln auch den Punkt Vorleben auf. Obwohl Mr Kumar im Interview behauptet, die Vorhersagen der Blätter seien unveränderlich, erklärt er später, das Schicksal sei nicht veränderlich, aber nach Einsicht und Verhalten die Stärke der Auswirkungen. Hier hat es scheinbar sprachliche Missverständnisse gegeben, und die Widersprüche haben mich zögern lassen, das Interview in dieses Buch aufzunehmen. Die Aussagen sollten auf jeden Fall kritisch betrachtet werden.

Bei der Verabschiedung empfiehlt uns Mr Kumar, nach Besichtigung der Tempel von Kanchipuram den Küstenort Mamallapuram zu besuchen, früher Mahabalipuram genannt, was wir uns dann für den nächsten Tag vornehmen.

Während des Wartens auf das Tuktuk schildert mir Christian seinen Eindruck der Bewegungspsychologie, wie die Schweizer die Körpersprache nennen. Christian sieht bei Mr Balasubramaniam eine ausdrückliche Ungeduld, was mir jedoch bei der langen Form der groben Erstabfrage selbst vielleicht auch so gehen würde. Bei Mr Kumar interpretiert er die Gestik so, dass dieser nicht alle Informationen preisgibt. Die linke Hand hält die rechte, was bedeute: Sag ja nichts. Die rechte Hand hält die linke: Sag nicht alles. Beide Zeigefinger auf den Mund: Jetzt ja nichts mehr sagen.

Mamallapuram hat neben dem Küstentempel noch so einige Sehenswürdigkeiten.

7. Aufenthalt in Kanchipuram und Rückkehr nach Bangalore

Stadterkundung

Nach der Rückfahrt zum Hotel überbrücken wir die Zeit mit einer kleinen Shoppingtour, da die Tempel von 12.00 bis 16.30 Uhr geschlossen sind. Unser Besuch in einem Kaufhaus weckt das Interesse des ganzen Personals, das uns am liebsten in Scharen auf Schritt und Tritt begleiten möchte. Zu Fuß machen wir uns auf den Weg zu weiteren Geschäften. Am späten Nachmittag fahren wir mit dem Tuktuk zum Vishnu gewidmeten Devarajaswami-Tempel.

Das monumentale Eingangsportal ist vorübergehend mit Bambuskonstruktionen eingehüllt, die Reinigungs- oder Instandsetzungsarbeiten erleichtern sollen. Im Inneren des Tempels ist die „Halle der tausend Säulen" mit heute 96 erhaltenen von ehemals hundert gestalteten Säulen mit ihren reichen Verzierungen beeindruckend. Die Ecken dieses Gebäudes sind mit riesigen Steinketten verziert, die aus ineinander verschlungenen, aber nur aus einem einzigen Stück gehauenem Stein bestehen. Zwischen den in farbenfrohe Gewänder gehüllten Gläubigen fallen die Priester mit ihrem freien Oberkörper, ihrer bemalten Stirn und ihren bemalten Oberarmen deutlich auf.

Die Mythologie der Rishis

„Mr Kumar hatte uns ja gesagt, dass die Bibliothek von Kanchipuram auf den Weisen, sogenannten Rishi, Agastya [93] *zurückgeht",* erzähle ich Christian beim Abendessen in unserem Hotel, *„die verschiedenen Palmblattbibliotheken sollen alle auf verschiedene Rishis zurückgehen* [94]*. Ihre Zahl wird oft mit sieben angegeben. Man hört vom Schatz der sieben Rishis, vom Vermächtnis der sieben Rishis, vom Geheimnis der sieben Rishis."*

„Die Sieben hat in vielen Religionen und Kulturen eine tiefe, teils magische bis mystische Bedeutung. Vielleicht ist die Zahl gar nicht so sehr quantitativ zu verstehen", merkt Christian an.

„Jedenfalls gehen alle Schicksals- und Palmblattbibliotheken auf diese mythische Gestalten der indischen Früh- und Vorgeschichte mit besonderen Fähigkei-

ten zurück, die durch ,innere Visionen' oder Einblick ins ,kosmische' oder ,goldene Buch' außerhalb unseres Zeitverständnisses den Weg der Menschen durch verschiedene Inkarnationen ,sehen' konnten. Die zuletzt besuchte Bibliothek von Hoshiarpur soll laut Dr. Mohan ja auf den Rishi Brighu zurückgehen.

Ursprünglich sollen es mal genau ein Dutzend Palmblattbibliotheken gewesen sein. Diese hier in Kanchipuram und die in Vaithisvarankoil sollen auf eine der zwölf, die gewaltige, alte Bibliothek der Rajas von Thanjavur [95], zurückgehen [96]. Ihr Bestand von über 3000 Palmblättern soll im 18. Jahrhundert an den obersten Schriftgelehrten der Rajas gegangen sein. Die Engländer hatten eine Rebellion gegen die britische Fremdherrschaft niedergeschlagen, der sich auch die Rajas angeschlossen hatten, und anschließend deren gesamte Besitztümer aufgelöst. Durch die Aufteilung oder die Kopien der Nachkommen des erwähnten Schriftgelehrten sollen heute Dutzende Familien in Thanjavur, Vaithisvarankoil und Kanchipuram im Besitz von Palmblattmanuskripten der Rajas sein.

Kennst du eigentlich die Geschichte, wie der Rishi Brighu von der Göttin Lakshmi Einblicke in die Schicksale der Menschen bekam und die Aufgabe, sie aufzuschreiben? Nein, dann erzähle ich sie dir. Dazu soll es nach einer indischen Legende wie folgt gekommen sein. Vor sehr langer Zeit, man spricht von vor rund 5000 Jahren, lebte Brighu als genialer, aber auch jähzorniger Sohn des großen Weisen Varun in Indien. Durch die hohe Berühmtheit seines Vaters, nach anderer Quelle durch seine Gabe, in höhere Dimensionen aufzusteigen und die Zeit zu überwinden, soll Brighu privilegiert gewesen sein, mit den Göttern verkehren zu dürfen.

Eines Tages wollte er Vishnu besuchen, der neben Brahma und Shiva eine der drei höchsten Gottheiten im hinduistischen Glauben ist. Einer Erzählung nach soll Brighu an den Wachen, die ihm den Zutritt zunächst verwehrten, vorbeigekommen sein, indem er ihnen drohte, durch das Verweigern des Zutritts die große Brahmanenseele beleidigt zu haben und als Strafe verflucht zu werden, die nächsten drei Male auf der Erde inkarnieren zu müssen. Nach manchen Erzählungen wollte der Gott Vishnu Brighu zunächst nicht empfangen, da er gerade im zärtlichen Austausch mit seiner Gattin Lakshmi gewesen sei, der Göttin der Schönheit, des Glücks, des Reichtums und der Fruchtbarkeit. Über das Warten erbost, soll Brighu den Gott ins Gesicht geschlagen haben.

Nach einer anderen Erzählung hat Vishnu zu Füßen seiner Gattin geschlafen, was Brighu als Täuschung verstanden haben soll, um nicht mit ihm zu sprechen. Erzürnt soll der den Gott mit Füßen getreten haben. Erwacht, soll der für seine Freundlichkeit und Milde bekannte Gott überlegen reagiert haben. Die Göttin

Lakshmi hingegen soll sich durch das unziemliche Verhalten gegenüber ihrem Gemahl auch derart beleidigt gefühlt haben, dass sie erzürnt den aufbrausenden Brighu und seine ganze Kaste mit einem Fluch belegte. Er und die gesamte Generation von Brahmanen sollten künftig nur noch in Armut leben.

Nach einer Version der Überlieferung bereute Brighu seine Ungehaltenheit zutiefst und bat um Vergebung. Da sie den Fluch nicht mehr zurücknehmen konnte, er und die Brahmanen seiner Zeit sich aber ihren Lebensunterhalt verdienen können sollten, gewährte sie Brighu Einblick in die Schicksale aller Menschen zu allen Zeiten und gab ihm die Fähigkeit, sich dieses Wort für Wort einprägen zu können.

Nach einer anderen Version erlegte sich Brighu die Aufgabe selbst auf, alles über die Vergangenheit, die Gegenwart und die Zukunft jedes Menschen aufzuschreiben. So entstand die Sammlung Brighu Samhita des später als großer Weiser angesehenen, der sein Wissen an die anderen Brahmanen weitergab oder es zunächst seinem Sohn Shukra vermittelte, der es danach allen Brahmanen weitergab. Hierüber gibt es heute nun unterschiedliche Auffassungen. Nach Ansicht einiger war die Schrift damals noch gar nicht erfunden, und Generationen von Schülern sollen sich zunächst die gesehenen Schicksale fehlerfrei eingeprägt und überliefert haben."

„Bei der Masse der niedergeschriebenen Lebensläufe können wir uns das heute höchstens bei der Verteilung auf eine unglaubliche Vielzahl von Schülern vorstellen", merkt Christian an.

„Bedenken müssen wir aber vielleicht, dass unser geistiges Potenzial viel höher sein könnte als das, was wir tatsächlich nutzen. Denken wir einmal an Autismus. Diese Behinderung wird als abweichender Informationsverarbeitungsmodus definiert, der Schwächen in sozialer Interaktion und Kommunikation zeigt, aber auf der anderen Seiten unglaubliche Stärken in Wahrnehmung und Gedächtnisleistung aufweist. Es gibt Autisten, die nach einem Helikopterrundflug über eine Großstadt ein Panoramabild der Gebäude zeichnen können, ohne auch nur ein einziges Fenster zu vergessen. Das Gehirn ist also zu weit mehr Gedächtnisleistung in der Lage.

Einerseits herrscht Unklarheit darüber, ob die Schicksale zunächst überliefert und erst mit dem Aufkommen der Schrift oder bereits von Anfang an aufgezeichnet worden ist. Andererseits darüber, ob vor den Palmblättern zunächst Stein- und später Kupferplatten verwendet wurden. Es wird sogar spekuliert, ob die zwölf Palmblattbibliotheken auf Urschriften zurückgehen sollen, die unterirdisch im Śrī-Ekambaranathar-Tempel hier in Kanchipuram aufbewahrt würden [97].

Nach einer anderen Legende, die Namen muss ich später in meinem Buch nachtragen, da ich bedauerlicherweise nicht über die Erinnerungsleistung eines Rishis verfüge, bekam der Rishi Kakabujandra von seiner Mutter Sarasvati, der Göttin der Weisheit und Gattin des Urschöpfers Brahmā, von Kindheit an alles Wissen beigebracht. Shiva, der Gott der Zerstörung, soll von seinen Beratern am Berg Kailash im Himalaya nach den letzten Geheimnissen der Welt befragt Kakabujandra bestimmt haben, allen, die danach fragten, das Wissen über die Welt zu vermitteln. So sollen viele fleißige Brahmanen als Schüler von ihm über das Schicksal der Welt und der Menschen unterrichtet worden sein. Die Hochzeit des Rishi Kakabujandra mit der Göttin Bahola soll übrigens noch jedes Jahr im Tempel der Stadt Achchalpuram in der Nähe von Chidamberam im Süden Indiens gefeiert werden.

Einer noch weiteren Legende gemäß soll auch der Weise Śrī Shuka Maharishi im Besitz dieses Wissens gewesen sein. Dies soll er dem sagenhaften König Pareeshit kurz vor dessen Tod weitergegeben haben, der seine Todesangst überwinden und das Geheimnis des vollkommenen Glücks erfahren wollte. Von den Beratern des Königs auswendig gelernt, soll das Wissen dann nach Zeiten der mündlichen Überlieferung auf Palmblätter übertragen worden sein. "

„Interessant, was sagt man sonst noch über die Rishis?"

„In der Mahabharata [98], der umfangreichsten Dichtung der Weltliteratur, werden Rishis neben Göttern und Menschen als vorzeitliche Weise und Seher mit übermenschlichen Fähigkeiten beschrieben. Teil der Mahabharata ist die Bhagavad-Gītā [99]. Rishis werden darin [100] als Stammväter der Menschen bezeichnet: ,... die sieben großen Weisen ... sind aus mir, meinem Geist, hervorgegangen, und alle Lebewesen ... stammen von ihnen ab.' Dies könnte vielleicht weniger im biologischen als mehr im geistigen Sinne gemeint sein. Hindus sehen die Bhagavad-Gītā als Quintessenz der Veden [101] und gedanklich den Upanischaden [102] nahestehend. Kern der Veden sind die Texte der Shruti, das sind von Rishis ,gehörte', offenbarte Texte, die sie folgenden Generationen überliefert haben sollen. "

Besuch von Mamallapuram

Dreizehnter Tag, 14. November. Vor dem Hotel GRT Regency halten wir ein Tuktuk an und lassen uns in eine Straße bringen, von der wir unterwegs gesehen haben, dass dort viele Taxen stehen. Der Fahrer bringt uns zu einem seiner Bekannten mit einem typisch weißen Classic Taxi, einer indischen Automarke im Oldtimerlook. Nach zähem Verhandeln mit sieben Indern, die sich schnell um uns versammeln, machen wir einen Preis aus, ohne zu wissen, dass das Auto weder Gurte noch Klimaanlage, dafür aber einen defekten Beifahrersitz hat. Staubige Strecken der Fahrt lassen nur zeitweise ein Öffnen der Fenster zu.

Mamallapuram ist, wenn man den üblichen Schmutz außer Acht lässt, für einen Tagesausflug uneingeschränkt empfehlenswert. Das Küstendorf mit seinen knapp 12.000 Einwohnern ist vor allem für seinen Strandtempel und Reliefs, die in riesige Findlinge und Steinformationen gehauen sind, berühmt. Die örtliche Bildhauerhandwerkskunst ist für ihre hinduistischen und buddhistischen Figuren in allen Größen bekannt. Der große Talasayana-Perumai-Tempel in der Stadtmitte ist nicht wirklich sehenswert, dafür umso mehr der am Meer gelegene, zum Weltkulturerbe gehörende Küstentempel der Pavalla-Dynastie. Vor Stürmen und Fluten des Golfs von Bengalen ist er heute mit einem aufgeschütteten Steinwall geschützt.

Hinter dem Wall gelangt man über einen schmalen Weg in die nächste Bucht. Kleine Fischerboote liegen im Sand, und viele Strandrestaurants bieten günstig Seafood an. Einziges Problem ist, sich den Dutzenden Souvenirverkäufern zu entziehen, die das Rudelweise-Verfolgen wirklich auf die Spitze treiben. Es ist schwer verständlich zu machen, dass wir keine üblichen Touristen und auch nicht zum Souvenirkaufen gekommen sind.

In einem orange gestrichenen Restaurant machen wir unsere Mittagspause. Die Kellner bemühen sich sehr darum, uns zu überzeugen, nicht die Fried Prawns, sondern die fünfmal so teuren, aber recht kleinen Lobster zu bestellen. Wir bleiben dabei, bestellen aber noch eine Portion nach und sind am Ende gesättigter, als wir es mit einem Minilobster mit insgesamt weniger Fleisch gewesen wären.

Einsicht des Tages: Manchmal ist weniger mehr!

Schicksal aus anderer Perspektive – Die Relativitätstheorie

Die Rückfahrt zieht sich in die Länge. *„Mit der interessanteste Aspekt am Phänomen der Palmblattbibliotheken ist, woher die Rishis zutreffende Informationen hatten"*, wiederholt Christian.

„Und was die Konsequenzen bedeuten? Gibt es ein Schicksal, wie viel freien Willen haben wir und können wir eine Vorsehung ändern? Wenn das Leben vorherbestimmt wäre und es ein unabänderliches Schicksal gäbe, hätte der Mensch dann überhaupt einen freien Willen? Und hätte der Mensch hingegen einen freien Willen, könnte es dann überhaupt ein unabänderliches Schicksal geben? Scheinbar unvereinbare Gegensätze", ergänze ich.

„Wie verstehen wir eigentlich den freien Willen?", hinterfragt Christian.

„So wie ich es beschreiben würde, gibt es *in der Gegenwart verschiedene Handlungsoptionen. Wir können uns für eine entscheiden. Wir bestimmen damit die Gegenwart. Wir kennen vor der Entscheidung und zum Zeitpunkt der Entscheidung die wirklich eintretende Zukunft nicht. Unsere getroffene Entscheidung macht unter verschiedenen Zukunftsvarianten aber eine wahrscheinlicher oder bestimmt sie. Wir beeinflussen mit der Entscheidung also die Zukunft. Selbst wenn in der Reaktionskette durch andere Umstände nicht die Zukunft eintritt, die wir wollen, haben wir sie doch durch unser Handeln mitbestimmt. Die Entscheidung für eine bestimmte Handlungsoption verstehen wir als freien Willen."*

„Richtig", stimmt Christian zu und ergänzt: *„Diese Betrachtung folgt dabei dem allgemeinen Verständnis von zeitlichen Abläufen. Die Gegenwart trennt Vergangenheit von Zukunft. Die Gegenwart von gestern ist die Vergangenheit von heute. Die Gegenwart von heute ist die Vergangenheit von morgen. Die Zeit bewegt sich, zumindest scheinbar, einbahnstraßenmäßig in Richtung Zukunft."*

„Vielleicht ist unsere Einteilung von Zeit in Vergangenheit, Gegenwart und Zukunft aber wirklich nur eine Einbildung. Vielleicht fand und findet alles gleichzeitig statt. Nach hinduistischer Ansicht ist, wie schon erwähnt, unsere Vorstellung von Raum und Zeit nur eine Illusion, die Maya genannt wird. Unser Gehirn unterscheidet Strukturen und Ereignisse, die in Wirklichkeit untrennbar sind. Die Welt, in der wir leben, wäre demnach nicht so real, wie es uns scheint. Die Zeit, die sich in Zyklen [103], *im Sanskrit Kalpa, zwischen Entstehung, Sarga, und Vergehen, Pralaja, bewegt, wäre nur eine Annahme unseres Gehirns.*

Ähnliches sagen manche Physiker. Angesehene Physiker, die unser gegenwärtiges Weltbild mit geprägt haben. Albert Einstein sagte, für Wissenschaftler seien

Vergangenheit, Gegenwart und Zukunft nur eine Illusion – wenn auch eine zählebige. Dem schließt sich Roger Penrose, ein Lehrer von Steven Hawking, an, der sagt: ‚Die Zeit ist lediglich eine Konstruktion des Bewusstseins, die dem Gehirn ermöglicht, die Welt zu deuten.‘ Vielleicht kann, wer sich über die Illusion der Einteilung erhebt, von dieser Position alle für uns scheinbar vergangenen und zukünftigen Ereignisse erkennen. Vielleicht ist dies das Geheimnis der Rishis“, spekuliere ich. „Die eine Möglichkeit ist sicher, die Linearität, also die Abfolge von Vergangenheit, Gegenwart und Zukunft, in Frage zu stellen. Die andere, die Zeit überhaupt in Frage zu stellen. Ich habe Anfang des Jahres einen Artikel dazu gelesen [104]. Es gibt einen Privatgelehrten und Außenseiter in der Welt der Physik, Julian Babour [105]. Er glaubt, Relativitätstheorie und Quantenphysik könnte man vereinbaren, wenn man davon ausginge, dass Zeit gar nicht existiert. Alternativ bietet er die Idee an, dass unser Universum aus einer ungeheuren Abfolge von Schnappschüssen, Momentaufnahmen bestehen würde. So wie Bilder eines Films, die statisch sind, aber nacheinander Bewegung ergeben“, berichte ich.

„Da fällt mir ein Zen-Koan [106] ein“, erinnert sich Christian. „In einem klassischen Koan [107] heißt es, zwei Mönche beobachten eine Fahne, die auf dem Tempeldach flattert. Der eine kommt zu der Ansicht: ‚Die Fahne bewegt sich.‘ Der andere vertritt die Auffassung: ‚Der Wind bewegt sich.‘ Sie können sich nicht einig werden, bis der Zen-Meister Mumon des Weges kommt. Von Ehrfurcht ergriffen sind sie über seine Interpretation: ‚Es ist nicht der Wind, der sich bewegt. Es ist nicht die Fahne, die sich bewegt. Es ist euer Geist, der sich bewegt.‘“

„So wie ich mich erinnere, wird in den Veden nur von der Illusion des Zeitablaufs gesprochen. Mir fällt keine Stelle ein, wo die Zeit an sich in Frage gestellt wird. Die Rishis werden als ‚die drei Zeiten sehend‘ [108] beschrieben“, bemerke ich.

„Wie auch immer das alternative Zeitverständnis ist. Was denkst du, wie es sich auf den freien Willen auswirkt?“, interessiert es Christian.

„Nun, bleiben wir bei der Existenz von Zeit, stellen uns aber Unterschiede im erlebten Zeitablauf vor. Jemand trifft aufgrund einer Information eine Entscheidung und führt danach eine Handlung aus. Ein Zweiter, mit abweichendem Betrachtungspunkt, sieht die Ausführung der Handlung. Legt man für beide einen gleichen Punkt in der Zeit fest, kann sich das Phänomen ergeben, dass der Zweite die Vollendung der Handlung gesehen hat, noch bevor der Erste sie ausgeführt hat. Die Schlussfolgerung wäre, dass der freie Wille des Ersten zu keinem Zeitpunkt wirklich in Frage gestellt war. Der zweite hätte lediglich das Ergebnis des freien Willens gesehen, bevor er seine Handlung betrachten konnte.“

„Und es wäre ein Dilemma, wenn die Beobachtung des Zweiten die Infor-mation und Handlungsgrundlage des Ersten gewesen wäre. Die Geschichte von Ödipus ist dazu doch ein gutes Beispiel", fällt Christian ein. *„Nach der griechi-schen Mythologie wurde ihm von einem Orakel vorausgesagt, seinen Vater zu töten und seine Mutter zur Frau zu nehmen. Mit der Entscheidung, seine ver-meintlichen Eltern zu verlassen, damit sich die Prophezeiung nicht erfülle, macht er die Begegnung mit seinen wahren Eltern erst möglich. In Unkenntnis tötet er tatsächlich seinen eigenen Vater. Später bekommt er für die Befreiung Thebens von der Sphinx die Krone und die Witwe des von Unbekannt ermordeten Königs, seine Mutter, zur Frau. Dass er das Ergebnis seines Handelns schon erfahren hatte, erscheint als ein Dilemma der Unveränderlichkeit eines Schicksals."*

„Und, war sein freier Wille zu irgendeinem Zeitpunkt in Frage gestellt?", freue ich mich über Christians Beispiel. *„Dass Zeit nicht für alle gleich abläuft und von einem individuellen Standpunkt, einem Bezugssystem abhängt, erklärt auch die Physik. Ich habe hier ein Beispiel [109]. Stell dir vor, du sitzt im Zugab-teil und beobachtest eine Fliege. Sie fliegt von der gegenüberliegenden Wand, die einen Meter entfernt ist, auf dein Bein und benötigt etwa eine Sekunde. Ihre Geschwindigkeit wäre demnach ein Meter pro Sekunde, richtig? Anders ausge-drückt, du beobachtest, dass sie eine Sekunde Zeit benötigt, um einen Meter zu fliegen. Allerdings hat der Zug ja auch seine eigene Geschwindigkeit.*

Nehmen wir also an, der Zug wäre der französische TGV, der gerade die Geschwindigkeit von 515 Kilometer pro Stunde erreicht hätte [110]. 515 Kilo-meter pro Stunde, also 515.000 Meter pro Stunde, entsprechen, Taschenrechner her, abgerundet 8583 Meter pro Minute. Also, noch mal geteilt durch 60, etwa 143 Meter pro Sekunde. Für einen Betrachter außerhalb des Zuges würde sich die Fliege also nicht mit einem Meter pro Sekunde, sondern addiert mit 144 Metern pro Sekunde fortbewegen. Sie benötigt aus seiner Sicht also nur den weniger als 144. Bruchteil einer Sekunde, um sich einen Meter fortzubewegen. Zeit ist also relativ. Sie hängt vom Standpunkt des Betrachters ab. Von dir, sitzend im Zug. Oder jemand anderem außerhalb des Zuges."

Christian nickt, bemerkt aber aufmerksam, dass das Beispiel eher die Rela-tivität der Geschwindigkeit als der Zeit beschreibt. Denn für die Menschen im Zug, die Fliege und den externen Betrachter vergeht jeweils eine Sekunde.

„Richtig erkannt. Je schneller sich jedoch die Fliege bewegt, desto langsamer vergeht für sie die Zeit. Würden wir statt über den Zug zum Beispiel über ein Raumschiff mit Annäherung an die Lichtgeschwindigkeit sprechen und außer

Acht lassen, dass es ziemlich schnell mit irgendwas kollidieren würde, würden für die Fliege im Inneren nur Stunden vergehen, während der externe Betrachter um Jahre altern würde [111].

Außerdem könnten für einen Beobachter von seinen Bezugspunkt aus gleichzeitig erscheinende Ereignisse für einen anderen Beobachter von seinem Bezugspunkt aus zeitlich hintereinander folgend erscheinen [112]. Diese ‚Relativität der Gleichzeitigkeit' ist übrigens nichts anderes als die Relativitätstheorie nach Einstein. Isaac Newton war noch von einer universellen Zeit ausgegangen, die unbeeinflusst davon war, ob sich etwas in Ruhe oder Bewegung befand. Nach Einsteins Erkenntnis weiß man, dass es vom Bezugssystem abhängt, was gleichzeitig ist und was aufeinanderfolgt. Da sich unsere Welt, unser Universum, unser Sternensystem bewegt, gibt es kein stationäres Bezugssystem.

Die revolutionäre Erkenntnis ist also, dass es keine universelle Größe der Zeit mehr gibt. Jedes Objekt hat seine eigene Zeit. Und diese vergeht umso langsamer, je schneller sich das Objekt bewegt, relativistische Zeitdehnung genannt. Experimentell nachweisen kann man das übrigens mit sehr genauen Atomuhren. Die eine, in einem sehr schnellen Flugzeug, zeigt tatsächlicher weniger vergangene Zeit an als eine Vergleichsuhr am Boden [113]."

„Unsere Annahme über die Zeit und Abläufe in der Zeit sind also wirklich relativ. Vielleicht konnten also die Rishis eine Position unabhängig von unserem Bezugssystem einnehmen und so schon Ereignisse sehen, die für uns noch gar nicht eingetreten sind. Über das Wie müssen wir noch nachdenken. Aber die Ableitung wäre, dass der freie Wille gar nicht in Frage gestellt werden muss. Es gäbe keine Verletzung der Gesetzmäßigkeit von Ursache und Wirkung, wenn der Blick aus einem anderen Bezugssystem erfolgen würde", fasst Christian zusammen.

„Richtig, allerdings würde das eine Unveränderlichkeit der Zukunft bedeuten. Es müsste so kommen wie gesehen. Im Fall der Palmblattvorhersagen ist das aber nicht so. Es ist ein ‚Kann', aber kein ‚Muss'. Demnach würde die Relativitätstheorie nicht die Erklärung sein."

> „Die Zeit ist überhaupt nicht so, wie sie scheint. Sie bewegt sich nicht nur in eine Richtung, und die Zukunft existiert gleichzeitig mit der Vergangenheit."
>
> *Albert Einstein*

Tempelbesuche in Kanchipuram

Vierzehnter Tag, 15. November. Den heutigen Tag wollen wir der Besichtigung der anderen drei empfehlenswerten Tempel in Kanchipuram widmen. Wir nehmen ein Tuktuk zum Kailasanatha-Tempel (Abb. 23), eine der wirklich schönsten Anlagen. Dass wir die Schuhe im wartenden Tuktuk lassen, erspart uns die überzogenen Forderungen nach Überwachungsgebühren vor dem Eingang.

Eine geschäftstüchtige Frau am Eingang legt uns wie zur Begrüßung gleich eine Jasminblumenkette um den Hals, will sich die Kette dann aber bezahlen lassen und auch nicht wieder zurücknehmen. Ihrem schlechten Englisch entnehmen wir etwas von Sheeva und dass man den Tempel keinesfalls ohne Blumenkette betreten könne. Guides, die sich sofort anbieten, wimmeln wir mit Bestimmtheit ab, haben wir doch einen gedruckten Reiseführer dabei. Der Kailasanatha-Tempel ist Shiva geweiht und der älteste in Kanchipuram. Fragmente von Wandgemälden aus dem 8. Jahrhundert und fast sechzig kleine, Göttern und ihren Söhnen geweihte Schreine geben einen Eindruck früher drawidischer Kunstarchitektur.

Nach der Besichtigung werden wir vor der Weiterfahrt von Dutzenden Kindern belagert, die mitleiderregend nach Kugelschreibern, Kaugummis oder Shampoo fragen. Wir geben einem Mädchen unseren einzigen Stift. Jetzt geht es richtig los. *„Auch für meinen Vater einen … ich habe noch einen Bruder … bitte etwas für meine Schwester … gebt mir mehr … mehr … mehr."* Es werden immer mehr, immer forderndere Kinder, die sich nun alle benachteiligt fühlen und auch noch alle große Familien haben. Wenn wir kein Shampoo für die Körperpflege oder Stifte für die Schule hätten, sollten wir doch alternativ Geld geben. Ich ertappe mich bei dem Gedanken, ob das „ersatzweise" verlangte Geld nicht vielleicht das eigentliche Ziel ist und wer das am Ende wirklich bekäme. Gern hätte ich jetzt einen großen Sack Süßigkeiten dabei … Wir entkommen der Situation nur dadurch, dass wir mit dem Tuktuk abfahren.

Nächste Station ist der ebenfalls Shiva geweihte Śrī-Ekambaranathar-Tempel. Das mächtige Eingangsportal und ein hohes Tempelgebäude zur Linken sind sehr beeindruckend. Der Name „Ekambaranathar" bedeutet „Herr des Mangobaums", und tatsächlich steht im Inneren ein alter Mangobaum, der den Hindus heilig ist. Der Legende nach soll unter diesem Baum der Gott Shiva seine Gefährtin Parvati geheiratet haben. Im Vorhof des Tempels bekommen wir angeboten, in Begleitung eines Guides das eigentlich Hindus vorbehaltene Tempelinnere besuchen zu dürfen.

Die Erklärungen des Guides auf dem Weg durch die hallenartigen Gewölbe sind ausführlich, und er erlaubt uns, Aufnahmen im Inneren und von den Götterdarstellungen zu machen. Anschließend bringt er uns zu einem Shivapriester, der unsere Namen erfragt und in seine Gebete einfließen lässt. Gleiches macht er mit den Namen unserer Eltern. Anschließend lässt er uns die Hände falten, bepunktet uns die Stirn und gibt uns schließlich noch Pulvertütchen für die nachträgliche Bepunktung unserer Eltern mit.

Als es ans Bezahlen geht, beschließen wir, dass Christian für uns beide zusammen bezahlt. So hätten wir nicht unsere stets zu wenig vorhandenen 10-Rupien-Scheine aus der Hand gegeben, die man immer für Trinkgelder braucht. Damit ist der Priester jedoch absolut nicht einverstanden. Ich müsste unbedingt individuell bezahlen. Flugs nimmt Christian die 70 Rupien wieder aus der Schale, wir geben jeder 30 Rupien, und der Priester nickt zufrieden mit dem Kopf.

Einsicht des Tages:
Es kommt nicht immer auf die Menge an!

Ihm kommt es nicht auf die Höhe des Betrags an, sondern darauf, dass jeder selbst etwas gegeben hat. Anschließend bezahlen wir noch den Guide für seine Führung, seine Hilfe, ins Innere zu kommen, und die Gelegenheit, ein paar schöne Fotoaufnahmen zu machen.

Zurück im Hotel, wollen wir eine Taxizentrale anrufen, um uns über den Preis für den Rückweg nach Bangalore zu erkundigen. Das sofort alternativ angebotene Hotelfahrzeug liegt deutlich über dem nun doch nicht mehr so teuer erscheinenden Anfahrtspreis. Zumal dieser schon die anfallenden Mautgebühren und die beim Verlassen des Bundesstaates fällige Steuer enthält. Wir rufen unsere Agentur aus Bangalore an, die uns einen Spezialpreis für die Rückfahrt in Aussicht gestellt hatte, und nehmen das Angebot von zehn Prozent Nachlass an. Den Nachmittag beschließen wir mit der Suche nach Seidenhemden zu verbringen, für welche die Stadt ebenfalls bekannt ist. Seidenhemden sind bei Reisen in warmen Ländern ideal, da sie nach der Handwäsche schnell trocknen.

Über die Festigkeit von Materie

Zu Fuß unterwegs, gibt es genug Zeit für Konversation: *„Unglaublich, dass wir heute in der Tempelarchitektur und ihren Verzierungen das handwerkliche Geschick aus so langer Vorzeit bewundern. Wie schwer es mit damaligen Werkzeugen gewesen sein muss, so harten Stein zu bearbeiten!"*, stellt Christian fest.

„Tja, die Festigkeit von Materie", grinse ich. *„Ich weiß, von fester Materie umgeben zu sein existiert nur in unserer Vorstellung. Ein Atom und damit Materie besteht zu neunundneunzig Komma neun, neun, neun – wie viel Neuner nach dem Komma waren es noch? – aus leerem Raum. Auch der Rest hat keine feste Form, sondern besteht aus purer Energie in ihren Schwingungszuständen."*

Ein Atom hat einen Durchmesser von einem zehnmillionstel Millimeter. Im Mittelpunkt befindet sich ein positiv geladener Atomkern. Dieser wird wolkenartig umkreist von einer großen Zahl winzigster Teilchen, den negativ geladenen Elektronen. Durch ihre Ladungen stoßen sie sich ab und sorgen dafür, dass sich Atome nicht durchdringen können. Die Elektronen bewegen sich in Laufbahnen, die man sich wie Schalen vorstellen kann. Alle Elektronen, die um den Atomkern reisen, lassen sich hilfsbegriffsmäßig als „Atomhülle" beschreiben. Atome können aber einige ihrer Elektronen miteinander teilen, was Grundlage dafür ist, dass sich Atome verbinden können. Das macht die Bildung größerer Strukturen bis hin zum Leben möglich.

Der Durchmesser der Atomhülle ist etwa 100.000-mal größer als der des Atomkerns. Die Entfernung vom Atomkern zur Hülle, also der halbe Durchmesser, ist also 50.000-mal größer als der Atomkern selbst. Um den Atomkern oder seine Elektronen sichtbar zu machen, müsste man das Atom gedanklich aufblähen. Um den Kern mit einem Durchmesser von 1 Millimeter sehen zu können, müsste man das Atom um eine Billion vergrößern. Die Elektronen würden sich in einem Abstand von 50 Metern um ihn bewegen. Man könnte sie aber noch nicht sehen. Um das Tausendfache auf 1 Meter Kerndurchmesser vergrößert, wäre der Abstand zu den Elektronen schon 50 Kilometer. Man könnte diese aber immer noch nicht sehen. Erst um das 20.000-Fache, den Atomkern auf 20 Meter, die Entfernung zur Hülle auf 1000 Kilometer vergrößert, könnte man die Elektronen in einer Größe von 1 Millimeter erkennen. Dazwischen wäre nichts, nur leerer Raum.

„Ich liebe ja plakative Beispiele. Weißt du, wie lange du im Falle eines riesig aufgeblähten Atoms – könntest du 100 Kilometer pro Stunde schnell fliegen – bräuchtest, um vom Kern zur Hülle mit ein Millimeter großen Elektroden zu gelangen? Zehn Stunden! Und Du würdest unterwegs nichts und niemandem begegnen."

„Nicht schlecht. Ich merke, du hast schon Passagen geschrieben, die du in deinem Buch verwenden willst", ertappt mich Christian. „Hast du dir auch schon Gedanken darüber gemacht, wie du plakativ erklären kannst, warum sich bei so viel Nichts Dinge, die aus Atomen bestehen, trotzdem so fest anfühlen?"

„Noch nicht, aber lass mich mal nachdenken", grinse ich. „Okay, stell dir Kinder beim Seilspringen vor. Es ist nur ein Seil. Nahe genug dran, kannst du es, egal wo, trotzdem berühren. Durch die Geschwindigkeit wird das Seil wie zu einer Hülle. Aber lass mich ein einzelnes Elektron lieber mit einem Ball beschreiben. Stell dir einen leuchtenden Tennisball vor, den du an einer Schnur um deine eigene Achse schwingst. Ein außenstehender Beobachter hätte im Dunkeln den Eindruck eines leuchtenden Kreises. Und würde er mit seiner Hand die Umlaufbahn des Tennisballs berühren, egal von wo, würde es sich verdammt hart und fest anfühlen. Beim wenn auch viel kleineren Atom befinden sich mehrere Elektronen in einer Umlaufbahn. Die vielen Laufbahnen sind in ihren Achsen versetzt. Hättest du mehrere leuchtende Tennisbälle, würde man daher keinen Kreis, sondern eine Kugel wahrnehmen."

„Vielleicht bräuchte ich noch ein paar Arme mehr", amüsiert es Christian.

„Ja, oder du gibst diese schwierige Koordinationsaufgabe an Kali ab, die Göttin, die mit bis zu zehn Armen dargestellt wird, wo wir doch gerade in Indien sind", witzele ich, und wir sind beide amüsiert. „Aber mal im Ernst, so wie sich Festigkeit und Materie, aber auch die Zeit von unserem Alltagsverständnis unterscheiden, haben die vedischen Überlieferungen recht, wenn sie sagen, dass die Welt als eine völlige Illusion erscheinen kann. Je mehr die Menschen vedisches Wissen bestätigt sehen, desto eher nehmen sie vielleicht auch den Gedanken von Inkarnation und Karma an. Und desto mehr handeln sie bewusst und verantwortlich. Es beginnt im Kleinen und endet im Großen, wie dem Umgang mit der Natur und Leben in Frieden. Ich hoffe zumindest, dass das so funktioniert. Deshalb werde ich auch unseren kleinen Exkurs in mein Buch einfließen lassen."

Möglichkeiten des Schicksals – Die Quantenphysik

Beim Abendessen kommen wir wieder auf die Frage von Veränderlichkeit und Unveränderlichkeit der Zukunft beziehungsweise des Schicksals zurück. *„Wenn alle Vorhersagen aus Palmblättern zutreffen würden, klingt das zunächst nach einer gewissen Unveränderlichkeit. Wundert es dich nicht auch, warum Rishis bei Unveränderlichkeit überhaupt Vorhersagen gemacht haben sollen? Wenn Palmblattvorhersagen jedoch nur Hilfestellung und Lebenshilfe wären, um die Zukunft mitzugestalten, klingt das nach einer gewissen Veränderlichkeit. Aber wieso hätten sie dann etwas gesehen, das dann doch nicht so eintritt? Sogar deshalb nicht, weil sie selbst das Gesehene durch Palmblätter berichten lassen?"*, zeige ich den Widerspruch auf.

„Berechtigte Frage", kommentiert Christian. *„Hast du dir dazu schon Gedanken gemacht?" „Genau an dem Punkt komme ich auf die Quantenphysik. Du erinnerst dich bestimmt, dass das Thema Palmblattbibliotheken ja ein Aspekt im Film ,Auf der Suche nach der Weltformel' war, den wir bei Johannes von Buttlar zusammen gesehen haben. Für mich gibt es mehr Parallelen als: Kommt ein Besucher, gibt es ein Palmblatt, kommt er nicht, gibt es keins."*

„Jetzt muss ich erst mal nachfragen. Die Weltformel war ja die Vereinbarkeit von Relativitäts- und Quantentheorie. Gelesen habe ich es bestimmt schon, aber wieso schließen sich diese beiden nochmal aus?", hakt Christian nach.

„Ein Physiker würde die Frage bestimmt umfassender beantworten können. Vereinfacht ausgedrückt, beschreibt die Allgemeine Relativitätstheorie Aufbau und Kräfte im Universum im Großen. Die Quantenphysik beschreibt Erscheinungen im Kleinsten, etwa ein Millionstel eines millionstel Zentimeters. Da sie nicht miteinander in Einklang zu bringen sind, können nicht beide richtig sein. Hauptstreitpunkt ist die Erklärung der Gravitation [114]. Ein anderer, aber nicht weniger interessanter Aspekt ist, dass Einstein die Geschwindigkeit des Lichts für die Obergrenze der Bewegung [115] gehalten hat. Die Verschränktheit von Quanten zeigt jedoch eine schnellere Reaktionszeit und stellt die Lichtgeschwindigkeit als Bewegungsmaximum damit in Frage."

„Verschränktheit von Quanten? Hast du die Quantenphysik verstanden? Wenn es dir nichts ausmacht, könntest du sie mir verständlich nochmal zusammenfassen?"

„Dazu, ob man die Quantenphysik oder -mechanik überhaupt verstehen kann, gibt es ein gutes Zitat eines Physik-Nobelpreisträgers.

Aber ich kann dir gern erklären, wie sie sich mir erschließt. Und wo ich den Bezug zu den Palmblattbibliotheken sehe. Die Quantenmechanik [116] ist die Lehre von der Bewegung der Quanten [117]. Dies sind Mengeneinheiten, kleinste Portionen von Energie, die Elektronen oder Photonen austauschen. Im angesprochenen ZDF-Film wurden die Palmblattbibliotheken als Parallele zu einem Phänomen der Quantenphysik angeführt. Besucht nämlich jemand eine Palmblattbibliothek, existiert für ihn ein individuelles, unverwechselbares Palmblatt. Besucht er sie nicht, existiert keins. Ob oder ob nicht, hängt also davon ab, ob er sich auf die Suche macht. Ähnlich ist es in der Quantenphysik.

> „Wenn jemand glaubt, er habe die Quantenmechanik verstanden, dann hat er sie nicht verstanden.“
>
> Richard Feynmann

Abhängig vom Hinsehen existiert die eine Realität oder die andere. Quanten verhalten sich nämlich nicht entsprechend den Erwartungen aus der klassischen Physik. Zunächst einmal überraschen sie damit, dass sie an zwei oder mehreren Orten gleichzeitig sein können. Das bezeichnet man als ‚Wellennatur‘. Zudem können Quanten entweder als Teilchen oder als Welle auftreten.

Unter Teilchen versteht man feste Objekte, die im Raum einen bestimmten Aufenthaltsort haben. Wellen sind nicht fest und haben keinen festen Aufenthaltsort, sondern liegen als Wahrscheinlichkeitsfelder vor. Wenn man Partikel wie Elektronen zum Beispiel nicht misst und nicht beobachtet, verhalten sie sich wie Wellen. Tut man das aber, können Elektronen als Teilchen lokalisiert werden. Dies bezeichnet man als ‚Wellenkollaps‘. Dazu gibt es das berühmte Doppelspaltexperiment [118].

Die Erscheinungsform der Partikel wird nach der am weitesten verbreiteten Inter-

> „Die Quantenkosmologie bestätigt es: Das Universum geht im Grunde aus Gedanken hervor, und alle Materie um uns herum ist einfach der Niederschlag unserer Gedanken.“
>
> John Hagelin

preation – die andere, um es nicht unerwähnt zu lassen, als zu weit gehend in Frage stellen [119] – durch die Anordnung der Versuchsreihe beeinflusst. Das vom Experimentator gewählte Messinstrument scheint das Resultat oder, anders gesagt, die subjektive Wirklichkeit zu produzieren. Beobachter und Objekt sind demnach untrennbar miteinander verbunden. Ohne den Beobachter mit seinem Messinstrument zu berücksichtigen, macht es keinen Sinn, ein Phänomen zu bestimmen. Findest du das nicht auch spektakulär revolutionierend?"

„Allerdings", nickt Christian zustimmend, *„vor allem wenn man bedenkt, dass diese Aussagen nicht von tischrückenden Esoterikern, sondern nobelpreisausgezeichneten Professoren der Physik getroffen wurden."*

„Ein weiteres, verblüffendes Verhalten ist der sogenannte Quantensprung. Beim näheren Betrachten von Elektronen beim Kreisen um den Atomkern stellt man fest, dass sie sich nicht wie erwartet bewegen. Sie verschwinden an einer Stelle und erscheinen an einer ganz anderen wieder. Wann die Elektronen wiederauftauchen und an welcher Stelle, lässt sich dabei nicht berechnen.

Die nächste Sensation ist dann die erwähnte Verschränktheit von Quanten. Lässt man zwei Teilchen gleichzeitig entstehen, schießt sie in zwei unterschiedliche Richtungen und wirkt auf ein Teilchen so ein, dass es einen bestimmten Zustand ändert, vollzieht das zweite, entfernte Teilchen augenblicklich, zeitunabhängig die gleiche Wandlung. Wenn Lichtgeschwindigkeit die wirkliche Obergrenze der Bewegung wäre, hätte sich der Zustand des zweiten Teilchens aber nicht unverzüglich ändern können. Da passt die Beobachtung aus der Quantenphysik mit der formulierten Gesetzmäßigkeit der Relativitätstheorie nicht zusammen.

Im Bemühen, die Relativitätstheorie und die Quantenmechanik in einer Weltformel zu vereinen, behelfen sich die Physiker damit, unsere Vorstellung von drei Raumdimensionen und einer Zeitdimension um zusätzliche Dimensionen zu erweitern. Die String- und die Superstringtheorie [120] lösen scheinbare Widersprüche, werfen aber gleichzeitig neue Fragen auf. Roger Penrose entwickelte alternativ eine Vorstellung vom achtdimensionalen Kosmos mit ineinander verschlungenen vier Raum- und vier Zeitdimensionen. Sicher ist momentan nur, dass unsere derzeitigen Modelle die Raum-Zeit-Struktur unzureichend erklären."

„Zumindest ist es durchaus wahrscheinlich, dass spätere Modelle auch eine physikalische Erklärung bieten können, wie man die auf den Palmblättern befindlichen Informationen erlangen konnte", folgert Christian.

Unbestimmtheit des Schicksals – Die Heisenbergsche Unschärferelation

„Allerdings bietet sich für mich eine Erklärung, abgeleitet aus der Quantenphysik, schon jetzt. Du erinnerst dich an meine Frage zu Beginn des heutigen Gesprächs? Wenn wir von änderbarer Zukunft ausgehen könnten, warum hätten die Rishis dann überhaupt Vorhersagen gemacht? Und wieso hätten sie etwas gesehen, das dann doch nicht so eintritt? Das klingt doch gerade so, als ob wir nur von Wahrscheinlichkeiten ausgehen könnten. Von unterschiedlichen Möglichkeiten. Von denen nur eine zur Realität wird. Von Unbestimmtheit. Wenn ich dir heute noch ein wenig Physik zumuten darf, kommen wir nun auch noch zu Werner Heisenberg, der schon im Alter von 31 Jahren den Nobelpreis für Physik erhielt.

In seiner Unbestimmtheitsrelation oder Heisenbergschen Unschärferelation veranschaulichte er, dass bestimmte komplementäre Eigenschaften eines Teilchens, zum Beispiel Standort und Geschwindigkeit, nicht gleichzeitig genau bestimmt werden können. Stellt man in einem physikalischen Experiment zu einem bestimmten Zeitpunkt die genaue Position eines Teilchens fest, kann man nichts über die genaue Geschwindigkeit zu ebendiesem Zeitpunkt sagen.

Misst man umgekehrt zu einem gegebenen Zeitpunkt die genaue Geschwindigkeit, lässt sich zu dessen Position im Raum keinerlei genaue Aussage machen. Denn beim Messen des Ortes stört man die Geschwindigkeit, und beim Messen der Geschwindigkeit beeinflusst man die Position [121]. Man kann sich ein Ergebnis nur als Wahrscheinlichkeitswolke vorstellen, die sich an bestimmten Stellen verdichtet. Oder als Überlagerungen von Möglichkeiten. Durch den Akt des Messens ‚kollabieren‘ die vielen Möglichkeiten – mit anderen Worten, das Möglichkeitskonstrukt bricht zusammen – und eine einzige Möglichkeit wird zur Realität.“

„So weit verstanden. Und dieses Prinzip meinst du auf die Schicksalsdeutung übertragen zu können?“, fragt Christian.

„Der beste Weg, die Zukunft vorauszusagen, ist, sie zu gestalten."

Willy Brandt

„Ja. Als Gedankenspiel würde sich folgendes Bild ergeben: Der Palmblattleser kann Aussagen zu einem Schicksal machen oder zu einem Zeitpunkt. Macht er Aussagen zu einem bestimmten Schicksal, kann er nicht sagen, wann genau (und ob) es eintritt.

119

Macht er Aussagen zu einem bestimmten zukünftigen Moment im Leben, kann er nicht genauso sagen, welches Schicksal sich realisiert hat. Es sind immer nur Möglichkeiten, zwar Wahrscheinlichkeiten, aber keine Bestimmtheiten.

Deshalb ist das, was der Rishi gesehen hat, und das, was wird, mit einer gewissen Wahrscheinlichkeit, aber eben nicht Bestimmtheit das Gleiche. Nach der Erklärung könnte ein Rishi nur eine veränderbare, mögliche, durchaus wahrscheinliche, aber niemals unveränderbare, bereits vollendete Zukunft sehen. Seine Vorhersage hätte sogar wie eine Rückkopplung Einfluss darauf, einen Verlauf zu verändern.

Die weitere Zukunft passt sich ständig flexibel an geschehene Ereignisse an. So, wie wenn Quantenbahnen abgelenkt werden, sodass Quantenorte verschoben werden. Wie ein multidimensionales Wasserbett, wenn ich unten drücke, beult es sich oben aus. Klingt das schlüssig für dich?"

„Insofern, dass Quantenort und Schicksal beide vor der Messung beziehungsweise Realisierung nur wahrscheinlich, aber nicht genau bestimmbar sind, schon. Muss ich mir aber nochmal in Ruhe durch den Kopf gehen lassen …"

Die Rückfahrt nach Bangalore

Fünfzehnter Tag, 16. November. Fast drei Stunden vor der vereinbarten Abholzeit weckt mich um kurz nach 6.00 Uhr der Anruf der Rezeption mit der Nachricht, dass der Fahrer bereits eingetroffen sei. Mit Schlafen ist es für mich jetzt natürlich vorbei, und ich nutze die Zeit bis zum Treffen mit ihm und Christian, noch einmal ins Internet zu gehen. Wer weiß, wann die nächste Gelegenheit dazu kommt. Unser Check-out und somit die Abfahrtszeit verzögern sich um eine halbe Stunde, weil man uns Entnahmen aus der Minibar abrechnen will, die wir gar nicht konsumiert haben. Schade, dass sich unser so geschätztes Hotel mit diesem Eindruck verabschiedet.

Am Nachmittag wieder im Hotel Tom's in Bangalore angekommen, empfinden wir den nachmittäglichen Straßenlärm im Hotelzimmer unglaublich laut. Wir beschließen, etwas zu Fuß die Umgebung zu erkunden, und finden große, moderne Shoppingcenter in 10 bis 15 Gehminuten vom Hotel entfernt. In einem kleinen Bistro mit Tischen, die halb im Freien stehen, bestellen wir Chai, den klassisch indischen Tee mit Gewürzen wie Kardamom, Nelke und Zimt, an den ich mich schon sehr gewöhnt habe. Dabei knüpfen wir noch einmal an unser Gespräch vom Vorabend an.

Von Kanchipuram aus dauert die Fahrt bis nach Bangalore etwas über 5 Stunden.

Multiuniversen versus Multigeburten?

„Was ist eigentlich mit den Alternativen? Den alternativen Aufenthaltsorten der Quanten, den alternativen Schicksalen? Könnten das parallele Welten sein?", äußert Christian seine Nachgedanken.

„Genau die Überlegung, ob an jedem Ort, an dem man ein Teilchen antreffen könnte, eine Parallelwelt existiert, an dem man das Teilchen auch tatsächlich antrifft, führte zur ‚Viele-Welten-Interpretation' in der theoretischen Physik. Bei Existenz paralleler Welten in Multiuniversen könnten dort die Möglichkeiten stattfinden, die sich bei uns eben nicht realisiert haben.

Zugegebenermaßen könnte die Multiuniversentheorie auch eine elegante Erklärung sein, wenn sich Vorhersagen aus Palmblättern nicht realisieren, weil man dann nämlich ihre Realisierung einfach in ein anderes Universum verschiebt", gebe ich Christian recht. *„Aber lass uns das mal weiterdenken. Die Zukunft hätte in Multiuniversen, von einem bestimmten Gegenwartspunkt aus gesehen, mehrere ‚Stränge'. Ein Zeitreisender [122], dieses Phänomen schließt die heutige theoretische Physik nicht mehr aus, würde allerdings nur aus einem von ihnen zurückkehren. Sein Bericht darüber wäre nur eine Wahrscheinlichkeit, wenn parallele Zukünfte*

121

existierten. Somit könnten die Berichte benutzt werden, um eine andere Zukunft einzuschlagen als jene, die der Zeitreisende zuvor schon besucht hat.

Hätten allerdings die Physiker recht, die das ‚Selbstkonsistenzprinzip' formuliert haben [123], kann zwar ein Informationsaustausch stattfinden, ist aber eine Veränderung des Verlauf der Zukunft beziehungsweise der Vergangenheit, in die der Zeitreisende zurückkehrt, unmöglich. Denn das würde zu logischen Widersprüchen führen. Ein Zeitreisender könnte nach ihrer Auffassung auch nicht seinen eigenen Urgroßvater umbringen, da seine eigene Existenz ja bereits Realität ist. Ein Zeitreisender wäre während der Zeitreise in die Vergangenheit somit in seiner Willensfreiheit beschränkt. Ebenso Personen, die von Berichten eines Zeitreisenden in die Zukunft erfahren."

„Auch unter dem Karmagedanken würden parallele Leben keinen Sinn mehr machen [124]", bringt Christian auch meine Überzeugung zum Ausdruck und fährt fort: „Ich glaube, nicht zuletzt beeinflusst durch die Bücher über Reinkarnationen von Michael Newton, die ich dir nochmal ans Herz legen möchte, an eine Entwicklung der Seele. Wenn man Karma als die Wirkung aus vergangenen Leben betrachtet, geht man von einer Folge von Geburten aus. Eine folgt der anderen, aber wir hätten nicht unzählige gleichzeitig. Wir haben heute mit dem zu tun, was wir uns gestern zu lernen aufgegeben haben. Negatives Karma arbeiten wir ab, indem wir die gleiche Erfahrung aus anderer Perspektive erleben. Wir lernen aus – nennen wir es aus eingeschränkter Sicht – ‚Fehlern' und entwickeln uns fort. In Multiuniversen würden wir Fehler machen und gleichzeitig keine Fehler machen. Denn es gäbe nicht eine einzige Handlungsoption, sondern alle erdenklichen. Karma macht da keinen Sinn, weil damit nur eine Wirkung auf eine Ursache betrachtet wird, nicht viele parallele Wirkungen auf ein und dieselbe Ursache."

„Ich denke auch eher, die überlagerten Möglichkeiten oder Wahrscheinlichkeiten kollabieren, es zeigt sich eine einzige Realität in einem einzig vorhandenen Universum, die anderen werden zu in der Vergangenheit möglich gewesenen Alternativen. Oder aber die Karmalehre wäre falsch. Unser beschränktes Verstehen würde uns eine Linearität glauben lassen, eine Vergangenheit, eine Gegenwart, eine Zukunft. Die Wirklichkeit wäre eine Parallelität, viele Vergangenheiten, viele Gegenwarten, viele Zukünfte. Aus den vielen gleichzeitigen vergangenen Leben würden wir uns dann selektiv Karmaaufgaben herausnehmen und sie in eine in Wirklichkeit nicht existierende Abfolge einordnen, damit unser Einzelschicksal einen Sinn macht. Theoretisch. Praktisch ist der Karmagedanke für mich auch stimmiger als der von Multiuniversen", pflichte ich bei.

Deutungen des Kollaps überlagerter Möglichkeiten

„In der Physik wird übrigens die zur ,Viele-Welten-Interpretation' alternative Theorie des Kollabierens überlagerter Möglichkeiten zu einer einzigen Realität als ,Kopenhagener Interpretation' [125] bezeichnet. Das Kollabieren wird durch die Aufmerksamkeit eines Bewusstseins erklärt. Das hat zu der Kritik geführt, das Universum könne sich nur in Anwesenheit eines Beobachters manifestieren. Alternativ gibt es noch eine dritte, die ,Penrose-Interpretation'.

Penrose geht zwar auch von überlagerten Möglichkeiten aus, führt das Kollabieren aber auf eine andere Ursache zurück. Jede Möglichkeit bedarf seiner Ansicht nach zur Aufrechterhaltung Energie. Weil es auf Dauer unmöglich wäre, so viel Energie aufzubringen, um sie alle aufrechtzuerhalten, würden sie in einem einzigen Zustand, dem stabilsten, weil er am wenigsten Energie brauche, kollabieren, den wir dann als Realität wahrnehmen."

„Interessante Alternative", stellt Christian fest.

„Wobei mich das Kollabieren in den Zustand, der am wenigsten Energie benötigt, nachdenklich macht. Warum soll nicht der Zustand am stabilsten sein, der am meisten Energie hat? Das würde dann in Penroses Deutung auch die Deutung von Bohr und Heisenberg aus der Kopenhagener Deutung integrieren. Die Aufmerksamkeit des Beobachters könnte man dann als eine Art Energietransfer verstehen. Durch das Beobachten würde eine Verbindung zwischen Beobachter und Beobachtetem entstehen. Heißt es nicht, die Energie folgt der Aufmerksamkeit? Die Möglichkeit mit der größten Energie, möglich durch bewusste Aufmerksamkeit begründet, wäre die, in welche letztendlich die Realität kollabiert."

„Fantasie ist wichtiger als Wissen."

Albert Einstein

„Fantastisch", klopft Christian mir lachend auf die Schulter, *„das wäre dann die ,Drewes-Interpretation', oder?"*

Ich schüttele amüsiert meinen Kopf. *„Nein, ich denke, Amit Goswami, ein großer Physiker, den ich bewundere, hat recht damit, dass ein ,normaler' Bewusstseinszustand nicht ausreicht, um aus Möglichkeiten eine Realität werden zu lassen. Er geht davon aus, dass es eines ,nicht alltäglichen' Bewusstseinszustandes bedarf"*, wende ich ein.

„Trotzdem, das schließt Energietransfer durch bewusstes Beobachten ja nicht aus. Für kleine Schaffungsprozesse auf Quantenebene reicht vielleicht die Aufmerksamkeit allein. Für größere, komplexere Realitätsschaffung ist dann ein ‚nicht alltäglicher' Bewusstseinszustand mit mehr Energie vonnöten", verteidigt Christian nun meine These gegen meine eigene Relativierung.

Einsicht des Tages:
Das Gute liegt
manchmal so nah!

„Das würde aber dennoch bedeuten, dass Energie in irgendeiner Form vom Beobachter zum beobachteten Objekt fließen müsste", beginne ich meinen Gedanken, *„aber vielleicht ist das ja wie beim Reiki* [126]. *Man gibt dabei nicht die eigene Energie, sondern lässt universell vorhandene durch sich fließen."*

„Vielleicht", grinst Christian vielsagend, was mich anspornt, weiter zu denken.

„Vielleicht verschiebt man auch nur Energie. Vielleicht kommt sie von den alternativen Möglichkeiten, die sich nicht realisieren. Vielleicht ist genau dieses Energieabziehen oder Energieverschieben der Moment, wo das System kollabiert", gebe ich meinen Fantasien weiter freien Lauf.

„Tja, wer weiß?", meint Christian und zieht genüsslich an seiner Pfeife, die er zu seiner Freude hier rauchen darf.

Am Abend essen wir in unserem Hotel. Durch die offen stehenden voll verglasten Doppeltüren des Speisesaals zur Straße hin kommen auch Einheimische zum Essen. Das interpretieren wir als gutes Zeichen. In der Tat ist die einheimische Küche hier unglaublich lecker.

Und unglaublich günstig. *„So ein Abendessen für unter einem Euro fünfzig, das glaubt mir zu Hause keiner"*, schüttelt Christian seinen Kopf.

„Oder eine Flasche Wasser für 25 Cent und ein anschließender Tee oder Kaffee für 12 Cent", bestätige ich Christian und füge hinzu: *„Das ist wie eine andere Realität."*

Ob dies nun unser Stichwort war oder nicht, jedenfalls kommen wir wenig später auf dieses Thema zu sprechen.

Wie der Wille Realität erschafft

„Du erinnerst dich, wie Beobachtung Realität schafft? Wenn man beim Doppelspaltexperiment schaut, durch welchen der beiden Spalte das Elektron geht, macht man es örtlich fest und erkennt es als Teilchen. Wenn man keine Messung vornimmt, durch welchen Spalt es geht, erkennt man es als Welle, denn es nimmt seinen Weg durch beide Spalten. Ob wir es als Teilchen oder Welle erkennen, hängt von unserer Entscheidung ab, wie es beobachtet werden soll. Aber nicht nur das Beobachten schafft Realität. Du hast sicher schon von Experimenten gelesen, wo der Willenseinfluss untersucht wurde?", frage ich.

„Ich erinnere mich an das Buch An den Rändern des Realen. *Ende der 70er Jahre gingen Forscher in den USA* [127] *der Frage nach, ob empfindliche Geräte durch menschliche Willenskonzentration beeinflusst werden können. Von einem Zufallsgenerator vorgegebene Zahlenfolgen am Bildschirm sollten durch Versuchspersonen verändert werden. Nach über 5000 Experimenten konnte nachgewiesen werden, dass die Abweichung von den statistisch erwarteten Durchschnittswerten außerhalb des Zufalls lagen."*

„Ich muss dir unbedingt, sofern du es noch nicht kennst, von einem verblüffenden Konditionierungsexperiment des französischen Forschers René Peoc'h, zum Einfluss von Bewusstsein auf Materie erzählen. Wie ich las [128], *wurden zunächst frisch geschlüpfte Hühnerküken wie beim Verhaltensforscher Konrad Lorenz konditioniert. Das Erste, was sie nach dem Schlupf in Bewegung sehen, halten sie für ihre Mutter. Selbst wenn es ein unbeseelter Gegenstand ist. Sie werden sozusagen darauf ‚geprägt‘ und laufen ihm nach. In diesem Fall verwendete Peoc'h einen per Zufallsgenerator gesteuerten Roboter, wie er zum Beispiel zum selbständigen Rasenmähen eingesetzt wird.*

Diesen stellte er zunächst in ein viereckiges Areal neben einen leeren Käfig. Die Fahrtwege des Roboters zeichnete er auf. Wie erwartet bewegte sich der Roboter innerhalb der Fläche und eckte relativ gleichmäßig verteilt an allen Umrandungen an. Anschließend wurden die konditionierten Küken, die den

> **„Wenn das Bewusstsein schöpferisch ist, dann ist das Universum möglicherweise das Ergebnis dieses Bewusstseins."**
>
> *John Archibald Wheeler*

Roboter für ihre Mutter hielten, in den Käfig am Rand des Areals gesetzt. Eingesperrt konnten sie ihm nicht nachlaufen.

Im aufgezeichneten Fahrverhalten wurde stattdessen deutlich sichtbar, dass der Roboter überproportional am Rand mit dem Käfig aneckte und sich weniger weit davon entfernte. Und das nachweislich so signifikant, dass man schließt, dass das Bewusstsein der Küken, im Verlangen der vermeintlichen Mutter nahe zu sein, die Bewegung des Roboters beeinflusst. Alle Wiederholungen des Experiments hatten das gleiche Ergebnis. Wiederholungen mit nicht geprägten Küken erwartungsgemäß das gegenteilige.

In einem abgewandelten Versuch hielt der Franzose nicht geprägte Küken im Dunkeln. Küken halten sich tagsüber aber bevorzugt im Licht auf. Peoc´h steckte die Küken in einen Käfig, von wo sie den Roboter, auf den er eine Kerze stellte, sehen konnten. Wieder ergab die Auswertung der Fahrtaufzeichnungen, dass die Küken den Roboter irgendwie zu sich ‚gezogen‘ hatten", berichte ich Christian.

„Ich finde das phänomenal, ‚unglaublich‘ möchte ich nicht sagen. Aber es gibt mit Sicherheit etliche Menschen, bei denen es dabei, von bei Robotern und Küken zu hören, erst einmal aufhört. Zuerst würden sie die Seriosität der Versuchsanordnung und deiner Quellen in Frage stellen. Es fällt vielen schwer, ein Wanken des Weltbilds zu akzeptieren, das ihnen Halt, Sicherheit und Orientierung vermittelt. Da wird zunächst einmal eher die Forschung für falsch als das Ergebnis für richtig gehalten."

Ich kann Christian nur recht geben und die Motive der Zweifler verstehen. Für den optischen Eindruck verspreche ich ihm, noch einen Internetlink zu schicken, wo das Experiment ebenfalls erwähnt und die aufgezeichneten Fahrtwege des Roboters dargestellt werden [129].

„Hast du auch mal von den Experimenten des Dr. Helmut Schmidt [130] gelesen?", komme ich auf das nächste „Phänomenale" zu sprechen. Obwohl Christian sehr viel spirituelle Literatur liest und diese eher mir empfiehlt, gefällt mir die Rolle, ihn wie das Kaninchen bei Alice im Wunderland noch mehr zum Staunen zu bringen. Was mir angesichts seines großen, angelesenen Wissens aber zugegebenermaßen relativ selten gelingt. So erzähle ich Christian, soweit ich mich an Details erinnern kann, auch von diesen verblüffenden Forschungen, die ich hier noch einmal genauer beschreiben möchte.

Der deutschstämmige Amerikaner Schmidt hat Geräte entwickelt, die auf Quantenprozessen beruhen und so keinerlei physischer Manipulation unterliegen. Damit testete er Möglichkeiten der psychischen Manipulation. Zunächst

126

untersuchte er präkognitive, also vorausschauende Fähigkeiten. Schmidt konstruierte eine Apparatur, die Quantensprünge in Lichtsignalen darstellt.

Ausgangsmaterial war das radioaktive Element 90, da bei diesem nach dreißig Jahren Alter der Partikelzerfall als zufällig und unvorhersehbar bekannt ist. Bei Freisetzung von Teilchen leuchtet zufällig eine von vier Kontrolllampen auf. Versuchspersonen mit festgestellten präkognitiven Fähigkeiten sollten das Aufleuchten der Lampen in jeweils 60.000 Wiederholungen voraussagen. Bei dieser großen Anzahl von Versuchsdurchgängen wäre nach der Wahrscheinlichkeit eine gleiche Menge falscher wie richtiger Vorhersagen zu erwarten gewesen. Das tatsächliche Ergebnis sprach aber mit einer Milliarde zu eins gegen die Wahrscheinlichkeit [131].

In anderen Experimenten von psychokinetischen, also realitätsbeeinflussenden Fähigkeiten vermochte Schmidt überzeugend nachzuweisen, dass Einfluss auf die Apparatur eines subatomaren Zufallsgenerators ausgeübt werden konnte. 1987 führte Schmidt zusammen mit Marilyn Schlitz an der „Mind Science Foundation" in San Antonio, Texas, zwei seiner spektakulärsten Versuche durch. Im ersten wurden, dem völligen Zufall unterworfen, Töne, unterbrochen von explosionsartigen Geräuschen, auf Tonband aufgenommen. Die Originale verwahrte man im Archiv, Kopien gingen an ausgewählte Versuchspersonen. Diese sollten per Willenskraft versuchen, die Dauer der Töne zu verlängern und die Dauer der Störgeräusche zu verkürzen.

Erstaunlicherweise ergab der Vergleich mit den original Archivaufnahmen, dass sich die Kopien tatsächlich in die gewünschte Richtung verschoben hatten. Im zweiten Versuch wurden, wieder völlig zufällig, vier verschiedene Töne aufgezeichnet, die statistisch gesehen relativ gleich oft hätten vertreten sein sollen. Es war die Aufgabe der Versuchspersonen, nachträglich entweder vor allem hohe oder tiefe

> **„Alles, was wir sind, entsteht mit unseren Gedanken. Mit unseren Gedanken machen wir die Welt."**
>
> *Buddha*

Töne überwiegen lassen. Nicht nur, dass dieser Effekt auch eintrat, es zeigte sich, dass Versuchspersonen mit jahrelanger Meditationserfahrung wesentlich erfolgreicher als ungeübte Teilnehmer waren.

Christian erinnert sich dunkel, vor vielen Jahren schon einmal darüber gelesen zu haben, zeigt sich aber aufs Neue fasziniert. *„Bedeutet dies nun, dass rückwirkend die Realität beeinflusst werden kann?"*, fragt er.

„Ich denke, zumindest in diesem Experiment nicht. Festgestellt wurde ja nur, dass die kopierten Bänder einer Beeinflussung unterlegen hatten, indem sie sich von den Archivaufnahmen unterschieden. Das heißt für mich, dass die Kopien einer psychokinetischen Wirkung in der Gegenwart unterlagen. Eine rückwirkende, psychokinetische Beeinflussung der Vergangenheit hätte auch die Bänder im Archiv verändern müssen. Man hätte nicht nur die Abweichung der Statistik, sondern auch die Gleichheit mit den Archivbändern feststellen müssen."

Christian nickt zustimmend. Meine Ankündigung *„Es gibt aber andere Experimente, nach denen man genau das schlussfolgern kann"* lässt Christians Augen wieder neugierig aufblitzen.

Rückwirkende Schaffung von Realität

„Ein großer Physiker, der übrigens die Multiuniversentheorie seines Schülers Hugh Everett unterstützte, war John Archibald Wheeler. Ist die Quantenphysik schon kurios genug, erhöhte dieser die Faszination noch einmal. Wie gerade angedeutet, wies er nämlich experimentell nach, dass schon abgeschlossene Quantenprozesse nachträglich verändert werden können.

In seinem als ‚Experiment der verzögerten Entscheidung' [132] bekannt gewordenen Versuchsaufbau wird ein Lichtstrahl mittels eines zur Hälfte versilberten Spiegels im 90-Grad-Winkel in zwei Strahlen gleicher Intensität aufgespalten. Beide werden von normalen Spiegeln wieder im 90-Grad-Winkel so reflektiert, dass sie sich an einem bestimmten Punkt kreuzen müssen. An diesem Punkt treffen sie wieder auf einen halb versilberten Spiegel. Dort werden sie zur Interferenz, also zur Überlagerung ihrer Wellen, gezwungen – durch die Art dieses Spiegels, auf der einen Seite konstruktiv, also wellenverstärkend, auf der anderen Seite destruktiv, also wellenaufhebend. Will man hingegen die Teilcheneigenschaft der Lichtphotonen sichtbar machen, muss man nur den zweiten halbversilberten Spiegel wegnehmen und dort eine Teilchenmessung machen. So weit, so gut, kann man ohne vierten Spiegel den Teilchencharakter, mit viertem Spiegel den Wellencharakter sichtbar machen.

Der Clou ist nun, dass die Entscheidung, den vierten Spiegel wegzuziehen oder zu belassen, verzögert erst dann getroffen wird, wenn der Lichtstrahl durch den ersten halb versilberten Spiegel bereits aufgespalten wurde. Selbst dann zeigt sich aber ohne Spiegel immer die Teilchen-, mit Spiegel immer die Wellennatur. Trotz der verzögerten Entscheidung scheinen die Photonen im Nu rückwirkend zu reagieren. Sie verhalten sich im Einklang mit der getroffenen Entscheidung. Aber woher können sie das wissen? Geht also zeitlich die Wirkung der Entscheidung ihrer Ursache voraus?"

Dem faszinierten Christian lasse ich eine ausreichende Pause zum Nachdenken.

"Wenn ich es richtig verstehe, bringt die bewusste Beobachtung rückwirkend die überlagerten Möglichkeiten zum Kollaps, das menschliche Bewusstsein schafft rückwirkend eine neue Realität. Gut. Aber wenn

„Realität wird durch Beobachtung geschaffen."

Niels Bohr

die Wirkung der Ursache vorausgeht, scheint doch die Kausalität verletzt, oder nicht?"

"An dem Punkt wird es nun theoretisch", gebe ich zu. *"Man interpretiert es so, dass lediglich Möglichkeiten beeinflusst werden, und gebraucht den Begriff der Nichtlokalität. Lokal ist ein Signal, das sich ,durch' den Raum fortsetzt und durch die Lichtgeschwindigkeit begrenzt ist. Nicht lokal ist ein Signal, das sich ,nicht durch' den Raum fortsetzen muss. Das Kollabieren von Quantenwellen ist ein nichtlokales Ereignis. Die Kausalität ist somit nicht verletzt, weil keine Signalübertragung schneller als das Licht durch den Raum stattfindet. Die von uns subjektiv zeitlich erlebte Abfolge ist nicht der Punkt. Relevant für die Quantentheorie ist nicht ,wann', sondern ,dass' wir entscheiden, welches Ergebnis zustande kommt."*

Christian holt tief Luft, keine leichte Kost.

"Es gibt aber auch eine alternative Erklärung. Wir hatten ja über Deutungen der Quantenphysik gesprochen wie die Kopenhagener. Nun, es gibt noch eine, die ,Transaktionale Deutung' des Physikers John G. Cramer. Bei der Frage, was den Kollaps der Wellenfunktion verursacht, ging er mathematisch vor. Will man aus der Wellenfunktion die Wahrscheinlichkeit eines konkreten Ereignisses berechnen, muss man eine Multiplikation mit einer zweiten Welle

[133] *durchführen. Für die Lösung in der Quantengleichung muss man allerdings das mathematische Vorzeichen ihrer Zeitvariablen umdrehen, sie praktisch rückwärts in der Zeit laufen lassen. Wie oben erwähnt, kein Bruch in der quantenphysikalischen Logik.*

Während diese Deutung bei normalen Quantenphänomen keine große physikalische Bedeutung erlangte, bietet sie bei scheinbar vergangenheitsbeeinflussenden Ereignissen eine Erklärung. Cramer geht davon aus, dass sich Quantenwellen nicht nur im Raum, sondern auch in der Zeit ausbreiten. So läuft die eine Quantenwelle von der Vergangenheit in die Zukunft, er nennt sie Angebotswelle, die andere jedoch von der Zukunft in die Vergangenheit, er nennt sie Echo- oder Bestätigungswelle. Treffen diese beide Wellen aufeinander, überlagern sie sich, interferieren, wodurch eine Ereigniswahrscheinlichkeit entsteht. Den Vorgang bezeichnet er als Transaktion, daher der Name transaktionale Deutung der Quantenphysik", erkläre ich.

„Das würde bedeuten, dass Wellen aus Zukunft und Vergangenheit aufeinanderträfen und unsere erlebte Gegenwart schufen", interpretiert Christian richtig.

„Und es würde bedeuten, dass nicht nur die Vergangenheit die Zukunft, sondern auch die Zukunft die Vergangenheit beeinflusse. Starkmuth, in dessen Buch [134] *ich auf diese Deutung aufmerksam geworden bin, beschreibt, wie der Spielraum dieser Transaktionen bei Näherung an die Gegenwart größer und bei Entfernung in die Zukunft kleiner wird.*

Der nächste Schritt, den wir in der Gegenwart machen, wird durch unseren jetzigen Bewusstseinszustand eindeutig festgelegt. Für den übernächsten gibt es zumindest eine Tendenz, wie es um unser Bewusstsein steht. Für weiter in der Zukunft liegende Schritte wird das aber zunehmend unkonkreter. Es entsteht eine Art Trichter mit zunehmender Anzahl von Zukunftsvarianten, je entfernter die Zukunft ist.

Von je weiter entfernt eine Echowelle aus der Zukunft kommt, desto schwächer ist sie. Und desto uneindeutiger ist es, ob sie zusammen mit einer Angebotswelle, durch unser jetziges Bewusstsein bestimmt, ein konkretes Ereignis schafft. Oder anders ausgedrückt, je näher wir der Zukunft kommen, desto mehr nehmen die Wahrscheinlichkeitsalternativen ab. Je näher, desto eindeutiger, je weiter, desto uneindeutiger."

Christian nickt zustimmend.

„Erinnerst du dich an unser Gespräch über den freien Willen an unserem

130

ersten Abend in Chandigarh? Und die Schlussfolgerung aus dem Libet-Experiment, dass keine Willensfreiheit bestehen könne, weil die Gehirnaktivität zur Auslösung einer Bewegung nachweislich der eigentlichen Entscheidung vorausginge?", frage ich. *„Bezieht man nun die Erkenntnisse der quantenphysikalischen Experimente von Wheeler mit ein, lässt sich das Ergebnis doch ganz anders interpretieren. Ist das Gehirn nur ein realitätsinterpretierendes und illusionsschaffendes System aus Sicht der Neurobiologen? Nein. Oder ist das Gehirn quantenphysikalisch betrachtet auch der Verursacher? Ja! Und das wie wissenschaftlich experimentell nachgewiesen zeitlich rückwirkend. Also kann ein Willensentscheid subjektiv der Gehirnaktivität nachfolgen, während er sie objektiv quantenphysikalisch rückwirkend ausgelöst hat."*

„Ja, wos?", entfährt es Christian in seinem sympathischen Schweizer Dialekt. *„Dann widerlegen die Libet-Experimente ja in keiner Weise den freien Willen!"*

In der Rushhour benötigt man in Bangalore Stunden für wenige hundert Meter.

8. Die Palmblattbibliothek in Bangalore

Kennenlernen des Lesers Mr Murthy

Sechzehnter Tag, 17. November. Bereits um 7.30 Uhr sitzen wir beim Frühstück. Frischgepresste Säfte müssen wir leider zurückgeben, auch wenn jemand extra für uns Früchte besorgt hat. Die Eiswürfel waren aus Leitungswasser, und wir wollen gerade heute kein Risiko eingehen.

Um halb neun nehmen wir für die vermutet einstündige Fahrt durch den Berufsverkehr ein vom Hotel bestelltes Tuktuk. Die Fahrt bis zur Palmblattbibliothek dauert dann aber nur knapp 20 Minuten. Die einkalkulierte Verzögerung durch den morgendlichen Verkehr ist ausgeblieben. Wir hatten Glück, dass unser Hotel relativ nah gelegen war.

Das Haus des Palmblattlesers (Abb. 15) erkennen wir nicht auf Anhieb. In Johannes von Buttlars Film sah das ganz anders aus. Die Räumlichkeiten sind inzwischen auf die zweite Etage verlagert, unten befindet sich jetzt eine Bankfiliale. Frau Murthy, die Frau des Palmblattlesers, begrüßt uns sehr freundlich und bietet uns Plätze im Wartebereich vor dem Lesungszimmer an.

Wir warten mit Spannung ab, bis wir in einen kleinen Raum mit Stühlen vor einem großen Schreibtisch gebeten werden, und nehmen Platz. Mr Murthy (Abb. 16) kann sich gut an Johannes von Buttlar und Wulfing von Rohr erinnern, von denen wir Grüße bestellen. Die erste Lesung soll mit Christian als dem Älteren beginnen. Nach meiner Lesung möchte ich Fragen stellen und mache kein Geheimnis daraus, dass ich über unsere Erfahrungen ein Buch schreiben werde. Zu meiner Überraschung eröffnet Mr Murthy, dass er nicht gern Fragen beantworten würde. Ich erwidere, dass wir ja nach den Lesungen schauen könnten, wie viel Zeit uns überhaupt noch verbleiben würde.

Die Lesung von Christians Palmblatt

Bei der Terminvereinbarung hatte mich Mr Murthy lediglich nach Christians Namen gefragt sowie nach Geburtsdatum, -ort, -land und -zeit. Vor Beginn der Lesung fragt Mr Murthy zunächst noch einmal nach dem Geburtsdatum, schreibt Lebensphasen auf einen ersten Zettel und ordnet die Konstellationen von Planeten zu. Nach Geburtsland und -zeit fragt er, ob die Eltern noch leben, wann sie gestorben sind, wer zuletzt gestorben ist, ob Christian Geschwister hat, wie viele Brüder, wie viele Schwestern, ob sie noch leben, älter oder jünger sind. Weiter will er wissen, das wievielte Kind Christian war, was sein Beruf gewesen ist, wie oft er verheiratet war, wann sie sich getrennt haben, aus welcher Ehe die Kinder sind, welchen Geschlechts die Kinder sind und welche Ausbildung sie gemacht haben. Die Antworten dazu schreibt Mr Murthy auf einen zweiten Zettel.

Anschließend geht er in den Raum hinter seinem Arbeitszimmer und kommt mit einem Palmblatt zurück. Er ist sich nicht sicher, das richtige Blatt zu haben. Er fragt auch in der Lesung immer wieder nach, ob die Informationen stimmen würden. Dem Blatt zufolge hat Christian nur eine Schwester, vier Brüder und ist das sechste Kind der Eltern. Christian hat aber angegeben, drei Schwestern und sieben Brüder zu haben und das elfte Kind zu sein. Das überrascht und irritiert Mr Murthy. Er teilt uns mit, nicht zu sicher zu sein, ob er das richtige Blatt gefunden hat.

Mr Murthy beginnt mit Blick auf seinen ersten Zettel damit aufzuzählen, in welchen Lebensphasen bestimmte Planeten Einfluss auf Christian Leben hatten. *„Du bist geboren im Einfluss von Venus. Im Alter von 7 bis 14 Jahren warst du unter dem Einfluss der Sonne. Von 15 bis 23 unter dem des Mondes. Von 23 bis 40 unter dem Einfluss von Mars. Bis 48 unter dem Einfluss des Kethu. Bis 64 unter dem des Jupiters. Das ist, wo du jetzt bist. Bis 83 unter dem des Saturn. Danach, bis zum Lebensende, unter dem von Merkur. Es steht nicht geschrieben, wann du stirbst, aber es ist im Einfluss von Merkur.“*

Inzwischen ist Christian etwas eingefallen. Er stammt aus der Verbindung seines Vaters mit einer zweiten Frau, hat aber auch die Kinder aus erster Ehe des Vaters immer als seine Geschwister betrachtet. Daher hat Christian nur eine leibliche, aber zwei Halbschwestern, nur vier leibliche, aber drei Halbbrüder, und er ist sechstes Kind der Mutter, aber das elfte des Vaters. So stehen auf dem Palmblatt richtige Informationen, wenn man nur die leiblichen Geschwister zählt. Ich bin wirklich verblüfft. Das ist ja unglaublich!

Das beruhigt Mr Murthy, der mit der Lesung beginnt, sich aber doch immer wieder versichert, ob die Aussagen auch zutreffen. Die englischen Aussagen übersetze ich Christian ins Deutsche. *„Du bist ein guter ,Communicator'. Es war deine Aufgabe, ein ,Communicator' zu sein. Aber die Fähigkeit war blockiert bis ins Alter von 48 Jahren. Dann warst du Trainer oder Lehrer."*

Ich übersetzte den nächsten Satz: *„Du warst nicht darauf vorbereitet, ein ,Lehrer' zu sein, aber bist es geworden."* Mr Murthy verbessert sich: *„Nicht unbedingt ein Lehrer, ein Trainer, ein ,Communicator'. Ist das richtig?"*

Christian bejaht.

„1994/95 hast du einen neuen ,Job' gehabt. Das könnte ,Communication' gewesen sein. Vorher hast du administrativ gearbeitet, aber dann hast du beratend gearbeitet. Du bist psychologisch tätig geworden. Du hast Gedankenheilung begonnen oder damit begonnen, positives Denken zu vermitteln. Das kam spontan, du hast dir selbst viel beigebracht. ,Communicator' zu sein war der Sinn deines Lebens. Heute lehrst du, wie man das Leben einfach macht, wie man leben soll. Damit hast du vor drei bis vier Jahren angefangen. Ist das wahr?"

Christian bejaht.

„Du hast angefangen, über das Leben zu lehren."

Christian stimmt wiederum zu.

„Und in Bezug auf die Kinder: Deine Kinder sind unabhängig. Fühlst du dich emotional mit einer Tochter besonders verbunden?"

Christian antwortet, dass ihm alle drei Töchter gleich viel bedeuten.

„Zu einer Tochter sage dir jetzt etwas, was noch passieren wird", und er macht eine Aussage über ihren künftigen Lebensweg: *„Mit zwei Töchtern ist das Verhältnis normal, mit einer speziell?"*, hakt Mr Murthy nach.

Christian antwortet, dass er zu allen Töchtern einen guten Kontakt pflegt, sie sich aufgrund der unterschiedlich entfernten Wohnorte aber unterschiedlich häufig sähen.

Mr Murthy fährt fort *„Mit deiner zweiten Tochter gibt es eine Verbindung zu einem vergangenen Leben. Sie ist inspiriert von deiner Arbeit. Du hilfst ihr, positive Gedanken zu haben."* Und fragt weiter: *„Sie arbeitet mit Sprache und Kommunikation?"* – Christian verneint. – *„Büroarbeit?"* – Christian verneint. – *„Was tut sie?"* – Christian sagt, dass sie mit Ihrem Mann in der Landwirtschaft tätig ist. – *„Landwirtschaft? Aber sie interessiert sich fürs Heilen?"* – Christian erklärt, dass sie den Beruf einer Krankenschwester gelernt hätte. – Mr Murthy sagt: *„Sie wird eine Heilerin sein. Inspiriert durch dich."* Und er fragt: *„Manchmal besuchst du sie? Du magst ihr Umfeld. Du besuchst ihr Haus? Sie lädt dich ein? Regelmäßig?"*

Christian bejaht, wiederholt aber, dass er durch die örtliche Nähe bedingt vielleicht nicht alle Töchter gleich oft sieht.

Mr Murthy macht weiter: *„Nun kommen wir zu deiner Persönlichkeit. Du bist ein guter ‚Communicator'. Du warst ein guter ‚Administrator'. Du hast die Fähigkeit, mit den Händen zu heilen. Hast du schon einmal versucht, mit den Händen zu heilen?"*

Christian antwortet, er hätte es wenig versucht.

Mr Murthy sagt: *„Du hast die Fähigkeit"*, und fährt fort: *„Deine zweite Ehefrau war für dich bedeutend als eine Seelenfreundin. Aber es gab Streit zwischen euch. Und manchmal gab es emotionalen Stress. Sie war vor der Ehe mit dir schon einmal verheiratet."* – Christian bestätigt das. – *„Hat sie in dieser Ehe ein Kind gehabt?"* – Christian erklärt, dass sie schwanger gewesen war, sich aber dagegen entschieden hat, das Kind zu bekommen. – *„Diese Partnerschaft war sehr wichtig für deine Entwicklung."* – Christian bestätigt dies. – *„Diese Partnerschaft hat viel Sinn für dich gehabt. Auch zu heilen, auch für ‚Communication'."* – Christian bejaht. – *„Und sie war spirituell?"* – Christian bejaht. – *„Und du bist ein spiritueller Mensch?"* – Christian bejaht. – *„Wegen dieser Partnerschaft? Nur wegen dieser Partnerschaft?"* – Christian verneint dies. – *„Aber ihr habt Spiritualität geteilt?"*, was Christian wiederum bejaht.

„Nun zu deinen negativen Persönlichkeitsaspekten. Du sagst zu oft Ja. Damit machst du dir selber Stress. Bevor du Ja sagst, solltest du besser zweimal darüber nachdenken. Sag schnell Nein, aber sag langsam Ja. Anderenfalls resultiert daraus Stress. Dein Leben ist voll von Erfahrungen. Mit 32 Jahren bist du auf Schwierigkeiten gestoßen, die dein Leben verändert haben. Mit 48 Jahren gab es noch einmal eine Änderung in deinem Leben. Ist das wahr?" – Christian bejaht. – *„Vor vier Jahren hat sich dein Leben noch einmal verändert und ist nun einfacher und stressfreier."* – Stimmt. – *„Du machst dir das Leben einfach. Du hast keine finanziellen Probleme. Zuvor hast du Geld verdient, es aber deiner ersten Frau gegeben. Du hast dein Haus verloren. Dann hast du wieder Geld verdient. Und mit der neuen Partnerschaft hast du wieder Geld verloren. Ist das wahr?"* – Christian bejaht. – *„Du hattest mit 48 Jahren wieder neu angefangen. Heute machst du etwas Gartenarbeit und beschäftigst dich mit spirituellen Themen. Nun kommt Geld langsam, doch du bist glücklich. Vorher*

hattest du Geld, warst aber nicht glücklich. Heute bist du auch ohne Geld glücklich. Zufriedenheit ist wichtiger als Geld. Dein Leben ist gut, und du findest Sinn im Leben. Und du teilst das mit anderen Leuten. Und nochmal, sag schnell Nein, aber langsam Ja." – Christian nickt bedächtig.

„Du wirst aus der zweiten Partnerschaft lernen. Sie nötigt dich, schnell Ja zu sagen. Daraus lernst du."

Ich frage nach, ob sich dies auf eine neue Partnerschaft von Christian beziehen würde, weil er nicht in der Vergangenheit spräche.

Mr Murthy antwortet: *„Vergangenheit. Aber auch jetzt. Er lernt noch."*

Ich ergänze, dass Christian derzeit keine Partnerschaft hat.

Mr Murthy fragt nach: *„Er hat keine Partnerin? Verlassen? Okay, dann hatte die Partnerin das gelehrt. Deine letzte Frau hat dir beigebracht, dass du Nein sagen kannst. Dein Streben nach Freiheit und was dir wichtig ist, hat deine zweite Frau dir beigebracht. Du hast dich kontrolliert gefühlt. Zu diesem Zeitpunkt hast du sie verlassen. Du kannst Kontrolle nicht leiden. Sie wollte kontrollieren. Freiheit ist dir das Wichtigste."* – Christian lacht bestätigend. – *„Deine Freiheit geht dir vor."* – Christian bestätigt, dies sei absolut richtig.

Mr Murthy fragt: *„War sie auch geschäftlich deine Partnerin?"* – Christian verneint. – Mr Murthy wiederholt: *„War deine zweite Frau auch geschäftlich deine Partnerin?"* – Christian sagt: *„Ein bisschen, ja."* – *„Was passiert ist, sollte passieren in deinem Leben. Es war eine Lehre, eine Lektion für dich."* – Christian bestätigt, die Aussage sei sehr richtig, wäre sehr gut erkannt. – *„Du machst heute auch keine großen Projekte mehr. Dein Leben bleibt stressfrei, solange du Nein sagen kannst."*

Mr Murthy fährt fort: *„Was ein vergangenes Leben betrifft, warst du ein ,Farmer'. Das ist der Grund, warum du in diesem Leben wieder ,Farmer' warst. Du warst ein Tierfarmer. Du magst Tiere und Pflanzen."*

An der Stelle glaube ich an einen großen Irrtum von Mr Murthy, wusste ich doch nur von Christians Tätigkeit bei der Polizei. Zu meinem Erstaunen erzählt er, dass er seine erste Lehre im Teenageralter tatsächlich in der Landwirtschaft gemacht hatte.

Mr Murthy nickt zufrieden und liest weiter: *„Du kennst eine Tochter aus diesem vergangenen Leben. Und auch ihren Mann, deinen Schwiegersohn, kennst du aus diesem Leben. Du hast ein gutes Verhältnis mit dieser Familie. Sie sind heute wieder in der Landwirtschaft."* Anschließend fragt er: *„Die Art von Getreide, die angebaut wird, die Tiere, die gehalten werden, sind das die*

136

gleichen wie bei deiner Tätigkeit in der Landwirtschaft? Hast du das Gleiche gemacht?" Christian bejaht. *„Also, da ist eine Verknüpfung mit dem, was du gemacht hast"*, schließt Mr Murthy.

Christian nickt und findet, dass sein seit den 70er Jahren mit Liebe gepflegter Gemüseanbau im Schrebergarten für ihn ebenso stimmig dazu passt.

Mr Murthy kommt auf eine andere Inkarnation zu sprechen. *„Du hast auch ein Leben in Indien gehabt. Du warst Lehrer. Lehrer für nichtduale Philosophie. Das spielt auch in dein heutiges Leben hinein. Heute liest du viel. Auch philosophische Bücher. Das gibt dir Befriedigung, und du teilst dein Wissen mit anderen."*

Christian bestätigt dies und erzählt, dass er bis zur Pensionierung auch im Bereich Aus- und Weiterbildung tätig war.

„Wenn du etwas liest, schreibst du das auf und teilst das auch anderen mit. Das kann ein kleines Buch sein. Ich bin nicht sicher. Aber du kommunizierst."

Hierzu erläutert Christian, dass er in der Tat zu seinen Kursen über Körpersprache, Physiognomie und Mentaltraining kleine Publikationen als Kursunterlagen verfasst hat.

Wieder auf das vergangene Leben zurückkommend, liest Mr Murthy weiter: *„Du warst in einem buddhistischen Land in der Bergregion. Du hattest ein Leben mit viel Sport. Aus diesem Leben hast du sportliche Talente mitgebracht. Hast du Kampftechniken in diesem Leben gelernt?"* – Christian bejaht. – Mr Murthy schränkt ein: *„Das hast du aber entweder nur als Hobby gemacht oder keine lange Zeit."* – Christian erläutert, dass er in der Polizeischule in Kampfsportarten wie Judo, Karate und Boxen ausgebildet wurde.

Mr Murthy wiederholt seine Aussage: *„Du hast die Fähigkeit, mit den Händen zu heilen. Du wirst heilen. Doch nicht jetzt. Du hast aber die Fähigkeit."*

Mr Murthy fragt: *„Hast du ein Rückenproblem?"*

Christian verneint, fragt sich aber später, ob er seine regelmäßig praktizierten Rückenübungen vielleicht unbewusst präventiv einsetzt.

„Hattest du irgendeine Operation in der Magen-Darm-Gegend gehabt?" – Christian verneint. – *„Das könnte noch auf dich zukommen. Aber nur kleine Probleme. Davon abgesehen keine Probleme. Deine Gesundheit ist gut. Du hast es gut, weil du einfache Gedanken hast. Deine Erwartungen sind limitiert. Zwei wichtige Dinge solltest du aber befolgen. Du solltest langsam essen, Du solltest nicht zu scharf essen, und du solltest immer viel trinken."*

Christian nickt zustimmend.

„Du machst jeden Tag Sport, jeden Morgen. Ist das richtig?", überrascht Mr Murthy Christian mit seiner Aussage. In der Tat hat Christian sein morgendliches Schwimmen an fast jedem Tag seit seiner Pensionierung selbstdiszipliniert durchgehalten. *„Das ist gut für deine Gesundheit. Aber du solltest nicht rauchen. Aufzuhören wäre besser für dich. Es würde dich davor bewahren, Magen-Darm-Probleme zu bekommen. Vor allem solltest du nicht auf leeren Magen rauchen. Und du solltest nicht viel Alkohol konsumieren. Das ist nicht gut für dich. Du lebst in einem Land, wo es sehr kalt ist. Kalte Zeiten sind für dich erträglich, aber es sollte nicht zu kalt werden. Rauchen schwächt dich. Das ist nicht gut für dich. Rauchen und Alkohol vor allem in der Kälte sind nicht gut"*, beendet Mr Murthy seinen Ratschlag.

„Zwischen 82 und 84 Jahren könnte die Zeit kommen, wo dein Leben zu Ende geht. Ist dein Vater sehr schnell gestorben? Am Herzen?"

Christian verneint, er hätte einen Unfall gehabt. Erst über zwei Jahre später erinnert sich Christian und informiert mich nach einem Gespräch mit seiner Schwester, dass der Vater doch an schwerer Angina Pectoris litt, einer schmerzhaften Herzerkrankung.

„Und ist deine Mutter an Herzproblemen gestorben?" – Christian verneint, sie sei langsam gestorben. – *„Das Herz könnte die Ursache für dein Ableben sein."* Mr Murthy blättert in seinen Aufzeichnungen der anfangs gestellten Fragen. *„Wann sind die letzten zwei Brüder gestorben?"* – Christian antwortet: *„Vor ungefähr drei Jahren."* – *„Und wann ist der andere Bruder davor gestorben?"* – Christian weiß es nicht genau. – *„Sind beide oder einer an Herzproblemen gestorben?"* – Christian bejaht. – *„Das Herz könnte ein Problem für dich sein. In der Familie besteht eine Anfälligkeit für Herzprobleme. Daher solltest du auf cholesterinarme Nahrung achten. Früchte sind gut. Du solltest abends nicht zu fettig essen. Vegetarisch und Früchte zu essen ist gut für dich. Wenn du darauf achtest, könntest du auch an die neunzig Jahre alt werden."*

Erst kurz vor Fertigstellung meines Buches, beim erneuten Korrekturlesen meines Manuskripts, fällt Christian eine verdrängte Krankheitsgeschichte ein. Er erzählt, dass er im Alter zwischen 55 und 60 Jahren nicht nur Herz-Kreislauf-Störungen hatte. Während eines Seminaraufenthaltes auf Kreta hatte er sogar bei einer Meditationsübung am Strand einen Zusammenbruch. Wiederbelebt wurde er von Krankenschwestern, die mit in der Gruppe waren, und er hatte sogar ein sehr intensives Nahtoderlebnis mit einer kompletten Lebensrückschau. Nach Einlieferung ins Krankenhaus der Hauptstadt

Heraklion wurde dann ein Herzinfarkt diagnostiziert. Nachträglich stellt sich raus, dass Mr Murthy auch hier mit seiner Aussage völlig richtig lag.

Nach seiner Empfehlung in der Lesung blickt Mr Murthy von seinen Palmblättern auf: *„Nun kannst du mich fragen, was du fragen möchtest."*

Christian will wissen, ob er noch einmal eine Partnerschaft haben würde. Mr Murthy geht ein weiteres Mal auf die Lehre aus den vergangenen Beziehungen ein, liest von einer zukünftigen Partnerschaft, nennt die Jahreszahl, nach der er sie beginnen wird, und wie sie verläuft.

Mr Murthy wechselt das Thema: *„Zu deinen anderen zwei Töchtern hast du auch eine gute Verbindung."* – Christian bestätigt. – *„Die letzte, die jüngste Tochter mag denken, dass du nicht praktisch veranlagt bist. Hält sie dich für ein wenig verrückt?"* – Christian lacht amüsiert. – *„Sie hat ein Kind?"* – Christian antwortet, dass sie drei hätte. – Mr Murthy fragt: *„Das gleiche Geschlecht?"* – Christian bejaht. – *„Eines dieser Kinder ist interessiert, deinen Erfahrungen zuzuhören"*, erklärt Mr Murthy und fährt fort: *„Du bist ein glücklicher Vater. Und du bist ein glücklicher Großvater. Du liebst die Familie, das macht dich glücklich und ist dir wichtiger als eine Partnerschaft."*

Einsicht des Tages: Diese Palmblattbibliothek ist beeindruckend!

Anschließend trägt Mr Murthy zutreffend vor, dass die Mutter der Kinder noch Kontakt zu ihm hat. Das Karma sei abgearbeitet. Sie sei unabhängig von den Kindern. Christian bestätigt, dass er einen freundschaftlich-lockeren Kontakt mit ihr pflegen würde.

„Du hast Geld durch die Trennung an sie verloren", sagt Murthy, *„aber vergleiche das nicht. Sei glücklich. Es war nicht vorgesehen, dass du mehr Geld hast. Für dich ist es wichtig, glücklich zu sein. Das sind die Informationen für dich."*

Nach einer Pause fährt Mr Murthy fort: *„Wenn du beten möchtest, kannst du zu Shiva beten. Shiva ist eine Gottheit, die Farmern hilft. Ich schreibe dir jetzt Gebetsworte auf."* Mr Murthy schreibt Worte auf einen Zettel und wiederholt sich darin, diese vorzusingen. *„OM BHAGAVATHE DAKSHINA MURTHAYE NAMAHA. OM BHAGAVATHE DAKSHINA MURTHAYE NAMAHA. OM BHAGAVATHE DAKSHINA MURTHAYE NAMAHA."*

„Das sind die Informationen für dich. Alles Gute." – Christian dankt. – *„Macht das Sinn für dich?"* – Christian lacht und sagt, wie sehr.

Die Lesung hat über eine halbe Stunde gedauert, und wir machen eine viertel Stunde Pause. In dieser Zeit kommen zwei Europäerinnen, die einen Termin für eine Lesung nach der unseren vereinbart hatten und noch warten müssen. Ein unangemeldet erscheinendes deutsches Paar wird mit der Bitte weggeschickt, beim nächsten Besuch nur mit Terminabsprache und frühestens in zwei bis drei Monaten wiederzukommen.

Die Lesung meines Palmblatts

Wie für Christian hatte ich bei der Terminvereinbarung Geburtsdatum, -ort, -land und -zeit mitgeteilt. Wieder schreibt Mr Murthy Lebensphasen auf den ersten Zettel und ordnet Planetenkonstellationen zu. Nach Geburtsland und -zeit teile ich ihm mit, dass meine Eltern noch leben. Die Frage *„Du hast einen Bruder?"* bejahe ich, *„Du hast keine Schwester?"* bestätige ich. Die Frage, ob mein Bruder älter wäre, verneine ich. Auf die Frage *„Hast du Fähigkeiten in Kommunikation, Sprachen gelernt? Machst du Übersetzungen?"* erzähle ich, dass ich Englisch und Spanisch spreche und keine beruflichen Übersetzungen mache. *„Lehrst du?"* verneine ich, *„Schreibst du?"* bejahe ich. Ob das meine Haupttätigkeit wäre, verneine ich. *„Was ist deine Haupttätigkeit? Büroarbeit? Übersetzungsarbeit?"* beantworte ich damit, leitend in einem Unternehmen tätig zu sein. *„Business?"* bejahe ich. Ebenso, dass ich angestellt bin.

„Nicht verheiratet, alleinstehend, ja?" beantworte ich damit, dass ich geschieden bin. Auf die Frage *„Ist die Trennung ein oder zwei Jahre her?"* erkläre ich, dass es fünf Jahre sind, die offizielle Scheidung vor vier Jahren war. *„Hast du dich vor kurzem von einer anderen Partnerschaft getrennt?"* verneine ich. Genauso, Kinder aus der Ehe zu haben. Ob sie keine Kinder habe bekommen können, damit, dass sie keine wollte. Nun möchte Mr Murthy wissen, ob meine Eltern im psychologischen Bereich arbeiten oder heilen, was ich verneine. *„Deine Mutter ist nicht heilend tätig?"*, fragt er nach. – *„Sie interessiert sich für psychologische Themen und liest darüber"*, gebe ich als Antwort. – Ob sie Lehrerin oder „Communicator" sei, verneine ich. Dass sie im Büro gearbeitet hat, bestätige ich und ergänze noch zur Frage des Heilens, dass sie eigentlich gelernte Zahnarzthelferin, nun Hausfrau sei.

„*Du hast Fremdsprachen gelernt?*", will Mr Murthy noch einmal wissen. „*Du hast erst ,Administration' gelernt und dann Sprachen?*" bestätige ich, da Spanisch meinem betriebswirtschaftlichen Studium folgte. „*Du hast einen anderen Beruf als Sprachen?*" will Mr Murthy zum Schluss noch einmal bestätigt haben. Meine Antworten schreibt er auf einen zweiten Zettel.

Aus der Auflistung, die er sich nach Notiz des Geburtsdatums gemacht hat, liest er vor: „*Du bist geboren in Venus. 4 bis 10 Sonne. 10 bis 20 Mond. 20 bis 27 Mars. Von 27 bis 45 Schattenplanet. Das dauert noch an. Jupiter von 45 bis 61. Dann Saturn 61 bis 80. Merkur von 80 bis zum Lebensende.*"

Danach beginnt Mr Murthy aus dem inzwischen geholten Palmblatt zu lesen: „*Aufgabe dieses Lebens ist es, ein guter Administrator und ,Communicator' zu sein. Aufgaben der Administration und Organisation kommen. Dann wirst du ein guter ,Communicator' sein. Nach sechzehn Jahren Berufserfahrung. Dann wirst du ein ,Communicator' sein. Reisen ist ebenso ein Interesse, das einen Platz in deinem Leben hat. Du magst Reisen? Du bist schon gereist? Bist du zu vielen Ländern gereist?*"

Ich antworte, dass ich schon so manche Länder gesehen habe. Mr Murthy fragt „*Bist du auch in Zusammenhang mit deinem Beruf gereist?*" Ich antworte, dass es unabhängig davon gewesen ist, und denke gar nicht an meine Stipendienzeit in Mexiko und meine Geschäftsreisen nach China.

Mr Murthy fährt fort: „*Reisen, Organisieren und Kommunikation machen dir Spaß. Und du hast Kenntnisse in vier Sprachen. Du hast vier Sprachen gelernt?*" – Ich bejahe das. – „*Du wirst Übersetzungen machen als ein Hobby oder die Gelegenheit kommt, Bücher zu übersetzen. Von einer Sprache in die andere. Die Gelegenheit kommt.*"

Zu diesem Zeitpunkt wusste ich noch nicht, dass mir drei Jahre später ein ebenfalls kleiner Verlag aus dem europäischen Ausland einen Lizenzaustausch meiner überschaubaren Titel von Tierbüchern vorschlagen würde. Eine Zusammenarbeit, die sich beim Druck dieses Buches aber noch nicht weiter konkretisiert hatte, würde in der Tat das Übersetzen fremdsprachiger Bücher bedeuten.

„*Hast du schon im Büro Übersetzungen gemacht oder übersetzt zwischen Personen?*", fragt Mr Murthy weiter. Ich antworte, dass dies eher selten der Fall war. Auch die Frage „*Und Sprachen hast du nicht intensiv lernen müssen? Ist dir zugeflogen?*" bejahe ich.

Die Frage „*Ist das die dritte oder vierte Firma, für die du arbeitest?*" bestätige ich ebenso. Mr Murthy fährt fort: „*Du hast davor für keine Firma länger als fünf Jahre gearbeitet?*" bejahe ich auch. „*Und die Firma zu wechseln ist kein großes Problem. Du wechselst für eine bessere Position. Du wirst letztendlich deine eigene Firma haben. Das kann so etwas sein wie eine Kommunikationsfirma. Kommunikation und Beratung. Beratung.*" – Ich frage nach, ob ich Beratung richtig verstanden habe. – „*Den Menschen Rat geben*", erläutert Mr Murthy. „*Das kann Übersetzen sein, oder Publizieren kann es auch sein*", ergänzt er. Die Frage „*Arbeitest du jetzt in einer IT-Firma?*" verneine ich. „*Was macht die Firma, in der du arbeitest?*" beantworte ich mit der Herstellung und dem Handel von Produkten für die Haltung von Fischen und Terrarientieren als Heimtiere.

Die Frage „*Aber du arbeitest nicht mit elektronischer Technik? Du sagtest administrativ?*" beantworte ich damit, dass ich auch Produktentwicklung in einem breiten Spektrum mache. Wieder hakt Mr Murthy nach, ob ich nicht doch mit Technik arbeite oder wirklich nur administrativ. Ich bejahe das nun, fällt mir doch ein, dass ich von Aquariencomputern über Brutapparate bis Temperatur- und Luftfeuchtigkeitssteuergeräte sehr wohl technisch entwickelnd gearbeitet habe. „*Hast du über deine Tätigkeit etwas geschrieben? Wie zum Beispiel für Zeitschriften? Oder für die Firma, in der du bist*" bejahe ich. „*Und das Schreiben hat sich parallel zur administrativen Arbeit entwickelt?*" bejahe ich ebenso und erkläre, dass ich nach drei bis vier Jahren in der Firma damit angefangen habe und das nun schon sechs Jahre mache. Mr Murthy erklärt: „*Nun machst du das parallel, aber das Schreiben kann deine Haupttätigkeit werden.*"

Nach einer Pause und weiterem Lesen in meinem Palmblatt fährt Mr Murthy fort: „*In Bezug auf deine Persönlichkeit. Du bist gut in Kommunikation und im Organisieren. Du bist gut in Rechercheaufgaben, bezogen auf zwei Gebiete. Das eine ist ‚Nature'. Das andere ist ‚Human mind'. Zu recherchieren befriedigt dich sehr. Geld verdienst du durch Administratives bis zum Alter von 45. Nach 45 verdienst du durch Lehren oder Kommunikation. Du weißt bereits, dass nur administrativ zu arbeiten nicht deine Aufgabe ist. Du hast eine andere Aufgabe, so wie Kommunikation. Darauf konzentrierst du dich. Das kommt nach 45. Bereitest du dich darauf schon vor?, frage ich dich.*"

Ich bejahe, dass ich mir schon Gedanken in diese Richtung mache. Mr Murthy wiederholt noch einmal, dass dies nach dem Alter von 45 käme.

„Deine spirituelle Neigung entwickelt sich. Freunde sind dabei wichtig. Zwei Freunde. Zwei oder drei wichtige Freunde. Du wirst inspiriert, dich spirituell zu entwickeln. Eine Person ist deine künftige Partnerin. Der andere ist ein Mann." Danach macht Mr Murthy einige Angaben zu einer künftigen Partnerin. *„Deine negativen Persönlichkeitsaspekte: Du hast das Gefühl, nie genug zu tun. Hast du das Gefühl, ist das richtig?"* – Das Gefühl bestätige ich. – *„Du willst immer beschäftigt sein. Du willst immer mehr Arbeit erledigen. Du brauchst aber auch Pausen. Du tust genug. Du wirst erfolgreich in deinem Leben sein. Aber die Zeit muss reifen. Warte einfach die Zeit ab. Du machst die richtige Arbeit zum richtigen Zeitpunkt. Aber warte einfach auf den richtigen Zeitpunkt. Du machst zu viel, und das verursacht dir Stress. Das ist dein Problem. Denk daran, dass du stark bist, warte die Zeit ab, blockier dich nicht."* Mr Murthy fragt nach: *„Passiert dir das?"*, was ich als sehr zutreffend bezeichne. *„Deine Erfahrungen sind sehr positiv. Du wirst sehr positive Erfahrungen in deinem Leben machen."*

Neugierig komme ich noch einmal auf seine Aussage zu den beiden Personen zurück, die mich spirituell beeinflussen sollen, und frage, ob er mir mehr sagen kann. Mr Murthy vertröstet mich darauf, nach der Lesung Fragen stellen zu können.

„Nun informiert dein Palmblatt über die vergangenen Leben. Du warst geboren in Indien. Dort hast du dich mit Philosophie und Psychologie beschäftigt. Nichtduale Philosophie. Das hilft dir heute, ‚Human-Mind'-Themen zu recherchieren. Du wirst schreiben, oder du wirst lehren. Hattest du schon mal die Idee?" – Ich bejahe. – *„Diese Inspiration kommt durch Indien. Dafür wirst du mehrere Male nach Indien reisen, um dieses Wissen zu erlangen. Du bist zum ersten Mal in Indien, aber du kommst mehrere Male."*

Mr Murthy kehrt zu den Aufzeichnungen über das vergangene Leben zurück: *„Die Region liegt im Himalaya. Du bist geboren im Himalaya, in Indien, in der Bergregion des Himalaya."* Nach einer kurzen Pause liest er weiter: *„Ein anderes Mal warst du geboren in Israel zu der Zeit von Jesus."* – *„Israel"*, wiederhole ich erstaunt. – *„Ja Israel, zu der Zeit von Jesus. Auch da hast du eine Art von philosophischer, lehrender Tätigkeit gemacht. Nach dem Tod von Jesus hast du begonnen, seine Lehren zu erzählen, und bist wieder in die Region des Himalaya gegangen. Dort hast du Tantra, Kundalini-Tantra, praktiziert."*

Mr Murthy unterbricht das Vorlesen und fragt, ob ich heute Tantra praktizieren, meditieren oder mich vielleicht mit Chakren beschäftigen würde.

Ich erzähle, dass ich meditiere und über Chakren in der Ausbildung der Entspannungstherapie an der Heilpraktikerschule gelernt habe.

Mr Murthy sagt: *„Du wirst weiter lernen, Chakren zu kontrollieren* [135]. *Und Yoga. Und in diesem Leben wirst du vielleicht wieder den Himalaya besuchen. Hast du die Idee, nach Nepal zu reisen oder in den Himalaya?"*

Ich bejahe das, habe ich mir doch überlegt, nach dem Austritt aus der Kirche und Übernahme einer Patenschaft mit dem Geld, das ich früher an Kirchensteuer bezahlt habe, ein in Nepal ausgesuchtes Patenkind bei Plan International einmal zu besuchen.

Das Palmblatt berichtet über das nächste vergangene Leben. Mr Murthy liest vor: *„Du bist in einem europäischen Land geboren. Das könnte das zuletzt gelebte Leben sein. Du warst Zeuge des großen Weltkrieges. Oder einer Revolution. Auch zu der Zeit warst du sprachtalentiert. Du warst möglicherweise der Übersetzer für die ‚Palace People'."* Ich frage nach, und Mr Murthy konkretisiert: *„‚Palace People', wie ein König",* und er fährt fort: *„Du bist in diesem Krieg getötet worden. Oder in dieser Revolution. Du hast den großen Wunsch, den Weltfrieden zu fördern. Das wirst du tun. Du leistest nur einen kleinen Beitrag, aber deine Seele wird damit zufrieden sein. Das wird durch dein Schreiben sein. So wird es kommen."* Mr Murthy schaut mich an und fragt: *„Willst du das tun? Willst du irgendeine Nachricht für den Weltfrieden geben?",* und folgert, ohne eine Antwort abzuwarten: *„Wenn das deine Absicht ist, wirst du es erreichen."*

Weiter vom Palmblatt lesend, übersetzt Mr Murthy: *„Wenn du diesen Weg gehst, wirst du aber nicht die Allgemeinheit erreichen, nur gebildete Menschen kannst du erreichen. Und manchmal, wenn man die Wahrheit erzählt, wird man getadelt oder kritisiert, oder einem wird übel nachgeredet. Das wirst du möglicherweise auch erfahren in diesem Leben. Deine Motivation dafür ist, dass du Zeuge des Krieges warst. Du möchtest einen Beitrag gegen den Krieg leisten. Das ist deine Idee. Das gibt deiner Seele Befriedigung. Das kommt aus deinem letzten Leben. Es lässt sich nicht spezifizieren, ob es der Erste oder der Zweite Weltkrieg war oder eine Revolution."*

Nach einer Pause fragt Mr Murthy: *„Du hast eine Sprache im Zeitraum von einem Jahr gelernt?",* ohne dass ich ihm vorher etwas über mein einjähriges Stipendium mit Sprachstudium in Mexiko erzählt hatte. *„In England oder Amerika?",* fragt er.

144

Ich sage, dass es Mexiko war. Er trägt vor, dass ich eine südeuropäische oder lateinamerikanische Sprache gelernt hätte. Genauso Französisch. Ich verneine Letzteres, und Mr Murthy ergänzt, dass mir dies noch bevorstehen könne. *„Abgesehen von Deutsch lernst du drei Sprachen, sprichst vier insgesamt.“* Ich erkläre, dass ich an Fremdsprachen Englisch, Spanisch und Latein gelernt habe, mir Latein aber nicht viel nütze. Mr Murthy wiederholt, dass ich für vier Sprachen das besondere Talent hätte, und fragt, ob ich in diesem Leben schon in England gewesen sei. Ich erkläre, dass ich dreimal mehrere Wochen dort verbracht habe. *„Haben deine Mutter oder dein Vater dort gearbeitet oder was war der Grund?“*, will Mr Murthy wissen, und ich erkläre, dass es für Sprachkurse war, um mein Englisch aufzubessern.

Nach einer Pause fragt er: *„Und deine Exfrau, war sie Ausländerin?“*, was ich bestätige. *„War sie aus Amerika oder England?“*, möchte er wissen. Da sich Mexikaner zu den Nordamerikanern zählen, antworte ich mit Amerika. Darauf macht Mr Murthy noch eine Aussage zu einer künftigen Beziehung.

Mr Murthy kommt zum nächsten Kapitel: *„Bezogen auf die Gesundheit: Deine Gesundheit ist gut. Rückenprobleme könnte es in der Zukunft geben. Morgenspaziergänge und Sport ist das Beste dagegen. Ein Allergieproblem könnte dich beschäftigen. Das kann aber geheilt werden durch Atemübungen. Hast du ein Allergieproblem, eine Hausstauballergie vielleicht?“* Ein weiteres Mal bin ich verblüfft, habe ich doch vor ein paar Tagen erst von der Krankenkasse neue Bettbezüge wegen meiner Hausstaub-/Hausmilbenallergie bekommen. Ich bejahe, und Mr Murthy empfiehlt mir noch einmal Atemübungen. *„Meide Dickmilch, Milch, cremige Speisen und iss nicht zu viel fettiges Fleisch. Das schwächt deine Abwehrkräfte. Du hast keine großen Probleme mit den Händen.“* Ich bestätige diese Aussagen zu meiner Gesundheit und grinse innerlich, da ich Milch und fettiges Fleisch seit frühester Kindheit abgelehnt habe. Darauf, dass ich seit vier Jahren Tinnitus habe, weise ich Mr Murthy hin. Sofort fragt er, ob meine Mutter das einmal gehabt hätte, was tatsächlich vorübergehend der Fall war. Mr Murthy erklärt, dass mein Tinnitus auch vorübergehend sein könnte und keine dauerhafte Erkrankung sein müsste.

Nun bietet er mir an, alle individuellen Fragen zu stellen, die ich wolle. Ich höre mehr über meine spirituelle Entwicklung, zukünftige Partnerschaft, dass das Karma mit meiner Exfrau abgearbeitet sei, über die Gesundheit meiner Eltern und das Leben meines Bruders. Richtig erwähnt er dabei, dass mein Bruder, obwohl fünf Jahre jünger als ich, schon längst Vater ist.

Neugierig komme ich zurück auf die angesprochenen Freunde, die zur Entwicklung meiner Spiritualität beitragen sollen, und frage, ob es mehr Informationen über den besagten Mann gäbe.

Mr Murthy antwortet: *„Dieser Mann hilft dir, Spiritualität zu verstehen. Du kennst diesen Mann bereits. Gibt es einen Mann wie einen Lehrer, der das sein könnte? Gibt es so jemanden in Deutschland?"*

Mir fallen Männer ein, in deren Kursen ich in Deutschland Spirituelles gelernt habe, zu denen der Kontakt auch über die Kurse hinaus Bestand hatte, wo mein Gefühl aber sagt, dass diese eher nicht gemeint sind. Mr Murthy fragt weiter, ob mich jemand über Brüderlichkeit oder den Sinn des Lebens unterrichten würde. Und bemerkt, dass dieser Jemand nicht in Deutschland leben müsse, ich ihn aber dort kennengelernt hätte. Wieso komme ich nicht drauf, wenn ich die Person doch bereits kennen soll [136]?

Meine nächste Frage bezieht sich auf den Bericht meines indischen Geschäftskontaktes, der in seiner Stadt ein Nadi-Reading an meiner Stelle besucht hat. Man hatte ihm ja erzählt von einem Vorleben, dessentwegen mir nahestehende Menschen leiden müssten, was aber abwendbar wäre durch Spenden für seine Gebete für mich.

„Ich glaube, Karma ist persönlich", beginne ich nach der Schilderung, und Mr Murthy führt meinen Satz zu Ende: *„… und man kann nicht leiden für das Karma anderer Menschen. Wenn Menschen leiden, dann höchstens wegen ihres eigenen Karmas. Das hört sich nach einer Lüge an. Geburt kann die Folge des Karmas sein, geboren werden zu müssen kann die Folge des Karmas sein, aber nicht für das Karma eines anderen zu leiden."*

Als ich keine weiteren Fragen mehr habe, wünscht mir Mr Murthy alles Gute, und ich bedanke mich sehr beeindruckt.

Die Bezahlung unseres freiwillig zu bestimmenden Betrages hatten wir in der Pause untereinander mit 50 Euro pro Person beschlossen. Mr Murthy legt das Geld in eine Schatulle, ohne sich die Summe überhaupt zu betrachten. Freundlich lächelnd sagt er, dass er sich nun doch Zeit für meine Fragen zum Phänomen der Palmblattbibliothek nehmen wolle.

Ich vermute, seine Skepsis hatte einen Grund. Heute genießt Gunjar Sachidananda Murthy in Indien und über das Land hinaus einen sehr guten Ruf. In den ersten Jahren jedoch bedeutete die Arbeit für ihn einen harten Lernprozess. Die damals den Besuchern noch vorgelegten und misstrauisch als zu umfangreich empfundenen Fragebögen *vor* der Lesung wurden auch in manchen Büchern kritisch betrachtet. Sein Vater, Narajan, war ein begnadeter und weithin anerkannter Nadi-Reader. Ursprünglich hatte dieser ihn, seinen jüngeren Sohn, als Nachfolger ausgesucht, aber sein ältester Sohn Ramakrishna machte seine Ansprüche als Erstgeborener geltend. Nach dem Tod seines Vaters leitete dieser die Bibliothek erfolgreich, verstarb aber im Alter von nur 39 Jahren.

Gunjar, den der Vater in weiser oder vielleicht wissender Voraussicht ebenfalls die alte Sprache der Palmblattaufzeichnungen gelehrt hatte, trat in Nachfolge das Erbe der Bibliothek an und musste nun als Familienvorstand den Unterhalt für eine mehrköpfige Großfamilie sicherstellen. Notgedrungen begann er zunächst abends, ermüdet von der Arbeit, aber immerhin von seinen Kenntnissen der alten Sprache profitierend, mit der Deutung aus Palmblättern. Heute ist er ausschließlich als Nadi-Reader tätig und damit sehr erfolgreich.

Mr Murthy genießt heute den Ruf, einer der besten Palmblattleser Indiens zu sein.

Interview mit Mr Murthy

Oliver Drewes: Ist es richtig, dass Palmblätter nur für die Menschen existieren, die in Palmblattbibliotheken danach fragen?

Mr Murthy: Ja. Es gibt hier nur eine bestimmte Anzahl von niedergeschriebenen Schicksalen.

Oliver Drewes: Haben die Rishis einzelne Schicksale als Dienst für die ganze Menschheit gesehen oder was war ihre Intention?

Mr Murthy: Ja für die ganze Menschheit, da wir alle Brüder sind.

Oliver Drewes: Wie konnten denn die Rishis die Schicksale sehen? Wie kann ich mir das vorstellen?

Mr Murthy: Sie haben deren Karma gesehen. Sie waren dazu in der Lage.

Oliver Drewes: So, als wenn sie das mit ihren eigenen Augen gesehen hätten?

Mr Murthy: Sie haben das intuitiv gesehen.

Oliver Drewes: Konnten nur die Rishis Schicksale sehen oder hatten sie Schüler, die das auch konnten?

Mr Murthy: Einige außergewöhnlich erfahrene Seelen können das sehen, aber weitaus limitierter. Doch die Rishis waren sehr hoch entwickelte Personen.

Oliver Drewes: Wer war der Rishi, auf den diese Bibliothek zurückgeht?

Mr Murthy: Diese Bibliothek basiert auf dem Wissen des Rishis Śrī Shuka. Er war der Sohn von Vyasa. Das kann man lesen in der Mahabharata, der Geschichte des Krishna, in Kapiteln der Veden.

Oliver Drewes: Glauben Sie, dass Astralreisen oder außerkörperliche Erfahrung die Grundlage der Informationen sein könnten?

Mr Murthy: Rishis waren erfahrene Seelen mit besonderen Fähigkeiten. Auf Astrologie basieren die Informationen jedenfalls nicht.

Oliver Drewes: Stimmt es, dass man zu Beginn die Schicksale nicht aufschreiben konnte, da es noch keine Schrift gab, und die Schicksale über Generationen überliefert wurden?

Mr Murthy: Nach meiner Ansicht sind die Schicksale von einem Medium zu einem anderen übertragen worden. Palmblätter sind ein Medium, es kann auch mal auf ein anderes übertragen werden. Man hat mir gesagt, dass es auf dem gleichen Palmblatt nicht länger als 800 Jahre stehen kann. Man muss es von Zeit zu Zeit übertragen, wenn der Zustand der Blätter es erforderlich macht. Das Wissen kann daher schon 5000 Jahre alt sein.

Oliver Drewes: Wie viele Schicksale sind ungefähr niedergeschrieben worden?

Mr Murthy: Die Zahlen kenne ich nicht.

Oliver Drewes: Wissen Sie, wie viele Palmblätter in dieser Bibliothek aufbewahrt werden?

Mr Murthy: Wir haben viele, viele Bündel hier, jedes Bündel enthält die Schicksale mehrerer Menschen.

Oliver Drewes: Wie viele Menschen besuchen die Bibliothek jeden Tag, jede Woche oder jeden Monat?

Mr Murthy: Das lässt sich schwer sagen, vielleicht fünf Personen am Tag. Für Ausländer benötigt es aber mehr Zeit. Einheimische kommen öfter, um etwas über ihr Leben zu erfahren.

Oliver Drewes: Wie lange wird diese Bibliothek noch besucht werden? Endet das irgendwann?

Mr Murthy: Eine derartige Information haben wir nicht.

Oliver Drewes: Ein Palmblatt besteht aus mehreren Kapiteln, stimmt das?

Mr Murthy: In anderen Bibliotheken, ja. Hier ist das zusammengefasster.

Oliver Drewes: Ist es wahr, dass sich Schicksalsblätter in dieser Bibliothek in speziellen Zeremonien mysteriös mit neuen Inhalten füllen?

Mr Murthy: Ja, das stimmt so.

Oliver Drewes: Was bedeutet das Wort „Nadi"?

Mr Murthy: „Nadi" bedeutet „fließen". Fließen wie Wasser, das fließt. Hier fließt Wissen.

Oliver Drewes: Sie selbst sind „Nadi-Leser" geworden aus der Familientradition, stimmt das?

Mr Murthy: Ja, mein Bruder und mein Vater waren schon „Nadi-Leser". Meine Großmutter hat damit angefangen, aber nicht im professionellen Umfang. Mein Vater ist der wirkliche Gründer dieser Einrichtung.

Oliver Drewes: Braucht man, um „Nadi-Leser" zu werden, bestimmte Fähigkeiten, Spiritualität?

Mr Murthy: Es gibt Vorhersagen, hier zu sein. Der Beweggrund ist, Hilfe leisten zu wollen. Das ist die Grundvoraussetzung. Qualität und Kommerz lassen sich nicht vereinbaren. Das Problem der Besucher müssen wir als unser Problem sehen. Versuchen für unser Problem eine Lösung zu finden. Das habe ich von meiner Familie gelernt und tue dasselbe. Man braucht also eine „serviceorientierte" Einstellung, astrologische Grundkenntnisse und muss gut vortragen können.

Oliver Drewes: Erziehen Sie einen Sohn oder eine Tochter für Ihre Nachfolge?

Mr Murthy: Es muss niemand aus der Familie sein, es kann auch jemand Fremdes sein. Es wird sich zeigen. Wir kontrollieren das nicht, es kontrolliert uns.

Oliver Drewes: Die Informationen, die Sie geben, resultieren aus dem Palmblatt?

Mr Murthy: Ja, ich nutze nicht meine Intuition.

Oliver Drewes: Was ist mit Horoskopen, Astrologie, Numerologie?

Mr Murthy: Was ich vorher erfrage, dient nur der Identifizierung des Palmblattes.

Oliver Drewes: Sie übersetzen also nur aus dem Palmblatt?

Mr Murthy: Ja, und interpretiere das Geschriebene.

Oliver Drewes: Glauben Sie, dass sich die Zukunft noch gestalten lässt?

Mr Murthy: Es gibt einen vorgegebenen Weg. Das Schicksal kann man nicht ändern, aber man kann das Leid verringern. Vor allem, wenn man das Schicksal kennt und sich bewusst verhält und einen spirituellen Lebensweg sucht.

Oliver Drewes: Ich danke Ihnen vielmals für die ausführlichen Antworten, Mr Murthy.

Bei der Verabschiedung wiederholt Mr Murthy, dass ich noch öfter nach Indien kommen, er mich wieder sehen würde und darüber sehr glücklich sei, was ich als große Ehre empfinde. Seine Körpersprache während der Lesungen kommentiert Christian als voll hinter dem stehend, was er sagt – sehr offene Gesprächshaltung, entspanntes und souveränes Auftreten –, und deutet den intensiven Augenkontakt als sehr offen, klar und ehrlich, ohne etwas zu verstecken. Ich bin beeindruckt von der Übereinstimmung seiner Aussagen mit Christians und meinem Leben. Seltsam ist für mich nur, dass ausgerechnet die am seriösesten wirkende Bibliothek eine für mich so unglaubliche Zeremonie hat, bei der sich die Blätter mit neuen Inhalten füllen sollen [137].

Reflexionen zum Phänomen der Palmblattbibliotheken

Früh zurück im Hotel, können wir in aller Ruhe das Abendessen angehen, oder das Nachtessen, wie man in der Schweiz sagen würde. *„Dem Phänomen Palmblattbibliotheken gegenüber kritisch eingestellte Menschen würden wohl zuerst die Frage stellen, ob die gegebenen Informationen überhaupt von einem Palmblatt kommen. Was steht wirklich darauf? Wir können den Inhalt ja nicht lesen, und ein Palmblattleser könnte theoretisch irgendetwas erzählen, was draufstehen würde",* macht sich Christian Gedanken und schiebt schnell hinterher: *„Wobei ich da bei Mr Murthy keinerlei Zweifel habe."*

„Beschäftigen wir uns doch zunächst mit der Gegenfrage, woher sollten denn die Informationen kommen, wenn nicht vom Palmblatt?", erwidere ich.

„Zunächst einmal könnte man überlegen, ob persönliche Daten der Besucher recherchiert worden sein können", wendet Christian ein.

„Nun, der Nadi-Reader selbst wird bei seinen vielen Lesungen für so etwas keine Zeit haben. Aber gut, zur Zeit des Internets bräuchte man dazu ja lediglich gut im Umgang mit Computern geschultes Personal. Bei der Anzahl jährlich Tausender Besucher in den Bibliotheken würde das jedoch einer ziemlichen Anzahl Menschen entsprechen, die immer gut beschäftigt wären. Bevor wir jetzt denken, dass die alle bezahlt werden müssen und dass deshalb der Preis einiger Bibliotheken so hoch ist, sollten wir noch eins bedenken. Den vielen Sprachen der Besucher entsprechend, müsste das umfangreiche Rechercheteam auch sprachkundlich sehr gut geschult sein. Und mit solch einer Qualifikation hätten sie bestimmt bessere Arbeitsangebote woanders."

„Nicht ganz abwegig sind natürlich Interpretationen aus der Körpersprache, wie ich sie ja auch umgekehrt dir über die Palmblattleser gegeben habe. Wenn man nicht gerade eine Pokerhaltung einnimmt und aufrechterhält, gilt der Satz ‚Man kann nicht nicht kommunizieren'. Arm- und Beinhaltung, Hand- und Fingerhaltung und -bewegung werden zum großen Teil unbewusst gesteuert und können von geschulten Personen als Reaktion auf eine Aussage ausgewertet werden. Vor allem die Gesichtsmimik, Veränderung in den Bereichen Augenbrauen, Augen, Nase und Mund lassen klare Deutungen zu. Auch die sogenannten Hand-Gesicht-Gesten und die Hand-Hand-Gesten sprechen oft eine eindeutige Sprache", antwortet Christian.

„Ebenso wenig abwegig ist das sogenannte ‚Cold Reading', ein aus der Sprache der professionellen Zauberkünstler stammender Begriff dafür, dem Gegenüber

durch Beobachtung und Anwendung verschiedener Techniken in Gesprächssituationen ohne wirkliches Wissen über ihn den Eindruck vorhandenen Wissens zu erwecken. Zum Beispiel lassen sich aus Haltung, Statue, Leibesfülle und teilweise Gesichtsanatomie auf Stimmungen und Charaktereigenschaften schließen. Genauso verraten Frisur, Kleider und Schmuck so einiges", stimme ich zu.

„Es macht auch einen Unterschied, an welcher Hand und an welchem Finger beispielsweise jemand einen Ring trägt", ergänzt Christian.

„Und im Gesicht stehen teilweise Erkrankungen geschrieben, der Begriff der Schnapsnase, also partiellen Rötungen oder ausgeprägteren Blutgefäßen, ist allgemein bekannt. Unter Heilpraktikern wird die sogenannte Irisdiagnose praktiziert, bei der man in bestimmten Bereichen des Auges durch Verfärbungen auf Erkrankungen von Organen schließen kann", fällt mir weiter ein, und ich fahre fort: „Nicht weiter bringt es uns meiner Meinung nach, spekulativ esoterische Ansätze wie die Chirologie, also die Deutung aus der Hand, die Numerologie, das Suchen nach verborgenen Zusammenhängen aus personenbezogenen Daten oder gar Hellsichtigkeit, Prophetie oder Medialität heranzuziehen. Für Esoteriker ist es eine überflüssige, für Rationalisten eine unbefriedigende Lösung, ein zunächst unerklärliches Phänomen durch andere glaubensbedürftige Phänomene erklären zu wollen."

„Gleiches gilt wohl für die Astrologie, wenn es darum geht, den Ursprung der Informationen von Schicksals- und Palmblättern zu erklären", pflichtet Christian bei.

„Behandeln wir doch zunächst die beiden entscheidenden Fragen: Was ist Astrologie und was sagt Astrologie aus?"

„Wahrscheinlich würden viele Menschen sagen, Astrologie beschreibt den Einfluss der Gestirne auf den Menschen. Das ist so aber nicht richtig, nein, es ist sogar absolut falsch. Auch wenn es immer noch Astrologen gibt, die so etwas selbst glauben", antwortet Christian.

„Genau. Thorwald Dethlefsen beschreibt in seinem Buch Schicksal als Chance diese Verwirrung sehr gut. Astrologie ist demnach ein Abbildungssystem der Wirklichkeit, nicht die Lehre von den Sternen, sondern von den Gesetzmäßigkeiten dahinter. Kausale Wirkungszusammenhänge zwischen den Gestirnen und verschiedenen Ebenen der Wirklichkeit gibt es nicht. Astrologie muss man als Messinstrument der Wirklichkeit verstehen, das etwas anzeigt, ohne es selbst zu erzeugen. So wie ein Thermometer, das die Temperatur misst, aber sie nicht erzeugt. Astrologie beschäftigt sich also mit den Urprinzipien, den Urbausteinen auf der Ebene der Ideen, aus denen sich Wirklichkeit in all ihren Erscheinungsformen zusammensetzt. Wie sehen nun solche Gesetzmäßigkeiten und Urprinzipien aus und wie beeinflussen Sie uns? Auch dies erklärt Dethlefsen anschaulich. Astrologen erstellen Horoskope. Abgeleitet vom lateinischen hora, ‚Stunde‘, und griechischen skopeīn, übersetzt ‚betrachten, beschauen‘, also etwa zu verstehen mit ‚in die Stunde bli cken‘. Sozusagen eine Momentaufnahme des Himmels zu einer bestimmten Zeit.

Wir sind gewohnt, Zeit eher mit einen quantitativen Aspekt zu sehen, wie lange etwas dauert, wie lange etwas her ist. Nun hat die Zeit, wie alles nach dem Gesetz der Polarität, einen Gegenpol, einen qualitativen Aspekt. Dies bedeutet, dass zu einem bestimmten Zeitpunkt nur die Ereignisse verwirklicht werden, deren qualitativen Inhalte zur jeweiligen qualitativen Zeit passen. Nach Dethlefsen stürzt ein Flugzeug nicht irgendwann einmal ab, sondern nur dann, wenn es die herrschende Zeitqualität zulässt. Da Zeit nur eine Ebene der Wirklichkeit ist, sind Zeitqualitäten lediglich Entsprechungen der Urprinzipien. Jeder Zeitpunkt wird von einem bestimmten Prinzip oder besser einer Prinzipienmischung bestimmt‘‘, fasse ich zusammen.

„Richtig. In deinen per E-Mail übermittelten Palmblattlesungen teilte man mit, unter welchem Planeteneinfluss du geboren seiest und unter welchen Planeteneinflüssen du stehen würdest. Korrekt müsst man von Phasen sprechen, deren Einfluss auf uns zugleich durch die ebenfalls beeinflussten Sterne angezeigt wird‘‘, stimmt Christian zu.

„Aber unabhängig davon, wie Astrologie definiert wird, haben Palmblattlesungen eine astrologische Komponente. Lässt dieser Fakt und dass Bibliotheken heute Namensteile wie ‚astrological bureau‘, ‚astrological cottage‘ oder ‚astrological center‘ benutzen, aber zwangsläufig den Rückschluss auf die astrologische Herkunft der gegebenen Informationen zu? Ich denke, an dieser Stelle ist es sehr wichtig zu unterscheiden zwischen Aussagen niedergeschrieben auf Palmblättern und Aussagen von Palmblattlesern heute. Astrologie als Informationsgrundlage der Rishis anzunehmen wäre meiner Meinung nach eine zu oberflächliche Erklärung‘‘, gebe ich zu bedenken.

„Zudem auch deshalb nicht haltbar, da die so persönlichen Daten wie über Art der Ausbildung und Tätigkeiten mit zutreffenden Zeitspannen, Details über Beziehungen und deren Verlauf, Wissen über Erkrankungen und Fakten zu Familienangehörigen oder Anzahl von Geschwistern, um nur einiges zu nennen, viel zu präzise sind. Bezogen auf gute Lesungen wie heute in Bangalore‘‘, bestätigt Christian.

„Ich glaube den Aussagen von Mr Murthy, dass astrologische Daten ausschließlich dem individuellen Auffinden und zeitlichen Einordnen der Lebensabschnitte in den Schicksals- oder Palmblättern der Besucher dienen. Astrologie als Grund-

lage schlechter Palmblattlesungen, ähnlich ungenau wie übliche Horoskope, halte ich aber durchaus für möglich. Wie du sagtest, ist unser Problem, dass wir beide die beschriebenen Palmblätter selber nicht lesen können. Johannes von Buttlar stand in seiner Dokumentation für das ZDF 1992 über die Blätter der Schicksalsbibliothek in Hoshiarpur sowie der Palmblattbibliothek in Bangalore vor demselben Problem. Deshalb hat er die Texte von einem außenstehenden Professor altertümlicher Sprachen untersuchen lassen, der des Lesens der alten Sprachen mächtig war. Dieser bestätigte ihm allerdings die Übereinstimmung mit den Inhalten der Vorlesungen der Bibliotheken. Zum gleichen Ergebnis kam ein Institut in München in Bezug auf dieselben von ihm mitgebrachten Palmblätter", erinnere ich Christian.

„Stimmt. Und hatte Johannes nicht an dem Abend berichtet, dass der in den Texten erwähnte Bartholomäus Schmidt aus München später tatsächlich zum vorausgesagten Zeitpunkt seiner Palmblattlesung gestorben war?"

„Nun, es gibt auch noch einen nachprüfbaren, wissenschaftlichen Beweis", mache ich Christian neugierig. *„Der gleichen Frage, was wirklich auf den Palmblättern geschrieben steht, stellte sich bereits 1993 das Paar Annett Ritter, die jetzt Friedrich heißt, und Thomas Ritter. Heute getrennt, beschreiben beide in ihren eigenen Büchern, wie sie nach dem gemeinsamen Besuch indischer Palmblattbibliotheken mitgebrachte Blätter [138] in Deutschland aus dem Alt-Tamil übersetzen und vor allem die Altersbestimmung mit wissenschaftlichen Methoden durchführen ließen. Zur Übersetzung ließ Thomas Ritter zunächst ihre persönlichen Palmblätter fotografieren. Dann wandte er sich an Professor Jaroslav Vacek von der Karls-Universität Prag, der ihm als führender Experte für alttamilische Schriften empfohlen worden war. Ohne ihn über den bekannten Inhalt zu informieren, ließ er den Professor und dessen Assistenten Jan Dvorak die Übersetzung des alttamilischen Schriftgutes angehen. Nach schleppendem Übersetzungsfortgang informierte Professor Vacek schließlich, dass die alten Texte weder Auszüge epischer Veden noch yogische Lebensregeln wären, sondern es sich dabei um individuelle Lebensläufe bestimmter Personen handele, die allerdings in unserem Jahrhundert lebten. Annett Friedrich zitiert das persönliche Gespräch zwischen Professor Vacek und Thomas Ritter in ihrem Buch: ,Wenn es nicht so außergewöhnlich und absolut unmöglich wäre, würde ich sogar annehmen, dass es sich um Ihre Lebensläufe handelt, da wir glauben, bei den Übersetzungen die Namen [139] Annett und Thomas verifiziert zu haben. Aber das kann ja wohl nicht möglich sein.'*

Obwohl die Übersetzungen inhaltlich mit den Aussagen des Nadi-Readers Śrī

Ramani der Palmblattbibliothek in East Tambaram übereinstimmten, waren den tschechischen Sprachexperten die zeitlichen Einordnungen nicht gelungen, da es an kalendarischen Kenntnissen astrologischer Sternenkonstellationen fehlte. So wandte sich Thomas Ritter an den ihm empfohlenen Tamilen Dr. Dhamotharan von der Universität Göttingen, der die zeitliche Einordnung etwas präzisieren konnte. Da es diesem selbst jedoch auch am Verständnis der alten astrologischen Systeme fehlte, in denen die Nadi-Reader kundig sind, nahm er die Texte bei seiner nächsten Heimatreise mit zu einem Astrologen seiner Familie in Indien. Die indische Astrologie unterscheidet sich von der westlichen durch eine andere ,Sternzeit', die auf der Grundlage der Positionen der Sterne berechnet wird. Nach der Rückkehr aus Indien konnte Dr. Dhamotharan die zeitlichen Zusammenhänge so präzisieren, dass die Übersetzungen mit den Aussagen der Palmblattlesung übereinstimmten.

Für die Altersbestimmung der Palmblätter erschien Annett Friedrich und Thomas Ritter die Radiokarbonmethode, auch als C-14-Analyse bekannt, am geeignetsten. Mit ihr lässt sich vereinfacht ausgedrückt durch Messung des radioaktiven Zerfalls von Kohlenstoffmolekülen das Alter organischer Materialien datieren. Dazu wandte sich Ritter an das Institut für Ionenstrahlphysik des Kernforschungszentrums Rossendorf, das sich regelmäßig mit Werkstoffanalysen zum Beispiel bei der Restaurierung antiker Gemälde oder aus archäologischen Funden befasst. Dort musste zunächst eine vom Rand des Palmblattes entnommene Materialprobe aufwendig gereinigt werden, da ja kohlenstoffhaltiges Graphitmehl die eingeritzten Zeichen des Palmblattes füllt. Dies hätte zu einer gravierenden Verfälschung der Messergebnisse führen können. Letztendlich wurde das Alter des Palmblattes zwischen etwa 350 und 400 Jahren datiert."

„Das kann doch nun kein Rationalist und Skeptiker mehr wegreden", zeigt sich Christian beeindruckt.

„Ja. Was also unseriöse Palmblattleser und wenig präzise zutreffende Informationen angeht, kann theoretisch von einer bunten Mischung der zunächst betrachteten Quellen ausgegangen werden. Was aber präzise zutreffende Informationen seriöser Palmblattleser betrifft, belegen die Analysen von Annett Friedrich und Thomas Ritter praktisch, dass ihre Vorlesungsinformationen nicht vom Palmblattleser, sondern tatsächlich von den Palmblättern selbst stammen", fasse ich noch einmal zusammen.

9. Aufenthalt in Bangalore und Rückkehr nach Deutschland

Stadterkundung und Shoppingtour

Siebzehnter Tag, 18. November. Für heute steht eine Stadtrundfahrt um 14.00 Uhr auf dem Programm. Den Vormittag nutzen wir zum Shoppen in der Mahatma Gandhi Road, zu der die Hosur Road vor unserem Hotel rechts direkt hinauf führt. Gemäß Christians Tipp, überwiegend Bekleidung mitzunehmen, von der man sich gut trennen kann, „fleißig loslassen", wie die Schweizer sagen, habe ich viel Platz für unglaublich günstige neue Garderobe.

Einsicht des Tages:
Nur wer loslässt,
hat Platz für Neues!

In einem netten Bistro fällt uns auf, dass eine größere Gruppe junger Inder im Studentenalter sich untereinander nur auf Englisch unterhält. Wir erfahren, dass dies aufgrund der vielen unterschiedlichen Dialekte die einzige gemeinsam gesprochene Sprache darstellt. In manchen Kinos in Bangalore werden Filme in sechs Sprachen vorgeführt, sei es durch Synchronisation oder mit Untertiteln.

Nach dem Bistrobesuch nehmen wir ein Taxi zum Badamihouse, von wo aus die Stadtrundfahrtbusse starten. Entgegen der wohl veralteten Angabe des Reiseführers befindet es sich heute am N.R. Square, gegenüber der City Corporation. Gut, dass wir genügend Zeit eingeplant hatten.

Beim Preis von unter 3 Euro für die Tour, die insgesamt 5½ Stunden dauert, muss man auf den veralteten Zustand des Science-Museums, in dem wir eine Stunde verbringen, und 45 Minuten Aufenthalt in einem Seidenstoff- und Handcraftladen einfach hinwegsehen. Dafür gibt es eine Stadtrundfahrt, den Besuch bei Tipu's Palace, einem Palast mit vielen Holzsäulen, und dem wirklich lohnenswerten Besuch des Lalbagh Botanical Garden. Der Eintritt beträgt gerade mal 15 Cent. Hierhin könnte man sich auch ein Tuktuk nehmen, um Ruhe von Hektik, Verkehrslärm und Abgasen der indischen Großstadt zu finden, sich in den Schatten zu setzen und neue Kraft zu tanken. Auch der anschließend besuchte Bulltemple ist sehenswert, wenn man noch nicht viele indische Tempel gesehen hat. Überdimensional wird hier ein schwarzer Stier, Nandi, dargestellt, welcher der Gottheit Shiva als Reittier gedient haben soll.

Erwartungshaltung als Komponente selbsterfüllender Prophezeiungen

An unserem vorletzten Abend in Indien haben wir nochmal Gelegenheit, über einen Aspekt von Zukunftsprognosen zu sprechen. *„Was wirst du in deinem Buch eigentlich aus deinen Lesungen schreiben?"*, fragt Christian.

„Natürlich muss ich persönliche Informationen mitteilen, um Formulierungen und Aussagequalitäten authentisch darzustellen. Allerdings werde ich im Buch nicht alle Details meiner persönlichen Voraussagen wiedergeben."

„Weil das wirklich zu intim ist. Das respektiere ich", erwidert Christian.

„Eigentlich aus noch einem anderen Grund. Du erinnerst dich bestimmt an unser Gespräch über die überlagerten Möglichkeiten der Quantenphysik, die zu einer einzigen Realität kollabieren? Und an die Überlegung, ob es eine kollektive Bewusstseinskraft gibt? Ob so vektorkräftige Beeinflussung möglich ist? Da frage ich mich doch, ob durch viele Menschen, die meine Vorhersagen lesen, nicht von einer sich potenzierenden Wirkung ausgegangen werden muss [140]."

„Vielleicht wäre es schon kräfteverstärkend, wenn du die Mitschriften deiner Lesung immer wieder anschauen würdest, statt sie wegzulegen und erst in ein paar Jahren wieder zu lesen."

„Sicher, aber alle Vorhersagen zu mir und meiner Familie vielen Menschen mitzuteilen könnte die Wahrscheinlichkeit erhöhen, dass sie nur deshalb eintreffen. Egal, ob die Vorhersagen unangenehm sind oder nicht. Bestimmte Dinge, die in meinem Leben passieren, sollten

> **„Wenn viele Menschen glauben, dass etwas Bestimmtes passiert, ist es viel wahrscheinlicher, dass es passiert."**
>
> *Dean Raden*

deshalb Realität werden, weil ich sie bewußt erschaffe statt anderen die Macht zu geben, sie unbewusst zu erschaffen. Ich möchte die Eigenverantwortung behalten.

Und was über Familienangehörige und Beziehungen zu Höhen und Tiefen, Finden und Trennen, Krankheiten, Unfällen und Zeitpunkt des Ablebens vorausgesagt wird, das gehört nun wirklich nicht hierher. Und ja, wie gesagt, ich glaube an Multiplikationseffekte. Wenn viele Menschen im Bewusstsein kollektiv an eine bestimmte Entwicklung glauben oder sie erwarten, könnten nach meiner Vorstellung die überlagerten Möglichkeiten in eine andere Realität kollabieren als ohne."

„Skeptiker würden dennoch einwenden, dass Aussagen über deine Vergangenheit und Gegenwart zumindest theoretisch recherchierbar gewesen sind. Dass aber gerade die Zukunftsprognosen ein Maßstab für den Wahrheitsgehalt der Palmblattlesungen sind", wendet Christian ein.

„Die könnten es aber erst beurteilen, wenn ich in einigen Jahren öffentlich machen würde, ob die Vorhersagen eingetroffen sind. Und selbst dann wäre es für sie kein Beweis. Man würde bewusste oder unbewusste Selbsterfüllung unterstellen."

„Und wären die Vorhersagen der Palmblattleser selbsterfüllende Prophezeiungen, bräuchte es keine Rishis, die in der Vergangenheit unser Schicksal voraussagen konnten, wäre der Rückschluss."

„Ja", stimme ich zu, *„wobei Skeptiker Schicksalsschläge und Außeneinwirkungen kaum der Selbsterfüllung zuordnen würden. Man würde dann aber bestimmt vom Zufall reden und argumentieren, dass andere Vorhersagen möglicherweise ja nicht eingetroffen wären. Wer etwas nicht anerkennen will, der tut es auch nicht."*

Ein Ausflug nach Puttaparthi

Achtzehnter Tag, 19. November. Christian schlägt vor, den verbliebenen Tag zur Besichtigung eines indischen Ashrams, eines klosterähnlichen Meditationszentrums, zu nutzen. Wir buchen für 13 Euro pro Person und Strecke ein Fahrzeug mit Fahrer bei der uns schon bekannten Agentur von Lal Maurya für die vierstündige Fahrt nach Puttaparthi, dem Hauptsitz von Śrī Sathya Sai Baba.

Die landschaftlich schöne Strecke durch den Bundesstaat Andhra Pradesh, der 1956 durch den Zusammenschluss der telugusprachigen Gebiete entstand und dessen religiöse Zentren jährlich Millionen Pilger anziehen, führt vorbei an findlingsübersäten Hügeln und kleineren Seen.

Schon viele Kilometer vor Puttaparthi lächelt uns Sai Baba überdimensional groß von riesigen Plakatwänden an, abgebildet in jungen Jahren, marketingstrategisch gut in Szene gesetzt und mit weisen Texten ergänzt. Wir passieren mehrere Banner mit riesigen Sai-Baba-Konterfeis. In Puttaparthi sehen wir viele große, gepflegte Schulen und Krankenhäuser, die von ihm unterstützt werden.

Das Betreten des Ashrams bringt die in Indien übliche Gepäckdurchsuchung und Leibesvisitation mit sich. Kameras müssen wir nicht abgeben, stoßen wir ja auch alle paar Meter auf ein Schild „Fotografieren verboten" und können uns ohnehin kaum den aufmerksamen Blicken der unzähligen, einheitlich weiß uniformierten, mit blauen Dreieckstüchern erkennbaren Helfer entziehen. Die ersten stürzen bereits auf uns zu, als wir einen Schritt zu viel in die Richtung machen, von wo aus nur Frauen Richtung Versammlungshalle gehen dürfen. Geschlechtertrennung ist von der Unterkunft bis zu Kantine angesagt.

Letztere macht den Eindruck von Essensausgaben in Gefängnissen, wie man es aus dem Fernsehen oder Kino kennt, und das breiige Essen auf unterteilten Stahltellern ebenso. Das nächste Mal stürmen wachsame Helfer auf uns zu, als wir eine gestrichene Linie übertreten, denn bereits einen Meter um die Versammlungshalle müssen die Schuhe abgelegt werden. Vor jedem Eingang der Versammlungshalle sind riesige Schilder postiert, auf denen vom Buch bis zur Wasserflasche alles abgebildet und aufgelistet ist, was nicht mit hineingenommen werden darf.

Über die zeitliche Ankunft von Sai Baba bekommen wir unterschiedliche Angaben. Wir suchen einen Warteplatz, finden aber die Bordsteinkanten von sitzenden und Bänke von liegenden Menschen besetzt. Vorbei an in kleinen Gruppen diskutierenden Menschen gelangen wir zu einem großen Baum. Dieser soll vor über vierzig Jahren von Sai Baba über einer vergrabenen, von ihm materialisierten Kupferplatte gepflanzt worden sein. Selbst die hier im Umkreis befindlichen Meditierplätze sind geschlechtergetrennt ausgezeichnet. Auf einer freien Bank im Schatten warten wir etwas ab und machen uns anschließend noch einmal auf den Weg zur Versammlungshalle.

Schon 1½ bis 2½ Stunden vor dem Eintreffen von Sai Baba sitzen die ersten, fast gleich in Weiß gekleideten Menschen in Viererreihen vor dem Eingang auf ihren mitgebrachten Sitzkissen auf dem Boden. Zwischen den Wartenden sehen wir viele Inder und noch mehr westliche Menschen, die ein Bild von Sai Baba in den Händen halten und meditieren. Wir erfahren, dass eine Konzentration auf die Person Sai Babas während der Meditation als energieverstärkend empfohlen wird – ein Personenkult und eine Vorstellung, die nicht unserem persönlichen Glaubenssystem entspricht, wir aber ohne Kommentierung zur Kenntnis nehmen. Nach dem reihenweisen Einmarschieren in die Versammlungshalle durch einen weiteren Security-Check verteilen sich die Menschen um den für Sai Baba freigehaltenen Platz. Scheinbar privilegierte, hierarchisch höhergestellte oder vielleicht zu einem engeren Kreis gehörende Personen dürfen näher sitzen.

Da es bereits auf 17.00 Uhr zugeht, die Predigt bis zu zwei Stunden dauern kann und wir ein vorzeitiges Verlassen der Versammlungshalle als unangemessen, wenn nicht sogar verbotene Störung vermuten, entschließen wir uns zur vierstündigen Rückfahrt. Die Versammlungshalle wollen wir nur noch ein paar Minuten über die etwa 1,60 m hohe Brüstung beobachten. Schnell werden wir von mehreren Helfern aufgeklärt, dass das Stehen im Umkreis der Versammlungshalle ebenso verboten ist wie das Sitzen auf Treppenstufen von Nachbargebäuden.

Einsicht des Tages:
In Ashrams ist
viel verboten!

Ohne Sai Baba persönlich gesehen zu haben, aber eben mit den geschilderten Eindrücken, verlassen wir den Ashram und treten die Rückfahrt an. Alternative wäre gewesen, den Zoo von Bangalore besucht zu haben, wo es wahrscheinlich auch weniger Ver- und Gebotsschilder sowie Maßregelungen gegeben hätte …

Die Rückkehr nach Deutschland

Letzter Tag, 20. November. Am heutigen Tag steht der Rückflug an. Im Gegensatz zur Flugstrecke München–Delhi dauert der Rückflug Bangalore–Frankfurt einige Stunden länger. Während Christian in Frankfurt einen Anschlussflug nach Zürich hat, geht meine Reise mit der Bahn zum Flughafen Köln-Bonn weiter, wo mein Auto steht.

Leider taucht für einen Zeitraum von zwei Stunden mein Gepäck nicht auf. So verliere ich meinen Anschlusszug, muss zunächst das Ticket umschreiben lassen und erfahre dann erst im Zug, dass am Flughafen Köln-Bonn gar nicht gehalten wird, sondern ich eine halbe Stunde auf die nächste Verbindung in Siegburg im Schneegestöber warten muss.

Einsicht des Tages:
Es ist kalt in
Deutschland!

Ich denke frierend an die Entgegnungen der Angestellten am Frankfurter Flughafen auf die Frage nach meinem verlorenen Gepäck: *„Das ist nicht mein Zuständigkeitsbereich"*, *„Da habe ich nichts mit zu tun"*, *„Das ist nicht mein Problem"* – und daran, wie hilfsbereit sich die Menschen in Indien uns gegenüber zeigten, wenn es einmal nicht weiterging. Und das nicht einmal aus dem Grund, dass sie auf ein Trinkgeld hofften.

160

Schicksals- und Palmblätter

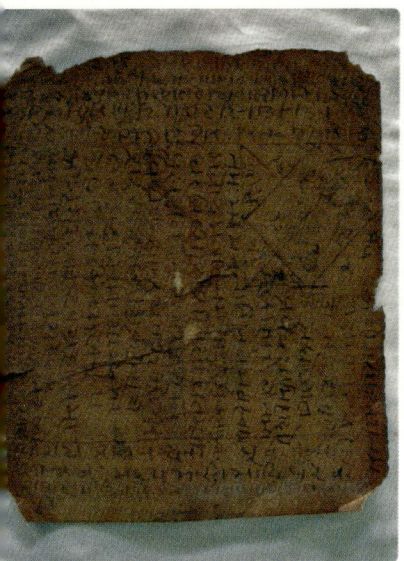

Quadratische Schicksalsblätter aus der Bibliothek in Hoshiarpur.

3: Ein Blatt wiegt wenige Gramm, der Bibliotheksbestand geschätzt etwa 2 Tonnen.

Palmblattbündel wie aus den Bibliotheken in Kanchipuram und Bangalore.

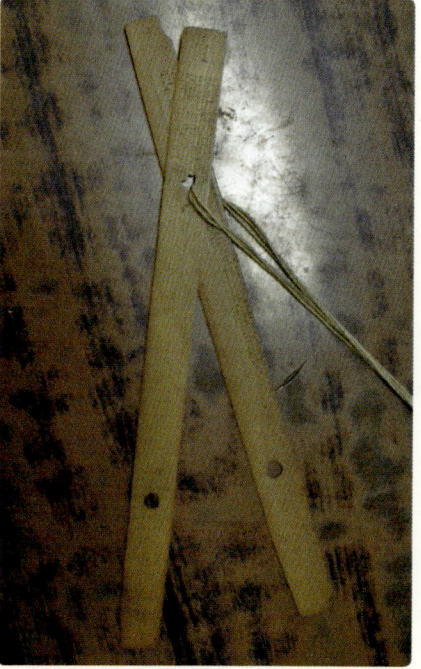

4: Mein persönliches Palmblatt aus der Bibliothek von Bangalore.

Schicksalsbibliothek in Hoshiarpur

5: Die Schicksalsbibliothek Brighu Dham von Hoshiarpur in der Railway Mandi.

8: Ohne telefonisch zugeteilte Referenznummer braucht man hier gar nicht zu erscheinen.

6: Dr. Mohans Sohn Priyansch erklärt dem Rikschafahrer und mir den Weg ins Hotel.

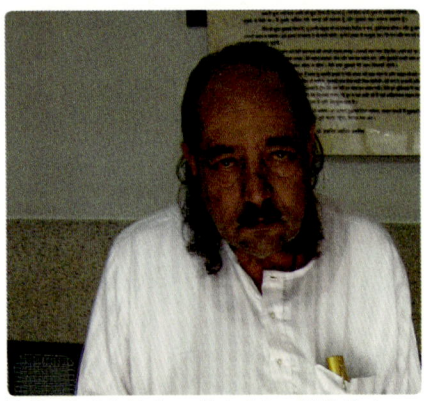

7: Dr. Ratish Mohan, Enkel des Bibliothekengründers, ist Leser in der 15. Generation.

9: „Tempel" mit Schreinbild des Rishi Brighu im Haus von Dr. Mohan.

Palmblattbibliothek in Kanchipuram

10: Adressschild der Palmblattbibliothek von Kanchipuram in der Chengalpet Road.

11: Vereinbarte Termine müssen Tage zuvor noch einmal telefonisch bestätigt werden.

13: Warten nach der Abgabe des Daumenabdrucks, bis das eigene Palmblatt gefunden ist.

12: Hier laufen täglich durch mehrere Leser parallel bis zu vierzig Lesungen.

14: Der Leser Mr Balasubramaniam ist seit über dreißig Jahren in seinem Beruf tätig.

Palmblattbibliothek in Bangalore

15: Auf den ersten Blick hätten wir hier die Palmblattbibliothek in Bangalore aus dem Film von Johannes von Buttlar nicht wiedererkannt.

17: Ein Schild in der Tiefgarage räumt jeden Zweifel aus, dass wir nun an der richtigen Adresse in der 5th Main Road sind.

16: Der Palmblattleser an seinem Schreibtisch vor dem geöffneten Bündel, das auch mein Palmblatt enthält.

18: Gunjar Sachidananda Murthy setzt die Tradition seines Vaters, Gründer der Palmblattbibliothek aus Bangalore, fort.

Reisen in Indien

19: Hoshiarpur führt ein beschauliches Dasein im äußersten Norden.

20: Kanchipuram beherbergt große und bedeutende Tempel verschiedener Dynastien.

21: Bangalore haben wir als die florierendste und fortschrittlichste Stadt kennengelernt.

22: Das Taj Mahl ist das größte aus Liebe errichtete Bauwerk der Welt.

23: Der Shiva geweihte Kailasanathatempel ist Kanchipurams ältester und schönster Bau.

24: Bangalore war regionaler Verwaltungssitz der britischen Kolonialmacht.

25: Eine Prozession farbenfroh gekleideter Menschen zwischen Jaipur und Delhi.

Palmblattbibliothek auf Sri Lanka

26: Ohne meinen indischen Kontakt hätte ich die umgezogene Bibliothek nicht gefunden.

28: Nach Abgabe des Daumenabdrucks um 8.00 erhielten wir einen Termin für 14.00 Uhr.

27: Die Bibliothek ist im ersten Stock in zwei benachbarten Wohnungen untergebracht.

29: Erinnerungsfoto mit dem Leser seines Palmblattes, Shiva Kumar.

Palmblattbibliothek auf Bali

30: Mit Wayan Kasta, dem Übersetzer aus Ubud, vor dem Bibliothekseingang.

31: Ida Pedanda Madé Ngenjung ist Priester und Palmblattleser aus Familientradition.

32: Vögel tragen, nach balinesischem Glauben, die Seelen der Toten ins Jenseits.

33: Aus Kawi übersetzt, schreibt Wayan auf Balinesisch mit und übersetzt ins Englische.

34: Im Anschluss an die Lesung erhalte ich eine Segnung des Priesters.

Reisen auf Sri Lanka & Bali

35: Palmblattsammlung des Ven. Nahalle Indasiri Nayaka Thero im Wanawasa-Tempel.

38: Balis Museum Gedong Kirtya in Singaraja hütet etwa 1.500 Palmblattmanuskripte.

36: Schwarzer Ceylontee ist immer noch ein Exportschlager Sri Lankas.

39: Balis Reisfeldterrassen werden durch ein ausgeklügeltes System bewässert.

37: Das Hotel Dickwella Village gehörte mit zu den Highlights der Unterbringung.

40: Mejangan, eine Insel am nordwestlichen Ende Balis, zieht Schnorchler und Taucher an.

10. Palmblattlesung aus Kanchipuram per Post

Drei Monate später als zugesagt und nach mehrmaligen Nachfragen meines indischen Kontaktes Mr Jayathirunathan bekomme ich am 26. März des folgenden Jahres Post aus Indien. Der pralle Umschlag enthält zwei in der Mitte geknickte Schreibhefte im DIN-A5-Format. Auf den rechten Seiten stehen jeweils die indischen, auf den linken die übersetzten englischen Texte in großen Buchstaben handschriftlich niedergeschrieben.

Das erste Schreibheft beginnt mit einer horoskopischen Skizze der mich beeinflussenden Sterne. Dann folgt das Allgemeinkapitel. *„Nach dem Gebet zur Gottheit Parvati* [141] *teilt Dir der Weise Agasthiar Dein Allgemeinkapitel mit. Der Name Deines rechten Daumenabdruckes ist Oru suli meru. Du bist in eine gute Familie geboren. Dein Geburtsdatum ist der 16. Oktober 1970. Du bist an einem Freitag geboren. Der Name Deines Sternes ist Bharani. Dein Mondzeichen ist Widder. Dein Horoskop befindet sich auf der ersten Seite dieses Heftes. Du hast Talente. Du hast Glück. Du hast eine gute Ausbildung. Deine Eltern leben. Dein Vater arbeitet. Er hat ein gutes Einkommen. Deine Eltern bleiben gesund. Sie haben ein gutes, langes Leben. Sie werden weiter in viele Länder reisen.“* Das ist richtig, wahrscheinlich beziehungsweise von mir angegeben.
„Du hast einen Bruder. Du hast keine Schwester.“ Richtig, wie ich angegeben hatte. *„Dein Bruder ist verheiratet. Er genießt das Leben mit seiner Frau.“* Dass mein Bruder sein Leben zu dem Zeitpunkt der Trennungsphase selbst nicht gerade als Genuss bezeichnen würde, hatte ich zu einer anderen Lesung bereits kommentiert. *„Dein Bruder wird lange leben. Er wird ein gutes Einkommen haben. Er wird sein Leben mit Kindern genießen. Er wird die Möglichkeit haben, fremde Länder zu sehen. Er wird all seine Probleme lösen.“* Der letzte Satz ist interessant. Ob es subjektive Interpretation von mir ist, dies auf seine aktuellen Eheprobleme zu beziehen?
„Du bist verheiratet. Du bist geschieden von Deiner Frau. Du hast keine Kinder. Dein Name ist Oliver.“ Richtig, so wie ich es angegeben hatte. Anschließend werden der Name meines Vaters und meiner Mutter aufgeführt. Was ich auch angegeben hatte. *„Du bist im 39. Lebensjahr. Du hast eine gute berufliche Position. Du verkaufst eine Art von Liebhabereiartikeln, die im Haus benutzt werden. Du arbeitest auch als Schriftsteller.“* Richtig wie angegeben. *„Im Alter von 39 bis 40 wirst Du Dein Geschäft entwickeln.*

169

Du wirst Dein Einkommen verbessern." Was ist entwickeln? Was ist verbessern? Danach folgt eine Aussage über eine künftige Beziehung, die sich erst noch als zutreffend oder nicht herausstellen muss.

„*Im Alter zwischen 41 und 45 wirst Du Deine Eltern unterstützen, Deine berufliche Situation verbessert sich. Du wirst ein Fahrzeug kaufen.*" Das muss sich zeigen. Es folgt wieder eine Auskunft über den Weitergang der Beziehung. „*Du wirst weiter in viele Länder reisen. Im Alter zwischen 47 und 50 wirst Du mehr Geschäfte machen. Du wirst einige moderne Artikel verkaufen. Du wirst ein gutes Einkommen haben. Nachdem Du 50 bist, wirst Du Eigentum erwerben.*" Anschließend werden Aussagen zu meiner Familie, meiner Beziehung und meiner Gesundheit gemacht.

„*Im Alter von 55 bis 60 wirst Du weder finanzielle noch gerichtliche Probleme haben Im Alter von 60 bis 65 wirst Du in guter Gesundheit, mit einem Fahrzeug und finanziell abgesichert leben. Du wirst sehr respektiert sein. Du wirst ausgeglichen leben.*" Das Kapitel schließt mit einer Altersangabe, die ich übertreffen würde. Viele Aussagen der vergangenen oder gegenwärtigen Lebenssituationen sind oder basieren auf von mir gegebenen Informationen. „*Talent*", „*Glück*", „*eine gute Ausbildung*" sind relativ allgemein. Aussagen über Zukünftiges sind nicht spektakulär, aber es wird interessant werden, diese später bestätigt zu sehen oder nicht. Aussagen wie „*Du wirst ein Fahrzeug kaufen*" halte ich wörtlich genommen nicht für erwähnenswert, habe ich doch seit über zwanzig Jahren eigene Autos und Motorräder gehabt. Vielleicht muss man das als Luxus interpretieren, den man sich dann leisten kann, was immer damit gemeint ist. Obwohl mir das persönlich zu unkonkret und spekulativ ist. „*Eigentum nach dem Alter von 50*" ist nicht unwahrscheinlich, habe ich doch meine derzeitige Eigentumswohnung nie als endgültigen Wohnsitz betrachtet.

Das nächste Kapitel bezieht sich auf Einkommen und Familie. Die Seite beginnt mit der Einleitung: „*Nach dem Gebet zur Gottheit Shiva teilt Dir der Weise Agasthiar Dein zweites Kapitel mit.*" Anschließend kommen ein paar Wiederholungen aus dem vorherigen Kapitel, was sich so auch bei den folgenden Kapiteln immer wieder zeigt. Ich glaube, der Aufbau ist so für den Fall, dass sich jemand nicht alle Kapitel übersetzen lässt und damit wichtige Aussagen nicht unbeachtet bleiben. Anschließend wird bezogen auf mein Alter von 40 bis 41 eine Aussage zu einer Beziehung gemacht.

„Im Alter von 42 bis 43 solltest Du überlegen, was Du sagst. Du solltest vorsichtig mit anderen sein. Im Alter von 44 bis 45 wirst Du etwas Geld sparen." Für das Alter von 46 bis 47 wird wieder eine Aussage zu einer familiären Situation gemacht. „Im Alter von 48 bis 49 wirst Du wegen dem Glück Deiner Partnerin gute Fortschritte machen." Für das Alter von 50 bis 51 wird über Familie und Gesundheit berichtet. „Im Alter von 52 bis 53 wirst Du viel Respekt bekommen für das, was Du sagst." Zum Alter von 54 bis 55 folgt wieder eine Aussage zu einer familiären Situation. „Im Alter von 56 bis 57 hast Du unter Verwendung einer Brille gutes Sehvermögen. Im Alter von 58 bis 59 hast Du keine finanziellen Probleme. Im Alter von 60 bis 61 wirst Du Geld sparen können. Im Alter von 62 bis 63 wird Deinen Worten viel Respekt gezollt. Du wirst Dich gut mit anderen verstehen." Für das Alter von 64 bis 65 wird wieder über die familiäre Situation berichtet. „Im Alter danach wirst Du Geld sparen, Du wirst ausgeglichen sein, und Du wirst gutes Sehvermögen haben."

Die Aussagen beziehen sich größtenteils auf die Zukunft und lassen derzeit daher noch keinen Schluss über die Qualität der Vorhersagen zu. Alles in allem nichts, was unmöglich oder unwahrscheinlich klingt.

Das anschließende Kapitel handelt von Geschwistern und dem Verhältnis zu ihnen und beginnt wieder mit der bekannten Einleitung: „Nach dem Gebet zur Gottheit Shiva teilt Dir der Weise Agasthiar Dein drittes Kapitel mit. Du hast einen Bruder. Du hast keine Schwestern. In Deinem Alter von 39 bis 40 sieht sich Dein Bruder familiären Schwierigkeiten gegenüber. Aber er wird seine Probleme lösen. Wenn Du 41 bis 42 Jahre bist, geht es Deinem Bruder finanziell gut. Wenn Du 43 bis 44 Jahre bist, wird Dein Bruder Kinder haben." Danach folgen Angaben zur Gesundheit und unserer Beziehung zueinander. „Wenn Du 49 bis 50 bist, wird sich Dein Bruder Dinge und ein Auto leisten können. In Deinem Alter von 51 bis 52 wird Dein Bruder die Chance haben, in fremde Länder zu gehen. Er wird viele Tempel sehen."

Für mein Alter von 55 bis 56 werden weitere Aussagen zur Gesundheit gemacht und Warnungen zu einer finanziellen Angelegenheit gegeben. „In Deinem Alter von 61 bis 62 hat Dein Bruder ein gutes Einkommen. Ihr versteht Euch gut. In Deinem Alter von 63 bis 64 wird Dein Bruder ein Haus bauen." Wieder folgt eine Vorhersage über seine Gesundheit. „Dein Bruder wird ein gutes und langes Leben haben. In Deinem Alter von 68 und 70 wird er ein gesundes und sich gut entwickelndes Leben haben. Er wird von gläubigen

Menschen gesegnet. Wenn Dein Bruder Yoga oder Spirituelles praktiziert, wird er sehr ausgeglichen sein. "

Wirklich interessant ist hier nun die Aussage über die derzeitigen familiären Schwierigkeiten meines Bruders, die mir im Allgemeinteil noch als unzutreffend erschienen. Ich hatte gegenüber dem Palmblattleser nichts Derartiges erwähnt. Das finde ich nun sehr zutreffend. Wie die Erwähnung *„Kinder in vier bis fünf Jahren zu haben"* interpretiert werden kann, weil er ja schon zweifacher Vater ist, muss die Zukunft zeigen.

Das folgende Kapitel steht unter der Überschrift „Mutter, Haus, Auto und Vermögen. *„Nach dem Gebet zur Gottheit Shiva, teilt Dir der Weise Agasthiar Dein viertes Kapitel mit. Deine Mutter lebt. Sie hat ein zufriedenstellendes Leben. "* Es folgt ein Einschub zu meiner Beziehung im Alter von 40 bis 41 Jahren, ein Autokauf im Alter von 42 bis 43 Jahren, dann eine Aussage zur Gesundheit meiner Mutter, wenn ich 44 bis 45 Jahre bin. Weiter geht es mit: *„In Deinem Alter von 45 bis 46 Jahren führt Deine Mutter ein zufriedenstellendes und glückliches Leben. "*, danach mit einer Aussage zu meiner finanziellen Situation. *„Wenn Du 51 bis 52 bist, hat Deine Mutter die Gelegenheit, fremde Länder zu sehen. Du wirst von älteren Menschen gesegnet. Wenn Du 53 bis 54 bist, verstehst Du Dich gut mit Deiner Mutter. Mit 55 bis 56 wirst Du ein Haus und moderne Dinge, mit 57 bis 58 ein Fahrzeug erwerben. "* In meinem Alter von 59 bis 60 wird wieder über die Gesundheit meiner Mutter, in meinem Alter von 60 bis 62 über ein zufriedenstellendes Leben geschrieben. *„Im Alter von 63 bis 64 wird man Dir Respekt zollen, und es schreitet alles gut voran. "* Wieder folgen Aussagen zum Eigentums- und Autoerwerb, meiner Beziehung und schließt mit dem Zeitraum, in welchem Alter von mir das Leben meiner Mutter zum Ende käme.

Das nächste Kapitel befasst sich mit Kindern und ihren zukünftigen Leben. Ich habe dazu keine Vorhersagen lesen lassen. Das sechste Kapitel beschreibt Krankheiten, Schulden und mögliche Feindschaften, was sich für mich alles recht positiv darstellt. Das siebte Kapitel widmet sich dem Thema Heirat und den Planetenkonstellationen der Brautleute. Nach meiner Scheidung und ohne Heiratsabsicht habe ich dazu keine Vorhersagen lesen lassen. Das achte Kapitel enthält Informationen und Warnungen zu Gefahren durch Unfälle, über Erkrankungen und zur Lebensdauer. Als

Todeszeitpunkt werden zwei Daten aufeinanderfolgender Monate in einem bestimmten Alter angegeben und der Wochentag nach Vollmond genau beziffert. Wer nicht, wie ich, eine solche Vorhersage beiseitelegen kann und sie auch niemandem erzählt, der einen schön regelmäßig daran erinnert, kann dem Palmblattleser selbstverständlich den Hinweis geben, auf diese Vorhersage zu verzichten. Da andere Palmblattbibliotheken mir, wenn überhaupt, so konkret genannt, abweichende Alters- und Todeszeitpunktangaben gemacht haben, sehe ich persönlich das eh relativ.

Das neunte Kapitel beschäftigt sich mit dem Vater, Wohlstand, Glück, Frömmigkeit und Wohltätigkeit. *„Nach dem Gebet zur Gottheit Shiva teilt dir der Weise Agasthiar Dein neuntes Kapitel mit. Dein Vater lebt. Er hat ein zufriedenstellendes Leben und ein gutes Einkommen."* Nach einer Aussage zu seiner Gesundheit in meinem Alter von 40 bis 41 Jahren wird mir vorhergesagt, im Alter von 42 bis 43 Jahren viele spirituelle Orte zu besuchen und den Segen älterer Menschen zu bekommen. Nachdem die Beziehung zu meinem Vater im Alter von 44 bis 45 Jahren beschrieben wird, soll ich mit 45 bis 46 Jahren meinen Lebensstatus weiter verbessern und mit 47 bis 48 Jahren Geld zum Kaufen und Sparen zur Verfügung haben. *„In Deinem Alter von 49 bis 50 Jahren wird Dein Vater viele Länder bereisen, und Du wirst von älteren Menschen gesegnet. Wenn Du 51 bis 52 Jahre bist, entwickelt sich alles gut weiter. Wenn Du 53 bis 54 Jahre bist, wirst Du Geld für wohltätige Zwecke spenden."* Nach dem Einschub über die Gesundheit meines Vaters, wenn ich 55 bis 56 bin, wechseln sich Aussagen über mein Wohlergehen und das Gesegnetwerden durch religiöse Menschen ab. Das Kapitel schließt mit dem Zeitraum meines Alters, in dem das Leben meines Vaters zum Ende käme.

Das folgende Kapitel bezieht sich auf künftige Tätigkeiten und Berufe mit deren Höhen und Tiefen, wofür nach indischem Glauben eine andere Gottheit zuständig ist. *„Nach dem Gebet zur Gottheit Ganesha teilt Dir der Weise Agasthiar Dein zehntes Kapitel mit. Du arbeitest in der freien Wirtschaft. Du arbeitest mit Freizeitartikeln, die im Haus gebraucht werden. Du arbeitest auch schriftstellerisch. Dir geht es finanziell gut. In Deinem Alter von 40 bis 42 werden Dir viele gute Menschen in Deiner Tätigkeit helfen. Du wirst Dein Geschäft ausbauen. Dein Bekanntheitsgrad nimmt zu. Du wirst ein anderes*

Einkommen haben. Im Alter von 44 bis 45 wirst Du noch erfolgreicher Freizeitartikel verkaufen. Im Alter von 45 bis 46 wirst Du mehr Bücher schreiben. Du wirst Dich gut mit anderen verstehen. Durch das Schreiben von Büchern wirst Du Geld zur Seite legen können. Im Alter von 47 bis 50 wirst Du von Provisionen und Verträgen profitieren. Du wirst Deine Eltern unterstützen. Dein Wohlstand mehrt sich. Im Alter von 53 bis 55 wirst Du von Aktien und Investitionen profitieren. Im Alter von 58 bis 60 ergibt sich die Möglichkeit, von der Regierung ausgezeichnet zu werden. Du wirst lehrend tätig sein. Du wirst ein gutes Einkommen haben. Im Alter von 62 bis 65 wirst Du von Deiner Tätigkeit pensioniert. Du machst Dein Geschäft mit gutem Profit weiter. Du wirst ein gutes Einkommen haben durch Eigentumsaufbau. Im Alter von 68 bis 70 erhältst Du Unterstützung durch die Regierung. Du wirst hilfsbereit zu anderen sein. Du wirst Deine Tätigkeit fortsetzen. Du profitierst von Investitionen.“

Das nächste Kapitel beschreibt Vermögen und neue Partnerschaften. *„Nach dem Gebet zur Gottheit Shiva teilt Dir der Weise Agasthiar Dein elftes Kapitel mit. Du warst verheiratet. Du bist getrennt von Deiner Frau.“* Für ein bestimmtes Alter wird mir eine neue Partnerschaft vorhergesagt, ihr Charakter beschrieben, die Himmelsrichtung angegeben, in der sie wohnen würde, Angaben zu Geschwistern und Eltern gemacht und neun Buchstaben genannt, mit denen ihr Name beginnen könnte. *„Im Alter von 48 bis 50 wirst Du durch ein individuelles Geschäft gutes Einkommen haben.“* Des Weiteren folgen altersbezogene Angaben zu Höhen und Tiefen der Beziehung und der Entwicklung unseres Vermögens.

Das anschließende Kapitel handelt von Bemühungen, Auslandsbesuchen, Wiedergeburten und Erlösung. *„Nach dem Gebet zur Gottheit Shiva teilt Dir der Weise Agasthiar Dein zwölftes Kapitel mit. Du bist geboren und lebst außerhalb von Indien. Im Alter von 40 bis 41 Jahren wirst Du die Möglichkeit haben, ins Ausland zu gehen. Im Alter von 42 bis 44 Jahren investierst Du Geld in die Entwicklung Deines Geschäftes. Im Alter von 45 bis 48 Jahren hast Du Geld zum Erwerb von Eigentum und Auto. Im Alter von 52 bis 55 wirst Du weiter ins Ausland reisen. Du wirst von älteren Menschen gesegnet. Im Alter von 58 bis 60 wirst Du mehr Geld in Dein Geschäft investieren, was sich gut entwickelt. Nach dem Alter von 75 hast Du die Gelegenheit, viele fremde*

Länder zu besuchen. Du wirst von religiösen Leuten gesegnet. Du siehst Dich keinen Schwierigkeiten gegenüber. Nach einer weiteren Wiedergeburt wirst Du Erlösung erlangen. Du wirst in Deinem nächsten Leben in Uttar Pradesh geboren. Du wirst in eine gute Familie geboren. Du wirst ein Arzt im nächsten Leben sein. Du wirst Deine Freundin heiraten. Du wirst ein Krankenhaus für Arme errichten. Du wirst armen Menschen helfen. Deine Partnerin ist ebenfalls Ärztin im nächsten Leben. Du wirst Kinder haben. Wegen Deiner religiösen Arbeit und Wohltätigkeit wirst Du von der Regierung ausgezeichnet werden. "

Die Informationen der Spezialkapitel umfassen in „Shanti" vergangene Leben, begangene Sünden und Maßnahmen, deren Auswirkungen zu mindern, in „Deeksha" Angaben zum Talisman und zur Vermeidung von Feindschaften und Unannehmlichkeiten, in „Aushadha" chronische Krankheiten und deren Heilung sowie in „Dasa bhukthi" Vorhersagen zu den verbleibenden Leben. Meine Vorhersagen enthalten trotz freier Seiten im Heft nur Informationen zu den ersten beiden Spezialkapiteln.

„Nach dem Gebet zur Gottheit Shiva teilt Dir der Weise Agasthiar Dein Shanti-Kapitel mit. In Deinem letzten Leben bist Du in Chera Nadu geboren, das heute Kerala heißt, einem Staat in Indien. Du warst Sohn eines Händlers. "
Nun folgt eine Aufzählung von Verfehlungen des letzten Lebens. Alles, was die karmaverschlechternde Palette so hergibt: Verrat an Geschäftspartnern, Raub von Tempeleigentum, schlechte Behandlung der Ehefrau, Vernachlässigung der Eltern und noch mehr Sünden. Erfolgreich könnte ich in diesem Leben nur sein, wenn ich in irgendeiner Kirche, aber an der Küste gelegen, beten würde, arme Menschen speisen, Kerzen anzünden, den indischen Göttern Shiva und Parvati Blumen an drei verschiedenen Orten darreichen, die Gottheit Vishnu unter anderem mit Blumengirlanden besänftigen, in nahegelegenen Kirchen beten gehen und dem Palmblattleser Mr Balasubramaniam Naturalien, Bekleidung, Handtücher und etwa 16 Euro offerieren würde.

„Nach dem Gebet zur Gottheit Shiva teilt Dir der Weise Agasthiar Dein Deeksha-Kapitel mit. Aufgrund von Flüchen, Neid, schwarzer Magie würde ich mich privatem und geschäftlichem Misserfolg sowie Krankheiten gegen-

übersehen. Mr Balasubramaniam könne mir durch sogenannte „Poojas", mehrfach täglich praktizierte religiöse Rituale über einen Zeitraum von 14 Monaten, und einen danach überreichten Talisman zu einem sorgenfreien Leben, gutem Einkommen, guter Gesundheit, Freiheit von gerichtlichen Schwierigkeiten oder Feindschaften, Respekt und einem guten Auto verhelfen. Wenn ich dies initiieren wolle, müsse ich ihm umgerechnet knapp 125 Euro bezahlen.

Somit gibt es Parallelen zwischen der von Mr Jayathirunathan für mich in Tiruchirappalli empfangenen und der in Kanchipuram für mich niedergeschriebenen Lesung. Sie bestehen in ähnlichen angeblichen Vorlebensverfehlungen, wobei Erstere nicht in Indien, sondern auf Sri Lanka stattgefunden haben sollen, und der Befreiung durch „Poojas", für die der Palmblattleser großzügig zu entlohnen wäre.

Die Frage drängt sich auf, ob die Verfehlungen die wirkliche Parallele sind oder die Methode der Befreiung davon. Auch im christlichen Glaubenssystem kannte man vor einigen hundert Jahren das Freikaufen von vermeintlichen Sünden. Die Frage ist, wer davon mehr profitiert hat. Der Geber oder der Empfänger der „Spenden". Der Unterschied der „Befreiungsangebote" der beiden Bibliotheken besteht neben der Höhe des Geldbetrages darin, dass anderenfalls laut Kanchipuram-Leser nur ich die Konsequenzen zu tragen hätte, laut Tiruchirappalli-Leser darüber hinaus mir nahestehende Menschen Leid beziehungsweise den Tod erfahren müssten.

Mein Verständnis von Karma ist das, wie bereits an anderer Stelle erwähnt, nicht. Wüsste ich nicht, dass Mr Murthy, der Palmblattleser von Bangalore, dies als genauso unseriös einstufen würde, hätte ich mich vielleicht zu einem voreiligen, ungerechtfertigten Pauschalurteil über Palmblattlesungen verleiten lassen.

11. Skizzierung und Adressen der Indienreise

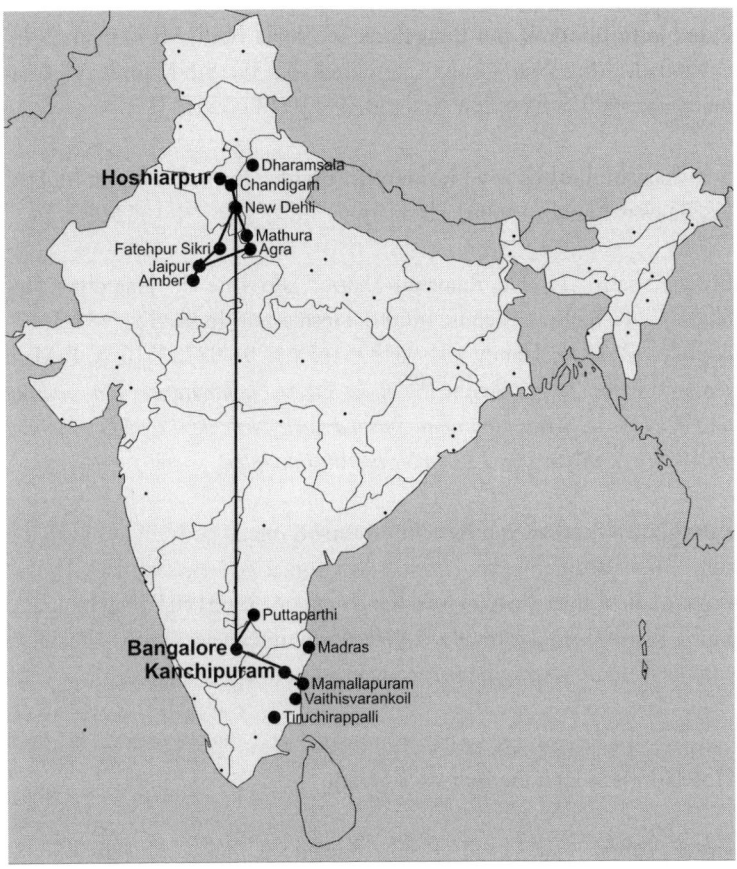

Nach Landung in Delhi Weiterflug nach Chandigarh. Von dort per Taxi zur Schicksalsbi-bliothek nach Hoshiarpur und zurück. Per Flugzeug nach Delhi. Per Leihwagen mit Fahrer über Mathura nach Agra zum Taj Mahal. Von dort nach Jaipur mit Besuch von Amber. Über Fatehpur Sikri zurück nach Delhi. Per Flugzeug nach Bangalore. Von dort per Leihwagen mit Fahrer nach Kanchipuram zur zweiten Palmblattbibliothek. Von dort per Taxi als Tages-ausflug nach Mamallapuram. Von Kanchipuram per Leihwagen mit Fahrer zurück nach Bangalore zur dritten Palmblattbibliothek. Mit dem Leihwagen mit Fahrer als Tagesausflug nach Puttaparthi. Zurück nach Frankfurt im Direktflug von Bangalore.

Schicksals- und Palmblattbibliotheken alphabetisch nach Orten

Palmblattbibliothek von Bangalore: Śrī Shuka Nadi, Mr Gunjur Sachidananda Murthy, Nadi Gruha 136 (old no. 33/35), 5th Main Road, Chamarajpet, 560018 Bangalore, India, Tel.: +911-80-6601971

Schicksalsbibliothek von Hoshiarpur: Brighu Dham, Dr. Ratish Mohan, 57, Railway Mandi, 146001 Hoshiarpur, India, Tel.: +91-1882-252114

Bhrigu Shastri, Pt. Dr. Ramanuj Sharma, s/o Late Pt. Janardhan Dev Sharma, 68, Railway Mandi, 146001 Hoshiarpur, India, Tel.: +91-1882-252025, -252825, Handy +91-9814251675, + 91-9878651675, E-Mail: ramanujsharma2@gmail.com *(Sohn des Lesers Pt. Janardhan Dev Sharma und der Leserin Satish Janardhan Sharma sowie Neffe des Lesers Dr. Mohans und dessen Schwester, der Leserin Sneha Amritananda)*

Palmblattbibliothek von Kanchipuram: Śrī Agathiyar Nadi Jothida Nilayam, Mr Balasubramanian *(Leser)* / Mr Kumar *(Übersetzer)*, 189, Periyar Nagra, Chengalpet Road, Little Kanchipuram 3, 631503 Kanchipuram, India, Tel.: +91-44-27269283, Tipp Zeitungsinterview: www.chennaibest.com/cityresources/consultants/nadijyothishyam.asp

Hoteladressen alphabetisch nach Orten:

Hotel Tom's, 1/5 Hosur Road, **Bangalore**, Tel. +91-180-560025, 25575875, 25575776

Hotel Mark, S.C.O.349–350, Sector 35-B, **Chandigarh**, Tel. +91-172-26603-88, -99

Hotels Monarch, S.C.O. 351-352, Sector 35-B, **Chandigarh**, E-Mail monarch_chd@yahoo.co.in, Fax +91-172-2614825, Tel. +91-172-2609991

Hotel Maharaja Palace, Sutehri Road, Nähe Govt. College Chowk, **Hoshiarpur** – 14600, www.maharajahotels.com, Fax +91-1882-23380,

Tel. +91-1882-22117, 233880 oder mobil 98140-65488, 98141-21447

Hotel Glitz, Sitaram Puri, near Brahmpuri police station, Amer Road, **Jaipur** – 302002, E-Mail glitzjaipur@yahoo.co.in, Fax 91-141-2631345, Tel. 91-141-2631-260, -261

Hotel & Resort GRT Regency, 487, Ghandi Road, **Kanchipuram** 1, E-Mail reservationskanchi@grtregency.com beziehungsweise adminkanchi@grtregency.com, Fax +91-44-27224263, Tel. +91-44-27225250, +91-44-67277778

Hotel Megha Palace, 39/3, Old Rajinder Nagra, near water tank, **New Delhi** – 110060, E-Mail hotelmeghapalace@hotmail.com, Fax 91-11-25863804, Tel. 91-11-42432801, 25862801, 25863503

Fahrer und Reiseagenturen alphabetisch nach Orten:

Reiseagentur Seagull Tours & Travels, No. 2, Seagull House, Race Course Road, MadhavnAgra, **Bangalore** – 560001, www.seagulltours.com, E-Mail seagull@bgl.vsnl.net.in beziehungsweise seagulltours.bngl@hotmail.com, Fax +91-180-22259450, Tel. +91-180-22380002, 22282164, mobil (Lal Maury) 09972520098, 09980320575, 09448068383

Fahrer Karan Singh Negi, 1647/33 Nai wala, Karol Bagh, near Hotel Seapark, **New Delhi** – 11005, Tel. +91-11-9868077535, 9911276070, E-Mail dineshrawat.1987@yahoo.com, k.snegi2006@gmail.com, karinatravels2009@gmail.com

Reiseagentur Megha Tours & Travels, 53, Old Rajinder Nagra, Nähe Markt, **New Delhi** – 110060, E-Mail meghatours@gmail.com, Fax 91-11-42432809, Tel. 91-11-257-88286, -88287, -33200, -33260

II. Die Reise zur Palmblattbibliothek auf Sri Lanka

12. Reise nach und Aufenthalt in Colombo

Flug von Frankfurt

Erster Tag, 29. Januar. Über ein Jahr nach meiner Reise mit Christian zu den indischen Schicksals- und Palmblattbibliotheken machen wir uns wieder gemeinsam auf, dieses Mal zu den Palmblattbibliotheken nach Sri Lanka und Bali. Christian hatte sein Rentnerdasein zwischenzeitlich schon häufig wieder zum Reisen genutzt und war gerade erst im Dezember nach zehnwöchigem Aufenthalt aus Bali zurückgekommen. Wie er sagte, habe er sich unter seinen bisherigen Mitreisenden mit mir bisher am besten verstanden und an unseren tiefgründigen Gesprächen Gefallen gefunden. So schlug er mir spontan eine weitere gemeinsame Reise vor, als ich ihm von der neu erhaltenen Information einer Palmblattbibliothek auf Bali erzählte. Die Kombination mit Sri Lanka bot sich an, da er das Land gern noch einmal bereisen wollte, sehr gute Kontakte zu einer örtlichen Reiseagentur hatte und ich neugierig auf die dortige Palmblattbibliothek war.

Wie bei der Indienreise war die Route zunächst nur grob geplant (siehe Skizze auf Seite 233 der Verlauf soll sich aus den Möglichkeiten vor Ort ergeben. Land und Leute in Indien hatten wir außer dem viertägigen Ausflug zum Taj Mahal praktisch nur auf der Durchreise erlebt. Das sollte dieses Mal anders werden, wodurch die nächsten Reisebeschreibungen etwas ausführlicher ausfallen. Zunächst soll es von Frankfurt über Doha nach Colombo gehen, wo der Besuch der dortigen Palmblattbibliothek ansteht. Danach wird sich eine kleine Rundreise durch Sri Lanka anschließen. Nach knapp einer Woche steht der Weiterflug über Singapur nach Denpasar an. Nach dem Besuch der Palmblattbibliothek in Gianyar auf Bali soll sich ebenfalls eine kleine Rundreise anschließen, bevor es dann von Denpasar über Singapur und Doha wieder zurück nach Frankfurt geht.

Ähnlich wie bei der ersten Reise war zunächst die Kontaktaufnahme zur Terminabsprache beziehungsweise die Recherche der richtigen Telefonnummer der Palmblattbibliothek von Colombo eine echte Herausforderung. Im

180

Internet konnte ich zwei Telefonnummern ergoogeln. Die eine war permanent besetzt, bei der anderen hieß es, die Nummer sei nicht vergeben. Auch die Auslandsauskunft konnte zu der mir bekannten Adresse keine Telefonnummer herausfinden. Und einmal mehr war es mein Kontaktmann Mr Jayathirunathan, der von Indien aus erfolgreich war. Er hatte einen Nadi-Astrologen namens K. Kalyana Sundaram in Indien ausfindig gemacht, der für eine paar Jahre im Shri Kowsika Agasthiya Nadi Astrological Bureau (PVT) Ltd. in Colombo, Sri Lanka, zusammen mit dem Nadi-Astrologen Jaisankar Celliayan Periannan gearbeitet hatte, bevor er nach Indien zurückging und nun in Chennai tätig ist.

Einsicht des Tages:
Freunde helfen
einem weiter!

Mr Jaisankar, eigentlich Mr Periannan, aber ich wurde ja auch dort nur Mr Oliver genannt, war mit der Bibliothek in Sri Lanka zwischenzeitlich umgezogen. Mr Jayathirunathan hatte zunächst erfolglos versucht, ihn telefonisch zu erreichen. Kurze Zeit später mailte er mir einen Link (www.manaali. com/agastiyanadi.html), der auch die Adresse der Palmblattbibliothek in Sri Lanka enthielt. Nach weiteren fünf Stunden erhielt ich erneut E-Mail-Post. Er hatte gerade mit einem Mr Mohanraj der Palmblattbibliothek in Sri Lanka gesprochen. Er war bisher, wie ich auch, von einer falschen lokalen Vorwahl ausgegangen. Von der Bibliothek hatte er erfahren, dass der Leser Mr Jaisankar sich bis zum 20. Dezember in London aufhalten würde, wo ich ihn telefonisch erreichen könne. Mr Jayathirunathan hatte Mr Mohanraj bereits über mich informiert und schickte mir neben der E-Mail-Adresse von Mr Jaisankar die vollständigen Kontaktdaten der Bibliothek.

Einen Tag später erhielt ich wieder eine E-Mail von Mr Jayathirunathan. Er habe soeben mit dem Palmblattleser in London telefoniert und dieser erwarte in etwa zwei bis drei Stunden meinen Anruf. Mr Jaisankar wusste dann auch sofort, wer ich war, und bat mich, meinen gescannten rechten Daumenabdruck sowie mein Geburtsdatum zu mailen. Wenn man mein Palmblatt gefunden hätte, könnten wir einen Termin absprechen, und bis zur Reise im Januar sei das noch terminlich machbar. Da ich nicht sicher war, die diktierte aktuelle E-Mail-Adresse pjaisankar@hotmail.com richtig verstanden zu haben, schickte mir Mr Jaisankar am nächsten Tag die Bestätigung per SMS, und ich mailte die Geburtsdaten und Daumenabdrücke von Christian und mir. Da ich auch anreisen wollte, falls mein individuelles Palmblatt nicht gefunden werde, um die Bibliothek zu besuchen und mit ihm ein Interview für mein Buch zu machen, schlug Mr Jaisankar vor, dass ich mich einfach in der ersten Februarwoche nach Ankunft am Ort zur Terminabsprache melde.

Christian, der für diese Reise aus Zürich nach Frankfurt gekommen ist, treffe ich gegen 15.00 Uhr im Wartebereich. Diesmal haben wir beide weniger Gepäck dabei, weil man zum einen eher leichtere Garderobe braucht und wir nun wissen, wie günstig man Bekleidung vor Ort bekommen kann. Für Christian ist dies bereits die fünfte Reise nach Sri Lanka. Nachdem er einmal an einem spirituellen Seminar in Indien teilgenommen hatte, schloss er den Aufenthalt in Sri Lanka an und lernte so auch Suren kennen, den Inhaber des Reiseveranstalters Ceylon Tours Ltd., mit dessen Büroleiter Lal wir die Abholung vom Flughafen, das Grand Oriental Hotel in Colombo für die ersten drei Übernachtungen und eine Fahrt am Tag der Ankunft bereits per E-Mail ausgemacht haben.

Der Abflug in Frankfurt verzögert sich durch das Enteisen der Flugzeugtragflächen um fast zwei Stunden. Das entspricht unserer eigentlich vorgesehenen Wartezeit in Doha, sodass wir dort nach einer erneuten Handgepäckkontrolle gerade beim letzten Aufruf ins Flugzeug kommen. Die nächsten fünf Stunden vergehen relativ schnell, da wir uns einiges zu erzählen haben und beim letzten Flug weit auseinander platziert gewesen waren.

Stadterkundung

Zweiter Tag, 30. Januar. Morgens um 8.00 Uhr in Colombo angekommen, wechseln wir am Flughafen nach der Gepäckabholung erst einmal Geld. Am Ausgang werden wir bereits von einer freundlichen älteren Dame von Ceylon Tours erwartet, die einen Fahrer anfordert, welcher uns dann ins reservierte Hotel fährt.

Unterwegs erläutert uns der Fahrer Jayantha, genannt Jaya, dass Sri Lanka seit dem Jahr 1948 unabhängig ist, der Name „Geheiligte Insel" bedeutet und mit der Umbenennung von „Ceylon" sichtbar nach außen einen Wandel bezeugen sollte. Der Nationalfeiertag am 4. Februar stehe kurz bevor. Die singhalesische 4/5-Mehrheit der Bevölkerung sei etwa im 6. Jahrhundert v. Chr. aus dem nördlichen Teil Indiens nach Sri Lanka gekommen. Abgesehen von den sogenannten Hochland-Tamilen, die im 19. Jahrhundert von den Briten zur Arbeit auf den Teeplantagen rekrutiert wurden, seien die im Norden verbreiteten Jaffna-Tamilen in den letzten Jahrhunderten vor Christi Geburt aus Südindien nach Sri Lanka gelangt. Nach Jahrzehnten des Krieges sei das Land nun endlich befriedet.

Am Hotel angekommen, machen wir mit Jaya aus, uns am nächsten Tag ins 60 Kilometer entfernte Bentota zu bringen, wo zufällig Christians Bruder mit seiner Frau seinen letzten Urlaubstag verbringt. Bevor Jaya abfährt, rufe ich vom Hotel aus noch die Handynummer von Mr Jaisankar an, um die Fahrt zur Palmblattbibliothek planen zu können. Davon ausgehend, dass ich auch mit ihm sprechen würde, erklärt mir jemand am anderen Ende, dass ein Besuch der Bibliothek derzeit nicht möglich sei, da Mr Jaisankar am 10. Februar erst wieder aus Indien zurückkomme. Nach meiner Erklärung, dass unser Kommen angekündigt ist und wir am 8. abfliegen müssen, heißt es, wir könnten übermorgen um 8.00 Uhr kommen. Ob wir wirklich eine Lesung bekommen werden oder was uns erwartet, bleibt erst mal offen. Jaya bitte ich, uns entsprechend um 7.00 Uhr am Hotel abzuholen oder einen Kollegen von Ceylon Tours zu schicken.

Bis halb eins wollen Christian und ich in unseren Zimmern erst einmal auspacken und ein Stündchen Schlaf nachholen, bevor wir etwas die nähere Umgebung des Hotels erkunden. Das Grand Oriental Hotel liegt direkt am Containerhafen von Colombo. Vom Frühstückssalon aus hat man eine gute Übersicht über die Schiffe und Kräne. Seine beste Zeit hat das Hotel allerdings hinter sich. Die Räume haben dringend einen neuen Anstrich nötig, und es riecht muffig. Allerdings ist das klimabedingt und so nah am Wasser selbst in moderneren Hotels oft nicht anders. Die Betten sind zwar sehr schmal, aber wenigstens ist die Matratze nicht zu weich, und es gibt heißes Wasser zum Duschen.

Als wir mittags vor dem Hotel zur Erkundung der näheren Umgebung die Straße hinunterlaufen, kommt uns ein älterer Singhalese entgegen. Vermutlich sieht man uns an, dass wir kein Ziel oder keine Eile haben, relativ frisch angekommen sein müssen und noch Eindrücke auf uns wirken lassen. Sogleich empfiehlt er uns, unbedingt die gerade stattfindende buddhistische Elefantenprozession anzuschauen, und hält ein Tuktuk mit einem schmächtigen Fahrer an, das uns dorthin bringen könne. Angeblich müsste man keinen Preis vor der Fahrt ausmachen, sondern es würde fair nach Kilometern abgerechnet.

Zunächst fahren wir zum buddhistischen Gangaramaya-Tempel. Neben einem angeketteten Elefanten, den man besichtigen kann, gibt es einige Statuen. Vor allem eine im Hinterhof befindliche Stufenanlage mit Hunderten meditierenden Buddhafiguren beeindruckt uns. Statt zu einer Elefantenprozession liefert der Tuktuk-Fahrer uns dann in einem Juweliergeschäft ab. Sri Lanka ist bekannt für geschliffene Edelsteine und Halbedelsteine. Christian und ich, im Glauben, dass es den jeweils anderen interessieren würde, lassen uns auf das Verkaufsgespräch ein, ohne letztendlich aber etwas zu kaufen. Im Nachhinein wird erst im Gespräch klar, dass wir uns erst wieder besser miteinander absprechen müssen.

Einsicht des Tages:
Kilometerpreise vor
der Fahrt aushandeln!

Zurückgebracht ins Hotel, kann ich nur darüber staunen, dass ich dem Tuktuk-Fahrer pro Stunde ein Mehrfaches dessen bezahlen soll, was ich als leitender Angestellter in Deutschland pro Stunde verdiene. Zumindest erfahren wir an der Rezeption, dass wir keine Elefantenprozession verpasst haben, da diese schon am vergangenen Tag stattgefunden hat.

Im Gangaramaya-Tempel findet sich eine Armee meditierender Buddhafiguren.

Ausflug nach Bentota

Dritter Tag, 31. Januar. Die Nacht war laut und stickig. Aus einem der Veranstaltungsräume klang Musik bis spät in die Nacht. Das Geräusch von über den gefliesten Flur gezogenen Rollkoffern spät ankommender Gäste schreckte mich immer wieder auf. Die Klimaanlage hat die gefühlte Lautstärke von Flugzeugturbinen, einen Ventilator gibt es nicht, und bei geöffnetem Fenster hört man laute Straßengeräusche.

Pünktlich wartet unser Fahrer Jaya vor dem Hotel. Während der zweistündigen Fahrt nach Bentota macht uns Sri Lanka einen etwas saubereren Eindruck als Indien, was aber auch einfach daran liegen mag, dass es hier weniger Menschenmassen gibt und entsprechend weniger Abfall entsteht. Gleichfalls geht es im Verkehr etwas entspannter zu. Vor allem das ständige Hupen fehlt hier im Vergleich zu Indien. Jaya erklärt uns, dass nur etwa ein Viertel der Bevölkerung auf Sri Lanka in den Städten leben würde. Colombo, Hauptstadt und Metropole, sei das kulturelle, wirtschaftliche und natürlich auch politische Zentrum.

Nach der Begrüßung von Christians Bruder und dessen Frau folgen wir der Empfehlung, zu Fuß mit in ein benachbartes Restaurant zu gehen. Auf dem Weg dorthin erfahren wir, dass die beiden beim Spaziergang ein paar Kilometer weiter das Schild einer Palmblattbibliothek entdeckt haben. Neugierig geworden, be-

Einsicht des Tages:
Nicht alle Palmblattbibliotheken
sind Schicksalsbibliotheken!

schließen Christian und ich, für 10 Minuten ein Tuktuk zu nehmen, um der Sache auf den Grund zu gehen und später ins Restaurant nachzukommen.

Nach einer kleinen Odyssee gibt uns der dritte gefragte Passant den Tipp, zurück zu einem buddhistischen Kloster zu fahren. Tatsächlich stoßen wir in der Einfahrt auf ein Schild mit der Aufschrift „Palmblattbibliothek". Ein erster Mönch führt uns, nach kurzer Erklärung unseres Anliegens, umgehend zum höchsten Priester des Wanawasa-Tempels. Nahalle Indasiri Nayaka Thero empfängt uns äußerst freundlich und erklärt uns nach einigen Verständnisschwierigkeiten, dass sein Kloster sehr wohl Palmblätter mit Texten in Sanskrit aufbewahrt, die er auch lesen kann, dass diese aber ausschließlich religiösen Inhalt haben und nicht individuelle Schicksale behandeln. Wir hatten bei der Bezeichnung „Palmblattbibliothek" vergessen, dass vor der Erfindung des Drucks alle erdenklichen Themen auf Palmblättern niedergeschrieben wurden.

Den Vorschlag, ein paar Palmblätter, seine Bibliothek und ihn mit mir zu fotografieren (Abb. 35), nehmen wir dankend an. Anschließend wird das Gästebuch gebracht, in dem wir uns doch bitte eintragen sollen. Geschickt gemacht, befand sich hinter den Spalten für Datum, Name und Herkunftsland auch eine Spalte mit der Höhe des einzutragenden Spendenbetrags. Bereitwillig stecken wir aber jeweils 1000 sri-lankische Rupien, etwas über 6 Euro, in den aufgestellten Spendenkasten. Das Angebot einer Klosterführung müssen wir leider abschlagen, da wir Christians Bruder und Schwägerin nicht weiter warten lassen wollen.

Für unsere Reise, die sich nach dem Besuch der Palmblattbibliothek von Colombo anschließen soll, erhalten wir von den beiden noch einige Tipps, bevor wir uns nach zwei Stunden wieder auf den Rückweg in unser Hotel machen.

Eine Gruppe junger buddhistischer Mönche am Straßenrand Richtung Colombo.

186

13. Die Palmblattbibliothek in Colombo

Kennenlernen der Palmblattleser

Vierter Tag, 1. Februar. Um nicht später als verabredet um 8.00 Uhr in der Palmblattbibliothek zu sein, haben wir für eine Stunde früher einen Wagen bestellt und noch eine Stunde früher schon gefrühstückt, was glücklicherweise in diesem Hotel möglich ist. Die Bibliothek ist gut zu finden. Sie liegt in einem sechsstöckigen, rosafarbenen Gebäude (Abb. 26). Die Hausnummer finden wir auf einem Papier, angebracht an das schmiedeeiserne Eingangstor (Abb. 28). Schon um 7.30 Uhr finden sich über ein Dutzend wartende Menschen auf Plastikstühlen vor dem Eingang auf der ersten Etage eines Mehrfamilienwohnhauses (Abb. 27) ein.

Um 8.00 Uhr dürfen die ersten in einen Warteraum mit Polstermöbeln vorrücken und nacheinander in einem benachbarten Büroraum den rechten Daumenabdruck abgeben. Mr Jaisankar ist wie schon mitgeteilt tatsächlich in Indien, und von unserer Korrespondenz, unserem Besuch und dem schon vor Wochen gemailten Daumen-

Einsicht des Tages: Absprachen immer nochmals bestätigen lassen!

abdruck wissen die fünf Angehörigen der Bibliothek angeblich nichts.

Wir geben unseren Daumenabdruck auf einem Formularblock mit laufender Nummer erneut ab. Lediglich unser Geburtsdatum wird erfragt und mit dem Vornamen aufgeschrieben. Weder Geburtsort noch Zeit werden erfragt. Anschließend sollen wir in einem der Räume, wo Lesungen stattfinden, eine halbe Stunde warten. Der Fahrer bleibt so lange bei uns. Genau wie in Kanchipuram bekommen wir ein DIN-A5-Blatt, auf dem auf einer Seite in Landessprache und auf der anderen in Englisch die Inhalte der zwölf Kapitel und vier Sonderkapitel einer Palmblattlesung aufgelistet sind. Auch die Inhalte entsprechen genau den aufgelisteten Kapitelinhalten von Kanchipuram.

Christian und ich beschließen, uns möglichst alle zwölf Kapitel vortragen zu lassen. Auf die vier Sonderkapitel mit Informationen überwiegend über in vergangenen Leben begangene Sünden und Maßnahmen, deren Auswirkungen zu mindern, und Empfehlungen zum Talisman wollen wir verzichten. Unsere Lesungen werden auf jeweils 2 Stunden Dauer geschätzt und mit umgerechnet 6 Euro pro Kapitel angeboten. Um 8.45 Uhr werden wir gebeten, um 14.00 Uhr zurückzukommen.

Organisation der Rundreise

Wir lassen uns daher zunächst ins nahe gelegene Büro von Ceylon Tours Ltd. fahren. Christian merkt noch einmal an, dass er heute weder Nachname noch Geburtsort oder -zeit angegeben hat, was eine numerologische und astrologische Auswertung unwahrscheinlich macht. Theoretisch hält er es für möglich, aus den Papillarlinien des Daumenabdrucks Rückschlüsse auf Charakter und Schicksal zu machen. Während seines Polizeidienstes hatte Christian darüber einmal ein Seminar bei der Buchautorin Gertrud Hürlimann besucht. Interessant findet Christian, dass Männer den rechten, Frauen den linken Daumenabdruck abgeben. Die rechte Körperhälfte, gesteuert von der linken Gehirnhälfte, drückt das rationale, das logische, das Außenleben aus. Umgekehrt steht die linke Körperseite für das emotionale, das intuitive, das Innenleben.

Im Büro der Reiseagentur angekommen, buchen wir sehr günstig eine organisierte Tour, Colombo–Habarana–Kandy–Jala–Dickwella–Colombo, mit Einzelzimmern in erstklassigen Hotels und eigenem Chauffeur für etwa 650 Euro pro Person. Die Fahrt nach Betota vom Samstag und die Fahrten zu den Palmblattbibliotheken von heute werden jeweils mit Tagespauschalen von 28 Euro am Tag abgerechnet. Als wir die gebuchte Rundreise sogleich per Kreditkarte bezahlen, irrt sich sein Angestellter im Eingabegerät um eine Kommastelle, und wir bezahlen nur 10 Prozent des Betrages.

„Stell dir mal vor, Lal", lache ich, *„wenn Tausende von Lesern meines Buches neben deiner Adresse erfahren, was du alles für so wenig Geld hier bietest."*

Lal schlägt die Hände über dem Kopf zusammen. *„Dann bin ich ruiniert, das stelle ich mir gerade vor."*

Amüsiert lassen wir ein zweites Mal von unseren Kreditkarten abbuchen, um die restlichen 90 Prozent zu bezahlen.

Meine Palmblattlesung

Nach einem kurzen Zwischenstopp für einen Snack fahren wir zurück zur Bibliothek. Mit meiner Lesung soll begonnen werden, und Christian wird nicht gestattet, dabei zu sein. Der Leser Shiva Kumar, unterstützt durch den Übersetzer Arulraj, genannt Arul, beginnt die Lesung ähnlich wie in Kanchipuram. Mit einem ersten Bündel Palmblätter, anhand deren Fragen gestellt werden, soll mein individuelles Palmblatt gefunden werden. Zunächst werde ich gebeten, mein Diktiergerät während dieser Phase abzustellen, dann damit aufzuhören, Notizen zu schreiben. Der folgende Dialog ist daher wieder als Gedächtnisprotokoll zu verstehen.

Den lauten, gebetsartigen Singsang von Shiva bekomme ich ruhig von Arul vorgetragen. *„Leben deine Eltern noch?" – „Ja." – „Du hast Geschwister?"* – *„Ja. – „Du hast einen Bruder?" – „Ja." – „Der Name deines Vaters hat drei Silben?" – „Nein." – „Dein Bruder ist verheiratet?" – „Ja." – „Du bist angestellt?" – „Ja." – „Du arbeitest selbständig?" – „Ja." – „Du bist angestellt?" – „Ja." – „Du bist angestellt und selbständig?" – „Ja." – „Der Name deines Vaters hat zwei Silben?" – „Ja." – „Du arbeitest mit Maschinen?" – „Nein."* – *„Dein Bruder ist geschieden?"* – *„Im Moment läuft die Scheidung." – „Der Name deiner*

Tipp: Fotos der Lesung in Sri Lanka finden Sie im Internet unter: www.schicksalsbibliotheken.de.

Mutter hat drei Silben?" – „Ja." – „Du arbeitest im sozialen Bereich?" – „Nein."

Nun wird gefragt, ob die letzte Silbe des Namens meines Vaters mit dem einen oder anderen der vorgetragenen Laute beginnen würde, was ich verneine.

„Du bist verheiratet?" – „Nein."

Nun wird gefragt, ob die erste Silbe des Namens meines Mutter mit dem einen oder anderen der vorgetragenen Laute beginnen würde, was auch ich verneine.

„Du bist geschieden?" – „Ja." – „Du arbeitest in einer Behörde?" – „Nein."

Da die Namen meiner Eltern nicht eingekreist werden können, kommt die konkrete Frage nach den Silben, bis die Namen vollständig sind. Meine Arbeitsbranche im Angestelltenverhältnis soll ich letztendlich konkret benennen und beschreiben.

Shiva Kumar verlässt den Raum, um mit einem Bündel Palmblätter wiederzukommen, das mein Palmblatt enthalten soll. Dann fragt mich Shiva Kumar, ob ich zufällig zwei Kugelschreiber der Sorte hätte, den ich benutze. Es ist ein einfacher Kugelschreiber einer Hotelkette, bei der ich einmal ein Seminar belegt habe. Ich sage Shiva, dass er nach meinen während der Lesung zu machenden Notizen gern den Kugelschreiber haben könne. Die Lesung wird mit einem Kassettenrekorder aufgenommen, ich lasse zur Sicherheit mein digitales Diktiergerät mitlaufen.

„Heute, am 1. Februar, lesen wir Olivers erstes Kapitel, gelesen durch Shiva, übersetzt durch Arul in Huldigung der Gottheit Ganesha und Gottheit Murga [142]. Die Person wurde in eine respektable Familie mit guten Eltern geboren. Die Person ist geboren in Sadharana, nach eurer Zeitrechnung im Jahr 1970. Das ist der Monat Purattasi in Tamil, Oktober nach eurem Kalender. Der tamilische Tag ist der 31., in westlicher Zeitrechnung der 16. Der Geburtstag ist ein Freitag. Der Planet Ragu ist am zweiten Platz, Saturn ist am vierten Platz, Ketu ist am achten Platz, Sonne, Mars und Merkur sind am neunten Platz, Jupiter ist am zehnten Platz, Venus ist am elften Platz. Das ist die Planetenkonstellation, als die Person geboren wurde.

In solch einer planetarischen Position wurde die Person in einer guten Familie in Übersee geboren. Die Person ist gebildet, weise, und ihr zukünftiges Leben wird sehr günstig sein. Zum Zeitpunkt der Lesung leben die Eltern der Person. Das zukünftige Leben der Person wird erfolgreich sein, was die Eltern erfreut. Die Person hat einen Bruder und keine Schwester. Der Bruder ist verheiratet und lebt. Die Person selbst war verheiratet, und es war ihr Schicksal, sich von der Ehefrau zu trennen. Sie war nicht gesegnet mit Kindern. Die Person ist in einer guten Position, beschäftigt in einem Unternehmen mit Produkten für lebende Tiere.

Zum Zeitpunkt der Lesung ist die Person in ihrem vierzigsten Lebensjahr. Ihr zukünftiges Leben wird sich wie berichtet sehr günstig entwickeln. Aufgrund schlechter Konstellationen in ihrer planetarischen Positionen und vorgeburtlichen Karmas mag die Person auf einige unerwünschte Probleme stoßen. Um diese abzuwenden, wird geraten, die Hinweise des Shanti-Kapitels zu beachten und die religiösen Gebräuche unverzüglich durchzuführen. Nach der Durchführung wird die Person ein sehr problemloses Leben führen. Ihr stehen positive Entwicklungen in den nächsten Jahren bevor. Das Einkommen wird sich positiv entwickeln, und die Person wird von jedem geschätzt. Der Name der Person ist Oliver, Siegfried ist des Vaters Name, Irene ist der Mutter Name.

In Huldigung der Gottheit Shiva beginnen wir nun mit dem zweiten Kapitel. Gegenwärtig führt die beschriebene Person ein komfortables Leben. Obwohl das so ist und die Person von jedem geschätzt wird, folgt das vorgeburtliche Karma auch in dieses Leben, wodurch sich die Person einigen ungewollten Problemen gegenübersehen könnte." Anschließend werden mögliche Probleme konkretisiert. „*Um die schlechten, gerade aufgezeigten Aussichten abzuwenden, wird geraten, die Hinweise des Shanti-Kapitels zu beachten und die religiösen Gebräuche unverzüglich durchzuführen.*

Danach, im Alter von 41, 42, wird die Person ein sehr komfortables Leben führen. Es besteht gemäß ihrem weisen Plan die Möglichkeit, im Bereich der Recherche und Forschung tätig zu sein. Sie wird Bücher schreiben über Tiere. Die Bücher werden von ihren Lesern geschätzt. Jahr für Jahr hat die Person die Gelegenheit zu reisen. Sie genießt einen guten Ruf. Jahr für Jahr kann die Person ihr Einkommen verbessern und ein sehr friedliches Leben führen. Durch ein paar gute Partner kann die Person ihre Position weiterentwickeln. Dadurch kann sich ihr Einkommen verbessern.

Zwischen 43 und 45 Jahren wird die Person ein komfortables und sorgenfreies Leben führen. Durch ihre Qualifikationen wird die Person sehr geachtet und lebt ein geachtetes Leben. Jahr für Jahr setzt die Person ihre Forschung über diese lebenden Tiere fort, wodurch sie Achtung erlangt. Durch ihre Schlauheit und Aktivität hat die Person ein gutes Einkommen. Es besteht die Möglichkeit für die Person, dem Bruder zu helfen. Und die Person hat auch die Möglichkeit, die Eltern zu unterstützen. Angesprochene Probleme kann die Person überwinden.

Zwischen 46 bis 48 kann die Person weiter ein sehr komfortables Leben führen. Durch Forschung und Beratung kann sie Jahr für Jahr ein gutes Einkommen haben. In ihrem Leben wird die Person keine großen Erkrankungen haben. Und die Person wird hilfsbereit und gemeinwohlorientiert gegenüber Menschen sein, wofür sie geachtet wird. Im Alter 48 bis 50 wird die Person als ein reicher Mann leben. Zwischen 50 bis 52 kann die Person weiter ein sehr komfortables Leben führen. Von 52 bis 54 hat die Person die Möglichkeit, viele Länder in der Welt zu sehen. Durch spirituelle Aktivitäten und Meditation wird die Person ein friedliches Leben führen. In ihrem Leben wird die Person eine Prophezeiung machen, die sich erfüllt.

Im Alter von 55 bis 57 wird sich die Person durch schlechte Planetenposition einigen Problemen gegenüber sehen." Im Anschluss werden mögliche Probleme konkretisiert. *„Aber diese Vorhersehungen können abgewendet werden durch die Gunst Gottes. Im Alter von 58 bis 60 wird die Person ein sehr komfortables Leben führen. Jahr für Jahr wird sich aufgrund ihrer Qualifikationen die Position in ihrem Leben verbessern. Durch ihre Erfahrungen und auch ihre Bildung wird die Person die Möglichkeit haben, andere Menschen zu unterrichten. Die Person entwickelt ihre Position im Alter von 62 bis 64. Jahr für Jahr wird sich ihr Einkommen verbessern, und sie wird gute Kontostände haben, was ihr ein komfortables Leben ermöglicht.*

Nun werden wir das sechste und achte Kapitel lesen, in Huldigung der Gottheit Shiva. Obwohl die Person ein gutes Leben führt, folgt das vorgeburtliche Karma auch in diesem Leben. Neidische Menschen könnten der Person ungewollte und unnötige Probleme machen." Wieder werden mögliche Probleme konkretisiert. *„Um die schlechten, gerade aufgezeigten Aussichten abzuwenden, wird geraten, die Hinweise des Shanti-Kapitels zu beachten und die religiösen Gebräuche unverzüglich durchzuführen. Im Alter von 41, 42 nimmt das Leben der Person viele gute Wendungen. Menschen, die Gott dienen, unabhängig von ihrer eigenen Religion, werden diese Person segnen.*

Im Alter bis 42 bis 45 wird sie ein sehr komfortables Leben führen. Er wird keine feindschaftlichen oder gerichtlichen Probleme in ihrem Leben geben." Es folgt ein Ratschlag, womit Vorsicht angeraten ist. *„Die Person wird ein langes und gesundes Leben haben. Die Person wird auch ein angenehmes Leben mit 48 bis 50 Jahren haben. Jahr für Jahr wird die Person ein gutes Einkommen und gute Kontostände haben. Und sie hat in ihrem Leben keine großen Probleme mit Krankheiten. Kleinere Probleme können durch medizinische Behandlungen gelöst werden. Zwischen 52 und 54 Jahren wird die Person ein sehr friedliches Leben führen. Da die Person auf gesunde Ernährung achtet, ist ihre Gesundheit gut.*

Im Alter von 55 bis 57 könnte die Person aufgrund der planetarischen Konstellationen ein paar Probleme haben." Erneut werden mögliche Probleme konkretisiert. *„Die Auswirkungen können überwunden werden durch die Gunst Gottes und gute medizinische Behandlung. Im Alter von 58 bis 60 wird die Person ein sehr komfortables Leben führen. Jahr für Jahr wird die Person durch ihre spirituellen Aktivitäten und durch die Gunst Gottes ein sehr fried-*

liches Leben führen. Im Alter von 62 und 64 wird die Person Anfeindungen überstehen und ein sehr problemloses und sorgenfreies Leben führen. Mit 65 bis 67 wird sie ein sehr komfortables Leben führen." Anschließend wird auf kleinere Probleme und ihre Lösbarkeit hingewiesen. *„Im Alter von 72 bis 74 wird die Person mit gemeinwohlorientierten und spirituellen Aktivitäten beschäftigt sein."* Folgend wird ein etliche Jahre später möglich erreichbares Alter genannt, und es werden mögliches Datum, möglicher Ort und mögliche Ursache des Ablebens geschildert.

„Nun beginnen wir in Huldigung der Gottheit Murga mit dem vierten Kapitel. Später im Leben wird die beschriebene Person ein eigenes Haus und Grundbesitz haben. Obwohl vorausgesagt wird, dass sie ein gutes Leben haben wird, folgt das vorgeburtliches Karma auch in diesem Leben. Dadurch könnte die Person ungewollte Probleme bekommen. Mögliche Intentionen der Person nach Grundbesitz und eigenem Haus könnten sich verzögern. Die Person könnte ein unruhiges Leben führen oder keinen inneren Frieden finden."

Anschließend wird über meine Mutter berichtet. Danach werden mögliche Probleme für mich aufgezeigt. *„Um die schlechten, gerade aufgezeigten Aussichten abzuwenden, wird geraten, die Hinweise des Shanti-Kapitels zu beachten und die religiösen Gebräuche unverzüglich durchzuführen. Nach dieser Durchführung im Alter von 41, 42 wird die Person ein sehr komfortables und zufriedenes Leben führen.*

Jahr für Jahr wird die Person ein komfortableres Leben führen, was die Mutter wohlwollend registriert. Es besteht die Möglichkeit, Haus- und Grundbesitzer zu werden. Die Person hat die Möglichkeit, sehr reiche Menschen kennenzulernen, und diese Menschen werden sehr hilfsbereit ihr gegenüber sein. Im Alter 43 bis 45 wird die Person ein sehr gutes und glückliches Leben haben. Jahr für Jahr wird die Person ein gutes Einkommen haben und gute Kontostände. Und die Person wird gemäß ihrem weisen Plan ein glückliches Leben haben. Im Alter 46, 47 wird die Person ein gutes Leben haben. Jahr für Jahr wird die Mutter zufrieden mit dem guten Leben der Person sein. Gemäß ihrem weisen Plan wird die Person vermögend im Alter von 48, 50 sein und die Möglichkeit haben zu heiraten."

Anschließend wird erneut über meine Mutter gesprochen. *„Die Person wird ein sorgloses Leben führen. Im Alter 56, 57 könnte sich die Person aufgrund ungünstiger Planetenkonstellationen einigen Schwierigkeiten gegenüber-*

sehen." Wieder werden Möglichkeiten aufgezählt. *„Aber diese Vorhersagen können abgewendet werden durch die Gunst Gottes. Im Alter 58 bis 60 wird die Person ein sehr geachtetes Leben führen. Im Alter 61, 62 hat die Person ein sehr komfortables Leben. Jahr für Jahr verbessert die Person ihre Position, ihr Einkommen und ihr Vermögen.*

Nun lesen wir in Huldigung der Gottheit Murga das siebte Kapitel mit den Details über Deine Ehe. Zum Zeitpunkt der Lesung ist die Person in ihrem vierzigsten Lebensjahr. Die Person ist verheiratet, hat aber sich getrennt." Eigentlich hätte es *„war verheiratet"* und *„ist geschieden"* heißen müssen, wird aber wohl in den Übersetzungen durch mehrere Sprachen an Präzision verloren haben. Anschließend folgen Aussagen über eine zukünftige Partnerschaft, eine Beschreibung der zukünftigen Partnerin, ihrer Familie, ihrer Geschwister, ihrer Nationalität, ihrer Tätigkeit, ihrer gemachten Erfahrungen, ihres möglichen Wohnortes, ihres möglichen Namens, unserer möglichen Zukunft und woran sie konkret zu erkennen sein wird. *„Die kommende Partnerin bringt Glück in das Leben der Person, wodurch sie ein sehr friedliches und zufriedenes Leben hat.*

Nun folgen die Kapitel 10 und 12 der Person in Huldigung der Gottheit Shiva. Aktuell ist die beschriebene Person in einer hohen Position in einem Unternehmen angestellt, das Produkte für lebende Tiere führt. Die Person hat schon viele Länder dieser Erde besucht, hat eine gute Position und ein gutes Leben, und dennoch werden die künftigen Jahre noch günstiger für sie." Wieder werden mögliche Probleme, bedingt durch ein vorgeburtliches Karma, erwähnt. Es wiederholt sich aus dem zuvor gelesenen vierten Kapitel der Rat, die Hinweise des Shanti-Kapitels zu beachten, die Vorhersage, im Alter um 43 Jahre ein sorgenfreies Leben zu haben, erfolgreich im Beruf zu sein, und die positive Entwicklung des Einkommens.

„Im Rahmen ihrer Tätigkeit eröffnen sich der Person Möglichkeiten, Übersee zu besuchen. Aufgrund ihrer Fähigkeiten hat sie ein gutes Einkommen. Wenn die Person vorsichtig und geduldig ist, entwickelt sich ihre Position Jahr für Jahr. Im Alter von 44, 45 hat die Person viele Möglichkeiten, ferne Länder zu besuchen. Ihre Vorgesetzten werden die Person unterstützen, und sie wird anderen Menschen helfen, wodurch auch diese ihre Positionen verbessern. Die Person wird Grundbesitz und Haus erlangen. Ihr Alter von 48 bis 50 wird die

Person als reicher Mann erleben. Später im Leben wird die Person aufgrund ihrer Aktivitäten Möglichkeiten haben, sehr viele Länder der Erde zu bereisen. Noch später macht die Person weitere Forschungen über lebende Tiere, wird hoch geachtet und ein gutes Einkommen haben. Jahr für Jahr wird die Person ein gutes Einkommen haben. Die Person könnte Einkommen aus Verträgen und Provisionen beziehen. Im Alter von 52 bis 54 sieht sich die Person aufgrund ungünstiger Planetenpositionen Schwierigkeiten gegenüber." Mögliche Probleme werden aufgezählt. *„Alle schlechten Aussichten können abgewendet werden durch die Gunst Gottes.*

Im Alter von 55, 56 wird die Person ein komfortables und angenehmes Leben führen. Sie wird gutes Einkommen und gute Kontostände haben. Später im Leben wird sich die Person wegen ihrer gemachten Erfahrung selbständig machen. Ihr Leben lang muss sich die Person keine finanziellen Sorgen machen und wird immer ein gutes Einkommen haben. Jahr für Jahr wird die Person meditieren und ihre Position verbessern. Im Alter von 62 bis 64 wird die Person ihre Position verbessern. Bis zum Alter von 70 Jahren wird die Person alles genießen, was sie im Leben erreicht hat.

Anschließend lesen wir noch etwas über ihre Wiedergeburt. Im nächsten Leben wird die Person in Indien geboren, im Norden Indiens. In der Wiedergeburt ist der Name der Person Sanje. In jungen Jahren wird die Person Medizin studieren und als Arzt arbeiten. Sie wird heiraten, Kinder haben und ein glückliches Familienleben. Im nächsten Leben wird die Person gemeinwohlorientiert handeln und Menschen helfen, die Hilfe brauchen. Die Person wird ein sehr sorgloses und komfortables Leben führen."

Im Anschluss an die Lesung erklärt Arul, dass nur diese vorgelesenen Kapitel derzeit zur Verfügung stehen. Restliche Kapitel befänden sich auf anderen Blättern in der indischen Bibliothek, die erst nach Sri Lanka gebracht werden müssten. Die Reihenfolge und Kombination wäre so vorgetragen, wie sie auf den Palmblättern aufgezeichnet sei. Für die acht gelesenen Kapitel fallen etwas über 50 Euro an. Der Übersetzer sei nach Ermessen zu bezahlen. Vielleicht nicht unbeabsichtigt hatte mir Arul, als Shiva mein Palmblattbündel holte, von einem Stundenlohn von 6 Euro einer anderen Tätigkeit erzählt. So nehme ich das als Anhaltspunkt zur Honorierung für seine 1,5-stündige Übersetzung. Shiva überreiche ich noch meinen Kugelschreiber, der mir dafür einen Stift aus Sri Lanka schenkt. Wenn man also

Shiva als Übersetzer haben sollte und zufrieden mit der Lesung ist, kann man ihm mit so etwas eine kleine Freude machen.

Leider wird mir im Anschluss die Beantwortung meiner Interviewfragen verwehrt. Ich kann aber nachvollziehen, dass Shiva Mr Jaisankar als „Head of Office" nicht übergehen und gerade bei der Veröffentlichung von Aussagen nicht über seine Kompetenzen hinausgehen möchte. Nach einem gemeinsamen Foto, das Arul von uns macht (Abb. 29), entlocke ich den beiden immerhin im Pausengespräch die Informationen, dass die Blätter der Bibliothek in Alttamil, gespickt mit Ausdrücken aus dem Sanskrit, geschrieben sind, dass Mr Jaisankar im Jahre 1999 von Indien nach Sri Lanka gekommen ist und dass heute fünf Leser in dieser Bibliothek arbeiten. Dass die Bibliothek sich auf den gleichen Rishi wie die indische Bibliothek in Kanchipuram beruft und dass die Leser, genau wie die ersten Leser aus Kanchipuram, in Vaithisvarankoil ausgebildet wurden, erklärt manche Ähnlichkeiten.

Christians Palmblattlesung

Da Christian der Verständnis halber Wert darauf legt, dass ich bei seiner Übersetzung dabei bin, kann ich verdeckt einiges auf dem Notizblock auf meinem Knie mitschreiben, während sich Leser und Übersetzer mehr auf ihn konzentrieren. Christians Einkreisung zur Findung des individuellen Palmblattes läuft ähnlich strukturiert, aber doch mit anderen Fragen ab.

„Leben deine Eltern noch?" – „Nein." – „Hast du Geschwister?" – „Ja." – „War dein Vater zweimal verheiratet?" – „Ja." – „Hast du mehr als vier Geschwister?" – „Ja." – „Ist Reina der Name deiner Mutter?" – „Nein, aber so ähnlich, Regina ist der Name der ersten Frau meines Vaters, die nicht meine Mutter war." – „Du hast Töchter?" – „Ja." – „Hast du Söhne?" – „Nein." – „Hast du zwei Töchter?" – „Nein, drei." – „Deine Töchter sind verheiratet?" – „Ja". – „Du hast ein gutes Verhältnis zu allen dreien?" – „Ja." – „Der Name deiner Mutter endet auf na oder da?" – „Ja." – „Auf na?" – „Nein." – „Auf da?" – „Ja." – „Hattest du einmal einen Rechtsstreit?" – „Ja." – „Ging es um Geld mit deinen Brüdern?" – „Ja, Erbstreitigkeiten." – „Hat der Name deines Vaters drei Silben?" – „Nein." – „Hast du Recht studiert?" – „Nein, ja, in der beruflichen Tätigkeit zum Teil." – „Du hast eine Schwester?" – „Ja." – „Du hast

vier Brüder?" – „Ja." – „Hat der Name deines Vaters zwei Silben?" – „Ja?" –
„Der Name deiner Mutter ist Hilda?" – „Ja." – „Du hast vier Brüder?" – „Ja."
– „Zwei Brüder sind geschieden?" – „Ja."

Auch Christian wird gefragt, ob die erste Silbe des Namens seines Vaters mit dem einen oder anderen der vorgetragenen Laute beginnen würde, bis man relativ schnell auf den Namen Werner kommt.

Natürlich hat Christian damit, wie auch ich, eine Menge Informationen vorab gegeben, die später auch so vom Leser wiedergegeben werden. Interessant war für uns beide, wie schnell das Einkreisen ablief. Die Namen der Eltern wurden relativ rasch ermittelt. Ob der Vater zweimal verheiratet war, traf gleich ins Schwarze. Die Frage nach mehr als vier Geschwistern war auf Anhieb nah dran. Zwei Töchter statt drei war auch nah dran, aber anders ausgedrückt waren es zwei Schwangerschaften, die zweite mit eineiigen Zwillingen. Doch hier muss man vorsichtig sein, nicht zu viele Vorschusslorbeeren zu verteilen. Skeptiker könnten unterstellen, dass Menschen unterschiedlicher Generationen andere Namen der Eltern und andere Anzahlen von Geschwistern haben und sich dies bei Menschen gleicher Generationen eher ähnelt.

Während der Palmblattleser den Raum verlässt, um Christians Blätter zu suchen, fragt uns der Übersetzer, welche Kapitel Christian gelesen haben möchte. Er versucht, die Anzahl zu reduzieren, argumentiert dagegen, bestimmte oder alle Kapitel vorgetragen zu bekommen, bis er sich erklärt. Christians Einkreisung hatte erst um 17.30 Uhr begonnen. Gebucht war er aber für 14.00 und 16.00 Uhr jeweils für zwei Stunden. Nun wurde er ungeduldig, weil er noch einen geschäftlichen Termin hatte. Trotz des Verständnisses für seine Situation halte ich dagegen, dass es ja nicht unsere Schuld ist, wir schon morgens vor 8.00 Uhr und nachmittags pünktlich um 14.00 Uhr da waren. In einem ersten Kompromiss erklärt sich Christian schließlich mit sieben statt allen zwölf Kapiteln einverstanden.

Arul übersetzt das erste allgemeine Kapitel, spricht aber so schnell, dass selbst ich Verständnisprobleme mit seinem Englisch habe, geschweige denn die Möglichkeit, Christian etwas auf Deutsch mitteilen zu können. Da die Lesung ohnehin auf Band aufgenommen wird, bitte ich um Unterbrechung und mache den beiden, nach Einverständnis von Christian, einen Vorschlag. Selbst die sieben Kapitel bis 18.30 Uhr, wo Arul eigentlich aufbrechen müsste, sind kaum zu schaffen, und wir können zur Zeit nicht mehr als zuhören. Ich schlage also vor, dass die beiden im Lauf der Woche in aller Ruhe die Lesung und Übersetzung zu Ende bringen und wir vor dem Abflug die besprochene Kassette abholen kommen. Der Übersetzer ist überglücklich mit dieser Lösung, dem Leser ist es gleich, und ich habe vielleicht die Chance, bei Abholung doch noch Mr Jaisankar für mein Interview zu treffen.

Christian bezahlt im Voraus für sieben Kapitel, die Kassette und die Dienste des Übersetzers. Während wir auf unseren Fahrer warten, überlegt er sich, nun doch alle zwölf Kapitel nehmen zu können. Ich biete dem Leser an, dass wir die anderen fünf Kapitel gleich mitbezahlen. Er schlägt uns stattdessen vor, erst bei Abholung die Differenz zu bezahlen, man müsse sehen, was an Kapiteln in Sri Lanka und nicht in der indischen Zweigstelle vorläge.

Wiederholung als Komponente selbsterfüllender Prophezeiungen

Von Jaya, dem Fahrer, der uns schon vom Flughafen abgeholt und nach Bentota gefahren hatte, werden wir anschließend in unser Hotel gebracht. Auf dem Weg zurück ins Hotel berichte ich Christian von den Inhalten meiner Lesung.

„So, wie ich es verstehe, sind ähnlich positive Aussagen für deine Zukunft wie in Indien gemacht worden. Glaubst du, dass Vorhersagen, die sich gleichen, sich mit höherer Wahrscheinlichkeit erfüllen?", will Christian wissen.

„Nein, tue ich nicht", beginne ich zu erklären, als Christian schon nachfragt: *„Und warum nicht? Werden nicht gerade durch Wiederholungen Glaubwürdigkeit und Akzeptanz erhöht? Das ist doch ein gebräuchliches Instrument in der Meinungsmache."*

„Richtig, aber ich gehe davon aus, dass Wiederholungen vor allem darauf basieren, dass die Palmblätter auf die gleiche Quelle zurückgehen. Wie erzählt, müssen Palmblätter hin und wieder neu abgeschrieben werden. Hierbei könnte es doch zu Duplizierungen kommen. Vor allem, wenn Bibliotheken, wie diese hier in Colombo und die von Kanchipuram aus Indien, auf den gleichen Rishi zurückgehen sollen."

„Und wenn sie auf unterschiedliche Rishis zurückgehen?", hakt Christian nach.

„Es gibt vermutlich nur wenige Menschen, die sich ihr Palmblatt in meh-

reren Bibliotheken vorlesen lassen. Ich ahne aber, worauf du hinauswillst. Du siehst eine Gefahr darin, dass diese Besucher durch Repetition eine bestimmte Vorhersage eher glauben. Dass sie eine stärkere Erwartungshaltung haben. Dass bewusste oder unbewusste Erfüllungshaltungen stärker werden."

„Absolut. Durch unsere Ansichten und Überzeugungen programmieren wir uns selbst. Wiederholungen wirken da potenzierend", bringt Christian seine Bedenken auf den Punkt.

„Du hast völlig recht. Die Gefahr besteht. Genauso sollte sich ein Besucher überlegen, was er an persönlichen Prognosen im größeren Freundes- und Bekanntenkreis weitergibt. Es kann zu

„Nichts steht geschrieben."

Lawrence von Arabien

ständigen Rückkopplungen kommen, indem man immer wieder auf das Thema angesprochen wird und sich so selbst einen Repetitionsmechanismus erschaffen hat", stimme ich Christian zu. „Eine andere Geschichte ist natürlich noch die Prognose des vorhergesagten Todesdatums", weise ich auf eine zweite Gefahr hin. „Man sollte sich überlegen, ob man dazu eine Aussage haben möchte und damit umgehen kann. Ich persönlich habe in jeder Lesung ein anderes Alter vorausgesagt bekommen. Mein Lebensende ist manchmal einem Alter zugeordnet, manchmal einer Planetenphase, manchmal aber sehr konkret an einem bestimmten Wochentag nach Vollmond zwischen zwei Monaten in einem bestimmten Alter. Da kann ich jedes Mal sagen, dass es ja noch eine andere Prognose gibt."

„Ja, aber siehst du, das ist das Gegenteil von Repetition. Stell dir vor, alle hätten ein gleiches Datum gegeben", wendet Christian ein.

„Nun, wie Mr Murthy sagte, muss so ein Datum nicht immer sterben bedeuten. Es kann auch ‚aus dem Leben zurückziehen' heißen, ‚in ein Altenheim oder ein Kloster gehen'. Vielleicht sehe ich das bei mir aber auch so locker, da mich ein ausreichend hohes Alter erwarten soll, und ich glaube, dass es nach dem Tod weitergeht. Und dass Palmblattlesungen Möglichkeiten, aber nicht Unveränderlichkeiten ausdrücken."

„Jawohl", bestätigt Christian, „Möglichkeiten. Dass jemand an dem Tag stirbt, den ein anderer ihm vorhergesagt hat, ist vielleicht auch nicht die größte Gefahr, doch dass jemand seine Lebensplanung zu sehr darauf ausrichtet, vielleicht schon. Aber man sollte generell so leben, als wenn jeder Tag der letzte wäre."

14. Nördlicher Teil der Sri-Lanka-Rundreise

Besuch des Pinnawala Elephant Orphanage und der Höhlentempel vom Dambulla

Fünfter Tag, 2. Februar. Nach dem Frühstück im Grand Oriental Hotel Colombo werden wir pünktlich von Jaya abgeholt. Auf dem Weg in unser nächstes Hotel in Habarana stehen für den heutigen Tag zwei Attraktionen auf dem Programm: Zunächst besuchen wir etwa 80 Kilometer von Colombo entfernt, nahe bei Kegalle, das „Pinnawala Elephant Orphanage". Abgesehen von Prozessionen können kaum anderenorts in Sri Lanka so viele Elefanten gesehen werden. In dem von der Regierung ursprünglich für verlassene und verwaiste Elefanten eingerichteten Reservat dürfen sich über sechzig Tiere unterschiedlichen Alters frei bewegen. Inzwischen befinden sich auch trächtige Weibchen und Jungtiere in der Herde. Diese wird von einigen Hütern vom

Die so nahe Begegnung mit Elefanten gehörte zu den Highlights meiner Reise.

200

Schlaf- zum Bade- und Fütterungsplatz geleitet. Bei unserer Ankunft kommen die Tiere gerade den Fluss hoch. Als ich mit der Kamera relativ nah an der Herde bin und mit einem Teleobjektiv schöne Einzelaufnahmen mache, deutet mir einer der Hüter an, mich für einen kleinen Obolus mit den Elefanten fotografieren zu können.

Die an Menschen gewöhnten Tiere nähern sich inzwischen ohne Scheu oder Aggression. Ich kann eines der Weibchen streicheln, das verharrt, als ich ganz leise mit ihr spreche. Ich kann sogar meine Stirn gegen ihre lehnen und die Augen schließen.

Ein unglaubliches Gefühl. Es scheint nur den Elefanten und mich zu geben. Ein weiterer Höhepunkt in der Begegnung mit den sanften Riesen ist, das Jungtier dieser Elefantenkuh hinter den Ohren und am Rüssel kraulen zu dürfen.

Einsicht des Tages:
Elefanten sind toll!

Unterwegs nach Dambulla, passieren wir Felder, die gerade abgeerntet werden. Am Straßenrand sehen wir Dutzende buddhistische Jungmönche in ihren leuchtend farbigen Gewändern und Menschen, die Kokosnüsse von ihren Schalen befreien. Jaya fährt nicht nur sofort langsam, wenn ich meine Kamera zücke, sondern zeigt echte Reiseführerqualitäten. Nicht nur, dass er Namen von Gebäuden und die Geschichte der Städte kennt, er gibt uns auch noch Unterricht in Landeskunde. So erfahren wir, dass es in Sri Lanka vier Religionen gibt. Der Buddhismus macht 70 Prozent in der Bevölkerung von 20 Millionen Menschen aus. Das ist die Religion des singhalesischen Bevölkerungsanteils. Unter ihnen gibt es aber auch Katholiken. Genau wie unter dem tamilischen Bevölke-

Tipp: Fotos der Reise durch Sri Lanka finden Sie im Internet unter: www.schicksalsbibliotheken.de.

rungsanteil, der hauptsächlich hinduistisch ist. Moslems und Moscheen sehen wir eher selten. Christian, der wohl schon an seine nächste Reise denkt, fragt, ob wir im Februar eine gute Reisezeit ausgesucht hätten. Jaya erklärt, dass es in Sri Lanka von April bis August den Südwestmonsun und von Oktober bis Dezember den Ostwestmonsun gibt. Zwischen Januar bis März hätten wir somit wirklich die beste Reisezeit erwischt. Mich interessiert, ob der Name Singhalese oder die Bezeichnung singhalesisch eine Bedeutung hat. Wir erfahren, dass *singha* „Löwe" und *les* „Blut" bedeutet, Singhalesen also Menschen mit Löwenblut, mutige Kämpfer sind.

In Dambulla angekommen, machen wir einige Fotos von der gigantischen, goldenen Buddhafigur am Eingang, während Jaya die Eintrittstickets besorgt. Um uns den steilen Aufstieg zu ersparen, parkt Jaya nahe einem Plateau unterhalb des Eingangs der fünf Höhlentempel. In diesen Höhlen soll sich seinerzeit ein König mit Name Valagamba nach der Vertreibung aus Anuradhapura vor der Rückkehr auf seinen Thron versteckt haben. Den späteren Ausbau mit etwa 150 buddhistischen Götterfiguren verschönerten die ihm nachfolgenden Herrscher immer weiter. Während die erste Höhle, Devaraja Viharaya, eine 15 Meter lange, liegende Buddhafigur beherbergt, beeindruckt die zweite Höhle, Maharaja Viharaya, nicht nur durch ihre über 50 Meter Länge. Wände und Decken sind mit leuchtenden Fresken versehen, die von Schlachten und Taten der Herrscher Sri Lankas und der Ankunft der ersten Buddhisten berichten.

Die fünf Höhlentempel wurden mit jeder Herrschergeneration weiter ausgebaut.

Ist alles mit allem verbunden?

Im mit vier Sternen ausgezeichneten Hotel Chaaya Village beziehen Christian und ich jeder seinen eigenen Bungalow in einem parkähnlichen Ambiente mit hohem Baumbestand. Während Christian Mittagsruhe einlegt, erkunde ich das Hotelareal. Hinter dem großzügig gestalteten Gastronomiebereich grenzt das Hotel mit seinem Swimmingpool nach einem parkähnlichen Gelände an einen natürlichen See. Sehr schön gestaltet, aber leider auch Heimat der hier so zahlreichen Mücken. Den ganzen Nachmittag und einen langen Abend finden wir ausgiebig Zeit für Gespräche.

„Lass uns nochmal erörtern, woher die Rishis ihr Wissen noch hätten haben können. Wie könnten Informationen aus der Zukunft in ihre Gegenwart gelangt sein?", schlägt Christian vor.

„Nach der besprochenen Quantenphysik spielt Zeit im Austausch von Information keine Rolle. Jedes Teilchen kann an seinem Ort sein, nur die Information wird übertragen, ohne Zeitverzögerung. Nach der Relativitätstheorie wird die Lichtgeschwindigkeit zwar für die Obergrenze der Bewegung von Teilchen gehalten. Anderenfalls würden sich diese rückwärts in der Zeit bewegen. Es gibt aber Wissenschaftler [143], die schon 1962 darauf hinwiesen, dass Einsteins Gleichung mathematisch doch die Möglichkeit zulässt, dass es Teilchen gibt, die sich schneller als das Licht bewegen. Diese wurden ‚Tachyonen‘ [144] genannt, konnten aber bis heute nicht nachgewiesen werden. Darüber, ob Teilchen mit Überlichtgeschwindigkeit Informationen aus der Zukunft zu uns bringen könnten, hat Johannes von Buttlar in einem seiner Bücher [145] schon vor fast vierzig Jahren spekuliert. Die Fragen sind also: Kommen nur Informationen ohne Gebundenheit an Teilchen aus der Zukunft? Kommen ganze Teilchen mit Informationen aus der Zukunft? So oder so, wie kommen die Informationen dann in ein Bewusstsein? Oder alternativ, bewegt sich die Information nicht zum Bewusstsein, sondern das Bewusstsein zur Information? Es muss irgendeine Art Verbundenheit geben mit allem, was ist, oder die Einheit, wie Mystiker sie nannten."

Verbundenheit aus Sicht von Religionen

Mit der Auffassung im Hinduismus, dass sich in allem ein großes kosmisches Urprinzip, das Göttliche, dass All-Eine offenbart, ist Christian vertraut. In den indischen Veden wird von einem vereinten Energiefeld des „reinen Bewusstseins" gesprochen, welches die gesamte Schöpfung umhüllt und durchdringt. In den Rigveden wird mit Brahman eine Kraft beschrieben [146], „dem alles Existierende innewohnt" und alles existiert, weil „das Eine sich als das Viele verwirklicht, das Formlose Formen annimmt".

Das Bewusstsein dafür ist in verschiedenen Zeitaltern der vedischen Kosmologie unterschiedlich ausgeprägt. Man geht von vier Zeitaltern aus, den sogenannten Yugas, die durch Übergangs-, sogenannte Wendezeiten miteinander verbunden sind. Nach einem Goldenen folgen das Silberne, das Bronzene und das Eiserne Zeitalter. Interessant ist die Reihenfolge, sie endet nicht mit dem höchsten Zeitalter, um wieder beim niedrigsten anzufangen. Im Gegenteil, nach einem Goldenen Zeitalter eines lehrenden Buddhas degenerieren die Zeitalter schrittweise. Nach dieser Einteilung befinden wir uns heute nach dem Ende des Kali-Yuga, dem Eisernen Zeitalter, im Umbruch in die nächste Epoche. Hinter uns liegt die Zeit des vergessenen Wissens, der Ziellosigkeit, des Erliegens der Illusion der Maya, der materiellen Fixierung und niedrigen Spiritualität. Eine Zeit, in der wir uns noch als unabhängige Individuen definieren. Die Existenz des Rishi Brighu wird dem Goldenen Zeitalter zugeordnet. Darin waren sich die Menschen der großen Kraft, aus der wir und alles geschaffen wurden und durch die wir leben, sehr bewusst.

„Nach der indisch-hinduistischen Auffassung geht man ja davon aus, dass wir alle miteinander verbunden sind. Im Mahayana-Buddhismus [147] *wird die universelle Verbundenheit als ein ‚wundervolles Gewebe', als ‚Indras Netz'* [148] *beschrieben, das alle Dinge des Kosmos miteinander mit feingesponnenen, unsichtbaren Fäden*

> **„Gott ist die Summe alles Lebenden.**
> **Wenn wir auch nicht Gott sind,**
> **so sind wir doch Teil Gottes,**
> **so wie selbst der kleinste Wassertropfen**
> **Teil des Ozeans ist."**
>
> *Mahatma Gandhi*

204

verbindet. Die Knotenpunkte sollen mit Diamanten besetzt sein, von denen jeder das Geschehen im gesamten Netz reflektiert. Eine wie auch immer geartete Verbindung lässt auch einen Informationsfluss und -austausch zu, den man als Quelle des Wissens der Rishis in Betracht ziehen könnte", beginne ich mit meinen Gedanken.

„Ja, im Buddhismus heißt es: ‚Wenn du einem anderen Menschen in die Augen schaust und dich selbst erkennst, hast du verstanden.' Wobei wir nicht nur danach als miteinander verbunden betrachtet werden. Der Bibel zufolge sagt Jesus: ‚Was ihr dem Geringsten unter euch antut, das tut ihr mir an' [149]*"*, beginnt Christian auszuführen.

„Und: ‚Ich und mein Vater sind eins.' [150] *Es gibt sehr interessante Hinweise auch von sufistischen Mystikern* [151]*, hinduistischen Mystikern* [152]*, jüdischen Kabbalisten* [153] *und pantheistischen Philosophen* [154]*"*, ergänze ich.

„Wenn du sagst, dass man in Indien von einem Netz spricht, fallen mir noch die Hopi [155] *ein"*, erinnert sich Christian. *„Der Schöpfungsmythos der Hopi beschreibt das Netz der Großmutter Spinne* [156]*, welche in die Leere der Welt kam und mit der unser Dasein begann. In ihrer Vorstellung leben wir in einem Universum, in dem alles lebendig und miteinander im Jetzt verbunden ist."*

„Spannend, wie viele Kulturen von einer Verbundenheit sprechen und sich bemühen, sie in einer Art Netz oder Gewebe zu beschreiben. Wusstest du, dass es auch im ‚Huna' so ist?", frage ich. *„Im ‚Huna', dem hawaiianischen Schamanismus* [157]*, stellt man sich wechselseitige Verbindungen, die alles miteinander verknüpfen, als ein ätherisches Gewebe oder Netz vor. In diesem sind Ereignisse als Schwingungen oder Frequenzmuster immer existent und können von Menschen wahrgenommen werden. Die feinstofflichen Verbindungen der Vernetzung nennt die Huna-Lehre ‚Aka', was im Polynesischen ‚klebrig' bedeutet. Eine Aka-Schnur versteht sie als Urmaterie zwischen Menschen und allen Dingen. Ein dünner Aka-Faden soll zwischen zwei Menschen schon entstehen, wenn sie sich wahrnehmen, Interesse und Gefühle zueinander entwickeln, ob positiver oder negativer Art."*

„Na ja, etwas Ähnliches spiegelt sich auch in unserem Sprachgebrauch wider, wenn man sagt, man hätte einen ‚guten Draht' zueinander", zieht Christian den Vergleich.

„Oder man sagt, dass man auf der ‚gleichen Wellenlänge' liege", fällt mir ein. *„Aber ich wollte nicht nur auf Theorien der Verbundenheit in Glaubenssystemen zu sprechen kommen. Sondern auch auf die Psychologie"*

„Aber nicht im Sinne eines Sigmund Freud [158] *oder C. G. Jung?"*, fragt Christian erstaunt nach.

„Nein, ich denke an Rupert Sheldrakes morphische Felder."

Verbundenheit durch morphische Resonanz

„Sheldrakes Buch Das schöpferische Universum [159] *fand ich anspruchsvoll. Manche Passagen musste ich zweimal durchlesen",* erinnert sich Christian.

Als Biologe beschäftigt sich Rupert Sheldrake mit der Theorie „morphogenetischer" beziehungsweise „morphischer Felder". „Morphogenetische Felder" werden seit den 20er Jahren diskutiert und bieten dort Erklärungen, wo die darwinistische Evolutionstheorie an ihre Grenzen stößt. Die hypothetischen Felder sollen jeden Organismus umgeben und formgebend seine Entwicklung prägen.

Der Begriff der „morphischen Felder" ist nicht identisch mit der Entwicklungsbiologie. Sheldrakes erste Neuerung war nämlich die Annahme, dass ein Feld nicht nur die Nachahmung vereinfachen, sondern sich mit Wiederholung verstärken würde. Dass Felder praktisch mit der Entwicklung ihrer Teilnehmer wüchsen. Durch „morphische Resonanz" wären demnach alle Lebewesen informativ miteinander verbunden, und sie könnte als lenkende Kraft verstanden werden. Also ein Angehöriger einer biologischen Gattung eignet sich ein neues Verhalten an und ändert damit sein morphogenetisches Feld. Behält er sein Verhalten lange genug bei oder findet er genug Nachahmer, verändert sich durch morphische Resonanz das Verhalten der gesamten Gattung.

Sheldrakes zweite Neuerung war die Annahme, dass Felder nicht nur für biologische Systeme, sondern für jedwede Formenbildung vorhanden wären. Also auch Vorgänge auf chemischer oder physikalischer Ebene.

Und auch auf verhaltenspsychologischer Ebene. Hauptthema der mehreren hundert Experimente zur Überprüfung der These waren Experimente zur Lerngeschwindigkeit. So stellte sich in Tierversuchen heraus, dass die Lerngeschwindigkeit bei Nachkommen trainierter wie auch untrainierter Stämme mit der Anzahl der Wiederholungen der Lernaufgaben steigt. Und zwar ohne dass diese Stämme miteinander Kontakt hatten. Versuche mit Ratten wurden mit fünfzig Generationen

> „Die ‚Gesetze' der Natur könnten sich als ‚Gewohnheiten' der Natur herausstellen."
>
> *Rupert Sheldrake*

über einen Zeitraum von zwanzig Jahren durchgeführt. Auch in umfangreichen Versuchen mit Menschen bestätigte sich, dass, je mehr Mitglieder einer Gruppe sich eine neue Fähigkeit aneigneten, andere Menschen genau diese Fähigkeit ohne Kontakt zu Mitgliedern der Gruppe oder Menschen, die zu ihnen Kontakt gehabt hätten, umso schneller erlernen konnten.

Morphische Felder kann man also auch als Gedächtnis der Natur verstehen, als einen gigantischen Wissensspeicher, als eine Datenbank, welche die Verhaltensweisen aller Organismen speichert.

> **„Die neue Sicht der Wirklichkeit beruht auf der Erkenntnis, dass alle Phänomene – physikalische, biologische, psychische, gesellschaftliche und kulturelle – grundsätzlich miteinander verbunden und voneinander abhängig sind."**
>
> *Rupert Sheldrake*

„Die uralte indisch-hinduistische Auffassung der Verbundenheit aller Lebewesen scheint durch morphische Felder und morphische Resonanz nach Sheldrake nach zahlreichen Untersuchungen nun praktisch bestätigt zu sein", ziehe ich meinen Schluss.

„Was ich mich immer gefragt habe, ich weiß nicht, ob dir das mal aufgefallen ist, war, ob morphische Felder auch bei Folgendem eine Rolle spielen: Oft teilen sich Teams oder Personen aus unterschiedlichen Teilen der Welt den Nobelpreis. Sie scheinen zur gleichen Zeit zur gleichen Erkenntnis gekommen zu sein."

„Interessante Frage, ein Skeptiker würde natürlich sofort den Informationsaustausch über unzuverlässige Teammitglieder oder Personen im Umfeld als rationale Erklärungsalternative anführen. Aber ich erinnere mich an ein Buch [160], in dem die Autoren die gleiche Beobachtung machen. Sie führen als Beispiel Charles Darwin und Alfred Russell Wallace mit ihren evolutionsbiologischen Erkenntnissen an. Und Thomas A. Edison und Nikola Tesla mit der Entdeckung der Stromübertragung. Zwei andere Autoren [161] berichten von zwei Forscherteams gerade im Zusammenhang mit der Sheldrake-Theorie.

Die Tarrytown Society aus New York setzte Anfang der 80er Jahre ein Preisgeld von 10.000 Dollar für Experimente aus, welche die Gültigkeit von Sheldrakes Theorie bewiesen oder widerlegten. Ein amerikanischer Professor [162] ließ sich ein Experiment mit der hebräischen Sprache einfallen [163]. *Er unterstellte dieser ein lebendiges, morphisches Feld und ließ nur Studenten am Experiment teilnehmen, die kein Hebräisch verstanden. Diese waren besser in der Lage, ihnen unbekannte existierende Wörter und Begriffe zu erlernen als ihnen ebenso unbekannte für den Versuch künstlich geschaffene.*

Verblüffend war jetzt nicht der überzeugende Beweis von Sheldrakes Theorie. Sondern dass ein englisches Team auf eine ähnliche Idee kam und dazu die iranische Nationalsprache verwendete. Damit sich die beiden Forscherteams das Preisgeld nicht teilen mussten, wurde es übrigens auf 20.000 Dollar verdoppelt."

Christian ist sichtlich über das Beispiel erfreut, sieht er doch seine Beobachtung damit bestätigt.

„Sheldrakes Theorie der ‚wissenden Felder‘ bietet Erklärungen nicht nur für die formenbildende Verursachung und das Lernverhalten in Gruppen, sondern auch für andere Phänomene. Für mich sind morphische Felder nämlich der theoretische Unterbau [164] *des systemischen Familien-Stellens nach Bert Hellinger* [165].*"

„Von dieser Therapieform habe ich gehört, muss aber gestehen, dass ich noch kein Buch darüber gelesen oder die persönlichen Erfahrungen von jemand vernommen habe", bemerkt Christian.

„Dann werde ich dir ein wenig von meinen Erfahrungen erzählen, die ich im letzten Jahr damit gemacht habe. Hellinger persönlich und seine Arbeit durfte ich bei einem Tagesseminar in Köln kennenlernen. Die interessanten Erlebnisse waren aber bei zahlreichen systemischen Familienaufstellungen in Hessen. An Wochenenden treffen sich dort mehrere Male im Jahr, liebevoll von zwei Psychotherapeuten geleitet, mehrere Dutzend Personen.

Eine Person ‚stellt auf‘, wie man sagt. Das kann die Familie sein oder auch eine anders definierte Gruppe wie die Arbeitskollegen. Die Person hat ein Anliegen, für das sie ein Lösungsbild erarbeiten möchte. Dieses liegt in einem Problem, das nicht oder nicht ausreichend Anerkennung gefunden hat. Dazu wählt sich die aufstellende Person aus dem kreisförmig auf Stühlen sitzenden Teilnehmerkreis, die ‚beobachtende Teilnehmer‘ genannt werden, sogenannte ‚Stellvertreter‘ aus. Diese stehen repräsentativ für lebende oder auch schon verstorbene Mitglieder des Systems der aufstellenden Person. Sie werden fortan mit den Namen der Personen angesprochen, für die sie stehen, und als solche nach ihren Empfindungen und Eindrücken befragt.

Jetzt ergibt es sich nicht nur, dass Stellvertreter ihre Sympathie und Antipathie anderen Stellvertretern gegenüber ausdrücken, welche die wirklichen Personen spiegeln. Es zeigen sich auch Erlebnisse, die diese geprägt und insbesondere verletzt haben. Aus Diskretionsgründen möchte ich nicht zu tief ins Detail gehen, dir aber ein paar Beispiele aus meinen Aufstellungen geben, an denen ich teilgenommen oder die ich beobachtet habe. Bewusst sein musst du dir, dass die Stellvertreter in der Regel weder die aufstellende Person noch die vertretenen Personen noch die anderen stellvertretenden Personen, das Anliegen oder das Problem kennen. ‚In der Regel' sage ich nur deshalb, weil manche Teilnehmer sich von vorherigen Treffen kennen. Natürlich weiß ich nicht, welche Informationen sie im Gespräch ausgetauscht haben.

Eine bestimmte Person aus meiner Familie zum Beispiel war niemandem bekannt. Die Stellvertreterin fragte spontan nach ihrer Aufstellung, ob es sein könnte, dass sie einem gewissen Putzzwang unterläge. Ich war total verblüfft. Meine Eltern hatten mir oft erzählt, dass diese Person mit dem Lappen schon hinter mir als Kleinkind hergegangen ist, um die Fingerabdrücke auf ihren Schränken zu beseitigen. Auch einen schwergewichtigen Bekannten, den ich aufgestellt hatte, konnte niemand kennen. Sofort sagte eine mangels männlichem Teilnehmer aufgestellte Frau, dass sie glaube, wahnsinnig korpulent zu sein, und welche Last sie auf den Organen zu spüren glaube. Unglaublich zutreffend.

Ich selbst war morgens als Vertreter für einen Juden aufgestellt, dessen Eltern im Konzentrationslager gestorben waren. Die Verbitterung durch die zwanghafte Erinnerung hatte die Liebe zu meinem Sohn zu kurz kommen lassen. Am Nachmittag war ich in der Vertretung eines Sohnes, der schuldhaftes Handeln seines Vaters in der Nazizeit vor den nachfolgenden Generationen nicht eingestehen wollte. Die aufstellende Person war verblüfft darüber, wie sehr meine Wortwahl – ein Pudding könne auch nicht fest werden, wenn man ständig darin rumrühre, und Gras könne nicht über etwas wachsen, wenn man ständig auf der Stelle trample – der vertretenen Person glich.

Das Emotionalste war ein Stellvertreter, der, als Soldat aufgestellt, sich schreiend den Bauch hielt. Erst danach erklärte die aufstellende Person, dass dieser im Krieg einen Bauchschuss erlitten hatte. Persönlich wurde mir von Fällen berichtet, wo sich in einer Aufstellung eine Abtreibung und in einer anderen der Tod eines Zwillings bei der Geburt gezeigt hatte und die aufstellenden Personen erst nach Rücksprache in ihrer Familie die Bestätigung über diese Schicksale erhielten. Mit dem systemischen Familien-Stellen finden sich Erkenntnisse und befreiende Lösungen für die aufstellende Person und ihr gesamtes System. So wie die Stellvertreter in Resonanz mit wirklichen Personen gegangen sind, von denen sie sich problemlos wieder lösen können, waren die Aufsteller in Resonanz mit nicht anerkannten Problemen aus dem Familiensystem, von denen sie sich vor der Aufstellung nicht lösen konnten."

Christian ist sichtlich erstaunt über meine Erzählung.

„Wie berichtet, kann jeder ‚beobachtende Teilnehmer' in einer systemischen Familienaufstellung Zugang zu Informationen der Personen bekommen, die er vertritt. Unabhängig vom Wissen, welche Person er vertritt und welches Anliegen aufgestellt wird. Die Vertreter nicht darüber zu informieren nennt man ‚verdeckte Aufstellung', und auch solche zeigen interessante Ergebnisse.

Morphischen Felder, wenn ich sie auf Sheldrake basierend zur Erklärung nehme, könnten also genauso den Rishis als Informationsquelle zur Verfügung gestanden haben. Zumal man den Rishis ein höherentwickeltes Bewusstsein unterstellt."

„Da stimme ich zu. Nur dass im Familien-Stellen die Vergangenheit zum Vorschein kommt – auf den Palmblättern aber die Zukunft aufgezeichnet ist", wendet Christian zutreffend ein.

„Wobei indische Gelehrte, Mystiker und auch manche heutigen Physiker unsere Auffassung der Einteilung von Zeit in Vergangenheit, Gegenwart und Zukunft in Frage stellen", erinnere ich.

Verbundenheit durch Elementarteilchen

„Mit der Frage, wie Materie und Geist miteinander verbunden sind und wie sie miteinander kommunizieren, beschäftigte sich Ende der 70er Jahre das Buch Der Geist der Materie [166]. *Hast du das gelesen?",* fragt mich Christian.

„Das habe ich. Du hattest es mir unter anderen bei der Indienreise empfohlen."

Jean E. Charon, der Autor, geht davon aus, dass Elementarteilchen der Materie Informationen speichern. Außerdem, dass der menschliche Körper aus Elementarteilchen aufgebaut ist, die seit Anbeginn der Zeit existieren [167]. Charon folgert, dass unser eigener Geist somit in der gesamten Geschichte der Welt wurzelt. Zwar geht er davon aus, dass jedes Einzelteilchen vor der Einbindung in die Struktur unseres Organismus seine eigene, vom Nachbarteilchen abweichende Erfahrung gespeichert hat. Dass aber als Bestandteilchen unseres Körpers jedes einzelne die kompletten Informationen enthält, was uns als Persönlichkeit, Charakter, Geist oder wie auch immer bezeichnet enthält.

Als Träger gespeicherter geistiger Informationen macht Charon Elektronen aus. Mit diesen würden wir praktisch kommunizieren, denn das ‚Ich' und die Elektronen im Körper eines Menschen wären identisch. Neben der Kommunikation zwischen Menschen wirft Charon die Frage auf, ob Elektronen sich auch direkt miteinander ohne Zwischenschaltung eines Kommunikationsmittels verständigen können und dies nicht sogar schon unter der Bezeichnung ‚Telepathie' bekannt wäre. Die geistige Konsistenz von allem in unserem Umfeld wahrzunehmen wäre demnach, was man unter der Fähigkeit versteht, was Menschen zu sogenannten Medien macht. Meditation wäre demnach ein Zustand, in dem wir erweiterten Zugang zu den Informationen unserer Elektronen hätten. Kreativität wäre ein Zustand, den er als ‚Einsickerungsvorgang' unbewusster Elemente ins bewusste Ich bezeichnet.

> **„Es ist eine unzweifelhafte Wahrheit, dass der Mensch nicht ein losgelöstes Wesen, sondern ein Teil des Universums ist, und wenn der dies erkennt, wird er groß."**
>
> *Rabindranath Tagore*

Interessant ist ein Beispiel in spaßhaft ernstem Ton, das sich aus der Konsequenz ableitet, dass ein Kubikmeter Luft unserer Atmosphäre mehr Elektronen enthält, als das Universum Sterne hat. Die Elektronen, die beim letzten Atemzug Julius Cäsars bei seiner Ermordung 44 v. Chr. in einem Liter Luft in die Atmosphäre strömten, hätten sich wissenschaftlich unanfechtbar im Lauf der Zeit etwa hundert Kilometer über dem Erdboden gleichmäßig in der Erdatmosphäre verteilt. Wir würden heute mit jedem Atemzug noch Dutzende genau dieser Elektronen einatmen. Wenn auch mit einer verschwindend kleinen Menge, könnte wir dennoch heute mit den Elektronen des ehemaligen Imperators in Informationsaustausch treten.

„Und was hältst du von dem Beispiel mit den Elektronen von Julius Cäsar?", will Christian wissen.

„Nun, zumindest sehr plakativ beschrieben. Eine Frage fiel mir nach dem Lesen ein, wenn man die Informationsabspeicherung auf Elektronen als real in Betracht ziehen würde und vielleicht noch an die Verschränktheit von Quanten denkt. Bei einigen von uns als primitiv bezeichneten, kannibalischen Naturvölkern glaubt man doch, durch den Verzehr seiner Feinde deren Fähigkeiten und Weisheiten in sich aufnehmen zu können. Wäre das wirklich noch so absurd, wenn man daran glaubt, dass alle Teilchen eines Körpers seine gesamten Informationen enthalten?"

Christian grinst, hat aber auch noch Beispiele parat: *„Im Voodookult ist es* doch zum Beispiel Praxis, eine Haarlocke eines zu Verhexenden in Zeremonien einzubinden. Reiner Aberglaube – oder weist das vielleicht tatsächlich auf eine besonders starke Verbindung zwischen einem Menschen und einem Teil von ihm hin? Angeblich sollen Dinge, die einem bestimmten Menschen gehörten, etwas über ihn verraten können. Wäre das noch so lächerlich, wenn man von ihm anhaftenden Elektronen an solchen Dingen ausginge?"

Verbundenheit durch Feedbackschleifen

„Mit dem Gedächtnis der Natur beschäftigt sich auch ein Buch mit dem Titel Alles erinnert. Kennst du das?", frage ich Christian, der seinen Kopf schüttelt. „Das Buch untersucht Mechanismen der Informationsspeicherung in Systemen. Die Autoren Schwartz und Russek, eigentlich auf den Gebieten Medizin, Neurologie, Psychologie und Psychiatrie beheimatet, verstehen unter der Bezeichnung ‚System‘ ein Beziehungsgeflecht miteinander in Wechselwirkung stehender Einheiten. Teilweise sind die Formulierungen für den Laien nach meinem Geschmack etwas zu anspruchsvoll. Man könnte statt von ‚positiven Feedbackschleifen‘, rekursiven Feedback-Interaktionen‘ und ‚zirkulärer Kausalität‘ auch vereinfacht von ‚zyklisch auftretenden Wiederholung von Wechselwirkungen‘ oder einfach einem ‚Kreislauf‘ sprechen. Jedenfalls kommen sie zu dem Schluss, dass das Prinzip der systemischen Energiespeicherung universal funktioniert, das heißt, dass die Informationsspeicherung auch in Zellen, in Wasser bis zum Bewusstsein, so abläuft. Und dass Information als lebendiges, sich fortentwickelndes System auch die Auflösung ihrer physischen Struktur überdauert, also praktisch unsterblich ist."

„Dann geht es also weniger um Verbundenheit der Dinge untereinander als mehr darum, warum Informationen nicht verlorengehen?", hakt Christian nach.

„Nun, die Verbundenheit ergibt sich daraus, wie sich gespeicherte Informationen übertragen. Heilkundler behaupten schon seit Tausenden Jahren, dass sich in Ölen das Wesen der Pflanze erhält. Nach der Theorie des systemischen Gedächtnisses können auch destillierte Moleküle noch Kernelemente von Informationen enthalten. Es ist auch bekannt, dass natürliche Mischungen im Heilbereich oft wirkungsvoller sind als synthetisch nachgebaute, selbst wenn sie dieselben molekularen Strukturen aufweisen. Die Informationsübertragung würde auch erklären, warum homöopathische Extremverdünnungen nachweislich wirksam sind, obwohl im Wasser keine Moleküle der ursprünglich gelösten Substanz mehr vorhanden sind.

Die Theorie weist sogar darauf hin, dass Zellen Informationen speichern und möglicherweise sogar ins Bewusstsein geholt werden können. Dass Räume und Umgebungen über Jahrhunderte Information und Schwingungen speichern können. Einige Menschen berichten davon, in bestimmten Kirchen ganz besondere Energien zu spüren. Wir verbinden uns mit den Informationen, indem wir das Öl der Pflanze oder die homöopathische Mischung aufnehmen, indem wir uns einfach in bestimmten Räumen oder an bestimmten Orten aufhalten – und nach Meinung der Autoren, die entsprechende Studien zitieren [168], möglicherweise sogar durch Organtransplantation.“

„Ob Informationen nun in Elektronen oder über Feedbackschleifen gespeichert werden oder ob Zellen ein eigenes Gedächtnis haben, zwei Dinge stehen fest: Die Atome, aus denen sich unser Körper zusammensetzt, sind älter als wir, unglaublich alt.

„Wären wir uns unserer Macht und unserer Verbindungen untereinander voll bewusst, könnten wir koordinierte, grundlegende Veränderungen der Realität bewirken.“

Jörg Starkmuth

So sind wir mit uralter Materie verbunden. Und Menschen sind als Spezies ohnehin miteinander verbunden. Hast du das mal ausgerechnet? Jeder Mensch hat zwei Eltern, vier Großeltern, acht Urgroßeltern und so weiter [169]. Mehrere Generationen zurückgerechnet, hat es Millionen Vorfahren für unsere Existenz bedurft. Und alle diese Vorfahren hatten auch noch andere Kinder, mit deren Nachfahren wir heute zusammenleben und biologisch verwandt sind. Wenn Information in Materie gespeichert wird, dann sind wir durch unseren Körper direkt damit verbunden“, resümiert Christian.

„Richtig, nur den Bogen, wie Informationen aus der Zukunft beispielsweise den Rishis zugänglich gewesen sein konnten, müssen wir noch schlagen.“

Verbundenheit in einem holistischen Universum

„Eine andere Theorie von Physikern, was die Informationsspeicherung angeht, ist die holographische [170]. *Stell dir einen Spiegel vor, der alles reflektiert. Wenn du ihn in Stücke schlägst, kannst du trotzdem in jedem Stück das Ganze reflektiert sehen. David Bohm* [171] *sieht das Universum als multidimensional an. Die oberflächlichste Ebene ist die dreidimensionale Welt des Raums sowie der Zeit. In einer tieferen Ebene, die er durch die Analogie eines Hologramms beschreibt, sind nach seiner Meinung die gesamten Informationen auch im winzigsten Teil enthalten",* erkläre ich.

> **„Der Zugang zur Urkraft des Universums liegt darin, uns als einen Teil der Welt zu betrachten und nicht mehr als etwas von ihr Getrenntes."**
>
> *Gregg Braden*

„Eine Parallele wäre ja in den Diamanten in Indras Netz zu sehen, von denen auch jeder alles reflektiert", fällt Christian ein.

„Auch die Psychologen Anderson und Bentov vertreten die Ansicht eines holistischen Universums. Sie gehen davon aus, dass das gesamte Informationspotenzial des Universum in jeder Art von Strahlung enthalten ist, der wir ständig ausgesetzt sind. In bestimmten Bewusstseinszuständen, wie zum Beispiel bei tiefer Meditation, so glauben sie, kann unser Gehirn diese Information entschlüsseln und dem Bewusstsein zugänglich machen. Könnten Rishis nicht so Zugang zu Informationen gehabt haben, die für uns Gegenwart oder sogar noch Zukunft sind?"

Verbundenheit in einem bewussten Universum

„Hast du eigentlich von Amit Goswami Das bewusste Universum *gelesen? Nicht? Ich freue mich ja immer, wenn ich dir mal was empfehlen kann, wo ich doch Dutzende Tipps von dir erhalte",* komme ich auf einen anderen Aspekt von Bewusstsein zu sprechen. *„Für die Entdecker der Quantenphysik war die beunruhigendste Erkenntnis, dass das Verhalten subatomarer Teilchen durch ein beobachtendes Bewusstsein beeinflusst zu sein scheint. Dass der Geist*

214

Materie beherrschen sollte, konnte nicht länger nur als Theorie von sogenannten Parapsychologen abgetan werden. Bereits seit Jahren hatten sich diese mit Phänomenen beschäftigt, welche die klassische Physik nicht erklären konnte. Während viele Physiker nur die Dominanz des Geistes anerkannt haben, geht Goswami noch einen Schritt weiter.

Er ist als Physikprofessor an einer Universität in Amerika tätig [172]. Das Wirken seines Vaters als brahmanischer Priester und Guru in Indien ignorierend, hielt er die konventionelle Physik lange für die einzig wahre Realität. Sein Buch ist nicht nur Ausdruck seiner Geisteswandlung, sondern verbindet alte östliche Traditionen mit Erkenntnissen moderner Wissenschaft.

Er schreibt, dass Descartes von Aristoteles die Idee übernahm, dass Dinge unabhängig vom Bewusstsein existieren und dass diese von Newton in der Physik des 18. Jahrhunderts etabliert wurde. Oder vielleicht von der Seite, die man an Newton sehen wollte [173].

> „Der Grundfehler aller Systeme ist das Verkennen dieser Wahrheit, dass der Intellekt und die Materie Korrelata sind, d. h. eines nur für das andere da ist, beide miteinander stehen und fallen, eines nur der Reflex des anderen ist, ja, dass sie eigentlich eines und dasselbe sind, von zwei entgegengesetzten Seiten betrachtet."
>
> *Arthur Schopenhauer*

Die klassische Physik glaubte, nach Kenntnis der Anfangsbedingungen und Bewegungsgesetze jede Entwicklung eines Objektes vorhersagen zu können. So hat sich in den letzten 400 Jahre der Glaube entwickelt, Wissenschaft könne nur auf der Annahme aufgebaut werden, dass alles aus Materie besteht. Goswami kritisiert diese Definition von Physik als nicht geeignet, um alle alltäglichen Erfahrungen zu erklären. Sinngemäß sagt er, dass, wenn die moderne Physik paradox erscheint, häufig übersehen wird, dass es vielleicht nur deshalb so ist, weil unsere unbewiesene Annahme, dass alles aus Materie bestünde, ein Irrtum sei. Man hat geglaubt, Bewusstsein sei ein zweitrangiges Phänomen, eine Begleiterscheinung der Materie. Nur wie kann es dann sein, dass ein Bewusstsein, das eine Quantenmessung durchführt, die ausgebreitete Welle eines Quantenobjektes *in ein örtlich eingegrenztes Teilchen kollabieren lässt? Doch nur, wenn man davon ausgeht, dass nicht Materie, sondern Bewusstsein die Grundlage allen Seins ist. Goswamis Schlussfolgerung: Es gibt nur ein einziges Bewusstsein."*

„Alles muss auf einer einfachen Idee beruhen. Wenn wir die je entdecken, wird sie so überzeugend, so wundervoll sein, dass wir zueinander sagen werden: Natürlich, es konnte ja auch gar nicht anders sein."

John Archibald Wheeler

„Was wir kürzlich als Verbundenheit und die Mystiker schon immer als ‚Einheit' bezeichnet haben", erinnert Christian.

„Ja, vielleicht auch dasselbe, was die Christen den ‚Heiligen Geist', die Quäker das ‚Innere Licht' oder die Hindus ‚Atman' nennen. Ich denke manchmal, je besser wir das Universum zu analysieren lernen, desto unkonkreter werden seine Formen, und desto konkreter werden Übereinstimmungen mit Überlieferungen jahrtausendealter Weltbeschreibungen."

„Wohl wahr. Nach diesen sehr langen gedanklichen Ausflügen stehen für den nächsten Tag aber wieder ganz konkrete Formen an: zunächst ein 200 Meter hoher ausgehärteter Magmapfropfen eines erloschenen und inzwischen erodierten Vulkans, den man besteigen kann. Ruh dich gut aus, morgen werden wir so einige Treppenstufen erklimmen müssen", kündigt Christian an, bevor wir uns für heute voneinander verabschieden und uns auf den Weg zu unseren Bungalows machen.

Ausflug nach Sigiriya

Sechster Tag, 3. Februar. Der heutige Tag hält zwei Highlights für uns bereit. Zunächst geht die Fahrt nach Sigiriya zum erwähnten Magmafelsen. Nach dem Eingang des abgegrenzten Areals passiert man einen mehrere hundert Meter langen Weg, zu dessen Seiten sich freigelegte Fundamente ehemaliger Gebäude finden. Nach steinernen Stufen und über Eisenkonstruktionen gelangt man über enge Wendeltreppen zunächst in eine Höhle mit Malereien teilbekleideter draller Damen. Sie werden heute als verschie-

Der ausgehärtete Magmapfropfen des erodierten Vulkans von Sigiriya.

dene Aspekte der Göttin Tara Devi interpretiert, einer wichtigen Figur im Mahayana-Buddhismus. Oben auf dem steil über eine weitere Leiter besteigbaren Magmafelsen finden sich Überreste eines buddhistischen Klosters, das nach dem 14. Jahrhundert verlassen wurde. Ein dort noch gut erhaltener 27 mal 21 Meter großer Wasserspeicher ist reichlich mit Regenwasser gefüllt. Bei gutem Wetter kann man weit ins flache Umland schauen. Erst beim Abstieg wird man sich der schwindelerregenden Höhe bewusst. 1982 wurde Sigiriya übrigens von der Unesco zum Weltkulturerbe erklärt.

Ausflug nach Polonnaruwa

Jaya, der während unseres Aufstiegs im Auto gewartet hat, setzt mit uns die Fahrt ins knapp 30 Kilometer östlich entfernte Polonnaruwa fort. Verkehrsgünstig gelegen, zählt der Ort mit knapp über 100.000 Einwohnern heute zu den mittelgroßen Städten Sri Lankas. Die zwischen dem 11. und

Die längste, aus Granit gehauene, Buddhafigur des Gal Vihara misst 14 Meter.

13. Jahrhundert besiedelte, ehemalige Hauptstadt ist heute als historischer Park mit gut erhaltenen Monumenten zu besichtigen. Vorbei an den Ruinen der Palastgruppe aus der Zeit des Königs Parakramabuha kommen wir zum sogenannten „Quadrangle", einer größeren Konzentration von Gebäuden innerhalb eines fast 100 mal 100 Meter großen ummauerten Vierecks. Am beeindruckendsten ist ein „Vatadage", ein Rundtempel von 18 Metern Durchmesser mit großen Buddhafiguren, die in alle vier Himmelsrichtungen blicken. Vom gegenüberliegenden „Atadage", dem Schrein für die Zahnreliquie des Buddha, bieten Eingangsportal und Säulen noch interessante Fotomotive.

Einige Aufnahmen machen wir auch von den silbergrauen Hanuman-Languren, einer Affenart, deren Mimik in den schwarzen Gesichtern erst aus kurzer Entfernung gut erkennbar ist. Sie belagern eine Ruine, die wir uns eigentlich gern aus der Nähe angesehen hätten. Aufrecht läuft das Leittier der Affengemeinschaft wild fauchend auf einen fotografierenden Touristen nach dem anderen zu, die eingeschüchtert umgehend den Rückzug antreten. Durch seinen Erfolg ermutigt, geht der Affe auch weiter entfernte Besucher der Anlage, wie mich, an.

Mit mir nicht, sage ich mir und bleibe einfach stehen. Damit nicht genug, fauche ich sogar zurück. Respekt verdiene ich mir damit aber nicht. Gut, nochmal fauchen und einen Schritt nach vorn, schließlich bin ich über 1,80 Meter groß. Der behaarte Kollege findet das alles andere als spaßig. Wir fauchen uns weiter an. Verbales Ping-pong. Keinen Schritt weicht der zurück, im Gegenteil. Je öfter ich fauche, desto mehr kommt er auf

Einsicht des Tages:
Der Klügere gibt nach!

mich zu. Der Abstand wird kleiner. Was jetzt? Wer gibt auf? Und wenn der mich beißt? Wenn der womöglich noch Tollwut hat? Gut, gut, Rückzug. Einen Schritt zurück, und in aller Ruhe weiter entfernen. Sonst läuft der mir womöglich noch nach. *„Blöder Affe"*, würde mein sechsjähriger Neffe jetzt sagen.

Nach erfolgreicher Revierverteidigung besteigt der Anführer wieder seinen Thron.

Als Nächstes bewundern wir im Vorbeigehen „Rankot Vihara", die mit 54 Meter Höhe größte „Dagoba" Polonnaruwas und viertgrößte der Insel. Dagobas sind kuppelartige Bauwerke, die sich in Sri Lanka seit dem 2. Jahrhundert aus indischen „Stupas" entwickelt haben. Eine „Stupa" ist ursprünglich ein Grabhügel, der nur der Bestattung indischer Könige diente. Im Buddhismus zählen Stupas zu den ersten wichtigen Denkmälern und Orten künstlerischer Gestaltung. Größte Sehenswürdigkeit war für uns „Gal Vihara", vier aus einem Granitfelsen herausgearbeitete Buddhafiguren von bis zu 14 Metern Länge. Leider sind zwei Metalldachkonstruktionen so angebracht, dass sich Fotos der Figuren nicht ohne Teilschatten machen lassen. Mit dem Auto fahren wir anschließend zum archäologischen Museum der Anlage, dessen Eintritt im Ticket enthalten ist und das auf jeden Fall einen Besuch wert ist.

Nachdem wir den halben Tag immer wieder dankend angebotene Postkartenkollektionen abgelehnt haben, ohne nach dem Preis zu fragen, kaufen wir schließlich nach dem Museumsbesuch doch ein Dutzend Karten für nur 60 Cent. Weniger ermüdend, denke ich im Auto, wäre es natürlich gewesen, diese gleich zu Beginn zu kaufen und jeden Anbieter durch das Zeigen schnell abzuwinken. Wenn ich mir das so recht überlege – wie schwer haben es diese Menschen doch! Und was bleibt am Tag übrig? Ist es nicht besser, wenn sie ein paar Postkarten und Souvenirs zu verkaufen versuchen, statt vielleicht hinter der nächsten Ecke lauern zu müssen? Und ich mache mir nur Gedanken, wie ich sie auf Distanz halte. Auf der anderen Seite muss ich mir wieder bewusst machen, wie nervig das permanente Verkaufenwollen ist. Manchmal hat man keine zehn Meter seines Weges Ruhe, fühlt sich nur verfolgt, möchte einfach nur die Eindrücke auf sich wirken lassen und muss immer und immer wieder dankend ablehnen und seine Ablehnung bekräftigen.

Vor der Ankunft im Hotel Chaaya Village bietet uns Jaya noch den Abstecher zu einem örtlichen Massagesalon an. Nach unserer Erfahrung in Colombo versichern wir uns vorsichtshalber vorher der Seriosität, hätten aber beim stockkonservativen Weltbild unseres Fahrers auch kaum etwas anderes erwartet. Im Eingangsbereich sind auf einem Schild alle Anwendungen mit Preisen ausgewiesen. Unser ausgewähltes, dreieinhalbstündiges Programm beginnt zunächst mit einer Gesichtsmaske, gefolgt von einer Körperölmassage, einem Dampfbad, einer Dampfsauna und schließt mit einem Stirnguss ab, bei dem Öl langsam auf die Stirn tropft und nach hinten über die Haare abläuft. Erst zum Duschen legt man den geliehenen Sarong ab. In Deutschland kostet eine einfache Massage mehr als das Doppelte des ganzen Pakets hier. Abstriche sind sicher an den Räumlichkeiten zu machen, aber während der Anwendungen sind die Augen ja eh die meiste Zeit geschlossen …

15. Südlicher Teil der Sri-Lanka-Rundreise

Die Fahrt nach Kandy

Siebter Tag, 4. Februar. Für 8.00 Uhr, nach dem Frühstück, verabreden wir uns vor der Rezeption mit Jaya, der sich nie in unseren, sondern nahe liegenden, einfacheren Hotels einquartiert, zur Weiterfahrt in südlicher Richtung nach Kandy. Die ehemalige Hauptstadt des letzten singhalesischen Königs fiel 1815 an die Briten, die elf Jahre brauchten, eine Straße bis nach Colombo zu bauen. Als Prunkstück der Stadt gilt der 1807 unter dem letzten Herrscher Sir Wickrama Rajasinha angelegte Stadtsee. Die Straßen sind gesäumt mit kleinen Fähnchen zum Unabhängigkeitstag und flattern im Wind.

„Meinen Unabhängigkeitstag habe ich in drei Monaten", grinse ich Jaya an.

„Unabhängigkeitstag? Deiner? Du meinst von Deutschland?"

„Nein, ich meine meinen", erwidere ich und blicke in das fragende Gesicht von Jaya.

„Deinen? Tut mir leid. Ich verstehe nicht."

„Nun ja, der Mai ist der Monat, in dem ich vor fünf Jahren geschieden wurde. Hey, fünf Jahre. Das ist ja auch schon ein Jubiläum."

Jaya lacht laut los und haut spontan auf das Lenkrad. *„Ja, ja. Unabhängigkeit, ja. Freiheit, ja."* Jaya grinst über beide Ohren. Ich amüsiere mich darüber, bin mir aber sicher, dass er es viel witziger fand, wie ich ihn auf den Arm genommen habe, als die Tatsache, dass sich verheiratete Menschen trennen.

Christian sieht das wohl ähnlich: *„Ein bis zwei Generationen vorher gab es das in Europa noch nicht so häufig"*, merkt er von der Rückbank aus an. *„Heute wird jede dritte Ehe geschieden, oder?"*

„Fast schon jede zweite", pflichte ich bei. *„Das hat auch mit der wirtschaftlichen Entwicklung und der Veränderung der Gesellschaft zu tun. Nicht nur, dass Frauen mit eigenem Einkommen unabhängiger sind, Partnerschaft, Beruf und womöglich Kinder, das müssen beide erst einmal in Einklang bringen. Wobei es anders sein könnte, wenn der Staat bessere Rahmenbedingungen schaffen würde, wie zum Beispiel Kinderbetreuung."*

„In Skandinavien ist man da mal wieder wesentlich weiter ...", stimmt Christian zu, *„... nicht nur in der Politik. Auch in der Gesellschaft. Kein Problem, nein, selbstverständlich, wenn Väter in Erziehungsurlaub und Elternzeit gehen und auch ein Großteil der Männer nur in Teilzeit arbeitet."*

„*Warum auch nicht?*", frage ich, als ich Jaya nur noch den Kopf schütteln sehe. Das passt alles so gar nicht in seine Welt. „*Wirst schon sehen, Jaya, wart mal ab, wie sich die Dinge in Sri Lanka entwickeln. Deine Tochter hat schon studiert. Die Veränderungen haben begonnen. Denk nochmal an uns drei hier, wenn du deine Enkel erwachsen werden siehst und was sich dann so verändert hat.*"

Christian nickt, hat in der Zeit sein Pfeifchen gestopft und kurbelt grinsend die Scheibe runter.

Wir halten und besuchen eine Manufaktur von Holzdekoration, in der wir zur sichtlichen Enttäuschung der Person, die eine Rundführung mit uns macht, nichts kaufen. Den Besuch in einer Batikfabrik schlagen wir dann auch gleich aus. Der Besichtigung einer Gewürzverarbeitung in Matale stimmen wir zu und bekommen zunächst eine interessante Führung über Pflanzen und ihre Verwendung. Man lässt uns an zerriebenem Limonengras riechen, das uns an eine bekannte Antimückenlotion erinnert, die früher in gelben Flaschen verkauft wurde und genauso wirken soll. In zerriebenen Blättern des sogenannten Currybaums erkennen wir den Geruch eines ebenfalls bekannten Erkältungsbalsams wieder, den man sich vor dem Schlafen auf der Brust verreibt. Wir erfahren, dass Aloe vera und Sandelholz im Aftershave und in Antifaltencremes verwendet werden und Nelken bei Zahnschmerzen helfen. Muskat sei gut für die Verdauung und gegen Sodbrennen, Papaya gut für den Magen, und wilde Ananas seien von Frauen früher zum Abnehmen, aber auch zum Abtreiben verwendet worden. Im dazugehörigen, unglaublich hochpreisigen Shop mit örtlichen Kosmetik- und Gewürzprodukten kaufen wir lediglich ein paar Zimtstangen und Muskatnüsse. Entsprechend kühl fällt die Verabschiedung unseres Führers aus.

Mit dem ebenfalls ausgeschlagenen Besuch eines Edelsteinhändlers kommen wir zwei Stunden vor der geplanten Zeit im Hotel Topaz an. Christian nutzt diese für ein Mittagsschläfchen, ich für ein paar Runden im hoteleigenen Swimmingpool. Aus einer Gruppe Einheimischer, denen die Nutzung des Bades offen steht, traut sich ein Anfang Zwanzigjähriger, mit mir ins Gespräch zu kommen. Nach allgemeinen Fragen, was ich über Sri Lanka und seine Menschen denke und welche Länder ich schon bereist hätte, erzähle ich Waruna, wie der junge Mann heißt, auch vom Grund meiner Reise, diesem Buchprojekt. Es entsteht ein nettes Gespräch über Glauben an Religionen, Schicksal, Karma und Wiedergeburt, das ich leider für unser weiteres Tagesprogramm beenden muss.

Als Nächstes steht die Besichtigung des botanischen Gartens „Henerath-goda" an, für die uns Jaya zwei Stunden Zeit lässt. Christian, der die Anlage noch von der letzten Reise kennt, möchte mir unbedingt die Schlafplätze der großen Flughunde zeigen. Auf dem Weg zum unteren Ende des Parks kommen wir nicht nur an zahlreichen exotischen Bäumen und Pflanzen vorbei, sondern an Dutzenden händchenhaltender Pärchen. Ein Anblick, den wir aus dem normalen Stadtbild so nicht kennen. Die Geräusche eines Trak-tors mit Anhänger, der nach und nach die aufgestellten Mülleimer entleert, scheucht die wie riesige Blätter an den kahlen Ästen aussehenden Flughunde auf. Das scharenhafte Niederlassen an anderen Bäumen scheucht wieder eine Anzahl Tiere auf, die nach dem Anfliegen anderer Bäume auch wieder Artge-nossen aus deren Ruhe bringen. So können wir für eine ganz Zeit am sonni-gen Himmel kreisende Flughunde beobachten und fotografieren.

Zurück am Parkplatz, wartet Jaya schon in der Nähe. Weiter geht die Fahrt Richtung Universitätscampus, wo Jayas ältester Sohn Physik studiert hat und Studentenwohnheime immer noch nach Geschlechtern getrennt werden.

„Wichtig, damit eine Frau ihren guten Charakter behält", klärt Jaya auf.

„Was bitte ist ein guter Charakter?", provoziere ich ein wenig.

„Na, dass eine Frau jungfräulich in die Ehe geht."

Was hätte ich auch anders erwarten sollen? In Deutschland war das früher nicht anders. Da mein Urgroßvater als Gastarbeiter aus dem deutschsprachi-gen Tschechien nicht sofort eine Heiratserlaubnis bekam, wurde mein Großvater unehelich geboren und hat erst nach der Heirat seiner Eltern den Namen seines leiblichen Vaters angenommen. Was litt mein Großvater unter diesem vermeintli-

Einsicht des Tages:
Es gibt unterschiedliche
Charaktere!

chen Makel und unter der Angst, dass sich dies bei seinen Töchtern noch einmal wiederholen könne! Ihm habe ich das nicht sagen können, Jaya kann ich es.

„Weißt du, es gibt da so ein chinesisches Sprichwort: ‚Der Ruf ist das, was du im Lichte bist; der Charakter das, was du im Dunkeln bist.'"

Ein guter Charakter äußert sich doch durch die Liebe, den liebevollen Umgang mit anderen, mit allem. Nur, wie mein Kursleiter Jan Erik Sigdell in seinen Seminaren der Reinkarnationstherapie zu fragen pflegt: *„Was nützt die Liebe, wenn sie nicht gezeigt wird?"*

Früchte schmecken hier nicht nur intensiver, man findet auch ganz neue Sorten.

In Kandy angekommen, besuchen wir die örtliche Markthalle mit ihren vor allem zahlreichen Obst-, Gemüse-, Gewürz- und Fischständen. Bei einem Obsthändler kaufen wir rote Bananen, von denen Jaya uns vorgeschwärmt hatte. Etwas süßer, viermal so teuer, aber eigentlich nicht anders als gelbe Bananen. Nachdem ich noch ein paar mir unbekannte Limonenmangos gekauft habe, lässt uns der Händler viele exotische Früchte probieren, die wir noch nicht kennen. An Gewürzen haben wir kein Interesse, stellen aber fest, dass unsere am Morgen eingekauften Zimtstangen und Muskatnüsse hier für ein Zehntel des Preises angeboten werden. Den Standverkäufern zufolge sind die Gewürzverarbeitungen lediglich eine Geschichte für Touristen.

Auf der Fahrt zur Folkloreschau kommen wir an einem großen Gebäude mit mehreren Stockwerken vorbei.

„*In diesem Hotel kann man sich kostenlos einquartieren*", setzt uns Jaya in Erstaunen. „*Und kostenloses Essen gibt es auch.*" Jaya amüsiert unser Unverständnis. „*Hier kann man sogar für Jahre bleiben.*" Christian schaut mich von der Rückbank hinten rechts schulterzuckend an. Erst als ich die Fenstergitter sehe, fällt der Groschen.

„*Ja, ja, alles klar, Jaya. Ein Knast ist das.*" Nicht schnell genug geschaltet, die Retourkutsche für den Unabhängigkeitstag heute früh, denke ich. Na, warte.

Den wenn auch geringen Eintrittspreis der Folkloreschau müssen Christian und ich selbst bezahlen, da Freikarten mit dem Besuch des Edelsteinhandels verbunden waren, dessen Besuch wir ja abgelehnt hatten. Die Schau besteht ausschließlich aus Trommel- und Tanzdarbietungen und hat laut Christian bedauerlicherweise von Besuch zu Besuch über die Jahre immer mehr an Attraktivität verloren.

Mit beginnender Dämmerung besuchen wir den direkt benachbarten „Śrī Dalada Maligawa", „Tempel des heiligen Zahns". Hier befindet sich Sri Lankas bedeutendste Reliquie: ein angeblich nach der Einäscherung Buddhas aus der Asche geborgener Zahn, der aus Indien eingeschmuggelt worden sein soll. Im Laufe der Verschleppung oder Rückführung, je nach Betrachtungsweise, des Zahns nach Indien, der Wiedererlangung durch Sri Lanka und selbst wegen des Begehrens der portugiesischen Kolonialmacht danach entwickelte sich der Zahn zum Symbol der Souveränität. Dem Besitzer wurde das Recht zugesprochen, über die Insel zu herrschen. Heute ist der Tempel für die sri-lankischen Buddhisten von derart großer Bedeutung, dass es als Pflicht gilt, einmal im Leben zum Tempel des heiligen Zahns zu pilgern. Der Zahn selbst ist nicht zu sehen und wird in einem Schrein in sechs ineinander verschachtelten Kästchen aufbewahrt. Das Kästchen kann man von der Tür aus in etwa drei Meter Abstand zum Altar sehen. Die Wächter achten darauf, dass sich die Menschenmasse derart weiterbewegt, dass niemand länger als ein paar Sekunden einen Blick erhascht. Für uns eigentlich viel spannender war, die bedeutende Sammlung von Ola-Manuskripten, Palmblättern, hergestellt aus der Talipotpalme, aus der Nähe betrachten und fotografieren zu können.

Nach dem Abendbuffet geht Christian früh ins Bett, da morgen eine lange Reise bevorsteht, und ich nutze die kostenlose W-LAN-Verbindung des Hotels zum Internettelefonieren mit meinem Netbook über Skype.

Über Nuwara Eliya zum Yala-Nationalpark

Achter Tag, 5. Februar. Unsere heutige Fahrt geht über Nuwara Eliya hoch in den Bergen bis in den Yala-Nationalpark im Südosten Sri Lankas. Um nicht, wie Christians Bruder, bei einstelligen Temperaturen im Hotel frieren zu müssen, hatten wir eine Übernachtung direkt ausgeschlossen. Nach einer kleinen Rundfahrt durch den Ort mit seinen durch britische Kolonialarchitektur geprägten Bahnhofs- und Hotelgebäuden durchfahren wir die bergigen Teeplantagen (Abb. 36). Tee wird in der Region angepflanzt, nachdem Kaffee, eines der ersten angebauten Gewächse der Engländer, durch eine Seuche auf der ganzen Insel vernichtet worden war.

Heute ist Tee noch immer ein Eckpfeiler der sri-lankischen Wirtschaft und wichtigster Exportartikel. Informationen über die Verarbeitung von Tee bekommen wir in der „Blue Field Company", einer der vielen Teefabriken, die Führungen für Touristen anbieten, die in einem gut bestückten Shop für Teesorten und Zubehör enden. Wir erfahren, dass Teebüsche zur leichteren Ernte auf Hüfthöhe gestutzt werden. Unter 600 Meter wächst Tee schnell, ist aber wenig aromatisch. Über 1200 Meter ist es genau umgekehrt.

Bis vor einigen Jahren kamen die Teepflückerinnen überwiegend aus Indien. Heute sind, zumindest laut „Blue Field Company", alle Kräfte inländischer Herkunft.

Interessant für uns war, dass schwarzer, grüner und weißer Tee von der gleichen Pflanze stammt und sich nur in der Verarbeitung unterscheidet. Beim schwarzen Tee werden Pflanzenblätter fermentiert, das heißt, durch Zerkleinern werden Pflanzenzellen zerstört, und nun getrennte Bestandteile der Teepflanze reagieren zusammen mit Sauerstoff unter Dunkelfärbung und Intensivierung des Aromas. Beim grünen Tee werden Teeblätter luftgetrocknet oder zunächst gedämpft, sodass Inhaltsstoffe, die bei der Fermentierung verloren gehen würden, erhalten bleiben. Für weißen Tee werden nur die ungeöffneten Blattknospen genommen und nur sanft fermentiert, indem er nach kurzem Anwelken zur vollen Aromaentfaltung Phasen des leichten Erhitzens und Abkühlens durchläuft.

Nach der Besichtigung stoppen wir heute für eine Mittagspause, um Jaya etwas Erholung zu gönnen, da noch über die Hälfte der Strecke vor uns liegt. Mit gebuchter Halbpension und reichlichem Abendessen im Hotel möchten wir normalerweise mittags nicht mehr als Bananen, Lemonmangos, Melonen, Mandarinen oder andere Früchte zu uns nehmen. Wir sind uns bewusst, dass unser Fahrer dadurch um sein kostenloses Mittagessen in den Restaurants kommt, in die er sonst andere Touristen bringt, werden ihn aber durch unser Trinkgeld am Ende der Reise entschädigen.

Wir kommen vorbei an einem Wasserfall, in dem Einheimische baden, und dem großen „Lunuganwehera-Stausee", auf dem sie Bootstouren machen.

„Kingfisher, Kingfisher", ruft Jaya beim Anblick eines Eisvogels aus, der auch bei uns in Mitteleuropa vorkommt und vor zwei Jahren sogar Vogel des Jahres war.

„Ja, ja, davon haben wir ganz viele schon in Indien gesehen", zwinkere ich Christian zu. „Fast jeden Tag, Jaya."

„Jeden Tag?", fragt der sofort ungläubig.

„Ja, jeden Tag, vor allem am Abend. Nach dem Essen, wenn es dunkel wurde."

Jaya schaut mich zweifelnd an.

„Wirklich, mindestens zwei, manchmal sogar mehr."

Jaya kratzt sich am Kopf.

„Auf jedem Flaschenetikett", löse ich die Spannung auf. Jaya brüllt vor Lachen, weil er wieder reingefallen ist, gibt es doch die Marke Kingfisher-Bier auch in Sri Lanka.

Unterwegs überholen wir oft denselben Motorroller. Die Straßenarbeiten nötigen uns mehrfach zum langsamen Fahren oder Stoppen. Immer dann zieht der Vater auf seinem Roller, mit dem Sohn vorne und den beiden

Motorräder sind oft ein Transportmittel für die ganze Familie.

Töchtern hinten, an uns vorbei. Als ich die Scheibe runterfahre, um die Familie zu fotografieren, strahlt der Vater, und die Kinder winken mir freundlich zu. Nach ziemlich anstrengender, fast ganztägiger Fahrt kommen wir spätnachmittags im Hotel Elephant Reach an. Nach dem Einzug in zwei schöne Bungalows gehen wir erst mal eine Runde in den Swimmingpool. Wegen des anstrengenden Anreisetags und des geplantem Aufstehens um 4.30 Uhr für unsere Safari verabschieden Christian und ich uns für heute direkt nach dem Abendbuffet. Zurück in meinem Bungalow gegen acht Uhr, treffe ich noch auf den Hotelangestellten, der zum Aufschlagen der Betten unterwegs ist. Auf seine Frage *„Möchten Sie noch eine Massage haben?"* antworte ich, um die Uhrzeit erstaunt, dass wir ja morgen sehr früh rausmüssen.

Einsicht des Tages:
Es ist weit von
Nuwara Eliya bis Yala!

„*Wer, wir? Haben Sie den Bungalow nicht allein?"*

„Doch", antworte ich, *„aber ich reise nicht allein, sondern mit einem Freund, der den übernächsten Bungalow bewohnt."*

Die Frage *„Morgen vielleicht?"* lasse ich mit *„Ja, vielleicht, mal schauen"* so stehen und mache mich noch eine Viertelstunde an meine Tagesnotizen.

Safaritour im Yala-Nationalpark

Neunter Tag, 6. Februar. Um 5.30 Uhr werden Christian und ich an der Rezeption von einem einheimischen Fahrer und einem englischsprachigen Guide abgeholt. Während wir hinten allein Platz nehmen, weist uns der Guide durch die nach hinten offene Fahrerkabine auf bestimmte Tiere hin und den Fahrer an, langsamer zu fahren oder zu halten, wenn wir noch fotografieren möchten. Während der ersten Stunde, in der wir erst einmal in den fast 127.000 Hektar großen Park gelangen müssen, ist es noch dunkel.

„Stell dir mal vor, Oliver", gähnt Christian, *„da kam doch gestern so einer vom Hotel und wollte mir einen Boy andrehen. Muss so um kurz nach acht gewesen sein."* Das wird der gewesen sein, der mich angesprochen hatte. Dann hatte er wohl *„Freund"* so falsch verstanden wie ich *„Massage".*

Die Safari, eine der Hauptattraktionen Sri Lankas, dauert bis in den Vormittag hinein. Wir durchqueren Buschwerk, trockene Gras- sowie Felsenlandschaften, Seen und Brackwasserlagunen. Wir sichten einzelne Elefanten, eine Herde Wasserbüffel, eine Gruppe Axishirsche, hin und wieder Krokodile, mal einen Waran, mal Marabus, mal einen blauen gefiederten Pfau mit prächtigem Federrad und kleine grüne Vögel, die sich „Smaragdspinte" nennen. Einen Leoparden zu sehen und die Deckung verlassend fotografieren zu können soll ein großes Glück für uns gewesen sein. Weniger glücklich finden wir, dass es durch die über Funk herbeigerufenen Dutzende andere Jeeps für Minuten auf der engen Straße weder ein Vor- noch ein Zurückkommen gibt. Ziemlich eingestaubt bekommen wir, zurück im Hotel, noch ein Frühstück, bevor wir nach dem Umziehen zu Ende packen.

Fahrt nach Dickwella

Nach dem Check-out geht es mittags weiter Richtung Dickwella, knapp 20 Kilometer westlich von Matara im Süden Sri Lankas gelegen. Am frühen Nachmittag im paradiesischen Hotel Dickwella Village (Abb. 37) angekommen, verabreden wir uns mit Jaya für abends auf einen Arak, einen Palmenschnaps, der Whisky im Geschmack ähnelt. Vor einem nachmittäglichen Strandspaziergang telefoniere ich von der Rezeption kurz mit der Palmblattbibliothek in Colombo, in die wir morgen noch einmal vor unserer Abreise zurückkehren wollen. Wir könnten dort nicht nur Christians Kassette abholen, sondern Mr Jaisankar sei aus Indien zurück und ich könne ihn treffen, wird mir zu meiner Freude mitgeteilt.

Als wir gegen 17.00 Uhr entlang der östlichen, direkt neben dem Hotel liegenden Bucht mit ihren breiten Stränden schlendern und die Sonne nicht mehr so heiß am Himmel steht, beschließen wir, endlich mal im Indischen Ozean schwimmen zu gehen. Eine so starke Strömung habe ich noch nie erlebt. Nach zwei Wellen, die wir überquert haben, sind wir plötzlich unheimlich weit vom Strand entfernt.

Einsicht des Tages:
Nicht die Kräfte der
Natur unterschätzen!

Sofort mit aller Kraft zur Bucht zurückgeschwommen, entschließen wir uns, lieber im ruhigen Pool des Hotels unsere Zeit im Wasser zu verbringen. Später hole ich Jaya dann an der Rezeption ab, und wir rücken die Sessel auf den Terrassen zwischen Christians und meinem Bungalow zusammen. Jaya war es nicht gewohnt, Arak ohne Snacks und Knabbereien und vor allem pur, ohne Wasser, zu trinken, wie wir es taten. Nach einem netten Austausch über unsere Kulturen und noch einmal über die unterschiedlichen Rollen von Männern und Frauen in den Gesellschaften macht sich Jaya wieder auf den Weg in sein Hotel. Eine Einladung zum Abendessen hatte er ausgeschlagen, und so machen wir uns allein mit großer Vorfreude auf den Weg zum angekündigten Seafoodbuffet.

Zehnter Tag, 7. Februar. Kurz vor der geglaubten Weckzeit wach geworden, aufgestanden und geduscht, merke ich, dass ich eine ganze Stunde zu früh dran bin. So beschließe ich, die Zeit für einen frühmorgendlichen Spaziergang in der westlich, direkt neben dem Hotel gelegenen Bucht zu nutzen. Angenehm ist, dass sämtliche sonst so lästigen Strandverkäufer noch schlafen und ich unbehelligt meine Zeit genießen kann. Es ist wunderschön am menschenleeren Palmenstrand, noch bevor die Sonne zu heiß ist, als dass man mit nackten Füßen durch das Brandungswasser spazieren kann.

Die Rückkehr nach Colombo

Auf den eigentlich auf dem Rückweg Richtung Colombo vorgesehenen Stopp in einer Schildkrötenaufzuchtstation in Welligama verzichten wir, auf das portugiesische Fort in Galle werfen wir nur einen kurzen Blick, um pünktlich um 16.00 Uhr in der Bibliothek anzukommen und Mr Jaisankar zu treffen. Wegen stirnhöhlen- beziehungsweise nasennebenhöhlentypischen Kopfschmerzen, die ich bei Erkältungen schon mal bekomme, fahren wir etliche Apotheken an. Leider ist das in Deutschland gängige Medikament hier vollkommen unbekannt, und man will mir alle möglichen Alternativen verkaufen. Statt etwas Sekretlösendem von Sekretfestigendem über Antibiotika, Antibakterielles bis zum Penicillin. Speziellere Medikamente aus Europa mitzunehmen empfiehlt sich also ebenso, wie vor dem Kauf in solchen Ländern den Beipackzettel mit den Produkteigenschaften zu lesen.

Dem Vorschlag, Jayas Familie kurz kennenzulernen, die auf dem Weg wohnt, können wir natürlich nicht widersprechen. Seine Frau, die Schwiegermutter, der jüngere Sohn und seine Tochter leben in einem sehr einfachen, aber sauberen Haus. Es ist offensichtlich, dass das Studium der Physik des Sohnes in Colombo und Mikrobiologie der Tochter in Bangalore einen hohen Stellenwert, aber auch eine hohe finanzielle Belastung für die Familie bedeutet. Wir trinken nett eine Tasse Tee zusammen und probieren den mit Zucker versüßten, für Süd-Sri-Lanka typischen Büffeljoghurt. Jaya hatte diesen auf dem Weg zum Yala-Nationalpark unterwegs vorbestellt und auf dem Rückweg für seine Familie und seine Schwester abgeholt.

Ob Christian schon Enkel und ich schon Kinder habe, wird natürlich gefragt. Ich erwidere, dass ich geschieden bin, mir zwar Kinder gewünscht hatte, aber nun sehr froh bin, dass es nicht so gekommen ist. Ishara, Jayas Tochter, zeigt sich körpersprachlich emotional betroffen, wie Christian später im Auto erklärt.

„Dafür hast du deine Freiheit wieder", überrascht uns ihre Antwort dennoch. Die Veränderungen in der Gesellschaft von Sri Lanka haben also schon begonnen.

Jaya begrüßt gerade einen Nachbarn im Garten, als uns seine Frau fragt, was wir von Sri Lanka gesehen haben, was wir von den Menschen denken und ob ihr Mann einen guten Job gemacht habe. Wir loben natürlich das Land und seine Menschen und die Fahrkünste von Jaya.

„Wir haben viel mit deinem Vater gelacht", erklärt Christian Ishara.

„Gelacht?", schaut Ishara ungläubig drein. *„… mit meinem Vater?"*

Wir erinnern uns wieder an die Diskussionen von vor drei Tagen. Bei aller Sympathie für Jaya, leicht hat sie es als Tochter ganz bestimmt nicht.

Nach herzlicher Verabschiedung muss Jaya die letzte Stunde der Rückfahrt sehr aufs Gas treten, damit wir pünktlich zu unserem Termin kommen. Schnell wird noch ein frisches Hemd angezogen. Wir sind fast pünktlich. Aber unsere Mühe soll nicht belohnt werden. Unsere erste Enttäuschung besteht darin, dass man für Christian nicht alle zwölf gewünschten Kapitel übersetzt hat. Lediglich die sieben, auf die sich Arul und Christian wegen des ursprünglichen Zeitdrucks verständigt hatten. Die anderen seien in der Bibliothek in Indien, derzeit also nicht verfügbar und müssten erst nach Sri Lanka mitgebracht werden. Was meine Interviewfragen betrifft, wer ist nicht da? Mr Jaisankar.

Einsicht des Tages:
Manchmal nützt die
beste Planung nichts!

Mit dem Handy, das mir einer seiner Leser freundlicherweise leiht, kann ich immerhin kurz mit ihm sprechen. Er beteuert mir, alle meine Interviewfragen zu beantworten, die ich ihm auch nach Rückkehr von Deutschland aus noch mailen könne. Leider kamen diese trotz weiterer Bitte per SMS und E-Mail an ihn bis zur viel späteren Fertigstellung des Manuskriptes nicht an.

Jaya fährt uns anschließend ins Hotel Ramada Katunayake in der Nähe des Flughafens, wo wir auch zu Abend essen können. Mit nur noch einem weiteren Gast scheinen die insgesamt sechs Kellner etwas verloren. Zwischen den Gängen des Menüs gesellt sich der Oberkellner gern zum Smalltalk zu uns. Anschließend ebenso der Koch. Nicht, um zu wissen, ob sein Essen gut war, sondern weil sich bis zu ihm herumgesprochen hat, dass Christian aus der Schweiz kommt und der Koch erzählen wollte, dass seine Frau dort für eine Zeit in der Gastronomie gearbeitet und er sie schon in Europa besucht hat.

16. Skizzierung und Adressen der Sri-Lanka-Rundreise

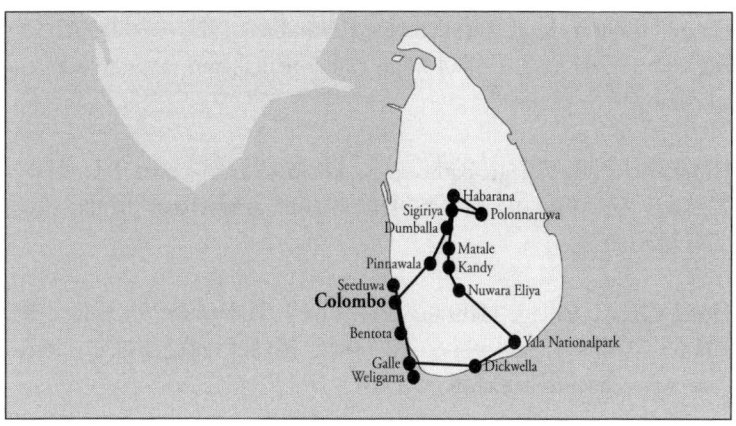

Nach Landung in Colombo noch am ersten Tag per Leihwagen mit Fahrer Ausflug nach Bentota. Nach einem ersten Besuch der Palmblattbibliothek Start einer Rundreise per Leihwagen mit Fahrer. Über Pinnawala und Dumballa nach Habarana. Tagesausflug nach Polonnaruwa und Sigiriya. Weiterreise über Matale nach Kandy. Über Nuwara Eliya zum Yala-Nationalpark. Weiterreise nach Dickwella. Über Galle zurück nach Colombo zum zweiten Besuch der Palmblattbibliothek. Nach Übernachtung in Seeduwa Weiterflug über Singapur nach Denpasar auf Bali.

Adressen der Palmblattbibliotheken:

Palmblattbibliothek von Colombo: Shri Kowsika Agasthiya Nadi Astrological Bureau, Dr. P. Jaisankar, No. 19 1/1 Kotalawela Mawatha, Bambalapitiya, **Colombo** 04, Tel. +94-11-2586-180, -208, Fax +94-11-2508909, Handy 0759310900

Palmblattbibliothek des Partners von Mr Jaisankar nach Umzug von Sri Lanka nach Chennai, Indien: Nadi Jothida Kalanjiyam, K. Kalyana Sundaram, Nadi Astrologer, No. 2, First Floor, M.G. Road (Nähe Adyar Bus Depot), Adyar, Chennai – 600 041, Tamil Nadu, India, Tel.: +91-44-24900984, Handy 09840546464, E-Mail info@kalyananadiastrologer.com

Hoteladressen alphabetisch nach Orten:

Grand Oriental Hotel, 2, York Street, **Colombo** 01, Tel. +94-11-2320320, Fax +94-11-2447640, E-Mail info@grandoriental.com, www.grandoriental.com

Hotel Dickwella Village, Batheegama, **Dickwella**, Sri Lanka, Tel. +94-41-2255271/272, Fax +94-41-2255410, E-Mail dickwella@sltnet.lk, www.dickwella.net

Hotel Chaaya Village Habrana, P.O. Box 1, **Habarana**, Sri Lanka, Tel. +94-66-2270047, Fax +94-66-2270046, E-Mail village@chaayahotels.com, www.chaayahotels.com

Hotel Topaz, Anniewatte, **Kandy**, Tel. +94-81-2224150, 2233099, 2224172, 2232326-8, 4473551-5, Fax +94-81-4471895, 2232073, E-Mail topaz@mclarenshotels.lk

Hotel Ramada Katunayake, 842, Negombo Road, **Seeduwa**, Tel. +94-11-225-3646, -3647, -8429, -8430, Fax +94-11-2254157, E-Mail info@ramadakatunayake.com, www.ramadakatunayake.com

Hotel Elephant Reach Yala, Yala Junction, Kirinda, **Tissamaharama**, Tel. +94-47-5677544-5, Fax +94-47-4378191, E-Mail elephantreach@sltnet.lk, www.elephantreach.com

Adresse der Reiseagentur:

Reiseagentur Ceylon Tours Ltd., 8A, Sir Ernest de Silva Mawatha, **Colombo** 07, Tel. +94-11-5531611, 2574589, 5564300, Fax +94-11-5531606, 2565794, E-Mail info@ceylontours.com, clntours@llstnet.lk, www.ceylontours.com; Director Operations Lal Wijekulasuriya, lal@ceylontours.com, lalwij@hotmail.com

III. Die Reise zur Palmblattbibliothek auf Bali

17. Reise nach Gianyar

Flug nach und Aufenthalt in Kuta

Elfter Tag, 8. Februar. Um 2.30 Uhr klingelt das Telefon, das direkt neben dem Bett steht, mit dem erbetenen Weckruf. Dadurch werde ich förmlich aus dem Schlaf gerissen. Eine halbe Stunde später treffen wir Jaya für die zwanzigminütige Fahrt zum Flughafen, wo man angeblich vier Stunden vor Abflug einchecken sollte. Nach einer herzlichen Verabschiedung beginnt die lange Zeit des Wartens und des Fluges.

In Singapur angekommen, müssen wir für den Weiterflug mit einer Schnellbahn von Terminal 1 zu Terminal 3 wechseln und uns wegen des Wechselns der Fluggesellschaft noch einen neuen Boardingpass besorgen. Der Flughafen in Singapur hat nicht die Annehmlichkeit wie in Doha, kostenlos mit dem Netbook Verbindung zum Internet zu bekommen. Dafür hat er den Vorteil, dass der Boden mit Teppich belegt ist, was viele nutzen, um sich hinzulegen.

Tipp: Fotos der Reise durch Bali finden Sie im Internet unter: www.schicksalsbibliotheken.de.

Mittags kommen wir ermüdet im schwülen Denpasar auf Bali an. Während ich beim Gepäck warte, überquert Christian die Straße zum gegenüberliegenden Parkplatz, da die Taxifahrer vor dem Flughafengebäude für ihre unverhältnismäßigen Preise bekannt sind. Auch dort nicht anders, fordert der erste Fahrer für die Strecke zum „un's Hotel" rund 40 Euro. Dem zweiten Taxifahrer erzählt Christian gleich, dass er schon öfter in Bali gewesen ist. Zum Hotel solle er die Strecke am Matahari-Kaufhaus vorbei, dann die Einbahnstraße parallel zum Strand und dann rechts am Mini Market die Benesari-Straße nehmen. So zahlen wir auch nur die üblichen umgerechnet 5 Euro.

Kuta ist stark auf ein konsumfreudiges und erlebnisin-

Einsicht des Tages:
Kuta hat wenig mit dem herkömmlichen Bali gemein!

235

teressiertes Publikum, vor allem aber auf Surfer aus dem nahen Australien ausgerichtet. Die zahlreichen Strandverkäufer, Diskothekenwerber, Straßenhändler, Masseusen und in der Gastronomie oder Reinigung tätige Kräfte kommen zum großen Teil gar nicht aus Bali, sondern von ärmeren Inseln Indonesiens.

Im Hotel angekommen, treffen wir kurze Zeit später auch Roman Gerber, einen Schweizer Aussteiger, dessen Tochter das Ein-Stern-Hotel nach vier Jahren Schweizer Hotelfachschule heute führt. Für Christian war das Hotel bei der letzten Reise eine guter Ausgangsort. Mir wäre nach dem stressigen Flug die Weiterfahrt bis nach Ubud zu lang gewesen. Bei Reservierungen im „un's Hotel" muss man jedoch auf zwei Dinge achten. Zum einen Räume auf der linken Seite nehmen, neben der rechten führt die Straße zum Strand, wo permanent laufende Mofas einem den Schlaf rauben. Zum anderen darauf, ein Zimmer mit Doppelbett zu bekommen. Mir wäre die Bettbreite gar nicht so wichtig, aber die Einzelbetten sind bei meinen 1,83 Zentimetern Körpergröße so kurz, dass nicht nur die Füße überstehen, sondern die Fußrücken bei Bauchlage auf einem matratzenbündigen Holzrahmen liegen. Leider hatte ich, trotz gegenteiliger Reservierung, in der ersten Nacht genau solch ein Zimmer beziehungsweise Bett und konnte erst am nächsten Morgen das Zimmer tauschen.

Im Gegensatz zu vielen anderen Hotels auf Bali hat das „un's" aber heißes Wasser am Waschbecken und einen Siphonstopfen, was das Rasieren erleichtert. Vorteil ist auch, dass sich direkt vor dem Hotel ein 24 Stunden geöffneter Lebensmittelshop befindet. Und dass in der Straße vom Hotel, Richtung Innenstadt, in der ersten Gasse links eine Wäscherei vorhanden ist, die für das Waschen, Trocknen und Bügeln von Hemden oder Hosen nur unglaubliche 20 Cent berechnet. Mindestens einen Tag vor dem Rückflug genutzt, kann man also mit sauberer Wäsche heimkehren.

Zwölfter Tag, 9. Februar. Nach dem Frühstück besprechen wir die möglichen Reiserouten. Wir entscheiden uns gegen die Option, nach dem Termin in Ubud vom Nordwesten bei Mejangan die Nordküste östlich hinunter bis nach Lombok zu fahren. Selbst mit dem Schnellboot von Lombok nach Kuta in wenigen Stunden zurück ist die Zeit eigentlich zu knapp und der Aufenthalt damit zu stressig. Wir kippen Lombok und planen stattdessen, umgekehrt von Ubud nach Tulamben zum Wracktauchen und dann nach Batur und Besakih zu fahren. Ausklingen lassen wollen wir die Reise mit Tauch- und Schnorchelmöglichkeiten im paradiesischen Pemuteran bei Mejangan in einem komfortablen Resort mit gepflegtem eigenem Strand, das Christian schon kennt (Skizze der Route siehe Seite 306).

Nach der Planung besuchen wir ein Büro, wo Christians Mitreisender vom letzten Urlaub während seiner häufigen Aufenthalte immer ein Auto für 50 Euro am Tag beziehungsweise mit Fahrer für 65 Euro pro Tag gemietet hat. Da ich mich erinnere, dass wir in Sri Lanka 28 Euro pro Tag berechnet bekommen haben, der Fahrer Übernachtungskosten hatte und Indonesien 20 bis 30 Prozent günstiger ist, halte ich das für einen nicht so guten Preis. Dennoch lasse ich mich von Carstens Argumenten überzeugen, dass sein Begleiter den Preis erst nach zwei Stunden zähem Verhandeln erzielt hatte, dies, laut Carstens befreundetem Inhaber vom „un's Hotel" ein guter Preis sei und der Fahrer immer zuverlässig und mehr als pünktlich angekommen sei. Da unser Fahrer Ketut nicht an den von uns besuchen Orten übernachten, sondern abends zurück nach Kuta fahren wird, werden nur die Tage mit Fahrten berechnet. Das macht Sinn, da die Strecken auf Bali zum einen nicht allzu lang sind und wir zum anderen mehrere Tage an einem Ort bleiben, ohne ein eigenes Fahrzeug zu benötigen. Nachdem wir uns handelseinig geworden sind, ist Ketut so freundlich, die Christian schon bekannten Hotels seiner letzten Reise anzurufen und überall zwei Einzelzimmer zu den alten Konditionen zu reservieren.

Den restlichen Tag in Kuta verbringen wir neben Lesen und Schwimmen am Pool lediglich mit dem Besuch im Kaufhaus Matahari. Hier gibt es Festpreise und eine gute Qualität der Textilien. Wie geplant decken wir uns

Einsicht des Tages:
Nicht so viel alten Ballast
mit sich rumschleppen!

preisgünstig mit neuer Garderobe ein. Abends gehen wir an den Strand, wo man zum Sonnenuntergang zu den gekauften Getränken einen Stuhl aufgestellt bekommt. Eindrucksvoll scheint die Sonne wie ein orangeroter Feuerball im Meer zu versinken.

Fahrt nach Ubud und Weiterfahrt nach Gianyar

Dreizehnter Tag, 10. Februar. Pünktlich werden wir von unserem Fahrer Ketut am „un's Hotel" abgeholt. Die Fahrt nach Ubud, zur Adresse von Wayan Kasta, dauert etwa anderthalb Stunden. Das Hinterland mit seinen Dörfern, Bergen und Reisfeldern (Abb. 39) hat wenig mit dem touristischen Kuta zu tun. Als wir das Fly Café in Ubud finden, klingeln wir am benachbarten Gebäude.

Wayan begrüßt uns herzlich. Er ist traditionell balinesisch mit Sarong gekleidet und trägt die für Zeremonien und Festlichkeiten übliche Kopfbedeckung Udeng. Auch für uns hat er lange Sarongs mitgebracht, die wir vor der Begegnung mit dem Priester über die Hose um die Hüfte wickeln können.

Ketut, der uns am nächsten Tag erst wieder in Ubud abholen soll, macht sich auf den Rückweg nach Kuta, während wir unsere Fahrt mit Wayan nach Gianyar fortsetzen. Während der anderthalbstündigen Fahrt erzählt uns Wayan stolz, dass im Herbst vor zwei Jahren für den von Brad Pitt produzierten Film „Eat, Pray, Love" mit Julia Roberts und Javier Bardem auf Bali gedreht wurde. In dem letztes Jahr angelaufenen Film geht es um eine junge New Yorkerin auf der Balancesuche zwischen innerem und äußerem Glück, die auf Bali schließlich die Liebe findet. Die lange Strecke bis Gianyar nutze ich, um die ersten Fragen über die Palmblattlesungen in Bali zu stellen.

Interview mit dem Übersetzer Wayan Kasta

Oliver Drewes: Wayan, wie lange übersetzt du eigentlich schon für den Palmblattleser?

Wayan Kasta: Ich übersetze Lesungen seit 2007. In Bali werden Lontarlesungen schätzungsweise seit dem 7. Jahrhundert gemacht. Ich habe lange Zeit nach Lesern auf Bali gesucht und den letzten in der Person von Ida Pedanda Madé Ngenjung in Gianyar gefunden. Es gab noch einen anderen, aber nach seinem Tod wurde die Tradition dort nicht fortgeführt. So bringe ich jetzt Einzelpersonen und Gruppen nach Gianyar.

Oliver Drewes: Für wie viele Ausländer machst du jedes Jahr Übersetzungen?

238

Wayan Kasta: *Das dürften so fünfzig bis siebzig Leute jährlich sein.*

Oliver Drewes: Kann es auch vorkommen, dass es manchmal keine Informationen für jemanden gibt?

Wayan Kasta: *Es kommt schon mal vor, dass jemand keine Informationen bekommt. Aber weniger, weil sie nicht da wären, sondern mehr, weil der Leser sie dem Besucher wegen eigenen Vorbehalten nicht gibt. Das kann aber mit Ausländern genauso wie mit Einheimischen passieren.*

Oliver Drewes: Wie alt ist der Leser und hat er Nachfolger?

Wayan Kasta: *Der Leser ist 89 Jahre alt. Er weiß nicht, ob einer seiner beiden Söhne seine Arbeit fortsetzen wird. Der dafür vorgesehene Sohn hat noch nicht alle benötigten Fähigkeiten, sein sogenanntes Drittes Auge ist noch verschlossen. Beide Söhne haben aber Kawi gelernt, die Sprache, in der die ursprünglich aus den Palmblättern stammenden Informationen heute geschrieben sind.*

Oliver Drewes: Was war die Originalsprache und was meinst du mit „ursprünglich aus den Palmblättern stammenden Informationen"?

Wayan Kasta: *Die ursprüngliche Sprache war Sanskrit. In der Bibliothek von Ida Pedanda Madé Ngenjung wurden die Inhalte der Palmblätter in Kawi abgeschrieben. In der Lesung wird der Priester daher aus Kawi ins Balinesische übersetzen (Abb. 31). Ich werde das in Balinesisch aufschreiben und dir anschließend erst auf Englisch vortragen.*

Oliver Drewes: Was ist der Grund, dass in dieser Bibliothek keine Palmblätter mehr genutzt werden? Man hätte vom Zerfall bedrohte doch wieder auf frische Palmblätter schreiben können, so wie man das in Indien auch macht.

Wayan Kasta: *Die ursprünglichen Blätter existieren auch noch. Die Informationen wurden nicht wieder auf Palmblätter übertragen, weil die Blätter von einer ganz bestimmten Palme kommen, die heute auf Bali nur noch schwer zu finden ist. Wenn heute noch etwas auf Palmblätter geschrieben wird, dann auf solche, die erst nach Bali importiert werden mussten.*

Oliver Drewes: Sind die Palmblätter auf Bali Kopien von einer Bibliothek aus Indien? Oder ist eine indische Bibliothek nach Bali gezogen?

Wayan Kasta: *Das Original ist ein heiliges Buch. „Lontar" ist die Bezeichnung für „Buch". Deshalb sprechen wir ja hier auch von „Lontarlesungen". „Lontar lesen" heißt, das „heilige Buch zu lesen". Und dieses wurde vom Rishi Agastya nach Bali gebracht.*

Oliver Drewes: Auf den Rishi Agasty geht das Lontarlesen also zurück. Nur auf ihn oder auch auf einen anderen der sieben indischen Rishis? Ich meine, hatten alle Bibliotheken auf Bali denselben Ursprung, beziehen sie sich auf denselben Rishi?

Wayan Kasta: Nur der Rishi Agastya kam nach Indonesien. Er besuchte Java, Sumatra, Borneo und eben Bali.

Oliver Drewes: Heißt das, dass auch auf anderen indonesischen Inseln Palmblattbibliotheken gefunden werden können?

Wayan Kasta: Nein, Agastya hat sein Buch nur in Bali gelassen. Hier hat er einen anderen Namen bekommen, wir nennen ihn Ida Pedanda Gakti Wawu Rawutt.

Oliver Drewes: Der Name unseres Lesers beginnt auch mit Ida Pedanda. Ist das so eine Art Titel?

Wayan Kasta: „Ida Pedanda" heißt „Brahmane", „Mitglied der obersten Klasse". Vielleicht hast du gehört, dass wir hier immer noch vier Klassen unterscheiden. Gemischte Ehen sind heute kein Problem mehr, aber das wird nicht wirklich gern von den Familien gesehen.

Religiöse Traditionen werden besonders, aber nicht nur an Feiertagen gepflegt.

18. Die Palmbibliothek in Gianyar

Kennenlernen des Priesters Madé Ngenjung

D er Priester empfängt uns in einer Stätte tempelähnlicher Architektur aus schwarzem Vulkangestein (Abb. 30), kombiniert mit säulengestützten Überdachungen, die offene Räume formen und einen Innenhof bilden. Im linken Teil mit roten Bodenfliesen befindet sich sein mit Schriften und Büchern bedeckter Schreibtisch zwischen Vitrinen, aufgehängten Kalendern und alten Fotos. Holztüren scheinen in privatere Bereiche zu führen. Am Ende schließt sich eine offene Küche an, in der zwei bis drei Frauen mit der Essenszubereitung beschäftigt scheinen. Zum Hof hin sowie entlang des mittleren Gebäudeteils hängen Dutzende von Käfigen (Abb. 32). Jeder Mensch hat seinen ihn symbolisierenden Vogel.

Nach balinesischem Hindu-Dharma-Glauben, einer einzigartigen Mischung aus Hinduismus mit Elementen des Mahayana-Buddhismus und altmalaiischen Glaubensvorstellungen, der über 90 Prozent der Bevölkerung anhängen, tragen diese Vögel die Seelen der Verstorbenen in die andere Welt. Anhand des Verhaltens der Vögel liest der Priester ab, wann zum Beispiel der richtige Zeitpunkt für eine Beerdigung des Toten ist.

Der rechte Teil des Gebäudes mit weißen Bodenfliesen und Altären dient dem zeremoniellen Teil. Hier werden Utensilien für rituelle und religiöse Praktiken aufbewahrt. Ida Pedanda Madé Ngenjung selbst ist ein ergrauter Mann, dem man sein Alter nicht ansieht. Seine Haare sind streng nach hinten zu einem Knoten am Hinterkopf befestigt. Er trägt eine Brille und einen Oberlippenbart. Über seinem grünen, grob karierten Sarong trägt er ein weißes Hemd mit Stehkragen.

Meine Palmblattlesung

Meine Lesung dauert etwa eine Stunde. Wayan war im Vorfeld außer meinem Namen nur mein Geburtsdatum genannt worden. Zunächst kann ich nur gespannt lauschen und beobachten, wie Wayan die Übersetzungen ins Balinesische zu Papier bringt. Anschließend versucht er die richtigen Worte im Englischen zu finden.

„In der Lesung haben wir herausgefunden, dass du an einem Freitag geboren wurdest. Freitag, paing pahang. " Auf spätere Nachfrage per E-Mail antwortet Wayan: „Paing kommt aus der Einteilung in fünf gute oder schlechte Charakteristika. Der Begriff ‚Pancawara‘ setzt sich aus panca, ‚fünf‘, und wara, ‚gute oder schlechte Eigenschaft‘, zusammen. Die fünf Pancawara sind erstens Umanis, zweitens Paing, drittens Pon, viertens Wage und fünftens Keliwon. ‚Pahang‘ steht für den Dreißig-Tage-Kreislauf im balinesischen Uku-Kalender. " In der Lesung fährt Wayan fort: „Für jeden geborenen Menschen haben wir Symbole. Dein Gottsymbol ist ‚Batara Sangkara‘. " Ich recherchiere das, später zurück in Deutschland, als „Hüter von Aussaat und Anpflanzung" und damit auch der Ernte.

Wayan übersetzt weiter: „Das ist der dir zugeordnete Gott. Das ist ein personenbezogenes Symbol. Es bedeutet, dass Menschen, die mit diesem Symbol geboren wurden, sehr erfahren sind, viel vorhaben und ein langes und leichtes Leben anstreben. Das ist die Bedeutung des Symbols ‚Batara‘. Für die Zukunft ihres Lebens haben sich Menschen mit dem Batara-Symbol viel vorgenommen. Auf der anderen Seite des ‚Dewa‘, des männlichen Gottheitssymbols, haben wir ‚Dewi‘, das weibliche Gottheitssymbol. Dein persönliches Symbol nennen wir ‚Batari‘. Du hast also einige ‚Dewi‘-Charakteristika. Du bist sehr, sehr clever, hast aber auch eine Schwäche in deiner Persönlichkeit. Du bist auf der einen Seite ein sehr sensibler Mensch, auf der anderen Seite auch sehr schwach in der Standfestigkeit einer Position. In was für einer Position, werden wir später sehen.

Dein allgemeines, dein Persönlichkeitssymbol ist ‚Widyadari sancitradewa‘. Darin geborene Personen sind sehr vorsichtig in ihren Entscheidungen. Aber 90 Prozent ihrer Entscheidungen sind in der Regel sehr erfolgreich. Und du hast eine sehr gute Menschenkenntnis. Personen zu ‚lesen‘ und zu ‚interpretieren‘ ist sehr einfach für dich. Das ist auch der Grund, warum du sehr vorsichtig mit Freundschaften bist.

Was das spirituelle Symbol angeht, ist dir ‚Lembu‘, das Büffelsymbol, zugeordnet. Diese Menschen haben eine sehr starke Persönlichkeit. Und sie sind entscheidungsstark, sehr stark. Niemand kann ihre Entscheidungen in Frage stellen. Sie stehen unumstößlich fest. Gerade diese Menschen müssen aber vorsichtig sein, denn sie haben viele Neider. Es ist auch der Neid anderer, dessentwegen dir bestimmte Dinge passieren. Und du hast eine sehr gute Lebenseinstellung und ein großes Geschick, hilfreiche Fertigkeiten. Du kannst sehr gut die Balance halten, nicht zur einen, nicht zur anderen Seite tendieren, sondern in der Mitte *bleiben. Und du bist auch in der Mitte deines Lebens, ja? In der Mitte seines Lebens verliert man viel von seiner Persönlichkeit. Aber das ist allgemein so. Das sind jetzt auch erst mal globale Informationen für den Augenblick. Später werde ich mehr über dich lesen, über deine Persönlichkeit.*

Schauen wir zunächst auf das Leben, das du vor diesem gehabt hast. Du kommst aus einer Familie mit Menschen, die viel von Architektur verstehen. Architektur, Gebäude, Handwerk. Und du hast sehr viel gemeinwohlorientiert gearbeitet. Wir reden jetzt nur von deinem vergangenen Leben, nicht von deinem aktuellen. Architektur war die Tätigkeit der Generationen davor, du kannst deinen Vater und Großvater fragen."

Habe ich vorher nur zugehört, hake ich jetzt nach, wie das gemeint ist, ob wir noch im vorherigen oder jetzigen Leben sind, und Wayan erklärt: *„Es geht um dein vergangenes Leben, aber nun bist du wieder in diese Familie geboren worden. Wir glauben, du hast hier wieder reinkarniert. Du hast schon vier Leben vor diesem gehabt. Dies ist deine fünfte Inkarnation. Zuletzt warst du dein Urgroßvater, und zwar aus der väterlichen Linie. Hier auf Bali glauben wir, dass jeder siebenmal inkarniert. Aber es kann auch sein, wenn alles im Leben gut ist, dass es vorher zum Ende kommt. Dann muss es nicht sieben Male sein. Dann kann es mit fünf auch gut sein. Dann geht Atman, also die Seele, zurück zu Gott, zu Paramatma. Die Anzahl der Wiedergeburten hängt also vom Karma einer Person ab.*

Tipp: Fotos der Lesung in Bali finden Sie im Internet unter: www.schicksalsbibliotheken.de.

Kommen wir wieder zurück zu deinem heutigen Leben. In diesem Leben warst du weitestgehend erfolgreich. Du hattest dir vor deiner Geburt vorgenommen, dass du etwas viel, viel Besseres aus deinem Leben machst. Speziell in diesem Leben kümmerst du dich mehr um universelle Angelegenheiten, globalere. Dein Leben ist sehr erfolgreich, aber es wird sich auch etwas ereignen im Alter zwischen 40 und 50 Jahren. In der Zeit wirst du ein Problem haben. Was das ist, werden wir später noch sehen.

Der Weg, den du eingeschlagen hast, ist gut. Es steht hier geschrieben, dass Schreiben oder Leiten deine Tätigkeit ist. Schreiben oder anleiten, den Menschen eine Menge Informationen geben. Wenn du das also tun möchtest, mach es weiter."

An der Stelle unterbreche ich wieder. Ich frage nach, ob es explizit so da steht, dass meine Tätigkeit Schreiben wäre. Oder ob da vielleicht nur stünde, ich solle weiter tun, was ich gerade tue, und er hätte aus meinen Erzählungen von der Hinfahrt „weiter schreiben" aus „weiter tun" gemacht.

„*Nein, nein, hier steht ‚schreiben'*", versichert Wayan und übersetzt weiter: „*Traue deinen engen Freunden, das ist gut, aber nicht zu viel.*

Dein Leben ist unkompliziert. Du fühlst dich glücklich, solltest aber nicht die Kontrolle verlieren, wenn etwas Bestimmtes in deinem Leben geschieht. Wenn du deine jetzige Tätigkeit fortsetzt, wird das nur bis zum 65. Lebensjahr gehen. Also die Tätigkeit, die du derzeit ausübst. Also mehr oder weniger 15 oder 20 Jahre. Danach wirst du deine Tätigkeit wechseln. Aber es ist kein Problem, etwas anderes zu machen. Eine Menge Leute sind daran interessiert, mit dir zu arbeiten. Denn dein Holz-Symbol, dein Baum-Symbol, das wir ‚Kepuh' nennen, den heiligen Baum in Bali, sagt, dass alles gut wird.

Die Bedeutung dieses Baumes ist, dass seine Menschen beschützt sind. Im Schatten des Baumes kannst du dich sicher fühlen. Menschen mit dem Baum-Symbol sind gute Anführer. Das ist eine gute Position für dich. Eine sehr erfolgreiche. Das ist die Bedeutung des Holz-Symbols. Ist das verständlich?

Dein Vogel-Symbol, das ist ‚Titiran'. Das ist ein kleiner Vogel, der aber einen sehr schönen Klang hat. In deinem Leben ist Sprache wichtig. Du wirst mit Sprache Geld verdienen. Menschen vertrauen darauf, was du sagst. Du hast ein Talent zu erzählen.

Deine finanziellen Angelegenheiten sind in Ordnung. Damit hast du keine Probleme. In deinem letzten Lebenszeitraum war die finanzielle Situation sehr gut.

Was das Thema Krankheit betrifft, so hast du ein Problem mit dem Magen. Es sind Probleme mit falscher Nahrung. Aber es ist keine große Sache, nichts Ernstes. Nur einige falsche Nahrungsmittel, dann einige Probleme mit dem Magen." Ich nicke zustimmend, habe ich doch zum einen Lebensmittelunverträglichkeiten, die mir auf die Verdauung schlagen, und zum anderen Last mit Sodbrennen. „*Kommen wir zu dem Problem, das dich zwischen 40 und 50 Jahren betrifft. Es sind temporäre Probleme. Dein Berufserfolg wird nach unten gehen. Dies ist für fast ein Jahr. Und es wird Probleme in der Familie geben. So steht das hier. Nachdem du 50 bist, ist alles wieder normal. Die guten Tage, um etwas zu beginnen, sind übrigens Samstage.*

Außerdem kannst du alles, was du beruflich machst, derzeit auch außerhalb deines Landes machen. Aber nach dem 50. Lebensjahr musst du zurück in dein Land gehen. Um alles zu organisieren, was du zu tun hast. Wenn du also im

Ausland arbeiten möchtest, dann ist das möglich, bis du 50 wirst. Aber nach diesem Alter ist es nicht gut, außerhalb deines Landes zu arbeiten. Du musst in deinem Land arbeiten. Dann funktioniert alles gut.

Sei nicht nervös. Und tu, was du machen möchtest. Frag keine anderen Menschen. Das Wissen, das du erhältst, bekommst du nur aus deiner eigenen Erfahrung. Triff deine eigenen Entscheidungen und erhalte dein eigenes Wissen aus deinen eigenen Erfahrungen. Achte aber etwas auf deine Sprache. Sie bringt dir Geld. Doch sie bringt dir auch Feinde. Sei daher etwas vorsichtig.

Nun kommen wir zu deinen Lebensabschnitten. Schau mal, das hier ist dein Alter. Schau mal auf die Zeitalter. Dein Alter von 37 bis 42, das steht hier. Die 0 bedeutet Stillstand, wenig Entwicklung. Und dann hier, bei 43 bis 48, da beginnst du wieder mit einer 1. Und hier, 49 bis 54, da hast du eine 4."

Ich betrachte Wayans Aufzeichnungen und schreibe mir ab: „*Alter 0–6 = 2, 7–12 = 0, 13–18 = 2, 19–24 = 2, 25–30 = 5, 31–36 = 3, 37–42 = 0, 43–48 = 1, 49–54 = 4, 55–60 = 5, 61–66 = 5, 67–72 = 2, 73–78 = 1, ab 79 = 4.*"

„Die beste Nummer ist eine 7. Schau mal, mit 55 Jahren bekommst du eine 5, dann noch eine 5, eine 2 und dann eine 1 und dann die 4. Insgesamt wirst du über 90 Jahre alt. Die 4 behältst du bis zum Lebensende. Die Zahlen gelten nicht nur für die finanzielle Situation, sondern auch für die Beziehung mit der Familie. Je höher die Zahl, desto besser. 7 ist wie gesagt das Maximum. Das bedeutet höchstmögliche Fröhlichkeit, dass es einem am besten geht, dass man in größter Harmonie mit der Lebensaufgabe ist.

Was Beziehungen angeht, wirst du eine neue Partnerin finden. Sie wird Lehrerin sein. Und sie wird aus deinem Land sein. Die beste Zeit, um mit ihr zu sein, ist dein Alter von 47 Jahren. Das könnte aber auch die beste Zeit bedeuten, um etwas mit ihr zu beginnen. Und wenn du eine Familie haben möchtest, könnte aber auch die dafür beste Zeit gemeint sein. Wenn du eine Familie haben möchtest, sind nur zwei Kinder möglich, nicht eins."

Ob dies, wenn ich Vater werden würde, dann Zwillinge bedeute, frage ich.

„Nein, nur zwei Kinder, aber keine Zwillinge", erklärt Wayan.

Ob ich zwei Kinder also als Maximum verstehen soll, dass nicht ein Kind Maximum ist, hake ich wieder nach.

„Ja, nur zwei sind maximal möglich", löst Wayan die Unklarheit auf.

Ich hake abschließend nach, ob das nur als Möglichkeit zu verstehen ist.

„Ja, nur eine Möglichkeit", antwortet Wayan. *„Wenn du nicht willst, kein Problem.*

Dann steht hier noch was, dass du mit über 60 deine Tätigkeit beendest. Dass du eine andere Tätigkeit beginnst. Das könnte etwas Gemeinwohlorientiertes sein. In welcher Form auch immer. Mehr wird dazu hier nicht gesagt. Nur dass du die Möglichkeit hast, nicht mehr. Aber nicht, was genau das ist. Nur gemeinwohlorientiert. Doch am erfolgreichsten im Leben bist du mit dem Schreiben. Das ist eine gute Tätigkeit für dich. Aber das ist nicht im Alter von 60 Jahren."

Ich frage Wayan noch einmal, ob die Informationen zum Schreiben als meine Berufung wirklich so gesagt und nicht von ihm interpretiert wurde.

„Nein, nein, es wurde ‚schreiben' gesagt, und ich habe dem Leser davon nichts erzählt. Schreiben ist dein Schicksal, aber nur bis 60", versichert Wayan wieder. *„Und dann steht hier noch, dass du bei deiner Tätigkeit bleiben sollst, während du deine Tätigkeit ausübst",* trägt Wayan vor.

Das verstehe ich nicht.

„Du musst vorsichtig mit deiner Tätigkeit sein. Während deiner Tätigkeit", versucht Wayan zu erklären.

Ich wiederhole fragend: *„... ‚vorsichtig in meiner Tätigkeit während meiner Tätigkeit?"*

„Ja, bevor du 60 bist, achte darauf, nicht deine Tätigkeit zu verlieren. Behalte deine Tätigkeit. Achte auf sie. Zum Beispiel, wenn du deine Tätigkeit mit 55 Jahren nicht machen würdest, hättest du keine andere Tätigkeit, bis du 60 Jahre bist. Hör mit deiner Tätigkeit nicht auf, bis du 60 bist."

Entweder muss ich es so verstehen, dass ich zwei ausgeübte Berufe beibehalten soll, oder vielleicht verstehe ich es auch erst dann, wenn ich in dem betreffenden Alter bin. Wayan kann mir leider nicht besser erklären, was gemeint ist.

„Und das Versprechen deines Lebens, auf dieses Leben hast du über 30 Jahre gewartet, vor deiner Geburt, nach dem letzten Leben", beginnt Wayan, als ich ihn unterbreche.

Ich bin 1970 geboren, frage also nach, ob das heißt, dass ich in oder vor den 40er Jahren gestorben sein soll.

„Ja, genau. Das war eine lange Zeit. So erinnere dich stets, achte auf dein Leben. Das ist ein gutes Leben, das du hast. Das beste, das du haben kannst", führt Wayan fort.

Ich frage nochmal konkret nach dem Versprechen meines Lebens.

„Ja, verschwende nicht dein Leben. Das ist das beste, das du haben kannst."

„Das beste Leben innerhalb der von euch auf Bali angenommenen sieben Inkarnationen?", frage ich nach.

„Ja, ja. Im Allgemeinen wirst du nicht viele Probleme in deinem Leben haben. Nur wie angesprochen. Achte einfach besonders darauf.“

Bevor es mit Christian weitergehen soll, schlägt mir Wayan vor, die Fragen meines Interviews zu stellen, die er dem Ida Pedanda übersetzen soll.

Interview mit Wayan Kasta und dem Leser Madé Ngenjung

Oliver Drewes: Ist es wahr, dass es nur Palmblattinformationen für diejenigen gibt, die hierherkommen?

Wayan Kasta, die Frage missverstehend: *Ja, das ist richtig. Besucher müssen persönlich hierherkommen. Bei uns hier ist das nicht nur ein Ablesen. Es gibt auch eine spirituelle Komponente.*

Oliver Drewes: Ich meinte eher, dass nur für die Menschen Informationen hier sind, die sich wirklich auf den Weg machen. Für die anderen nicht.

Wayan Kasta: *Nein, hier liegen Informationen für alle Menschen.*

Oliver Drewes: Was war der Grund, dass der Rishi individuelle Schicksale aufgeschrieben hat, die über Jahrhunderte aufbewahrt wurden?

Wayan Kasta nach Rücksprache mit Ida Pedanda Madé Ngenjung: *Dass die Menschen nicht egoistisch handeln und sich bewusst sind, schlechtes Karma anhäufen zu können.*

Oliver Drewes: Wie konnte denn ein Rishi die Schicksale sehen? Wie kann ich mir das vorstellen?

Wayan Kasta nach Rücksprache mit Ida Pedanda Madé Ngenjung: *Agastya hat die Informationen durch seine Meditationen bekommen. Er hat die Persönlichkeiten der Menschen gesehen. Alle Rishis haben Informationen in ihren Meditationen bekommen.*

Oliver Drewes: Konnten nur die Rishis Schicksale sehen oder hatten sie Schüler, die das auch konnten?

Wayan Kasta: *Nein, nein, nur die Rishis. Die Schüler hatten nicht solche Fähigkeiten.*

Oliver Drewes: Könnten außerkörperliche Erfahrungen, was man „Astralreisen“ nennt, also wenn der Körper sich in einem schlafähnlichen Zustand befindet, während sich die Seele unabhängig von ihm in Raum und Zeit bewegt, die Grundlage der Informationen sein?

Wayan Kasta: *Ja, das ist ja eine Form von Meditation.*

Oliver Drewes: Rückgefragt, außerkörperliche Erfahrungen, was man in Indien *akasha gamana* nennt?

Wayan Kasta: Akasha gamana, ich verstehe schon. Es gibt auch vergleichbare Yogaübungen. Ja, das könnte durchaus Quelle der Informationen sein. Der Körper verbleibt an einem Ort, während der Geist reist. So wie das auch in der Mahabharata oder im Ramayana beschrieben wird.

Oliver Drewes: Auf der Fahrt hast du erzählt, dass die ursprünglichen Palmblätter über 1300 Jahre alt sind. Ist es denn wahr, dass am Anfang Vorhersagen noch nicht aufgeschrieben wurden und über Generationen von Schülern überliefert werden mussten?

Wayan Kasta: Das mag der Fall in Indien sein. Nach Bali hat der Rishi Agastya ja das Buch mit den bereits enthaltenen Informationen gebracht.

Oliver Drewes: Wie viele Schicksale sind in dieser Bibliothek niedergeschrieben?

Wayan Kasta: Du meinst Charakteristika?

Oliver Drewes: Ich hatte doch gerade eine Lesung über mein persönliches Schicksal. Für wie viele Menschen gibt es hier persönliche Schicksalsaufzeichnungen?

Wayan Kasta: Du meinst individuelle Schicksalsaufzeichnungen, für jeden Menschen einzeln? Ist es das, was du meinst?

Oliver Drewes: Mein Schicksal stand doch vermutlich auf einem Blatt. Andere Schicksale stehen auf anderen Blättern. Wie viele Schicksale oder wie viele Blätter gibt es also?

Wayan Kasta nach langer Rücksprache mit Ida Pedanda Madé Ngenjung: Es gibt 1050 Charakteristika. Wir zählen wie folgt: Jede Person ist geboren an einem bestimmten Tag. Wir haben sieben Tage in der Woche. Nach dem balinesischen Mondkalender, der Hälfte eines balinesischen Jahres, gibt es dreißig Wochen. Wir haben eine Rechnung, die wir catūrwara *nennen, die Siebentagewoche im* Uku-Zyklus, *dann haben wir die Fünftagewoche,* pañcāwara, *und wir haben auch Dreitagewochen,* triwara. *Nehmen wir als Beispiel dich. Du bist an einem Freitag geboren, richtig? An einem Tag der Siebentagewoche. Nun haben wir noch* pañcāwara, *das sind fünf. Nun, 7 multipliziert mit 5 sind 35. Aber das ist nur für einen Teil, den an einem Freitag Geborenen. Es gibt ja noch die 30 Wochen. 35 multipliziert mit 30 macht dann die 1050 Charakteristika, die wir haben.*

Oliver Drewes: Die Tage der Siebentagewoche treffen auf die unterschiedlichen Tage der Fünftagewoche. So ergeben sich unterschiedliche Kombinationen von Merkmalen, die an den Wochentagen selbst festgemacht werden. Mit den 30 Wochen gibt das dann keinen linearen Kalender, wie wir ihn kennen, sondern einen zyklischen. So weit habe ich verstanden, wie man auf die Anzahl der Charakteristika kommt. Darf ich nach Rückkehr nach Deutschland noch Fragen zum balinesischen Kalendersystem stellen, wenn doch noch etwas unklar ist?

Wayan Kasta: Ja, kein Problem.

Oliver Drewes: Bis jetzt hatte ich gedacht, das man hier für jede einzelne Person ein einzelnes Schicksal hätte. Aber das ist nicht der Fall, und es werden auf Grundlage des Geburtstags verschiedene Charakteristika kombiniert.

Wayan Kasta: Genau. Menschen haben unterschiedliche catūrwara, *unterschiedliche* pañcāwara, *unterschiedliche* triwara. *Deshalb kann man von Individuellem reden. Wenn jemand wie du an einem 16. Oktober geboren ist, aber in einem anderen Jahr, hat er auch ganz andere Charakteristika.*

Oliver Drewes: Und das hier ist die letzte noch existierende Bibliothek auf Bali?

Wayan Kasta: Nur noch diese. Wie ich auf der Fahrt erzählt habe, wurde die in Singaraja nicht fortgeführt, als der alte Lontarleser starb. Die Palmblätter seiner Bibliothek können übrigens heute im Palmblattmuseum von Singaraja besichtigt werden. Du kannst sie dir dort anschauen.

Oliver Drewes: Wie viele Personen besuchen diese Bibliothek hier im Jahr oder im Monat?

Wayan Kasta nach Rücksprache mit Ida Pedanda Madé Ngenjung: Wir zählen sie nicht. Geschätzt etwa vier Personen am Tag. Manchmal mehr, manchmal weniger.

Oliver Drewes: Das würde mehr als 1000 Lesungen im Jahr bedeuten. Ist das richtig?

Wayan Kasta: Ja, allerdings sind Lesungen für Personen aus dem Ausland anders. Einheimische kommen öfter und mit einzelnen Fragen.

Oliver Drewes: Bis in welches Jahr kann diese Bibliothek für Lesungen besucht werden?

Wayan Kasta: Es gibt kein Ende der Informationen. Nur ein Ende, wenn sich kein Nachfolger findet. Es ist wie das Wetter, es hört niemals auf.

Oliver Drewes: Mit wie viel Vorlauf muss sich ein Besucher wegen einer Lesung hier melden?

Wayan Kasta: Momentan ist eine Woche Vorlauf völlig ausreichend.

Oliver Drewes: Kann man die Lesungen dieser Bibliothek mehr als Horoskop verstehen?

Wayan Kasta: Horoskope kommen aus der Astrologie. Die ist hier nicht im Spiel. Nur die Charakteristika resultierend aus catūrwara, pañcāwara *und* triwara. *Die Grundlage ist der Mondkalender, nicht die Astrologie. Um Sterne kümmern wir uns nicht. Wir schauen vielmehr nach der Position des Mondes.*

Oliver Drewes: Warum wurde Ida Pedanda Madé Ngenjung ein Lontarleser?

Wayan Kasta: Aus Tradition. Er führt weiter, was sein Vater bereits getan hat.

Oliver Drewes: Kann jeder ein Lontarleser werden?

Wayan Kasta: Ja, aber es ist nicht nur eine Frage des Wissens, sondern auch der zeremoniellen Einweihung.

Oliver Drewes: Und braucht man sonst noch spezielle Talente?

Wayan Kasta: Ja, spirituelle Fähigkeiten braucht man auch.

Oliver Drewes: Was muss ein Lontarleser alles lernen?

Wayan Kasta: Zum einen die alte Sprache, zum anderen, seine spirituellen Kräfte zu entwickeln.

Oliver Drewes: Was hält man im balinesischen Glauben von unserer Einteilung der Zeit in Vergangenheit, Gegenwart und Zukunft? Davon, dass vielleicht alles zur gleichen Zeit passiert, aber unser Gehirn uns eine Illusion vortäuscht, damit wir nicht die Orientierung verlieren?

Wayan Kasta: Nein, nein, nein. Warum, meinst du, sollte alles zur gleichen Zeit passieren?

Oliver Drewes: Nun, ich suche nur nach einer Erklärung, wie ein Rishi unsere heutige Gegenwart in seiner für uns vergangenen sehen konnte. Wie erklärst du dir das?

Wayan Kasta: Ja, das ist ja das Brillante daran. Wir glauben, er konnte es durch seine spezielle Form der Meditation sehen.

Oliver Drewes: Und glaubst du, dass die hier gegebenen Informationen unveränderlich sind oder ist die Zukunft offen?

Wayan Kasta nach Rücksprache mit Ida Pedanda Madé Ngenjung: Definitiv ist die Zukunft offen. Informationen von hier sind nur eine Hilfe für die Menschen, was passieren könnte. Und schlechte Zukunftsprognosen können wir mit speziellen Zeremonien beeinflussen, wir können sie auslöschen. Lesungen, Religion, Kultur und Zeremonien sind miteinander verbunden.

Nach dem Interview verzichtet Christian auf eine eigene Lesung. Die Körpersprachen waren absolut stimmig. Beide stehen hinter dem, was sie tun, ohne Informationen zurückzuhalten oder falsche Absichten zu haben. Nur der Inhalt der Lesung ist Christian nicht genug personenbezogen. Er hat sich individuelle Prophezeiungen statt Ableitungen aus einem Kalendersystem vorgestellt.

Für mich schließt sich eine Zeremonie mit Segnung, Reinigung, Gesundheits- und Glücksprechung an (Abb. 34). Zunächst bekomme ich ein befeuchtetes weißes Tuch gereicht, um Gesicht und Hände

Einsicht des Tages: Lontarlesungen sind keine Nadi-Lesungen!

zu reinigen. Der Priester legt sich währenddessen einen weißen Sarong um, sodass er mit seinem weißen Hemd nun komplett in Weiß gekleidet ist. Aus einer Schöpfkelle bekomme ich dreimal Wasser in meine zur Schale geformten Hände zu trinken. Dreimal verteile ich Wasser über meinen Haaren. Anschließend bekomme ich zu einem Kranz verflochtene Pflanzenteile um die Stirn gelegt, an dem rote Blüten über den Ohren und gelbe an der Stirn befestigt werden. An Stirn, Schläfen, Unterarmen und Handrücken bekomme ich kleine Mengen gekochten Reis geklebt, sichtbare Symbole der Reinigung und Segnung. Formeln, die der Priester während der Zeremonie spricht, verstehe ich nicht, und Wayan übersetzt nicht simultan. Nach dem Einsatz eines Glöckchens, das wohl das Ende der Prozedur bedeutet, presst der Priester seine Handflächen aneinander, was ich erwidere, und ich verneige mich. Wayan nimmt anschließend die für die Lesung berechneten 100 und für die Zeremonie besprochenen 20 Euro für den Priester und sich entgegen.

19. Östlicher Teil der Bali-Rundreise

Die Rückfahrt nach Ubud

Nach der Verabschiedung vom Priester fährt uns Wayan nach Ubud zurück. Auf dem Weg passieren wir zahlreiche Reisfelder mit Jungpflanzen, die erst vor kurzem gesetzt worden sind. Kurz vor 16.00 Uhr kommen wir am Hotel Puri Manik Cottages an, das Christian schon von seiner letzten Reise kannte. In die einfachen Bungalows auf Stelzen passen kaum mehr als das große Doppelbett und ein Schreibtisch. Nach hinten raus, ein paar Treppenstufen runter, schließt sich ein breites Bad mit Dusche und Badewanne an.

Nach dem Abstellen des Gepäcks und einer kleinen Erfrischungspause nutzen wir den kostenlosen Bring-und-Abhol-Service des Hotels zu den örtlichen Markthallen. Unzählige Stände mit Textilien, Schuhen, Rucksäcken, Holz-, Marmor-, Keramik-, Stein-, Glas- und Plastikdekorationen und Souvenirs reihen sich eng aneinander. Christian und ich vereinbaren eine Zeit, zu der wir uns später wieder treffen wollen.

Reisfelder prägen das Landschaftsbild des balinesischen Hinterlandes.

Astralreisen

Zum Abendessen besuchen wir ein nettes Restaurant gegenüber vom Hotel, rechts, nicht weit die Straße hoch.

"Wir haben schon einige Überlegungen angestellt, wie indische Rishis vor so langer Zeit Informationen über künftige Schicksale erlangen konnten. Ein Thema beschäftigt mich schon sehr lange. Ich habe auch in meinen Interviews nach der Einschätzung der Palmblattleser gefragt. Es geht um die Möglichkeit sogenannter außerkörperliche Erfahrungen, out-of-body experiences *im Englischen"*, beginne ich.

"Ich glaube an die Möglichkeit. Nur weißt du, die meisten Menschen identifizieren sich mit ihrem Körper so stark, dass sie denken, nur ihr Körper zu sein, und sie reduzieren sich selbst auf die Vorstellung bloßer Materie", gesteht Christian.

"Die Arbeit in der Rückführungsarbeit, zum Beispiel das Geleiten in die pränatale oder Erzeugungsphase sowie die Zwischenzustände körperlicher Existenzen, lassen die Schlussfolgerung zu, dass das Bewusstsein eine unabhängige Instanz ist. Das Gehirn wäre demnach weder Gründer noch Speicher des Bewusstseins. Außersinnliche Wahrnehmung sowie außerkörperliche Erfahrungen zum Beispiel in Nahtoderlebnissen stützen diese Annahme", bekunde ich meine Meinung.

"Als ich ein sehr junger Teenager war, starb mein Großvater, den ich sehr verehrte. Meine Mutter teilte damals ihren Trost aus den Büchern Interviews mit Sterbenden *von Elisabeth Kübler-Ross und* Leben nach dem Tod *des amerikanischen Arztes Raymond Moody mit mir. Viele Menschen verdrängen, nein eigentlich unsere westliche Gesellschaft verdrängt das Thema Tod und die Frage des Danach. Erst im Angesicht des eigenen Verlustes eines Angehörigen oder Nahestehenden beschäftigen sich Einzelne damit.*

Fasziniert haben mich nun insbesondere die Nahtoderlebnisse von Menschen, die bis zur Wiederbelebung nach einem Unfall oder auf dem Operationstisch klinisch tot gewesen sind. Diese berichten, nicht nur andere und sich selbst außerhalb des eigenen Körpers gesehen zu haben, sondern konnten auch detailliert Gespräche [174] *während des Zeitraums ihres klinischen Todes wiedergeben"*, erzähle ich.

"Nun, wie andere Phänomene vieler menschlicher Erfahrungen wird dies ja leider noch arrogant als Halluzination abgestempelt. Oder als Illusion, Traum, Fehlinterpretationen oder gar psychische oder physiologische Desorganisation des menschlichen Gehirns", bemängelt Christian.

„*Dabei gibt es gründliche Untersuchungen nach streng methodischen Standards. Wenn jemand anästhetisiert oder sogar klinisch tot ist, man ihm also abspricht, bewusst zu sein, wie will er da ohne Augen sehen und ohne Ohren hören können? Es sei denn, es gibt noch andere Möglichkeiten der Wahrnehmung. Der Kardiologe Michael Sabom zum Beispiel hat sehr gründliche Untersuchungen durchgeführt, nachdem seine Patienten im Zustand des klinischen Todes an ihnen durchgeführte Notmaßnahmen beschrieben.*

Eine Gruppe dieser Patienten mit außerkörperlichen Erfahrungen hat ihre Erlebnisse im Operationssaal mit großer Genauigkeit beschrieben. Eine Kontrollgruppe von Patienten mit ähnlichen Krankheitsgeschichten und Nahtodkrisen ohne außerkörperliche Erfahrungen sollte dagegen beschreiben, was sie sich vorstellen könnten, das im Operationssaal vorginge. Deren Berichte enthielten viele Ungenauigkeiten und dürftige Übereinstimmungen mit den tatsächlichen Vorkommnissen. Sabom folgert, dass der Geist den Körper tatsächlich verlassen kann, und schließt selbstvisualisierte Halluzinationen aus.

Der schon erwähnte Professor der Physik Amit Goswami hält ‚Nichtlokalität des Bewusstseins' für den Schlüssel zur Lösung. Den Begriff der Nichtlokalität hatte ich im Zusammenhang mit der Quantenphysik schon mal gebraucht. Lokale Signale nehmen mit zunehmender Distanz von ihrem Ursprung an Stärke ab. Also, je weiter weg Signale ankommen, desto schwächer sind sie. Einen lauten Knall in unserer Nähe würden andere Menschen umso weniger laut empfinden, je weiter sie weg sind. Wenn wir etwas sehen, ist es umso schärfer, je näher wir uns daran befinden. Je weiter weg, desto unschärfer.

Goswami hält nun übersinnliche Phänomene wie das Hellsehen oder Beschreibungen außerkörperlicher Erfahrungen für nichtlokal. Bei dem, was beschrieben wird, macht es keinen Unterschied, wie weit etwas weg ist. Entfernung führt dokumentiert [175] nicht zur Abschwächung. Also ist es kein lokales Phänomen. Unser Bewusstsein arbeitet demnach nichtlokal. Übersinnliches kann sich also auf die Nichtlokalität der Quantenphysik stützen und wird von Einschränkungen der Lokalität überhaupt nicht berührt.“

Christian nickt zustimmend.

„*Neben diesen spontanen Erfahrungen während der Phase des klinischen Todes beschäftigen sich einige Menschen [176] mit der willentlich herbeigeführten Außerkörperlichkeit. In Dutzenden unterschiedlicher Kulturen ist die Vorstellung verbreitet, dass Geist und Seele den Körper gewollt verlassen können. Die Beschreibung der außerkörperlichen Erfahrungen ähnelt sich weltweit. Das*

Phänomen wird als ‚Seelenreisen' oder mehrheitlich als ‚Astralreisen' bezeichnet. Ältere Bezeichnungen sind ‚Astralprojektionen' oder ‚Astralvisionen'. Unter der wissenschaftlichen Aufsicht von Prof. C. T. Tarte wurden zwischen 1965 und 1971 Laborexperimente mit dem Amerikaner Robert A. Monroe durchgeführt, die bewiesen, dass außerkörperliche Wahrnehmung möglich ist [177]. Monroe unternahm in den Versuchen körperlose Expeditionen und beschrieb anschließend fremde Gespräche und Einzelheiten, die sich nach Überprüfung bestätigten.

Das Spannende für unsere Erklärungssuche in Bezug auf das Phänomen der Palmblattbibliotheken ist nun doch Folgendes. Monroe beschreibt, dass man nicht nur an jeden beliebigen Ort gehen kann oder in ihn hinein oder durch ihn hindurch, sondern der Astralreisende auch unabhängig von der Zeit sei [178]", fasse ich das Gelesene zusammen und füge noch hinzu: *„Monroe ist der wohl bekannteste Autor über Reisen mit vollständigem, klarem Bewusstsein eines feinstofflichen, zweiten Körpers."*

„Ich habe alle drei Bücher und auch das von Buhlmann gelesen", grinst Christian wenig überrascht.

„Der Mensch lebt weit unter seinen Fähigkeiten, er verfügt über Kräfte verschiedenster Art, die er in den meisten Fällen gar nicht mobilisiert."

Dale Carnegie

„Meinst du, das wäre nun das Geheimnis der Rishis? Könnten sie durch außerkörperliche Wahrnehmung zukünftige Ereignisse gesehen haben? Gibt es dazu Indizien in der indischen Mythologie?"

„Tatsächlich gibt es diese. Ich habe eben in meinem Reiseführer einen Ausdruck von Recherchen wiedergefunden. Das wollte ich dir mal vorlesen", antworte ich und hole eine kleingefaltete Papierseite aus meiner Hosentasche.
„Pass auf. Wilfried Huchzermeyer beschreibt im Yoga-Wörterbuch *den Begriff des* Akasha gamana. Akasha *bedeutet ja ‚Raum' oder ‚Äther', wird als eines der fünf Elemente des manifestierten Kosmos verstanden und als feinstofflichstes Element, welches das ganze Universum als subtiler Träger von Leben und Klang erfüllt. Huchzermeyer schreibt also: ‚Akasha gamana: das Himmelsgehen oder Reisen im Äther. Eine übernatürliche Fähigkeit (Siddhi) des Yogis, von der unter anderem mehrfach in Paramahansa Yoganandas* Autobiographie eines Yogi *berichtet wird. Auch in der alten indischen Tradition gibt es Zeugnisse.*

255

So heißt es in Mahabharata 12.314.26, daß eines Tages Shuka, der Sohn des Mahabharata-Autors Vyasa, eine Reise zu König Janaka antrat. Daraufhin ermahnt ihn sein Vater, er möge ›auf natürliche Weise‹ reisen, nicht mittels yogischer Kräfte. Aber am Ende der Episode reist Shuka dann doch ›auf dem ätherischen Wege‹ vom Hof des Königs in die Berge des Himalaya, wo sein Vater einige Schüler unterrichtet.'

Ebenfalls im zwölften Buch, Kapitel 324, fand ich in der englischen Mahabharata-Übersetzung aus dem originalen Sanskrittext von Kisari Mohan Ganguli ähnliche Hinweise auf astrales Reisen. So heißt es übersetzt etwa: ›Als sein Vater Vyasa sah, dass Shuka seine große Reise begonnen hatte, folgte er ihm voller Zuneigung auf dem gleichen ätherischen Weg.'

„Wer denkt, das Wahre erkannt zu haben, kennt es nicht."

Kena Upanischaden 2.3

Und später: ›Mit dem Weg des höchsten Yoga erreichte Vyasa mit starker Anstrengung innerhalb eines Augenschlags den Punkt, von wo Shuka seine Reise begonnen hatte. Dem gleichen Weg weiter folgend, erblickte Vyasa die Doppelgebirgsgipfel welche Shuka passiert hatte.' Ist das nicht interessant?"

„In der Tat kann man Astralreisen als Möglichkeit betrachten, wie Rishis vor Hunderten oder gar Tausenden von Jahren Ereignisse aus unserem heutigen Leben sehen konnten. Damit die Zukunft noch veränderlich ist, muss auch dabei die quantenphysikalische Überlagerung potenzieller Möglichkeiten, in dem Falle also verschiedene Zukünfte, angenommen werden, aus denen eine einzige durch Kollaps zur Realität wird. Aussagen der Rishis über bevorstehende Ereignisse müssen dann als Wahrscheinlichkeiten verstanden werden", folgert Christian.

„Natürlich. So wie einige Palmblattleser ja auch die Veränderlichkeit interpretiert haben. Astralreisen müssen jetzt nicht des Rätsels Lösung sein, aber für mich wäre die Theorie einer der heißesten Anwärter für eine Erklärung."

„Vielleicht sollten wir uns dann auch mal mit der Praxis des Astralreisens beschäftigen und so etwas zu erlernen versuchen", zwinkert Christian mir zu.

Betende gegenüber einer fledermausbewohnten Kalksteingrotte in Goa Lawah.

Zwischenstopp in Goa Lawah

Vierzehnter Tag, 11. Februar. Unser Frühstück im Hotel ergänzen wir mit
frischen Croissants nach europäischer Art, die man 20 Meter rechts vor dem
Hotel hoch, wenn auch nur zu europäischen Preisen, in der Bäckerei und
dem Café Kakiang kaufen kann. Noch bevor wir mit dem Frühstück fertig
sind, trifft Ketut schon vor der verabredeten Zeit ein. Unsere anschließende
Fahrt nach Tulamben durch die Reisterrassen des östlichen Balis unterbre-
chen wir mit einem Zwischenstopp am Tempel Goa Lawah. Von Ketut
informiert, dass man mit dem Eintrittspreis einen Leihsarong erhält, fühle
ich mich von den Verkäufern vor dem Tempel, die uns unbedingt eigene
Sarongs verkaufen wollen, zunächst total genervt. Immer wieder wird von
ihnen beteuert, dass wir mit nackten Beinen keinen Tempel betreten dürften, ohne Sarong keinen Eintritt gewährt bekämen und unbedingt bei
ihnen einen Sarong kaufen müssten. Erst im Tempel sehe ich auf meinen
Tickets, dass neben dem Eintritt der Leihsarong zusätzlich berechnet

wurde. Beim Nachrechnen, dass 10.000 Rupien für einen Sarong bei den Straßenhändlern nur 80 Cent bedeutet hätten, schäme ich mich fast für meine Verärgerung über deren Aufdringlichkeit. Zumal sich bei mehreren Tempelbesuchen der Kauf eines eigenen wirklich gerechnet hätte.

Goa Lawah, das mit zu den neun bedeutendsten Reichstempeln gehört, weist als Besonderheit eine Kalksteingrotte auf, an deren Eingang zu Tausenden dicht gedrängt Fledermäuse hängen. Gegenüber der Grotte sitzen Gläubige auf dem Fußboden, hinter auf dem Boden verbreiteten Opfergaben, und führen die zum Gebet gegeneinandergepressten Handflächen immer wieder zur Stirn (Abb. S. 257). Der Tempel selbst ist aus Steinen und Ornamenten zusammengesetzt, die aus dem typisch schwarzen Vulkangestein gehauen werden. Figuren der balinesischen Mythologie sind aus hellem, weicherem Steinmaterial gearbeitet.

Weiterreise nach Tulamben

Durch tropischen Regen, der in den Bergen für diese Jahreszeit im Februar typisch ist, fahren wir weiter Richtung Tulamben. Die Küstenstraße entlang der Amuk Bay im Südosten Balis, passieren wir kurz vor Candi Dasa eine Straße nach Tenganan. Hier gelangt man in die Region der Bali Aga, übersetzt „die alten Balinesen", einer Volksgruppe, die sich der Hinduisierung im 12. und 13. Jahrhundert erfolgreich entzog. Bei ihnen hat bis heute die Kunstfertigkeit der Palmblattherstellung überdauert. Während seiner ersten Reise hatte Christian Tenganan und das Dorf Bali Aga besucht, um Informationen über die Palmblattherstellung für mich zu recherchieren und Fotos zu machen. Enttäuschenderweise fand er nur die auf Touristen ausgerichtete Produktion von Kalendern vor. Wir beschlossen also, hier nicht nochmal Zeit zu verlieren.

Das Hotel Paradise Palm Beach Bungalows wurde von Christian bei der letzten Reise als Unterkunft mit dem besten Preis-Leistungs-Verhältnis detektiert. Dort angekommen, besprechen wir zunächst mit Ketut den Termin für die nächste Abholung. Geplant sind drei Übernachtungen, bevor es in ein tolles Resort in Pemuteran weitergehen soll. Auf Vorschlag von Ketut beschließen wir, nur zwei Nächte in Tulamben zu bleiben und eine Übernachtung in Lovina einzuplanen, wo das Schwimmen zusammen mit Delfinen möglich sein soll. Anschließend wollen wir unsere Zimmer beziehen. Meins, in der unteren Etage eines zweistöckigen Hauses, bitte ich das Personal der Rezeption umgehend wegen starken, muffigen Geruchs umzutauschen. Zum Glück ist in der oberen Etage des Nachbarhäuschens ein modernisiertes Zimmer mit neu installierter Klimaanlage frei.

Tulamben ist eine Ansammlung weniger Hotelanlagen, überwiegend auf der Straßenseite zum Meer, ein paar kleinen Shops und einem Restaurant auf der gegenüberliegenden Seite und eigentlich nur für Taucher von Inter-

Einsicht des Tages:
Sofort reklamieren,
was einem nicht passt!

esse. Nur etwa geschätzte 40 Meter vor der Küste liegt das 120 Meter lange Wrack der US Liberty auf etwa 30 Meter an der tiefsten Stelle. Es wurde im Zweiten Weltkrieg in der Meeresenge von Lombok von den Japanern torpediert, konnte aber durch seine Beschädigungen nicht mehr weiter als in die Höhe von Tulamben geschleppt werden. Heute beherbergt das Wrack die verschiedensten Unterwasserbewohner und ist Tauchern leicht zugänglich. Die Bucht von Tulamben ist aufgrund der starken Strömung weniger für Schnorchler und andererseits der schattigen Strände mit groben, schwarzen Steinen wegen weniger für Sonnenanbeter zu empfehlen. Alternativ dazu empfiehlt sich das etwa 8 Kilometer Luftlinie

Tipp: Fotos vom Schnorcheln und
Tauchen finden Sie im Internet unter:
www.schicksalsbibliotheken.de.

weiter südöstlich gelegene Amed, wo Christian im Hotel Meditasi, Bungalows & Prabu Café beim letzten Aufenthalt schöne Tage verbracht hat. Amed kann man auch besuchen, wenn man beispielsweise zuvor die paradiesische und autofreie Insel Gili Air an der Nordwestspitze Lomboks zum Schnorcheln besucht hat. Hier fühlte sich Christian im Hotel Sun Rise gut untergebracht. Nach Gili Air kann man übrigens für knapp über 100 Euro mit einem Schnellboot in sehr kurzer Zeit von Kuta aus gelangen.

Bei einem Spaziergang zum Preisvergleich der örtlichen Tauchcenter buche ich beim benachbarten Hotel für den nächsten Tag ein Non-Limit-Paket mit fünf Tauchgängen inklusive Wracktauchen.

Tauchaufenthalt in Tulamben

Fünfzehnter Tag, 12. Februar. Um 8.30 Uhr finde ich mich für den ersten Tauchgang ein. Obwohl frühmorgens die besten Sichtverhältnisse herrschen, ist das Wasser beim Wracktauchen nicht so klar, wie ich es von anderen Tauchorten gewohnt bin. Dennoch sehr beeindruckend. Nach zwei Stunden Pause tauchen wir bei mäßigen Sichtverhältnissen zu einer schroff abfallenden Steilwand mit Bewuchs aus Weich- und Hartkorallen. Zum dritten Tauchgang nach erneuter Pause fahren wir mit zwei kleinen Booten raus. Auf dem sandigen Untergrund sind kleine Stachelrochen, vereinzelte Fische und Korallen zu sehen. Der nächste Tauchgang beginnt direkt vor dem Tauchcenter. Mangels sehenswerten natürlichen Bewuchses hat man künstliche Flugzeugdrahtkonstruktionen und Halbkugeln aufgestellt, die langsam mit Korallen zuwachsen. Auf den Nachttauchgang, der dem letzten entspricht, nur dass Taschenlampen notwendig sind, verzichte ich.

Einsicht des Tages: Uns geht es verdammt gut!

Zum Abendessen mit reichlich Meeresfrüchten treffe ich Christian in unserem Hotel. Er war schon um sechs Uhr morgens in der Bucht unterwegs, um die zurückkommenden Fischer aufzusuchen. Enttäuscht hatten diese erzählt, mit zehn Booten draußen, genau wie die letzten drei bis vier Tage, wieder nicht einen einzigen Fisch gefangen zu haben. Einmal mehr nur Reis und Gemüse zum Essen.

Mit zwei Auslegern widerstehen balinesische Fischerboote auch starken Wellen.

Weiterreise nach Besakih

Sechzehnter Tag, 13. Februar. Um 10.00 Uhr holt uns Ketut wie vereinbart ab. Wir wollen zum Besakih-Tempel, dem höchsten Heiligtum Balis. Kurz vor dem Aussteigen fängt es leicht zu regnen an, hört aber fast sofort wieder auf. Lange Hosen ziehen wir nicht an, da wir wieder Sarongs leihen können. Auf dem Weg zum Tempeleingang versuche ich, an einer äußerst aggressiven Straßenverkäuferin vorbeizukommen. Sie wird laut, beschimpft mich und passt so gar nicht in die Beschreibung der gepflegten balinesischen Umgangsformen meines Reiseführers. Warum soll ich bei ihr einen Sarong kaufen, wenn ich ihn am Eingang wieder leihen kann? Erst Ketut klärt auf, dass es nicht am Eingang, sondern bei ihr den Leihsarong gäbe. Für das Leihen sollen wir heute das Doppelte des angebotenen Kaufpreises der Händler vor dem gestrigen Tempel bezahlen, alternativ für den Kauf das Fünffache. Wir entscheiden uns nicht zuletzt wegen ihres Gehabes fürs Leihen.

Die Tempelstadt Pura Besakih selbst ist mit drei Hauptheiligtümern, 30 Nebentempeln und insgesamt 200 Gebäuden gigantisch. Die auf prähinduistische Wurzeln zurückgehende Anlage am Fuße des höchsten und heiligsten Vulkans

Einsicht des Tages: Manchmal spart man am falschen Ende!

Balis, der als Mittelpunkt des Universums und Sitz der Götter angesehen wird, gilt heute als Symbol der balinesischen Hindu-Dharma-Religion. Innere Teile des Tempels sind für Touristen gesperrt und Gläubigen vorbehalten. Überall begegnen wir Prozessionen Einheimischer, die sich mit einem Band verbunden haben, Opfergaben auf dem Kopf tragen oder Schirme aufgespannt halten.

Fahrt nach Batur

Im Anschluss macht uns Ketut den Vorschlag, vor dem Hotel in Batur noch für ein Mittagessen in einem ihm bekannten Restaurant am Kratersee zu stoppen. Neben dem Essen und einem Begrüßungsgetränk ist hier die Nutzung des beheizten Pools und der Thermalbecken enthalten. Auf dem Weg dorthin halten wir an einer Stelle mit herrlichem Ausblick. Der Jahrmillionen alte Baturkrater hat eine Ausdehnung von bis zu 14 Kilometern. Ein Viertel seiner Fläche nimmt der bis zu 90 Meter tiefe Batursee ein. Er befindet sich am Fuß eines jüngeren Vulkans, dem über 1700 Meter hohen Gunung Batur.

Nach der Mittagspause erreichen wir gegen 16.00 Uhr das Lake View, ein Hotel am Kraterrand des Batur in Bangli. Vor unseren Zimmern 302 und 304 befindet sich eine überdachte kleine Terrasse mit Holzbänken, Tischen und einer tollen Aussicht auf Vulkan und Kratersee. Von hier aus soll man am frühen Morgen zwischen 5.00 und 5.30 Uhr einen wundervollen Sonnenaufgang zu sehen bekommen. Während Christian ein kleines Schläfchen macht und ich die Erlebnisse der letzten Tage aufschreibe, zieht Nebel auf. Mit einsetzendem Regen ist die Sicht auf den Vulkan und Krater nicht mehr möglich. Es wird recht frisch draußen auf der Terrasse, und für mich ist es fast schon ungewohnt, nach langer Zeit mal wieder lange Hose und Pullover anziehen zu müssen. Am Abend genießen wir im Restaurant unseres Hotels die unglaubliche Aussicht auf den riesigen Krater sowie dazu gegrillten Fisch aus dem Kratersee.

Die Anlage Besakih ist das höchste Heiligtum Balis, die Mutter aller Tempel.

20. Nördlicher Teil der Bali-Rundreise

Ausflug nach Singaraja

Siebzehnter Tag, 14. Februar. Um den Sonnenaufgang zu erleben, stelle ich meinen Wecker auf 5.00 Uhr. Wenige Minuten vor der Zeit bin ich bereits wach. Das passiert mir öfter. Nicht vor 5.00 Uhr wach zu sein, sondern wenige Minuten vor der eingestellten Weckzeit, egal, wie welche es ist. Wie soll so eine innere Uhr funktionieren? Und wie vielen anderen Menschen mag so etwas auch passieren? Oder dass man plötzlich eine Information erhält, die erst kurz danach ausgesprochen wird? Dass man eine Situation im Geiste sieht, die sich erst danach so zeigt? Oder dass man an jemanden denkt, und genau da ruft dieser Jemand an? Kann man das mit der Bezeichnung „Zufall" abtun? Und wie hoch wäre die Wahrscheinlichkeit dazu, wenn man sie einmal berechnete?

> „Der Mensch besitzt auch eine Fähigkeit, durch die er seine Freunde und die momentanen Gegebenheiten, denen diese gerade unterliegen, erkennen kann, obwohl sie zum betreffenden Zeitpunkt tausend Meilen entfernt sein können."
>
> *Paracelsus*

Vielleicht hat der eine oder andere auch schon mal von einem Hund gehört, der freudig schwanzwackelnd hinter der Tür auf sein nach Hause kommendes Herrchen oder Frauchen wartet. Auch lange bevor diese in Sicht- oder Hörweite sind. Und nicht immer um die gleiche Uhrzeit zu Hause eintreffen? Menschen und Tiere scheinen in der Lage zu sein, Informationen abrufen zu können, die räumlich und zeitlich außerhalb der Begrenztheit ihrer körperlichen Wahrnehmungsorgane wie Augen oder Ohren liegen.

In welcher Art und wie stark wir mit anderen direkt oder einem Informationspool verbunden sind, war in verschiedenen Gesprächen mit Christian auf meiner Reise schon Thema. Zum Stand der parapsychologischen Forschung außersinnlicher Wahrnehmung gibt es unzählige Veröffentlichungen.

Und Publikationen spektakulärer Fälle, bei denen Menschen durch Vorahnungen vor nahenden Katastrophen gewarnt oder gerettet wurden. Deren Erwähnung würde den Rahmen meines Buches sprengen. Aber man muss gar nicht nur an wissenschaftliche Studien denken. Ja, ich glaube, viele Menschen machen in ihrem persönlichen Alltag genau solche Erfahrungen.

Zu diesen Gedanken gekommen, ziehe ich die Vorhänge meines Zimmers zurück. Draußen sehe ich nichts als Nebel. Kein Sonnenaufgang wie erhofft. Also wieder für ein paar Stündchen zurück ins Bett. Nach dem Frühstück holt uns Ketut ab, und wir brechen in Richtung Lovina auf, mit einem geplanten Stopp beim Palmblattmuseum in Singaraja.

Besuch des Palmblattmuseums Gedong Kirtya in Singaraja

Im Palmblattmuseum Gedong Kirtya in Singaraja sind wir zunächst die einzigen Besucher. Eine Angestellte des Museums informiert uns über die Einrichtung und beantwortet meine Fragen zu Palmblättern (Abb. 38). Aufbewahrt werden in diesem Museum etwa 1500 Palmblattmanuskripte, in Holzkistchen sortiert nach Mystik, Zeremonien, Astrologie, Astronomie, Philosophie, Meditation, Geschichte und Folklore. 75 Prozent sind Kopien neueren Datums von Originalen, die nach Abschrift wieder in die Tempel oder den privaten Besitz zurückgegangen sind. Palmblätter mit individuellen Schicksalen seien, was die Aussagen von Wayan bestätigt, auch von der aufgelösten Bibliothek nicht vorhanden.

Anschließend begleiten wir die junge Dame in den Ausstellungsraum im benachbarten Gebäude. Hier wird Schritt für Schritt anhand von Ausstellungsstücken die traditionelle Herstellung von Palmblattmanuskripten erklärt. Zunächst werden Blätter von Palmen zwei bis drei Wochen gewässert, im Anschluss getrocknet, dann mit natürlichen Konservierungsstoffen versetzt und noch einmal gewässert. Die anschließende Trocknung dauert weitere drei Monate. Danach werden die Blätter getrocknet, gepresst, gelocht und können nach dem Beschriften abgeheftet werden. „Beschriften" ist eigentlich der falsche Ausdruck, „einritzen" ist zutreffender. Die Vertiefungen werden dann mit Staub der gebrannten sogenannten *candle nut* und Öl geschwärzt, und der Rest wird von der Blattoberfläche abgewischt.

Ich frage nach, ob es tatsächlich stimmt, dass Palmblätter auf Bali selbst irgendwann nicht mehr hergestellt wurden, weil die speziellen Palmen hier nicht mehr so häufig vorkommen und die Blätter teuer exportiert werden müssen. Dies konnte man mir nicht bestätigen. Plausibler klingt für mich die Erklärung von Thomas Ritter, einem der bereits erwähnten Autoren über Palmblattbibliotheken. In einem Beitrag im Internet ist er vielmehr der Ansicht, dass mit der Eroberung Balis Ende des 19. Jahrhunderts den Holländern vor allem die balinesischen Eliten zum Opfer fielen und damit die komplizierte Kunst des Herstellens der Palmblätter auszusterben begann.

Zu unserer Führung im Museum hat sich ein deutsches Ehepaar aus Fürth gesellt. Während der Mann sich sehr für Völkerkunde interessiert, kommen wir mit seiner Frau über unsere Reise und unsere Beweggründe ins Gespräch. Besonders interessiert sie unsere Erfahrungen in den indischen Bibliotheken. Sie erinnert sich, vor Jahren schon davon gehört zu haben, hatte aber die Idee nicht weiterverfolgt, selbst einen Leser aufzusuchen. Genau diese Vorstellung scheint sie aber nun zu begeistern, und sie bezeichnet unsere Begegnung voller Euphorie als schicksalhaft.

Einsicht des Tages: Es gibt keine Zufälle!

Das balinesische Kalender- und Orakelsystem

So wird es denn auch kein Zufall gewesen sein, dass mir die sehr hilfsbereite Angestellte des Palmblattmuseums Gedong Kirtya nach vielen ausführlichen Erklärungen noch eine gebundene Doktorarbeit über die balinesische Divinationsliteratur in deutscher Sprache anbietet. Ich hatte wissen wollen, worauf balinesische Priester ihre Aussagen begründen ohne das Vorhandensein individueller Schicksale auf Palmblättern.

Wie von Wayan Kasta erklärt, so beschreibt auch Peter Wilhelm Pink in seiner Arbeit ein balinesisches Jahr von 30 Wochen à 7 Tagen. Dieser sogenannte *Uku*-Zyklus stammt vom javanischen Wort *wuku* ab. Auch in Java wird mit dem 210 Tage umfassenden *Uku*-Jahr gerechnet. Roelof Goris, ein in der Doktorarbeit zitierter Autor, schließt einen indischen Ursprung aus und bezeichnet das System als indigenen javanisch-balinesischen Kalender.

Ein Jahr mit solcher Tagesanzahl passt in kein bekanntes Schema. Da es sich weder durch Sonnen- noch durch Mondumläufe noch durch die Wiederkehr von Sternbildern erklären lässt, ist es aus keiner anderen Kultur bekannt.

Der Autor Peter Wilhelm Pink hält den 210-tägigen Zyklus für das älteste erschließbare Jahr und einen Reisbauzyklus. Das Reisjahr war Grundlage des Festkalenders, da Reis vorwiegendes Nahrungsmittel der damaligen Menschen war. Diese Meinung vertritt auch der zitierte Autor Fred B. Eiseman jun., der die Entsprechung von *Uku*-Zyklus und Reisjahr darin bestätigt sieht, dass ein Großteil der mit dem Reisanbau verbundenen Zeremonien in durch 7 teilbaren Intervallen, der Zahl der Tage einer *Uku*-Woche, stattfindet.

Dieser auf den praktischen Bedürfnissen der Reisbauern begründete Kalender wurde durch weitere Zyklen ergänzt, um nach einem kosmologischen Denken die Einheit des Seins in polaren Gegensätzen zu offenbaren. So gibt es im *Uku*-Zyklus neben der Siebentagewoche noch neun weitere Wochenlängen von einem bis zehn Tagen. Da sie parallel laufen, hat jeder Wochentag zehn verschiedene Namen. Die Dreitagewoche *triwara*, die Fünftagewoche *pañcawara*, die Sechstagewoche *saswara* und die Siebentagewoche *saptawara* gehen im 210-Tage-System auf. Bei anderen Längen der Wochen müssen Schalttage eingefügt werden.

Der balinesische Kalender ist also als kombinatorischer Kalender zu verstehen. Er dient nicht der Messung der Zeit, sondern markiert bestimmte Tage. Der Zeit wird damit im balinesischen Kalender eine qualitative Komponente zugesprochen, ähnlich, wie es im Maya-Kalender der Fall ist.

Jeder Tag im *Uku*-Kalender wird unverwechselbar bestimmt durch die Angabe der Kombination der verschiedenen Tagesnamen der verschiedenen Wochen. Kajeng Kliwon Menail ist zum Beispiel das Datum, an dem der 3. Tag der 3. Woche und der 5. Tag der 5. Woche in der 23. Siebentagewoche zusammenfallen.

Die bedeutendsten Tage sind die, an denen wichtige Tage der Drei-, Fünf- und Siebentagewoche zusammenfallen. 14-mal im Jahr, alle 15 Tage, fallen an Kajeng-Keliwon der 3. Tag der Dreitagewoche mit dem 5. Tag der Fünftagewoche zusammen. An diesen Tagen finden wichtige Tempelzeremonien statt. Fünfmal im Jahr, alle 42 Tage, fallen der 5er- und der 7er-Wochenzyklus zusammen. Einmal im Jahr von 210 Tagen, am Galungan, fallen 5er-, 6er- und 7er-Wochenzyklus zusammen. Im Jahr unseres Besuchs auf Bali war das nach unserer Zeitrechnung der 12. Mai. Während dieses wichtigsten religiösen Festes auf Bali kehren die Geister der verbrannten Vorfahren in ihre früheren Häuser zurück. Von ihren Angehörigen werden diese während zwei Wochen Urlaub willkommen geheißen und bewirtet.

Das auf Palmblättern überlieferte Wissen um das Zusammenspiel der sich überlagernden Zyklen, das Priester kennen und beachten müssen, stellt im balinesischen Orakelsystem die Grundlage der Vorhersagen in Palmblatt- oder Lontarlesungen dar. Charakter und Schicksal von ratsuchenden Individuen werden von der Kombination der Wochentagkalender an ihrem Geburtstag abgeleitet. Eine Interpretation von Gestirnskonstellationen wie in anderen Kulturen für günstige und ungünstige Zeiten für ein Vorhaben oder eine Begebenheit etabliert, ist für balinesische Priester für Deutungszwecke verzichtbar.

Neben den 210 Tagen des *Uku*-Zyklus kennt man noch das Lange Jahr *Tahun Panjang* mit 420 Tagen. Peter Wilhelm Pink schreibt, dass 1929 in Umfragen einiger Distrikte durch V. E. Korn in der Region Mengwi Tahung Panjang als Sonnenjahr bezeichnet wurde und vom Mondjahr, dem *Saka*-Jahr unterschieden wird. Der Begriff „Saka" weist auf den indischen Ursprung hin und bezeichnet ein in zwölf Monate unterteiltes Jahr mit 355 Tagen und Abweichungen von einem Tag in die eine oder andere Richtung. *Uku*-Zyklus und *Saka*-Jahr lassen sich zu größeren Zyklen kombinieren, die ein Jahrhundert übersteigen und, weit über persönliche Schicksale hinausgehend, der längeren Bestimmung günstiger Zeiträume oder der Deutung von Vorzeichen dienen.

Die Zyklen des Reisanbaus bestimmen seit jeher den Lebensrhythmus auf Bali.

21. Westlicher Teil der Bali-Rundreise

Weiterreise nach Pemuteran

Vor der Weiterfahrt suchen wir noch einen Supermarkt auf. Rotwein ist in den Hotels und Restaurants unverhältnismäßig teuer, und wir hätten uns schon gern abends mal auf ein Glas zusammengesetzt. Alternativ zu den auch hier teuren Rotweinflaschen finden wir eine einheimische Abfüllung im 3-Liter-Beutel zum gleichen Preis, die wir uns teilen wollen. An der Kasse sehe ich die Leute hinter uns staunen. Der Rotweinbeutel, den wir mit 37 Euro bezahlen, kostet wahrscheinlich so viel wie die Lebensmitteleinkäufe einer Familie im Monat.

Weiter geht es zunächst nach Lovina, wo Ketut sich mit uns auf die Suche nach einem Hotel begibt. Schließlich finden wir eine Anlage mit gepflegten Bungalows. Trotz leichten Regens schauen wir uns zuerst den Strand an. Touristen treffen wir hier nicht. Der Strand wird nur von Fischern genutzt und von diesen ziemlich verdreckt. Für die geplante Übernachtung füllt Christian im Hotel das obligatorische Formular mit Personalien aus. Wie immer will man wissen, wo wir zuletzt waren, wohin wir danach gehen und ob der Aufenthalt privat oder geschäftlich ist.

Als wir ansprechen, am nächsten Morgen abgeholt werden zu wollen, erklärt man uns, dass man mit Glück, vielleicht, unter Umständen, möglicherweise Delfine zu Gesicht bekommen könne. Ein Schwimmen mit Delfinen sei aber auf keinen Fall möglich. Ich nehme Ketut beiseite und mache ihm klar, dass dies wohl ein Missverständnis war. Hier einen halben Tag heute mit gerade einsetzendem Regen und einem vermüllten Strand, eine Übernachtung und einen halben Tag morgen zu verbringen ist nicht das, was wir wollen – sind wir doch von anderen Erwartungen ausgegangen, nämlich mit den Delfinen zu schwimmen. Für Ketut ist es kein Problem, noch die 1,5 Stunden weiter ins von Christian als traumhaft beschriebene Hotel nach Pemuteran zu fahren, auch wenn es für ihn eine weitere Fahrt und längere Rückfahrt nach Kuta bedeutet.

Im Hotel Taman Sari in Pemuteran bei Pura Pulaki angekommen, muss erst mal etwas umdisponiert werden, da man uns ja einen Tag später erwartet hatte. Nach dem Bezug der beiden Bungalows machen wir einen Spaziergang in der Bucht und interviewen gleich den ersten Fischer, ob er denn mehr Glück mit dem Fischfang habe als seine Kollegen in Tulamben. Als wir nach einer kleinen Konversation weiterwollen, bietet uns Wayan, wie der Fischer heißt, für den folgenden Tag einen Bootsausflug zum Schnorcheln an. Da Christian bei seinem letzten Aufenthalt hier über das Hotel gebucht das Dreifache bezahlt hatte, halten wir das beide für eine gute Idee und schlagen ein.

Gedankenspiele mit der Zeit

Unsere abendlichen Gespräche sind während unserer Reise schon fast zum Ritual geworden. Heute kommen wir auf ein alternatives Verständnis der Zeit zu sprechen.

„Bestimmt erinnerst du dich an unser Gespräch, bevor wir über die Verbundenheit gesprochen haben. Es ging um die Frage, ob Informationen aus der Zukunft in das Bewusstsein der Rishis gekommen sein könnten oder sich vielmehr ihr Bewusstsein in die Zukunft bewegt haben könnte", beginne ich. *„Die Frage ist, ob unsere Auffassung von der Fähigkeit des Bewusstseins oder vom Verlauf der Zeit falsch ist. Oder von beidem. Wie kommt man zu Information aus der Zukunft, wenn diese doch noch gar nicht vollendet ist?"*, stimmt Christian ein.

„Wir könnten den Zeitverlauf auf einer waagerechten Linie eintragen und von einer senkrechten Linie kreuzen lassen, die wir ‚Gegenwartslinie' nennen. Unsere Gegenwart ist an dem Punkt, wo sich beide Linien kreuzen. Links von der Stelle, wo die Gegenwartslinie die Zeitlinie kreuzt, wäre der Bereich der Vergangenheit. Rechts davon der Bereich der Zukunft. Versuch dir das mal im Geiste vorzustellen oder zeichne es sonst auf ein Stück Papier auf", empfehle ich.

„Wie ist die allgemeine Vorstellung von der Zeit? Betrachten wir zuerst die linke Seite. Es gibt eine vollendete Vergangenheit, das, was geschehen ist. Die könnten wir als gerade Linie einzeichnen und mit dem Gegenwartspunkt verbinden. Und es gibt viele alternative Vergangenheiten, das, was hätte geschehen können. Diese könnten wir als viele gestrichelte Linien einzeichnen. Sie kommen aus allen Richtungen. Die laufen auch auf den Gegenwartspunkt zu, denn sie hätten unter bestimmten Umständen auch passieren können. Betrachten wir danach die rechte Seite. Es gibt viele alternative ‚Zukünfte'. Wir verbinden sie alle als gestrichelte Linien mit dem Gegenwartspunkt. Sie könnten alle unter bestimmten Umständen passieren. Sie führen alle in unterschiedliche Richtungen.

Bezogen auf unsere gedachten gekreuzten Linien oder eine Zeichnung, könn-
ten wir uns ein Gedankenspiel vorstellen. Dass wir einen Spiegel, mit der Spie-
gelseite nach rechts, auf die Gegenwartslinie stellen und schräg hineinschauen.
Was würde sich uns als scheinbar komplettes Bild zeigen? Auf der rechten Seite
nur gestrichelte Linien möglicher Zukünfte, auf der linken Seite nur gestrichelte
Linien alternativer Vergangenheiten. Welche alternative Vergangenheit und
welche Zukunft sich vollenden, die wir dann als gezogene statt gestrichelten Linien
darstellen müssten, dazu gibt es unendlich viele Möglichkeiten. "

„*Vielleicht ja doch die Unendlichkeit der Paralleluniversen, wenn sich in*
jedem Universum eine unterschiedliche Kombination von Vergangenheiten und
Zukünften findet?", stellt Christian nicht wirklich ernst gemeint in den Raum.

„*Alternativ können wir uns auch vorstellen, einen Spiegel mit der Spiegel-*
seite nach links auf die Gegenwartslinie zu stellen. Welches Bild ergäbe sich
dann? Links in der Zeichnung eine gezogene Linie zwischen vielen gestrichelten
Linien. Die vollendete Vergangenheit zwischen den alternativen Vergangen-
heiten. Im Spiegelbild die rechte Hälfte simulierend auch eine gezogene Linie
zwischen vielen gestrichelten Linien. Das wäre dann die vollendete Zukunft
zwischen den alternativen Zukünften. "

„*Was dann bedeuten würde, dass die Zukunft schon genau feststehen würde,*
also vollendet wäre, wie die Vergangenheit", folgert Christian.

„*Dann wäre das Leben wie eine Schallplatte zu verstehen. Eine Schallplatte,*
auf der wir zwei, vielleicht drei Lieder schon gehört haben. Wo die Nadel zwei,
drei gepresste Tonspuren schon entlanggeglitten ist. Den Raum mit Musik, mit
Schwingungen mit Lebendigkeit gefüllt hat. Wenn die Nadel nun vor dem
nächsten Lied in der Ruhephase ist, dann wissen wir genau, welche Lieder
schon gespielt worden. Wir haben sie erlebt. Was als Nächstes kommt, wissen
wir nicht. Es könnte das eine oder es könnte das andere Lied sein. Zum jetzi-
gen Zeitpunkt unbekannt. Wir haben es noch nicht erlebt. Die Nadel ist die
Tonspur noch nicht abgefahren. Aber die Tonspur ist schon da. Es kann nur
das eine, aber es kann nicht das andere Lied sein. Die Rille auf der Schall-
platte ist schon geprägt. Es gibt keine Alternativen. Es gibt keine alternativen
Zukünfte. Es gibt die vollendete Zukunft, wie es die vollendete Vergangenheit
gibt", stelle ich das letzte Beispiel noch einmal anders begreiflich dar.

„*Dies würde jedoch bedeuten, dass die Zukunft absolut unveränderlich wäre.*
Selbst die Palmblätter sprechen aber nur von Möglichkeiten, von Wahrschein-
lichkeiten", widerspricht Christian.

270

„Sehe ich auch so. Ich glaube nicht an die vollendete Zukunft, wie eine Spiegelung des linken Bereiches sie ergeben würde. Ich glaube aber auch nicht an eine Unendlichkeit alternativer Vergangenheiten und Zukünfte, wie sie sich aus der Spiegelung des rechten Bereichs ergeben würde. Damit hätten wir aber deine Frage behandelt, ob wir eine falsche Auffassung vom Verlauf der Zeit hätten. Nehmen wir also als Grundlage, dass eine horizontal gedachte Gegenwartslinie eine vertikal gedachte Zeitlinie links vom Punkt der Linienkreuzung in eine einzige vollendete Vergangenheit und rechts davon in unzählig viele alternative Zukünfte teilt.

Nun zur zweiten Frage, ob unsere Auffassung von der Fähigkeit des Bewusstseins falsch ist. Nehmen wir nun an, man könnte, rein theoretisch, das ‚Wie?‘ außer Acht lassend, nur das ‚Was dann?‘ betrachtend, individuelle Gegenwartslinien von der allgemeinen Gegenwartslinie nach rechts weg verschieben. Dann wären diejenigen an einem Punkt, der für sie Gegenwart und für die Allgemeinheit noch Zukunft ist. Die Strecke zwischen der allgemeinen Gegenwartslinie und ihrer individuellen Gegenwartslinie wäre aus ihrer Sicht vollendete Vergangenheit. Denn sie wissen ja durch die Verschiebung, also Entkoppelung ihrer Gegenwartslinien, welche der Möglichkeiten sich zur Realität entwickelt haben. Hatten die Rishis vielleicht Bewusstseinsfähigkeiten, ihre persönliche Gegenwartslinien zu verschieben? Einstein hat uns, wie schon besprochen, gezeigt, dass Zeit relativ ist, dass es individuelle Zeit unabhängig von der Zeit der anderen gibt. Warum also soll nicht auch Raumzeit relativ sein und nicht für alle gleich? Das wäre auch ein theoretischer Ansatz, um Hellsichtigkeit und Prophetie erklären zu können.“

„Und ein theoretischer Ansatz für unser vor kurzem diskutiertes Astralreisen. Denn nichts anderes wäre das Verschieben der individuellen Gegenwartslinie von der allgemeinen“, folgert Christian, bevor wir uns für die Nacht verabschieden.

Schnorcheln und Massage in Pemuteran

Achtzehnter Tag, 15. Februar. Am nächsten Morgen fahren wir bereits um
9.00 Uhr mit Wayan und einem Kollegen mit dem Fischerboot zum Schnorcheln aus. Während Wayan mitschnorchelt, hält der andere Fischer das Boot
ständig in unserer Nähe. Die Strömung ist sehr stark, man kann sich treiben
lassen und hat ohne nötige Bewegung das Gefühl, das Riff zu überfliegen.
Dort, wo die bunte Korallenwelt aufhört, steigen wir wieder ins Boot, fahren
einige hundert Meter zurück und springen wieder ins Wasser.

Auf dem Rückweg fragt Christian, ob Wayan im Ort Möglichkeiten für
eine Massage kennen würde. Von seinem letzten Reisegesellen belehrt, hat er
Gefallen an der Idee gefunden, Geschäfte mit Menschen am Anfang der Her-
stellungskette als direktere Entwicklungshilfe zu verstehen. Warum das Hotel
dafür bezahlen und den Hauptteil verdienen lassen, eine Massage anzubieten,
wenn man das Geld direkt dem Menschen geben kann, der die eigentliche
Leistung erbringt? Wayan fällt tatsächlich jemand ein. Er hat einen blinden
Freund, Nengah Subrata, der wie seine Frau Pon ausgebildeter Masseur ist.
Die beiden hatten sich in der Blindenschule auf Java kennengelernt, sind aber
nach der Geburt der ersten Tochter wieder zurück in die Hütte seiner Eltern
und seines Bruders gezogen.

Nach einer Pause für einen Snack treffen wir um 13.00 Uhr Wayan und
seinen Cousin Maté am Strand. Mit zwei Mofas werden wir zum Haus
der Familie gefahren, das etwa eine Viertelstunde von unserem Hotel entfernt ist. Christian wird von Pon im Haus, vermutlich auf dem Ehebett,
massiert, während die Schwiegermutter bei ihr bleibt, um Öle zu reichen
und ein Auge auf den Fremden zu haben. Mir schlägt man die Massage im
Nachbarraum vor. Die unverputzten Wände der Hütte stören mich weniger, die unbezogenen Matratzen auf dem Fußboden für die Massage schon
sehr. In dem Moment findet Wayan aber noch eine Liegematte aus Kunst-
leder im Haus, und ich willige sofort ein, mich draußen im Holzpavillon
an der frischen Luft massieren zu lassen.

Die Massage dauert eineinhalb Stunden. Es ist eine starke, kräftige Massage,
nicht wirklich zum gleichzeitigen Entspannen geeignet. Ich könnte schreien,
so fest ist das. Hätte ich ein Holzstück in Griffweite, ich würde es zwischen die
Zähne klemmen. Aber ich habe nicht viel Erfahrung mit Massagen, und das
muss wohl so sein. Außerdem bin ich doch ein ganzer Kerl. Mann, tut das weh.

Anschließend plauschen wir noch etwas mit Wayan und dem Masseur und schauen den zahlreichen Kindern zu, die sich beim Spielen mit den simpelsten Gegenständen oder gegenseitigem Fangen vergnügen. Nengahs Vater und Bruder schütten sich mit ein paar Freunden mit purem Arak, dem hochprozentigen Kokosnussschnaps, zu. Wir bekommen immer wieder zugeprostet und werden eingeladen, erwidern aber wiederholt, dass der frühe Nachmittag noch nicht unsere Zeit zum Trinken sei.

Mit den vereinbarten, umgerechnet jeweils 8 Euro sind Nengah und Pon sehr zufrieden. Im Hotel hätten wir mehr bezahlt, und so helfen wir einer Familie ein Stück weiter über die Runden.

Einsicht des Tages:
Möglichkeiten der
Entwicklungshilfe nutzen!

Zurück in der Bucht des Taman Sari, buchen wir in einem der Tauchcenter für morgen einen Bootsauflug mit zwei Tauchgängen für mich und die Möglichkeit zum Schnorcheln für Christian.

Tauchausflug nach Mejangan

Neunzehnter Tag, 16. Februar. Um Viertel vor neun startet unser Motorboot mit der Crew, einem jungen Paar aus den Niederlanden, einem pensionierten Ehepaar aus der Schweiz, Ursula und Heinz, und uns. Während die anderen fünf nur schnorcheln, gehe ich mit einem Begleiter tauchen. Als ich nach dem Tauchgang meinen Shorty ausziehe, den kurzärmeligen Tauchanzug, fragt mich Christian, wo ich denn den großen blauen Fleck herhabe.

„Ja, der Unterarm tut mir schon den ganzen Morgen etwas weh. Ist auch ziemlich angeschwollen. Darunter fühlt es sich auch richtig knubbelig an. Hab mich da vielleicht irgendwo gestoßen", erkläre ich.

„Nein, nein, ich meine den am Oberschenkel", erwidert Christian.

„Ups, da habe ich ja noch einen. Und auf der anderen Seite auch. Und auch an beiden Fußsohlen. Die Massage!", fällt es mir plötzlich ein. *„Es darf nicht wahr sein. Da habe ich das Gesicht verzogen und dachte, es müsste so fest sein. "*

„Ja, so ist das dann wohl schon mal mit blinden Masseuren", grinst Christian.

Für den Rest des Aufenthaltes ist dann das Thema Massage für mich erst mal durch, egal, wie günstig, und egal, wie angenehm das normalerweise ist.

Mittags fragt mich Heinz interessiert, was ich beruflich mache.

Einsicht des Tages:
Sag dem, der für dein
Leiden blind ist,
wenn er aufhören soll!

Wenn man sich mit Spiritualität beschäftigt, entsprechende Kurse besucht und so auch neue Gleichgesinnte kennenlernt, unterscheidet man irgendwann zwei Arten von Menschen. Die einen, meist alte Freunde und Arbeitskollegen, mit denen man über Hinz und Kunz reden kann. Solange es nicht über den Tod, das Danach oder sogenanntes „Paranormales" geht. Und die anderen, vor denen man sich nicht für seine noch so abwegigen Gedanken über das Sein und den Sinn des Lebens genieren braucht. Ich nenne sie für mich die „Schlafenden" und die „Wachen". Mit Sicherheit würden die Schlafenden sich selbst die „Wachen" nennen und die anderen die „Träumenden".

Fremde ordne ich meist erst einmal der ersten Gruppe zu. In meinem Fall erzähle ich dann über den normalen Beruf im Angestelltenverhältnis, den Tierbuchverlag und die normalen Hobbys. Spaßeshalber kann man solchen Menschen auf die Frage *„Was machst du denn so?"* natürlich auch sagen: *„Oh, ich schreibe spirituelle Bücher, um nicht das Wort ,esoterisch' zu nutzen, die ich im Eigenverlag veröffentliche. Angefangen hat das, nachdem ich eine Ausbildung in Reinkarnationstherapie absolviert habe, in der man als Rückführungsbegleiter Menschen in nichthypnotischer Methode in ihre früheren Leben bringt, oder eigentlich schon als Kind, als ich meinen toten Urgroßvater auf seiner eigenen Beerdigung zu sehen glaubte."* Man muss sich nicht wundern, wenn es das Gegenüber dann irgendwie ganz plötzlich eilig hat, auf die Toilette zu gehen, noch telefonieren zu wollen oder aufstehen zu müssen, weil da drüben plötzlich ein uralter Bekannter gesehen wurde.

Zurück zur Frage von Heinz. Irgendwie hatte ich instinktiv das Gefühl, einen zumindest sehr aufgeschlossenen Menschen vor mir zu haben. Ich erzählte, dass ich nach der Reise nach Indien und Sri Lanka nun hier auf Bali einen Palmblattleser interviewt habe und Christian mich begleitet, weil er sich genauso für das Thema interessiert, mir über die beobachtete Körpersprache wichtiges Feedback gibt und wir gute Freunde geworden sind. Mit meinem Gefühl hatte ich recht. Heinz war nicht nur sehr aufgeschlossen und interessiert, die beiden besuchen selber spirituelle Kurse und machen eine Ausbildung im heilenden Bereich.

Vom Ausflug zurück, zeigen sich Christian wie auch Heinz und Ursula enttäuscht. Alle drei kennen ein viel schöneres Riff zum Schnorcheln und können nicht verstehen, warum dieses nicht angefahren wurde. Beim abendlichen Strandspaziergang sehen wir Ursula und Heinz in ihrem Hotel, das direkt neben dem unseren liegt, und trinken ein Bier zusammen. Die beiden waren schon öfter auf Bali, vor dem jetzigen Aufenthalt in Pemuteran zunächst im Ort Sanur, der weniger touristischen Alternative zu Kuta. Auf unseren Ausflug vom Vormittag zurückkommend, beschließen wir, morgen gemeinsam zu schnorcheln, sofern es zu den schönen Plätzen geht.

Die Selbstbeschränkung der Wissenschaft

Zurück zum Abendessen in unserem Hotel, an einem Tisch am Strand, den fast die Wellen erreichen, erleben wir einen wunderschönen, sternenklaren Himmel.

„Sich vorzustellen, dass bei unendlich vielen Sternen [179] *wir der einzige Planet mit Leben sein sollen, grenzt an die Naivität und Arroganz der herrschenden Meinung des Mittelalters, die Erde sei Mittelpunkt des Universums",* beginne ich.

Christian zieht genüsslich an seiner Pfeife. *„Das Mittelalter war ja weniger durch fehlendes Wissen als mehr durch die Unterdrückung des vorhandenen gekennzeichnet. Unsere Wissenschaft hat sich aus der Kirche entwickelt. Auch wenn sie ihr heute entgegengesetzt wird. Und die Kirche war die Institution der Wissensunterdrückung. Warum sollte die Wissenschaft da besser sein?"*

„Jesus wollte diese Kirche nicht."

Eugen Drewermann

„Ich denke, in der Kirche gibt es mehr Kontrolle und Steuerung, nicht von der vorgefassten Meinung abzuweichen. Da ist die Wissenschaft doch freier", erwidere ich seine vielleicht nur rhetorisch gemeinte Frage.

275

„Innerhalb gesteckter Grenzen bestimmt. Aber was passiert mit den Wissenschaftlern, die darüber hinaus von der etablierten Lehre abweichen?"

„Es dauert, bis sich ihre Erkenntnisse durchsetzen", antworte ich.

„Ja, es ist alles eine Frage der Zeit. Das mag wohl richtig sein. Aber bis dahin, was ist mit ihrer Karriere?"

„Da hast du schon recht. Manche werden als Spinner abgetan. Gerade wenn es um Fragen von außerirdischem Leben, dem Wissensstand vergangener Kulturen oder der Entwicklung der Menschheitsgeschichte geht…", stimme ich zu und ergänze: „… zwar wird heute nicht mehr durch das Instrument der Folter manipuliert, aber dadurch, dass man etwas lächerlich macht."

> „Jedes Problem durchläuft drei Stufen:
> In der ersten erscheint es lächerlich,
> in der zweiten wird es bekämpft,
> und in der dritten gilt es
> als selbstverständlich."
>
> *Arthur Schopenhauer*

„Mit der Tabuüberschreitung, sich nur auf wissenschaftlich bereits anerkannte Themen zu beschränken, dem Mittel der Lächerlichkeit und Verdächtigung des Irrsinns beschäftigt sich ein immer noch aktuelles Buch vom Anfang der 80er Jahre", empfiehlt mir Christian. „In dem Buch Das Ende des naturwissenschaftlichen Zeitalters fordert der Autor Herbert Pietschmann, Widersprüchlichkeiten nicht länger zu eliminieren, sondern gelten zu lassen, um dem Menschen endlich in einem umfassenderen Weltbild gerecht zu werden. Er sieht das abendländisch-naturwissenschaftliche Weltbild als Versuch, den Menschen völlig außerhalb eines Modells der Wirklichkeit zu stellen und von seinen persönlich-individuellen Problemen abzusehen. Persönliche, subjektive Erlebnisse sind nicht weniger wahr, passen aber nicht zum Selbstanspruch der Naturwis-

> „Nicht um Wahrheit, sondern um Widerspruchsfreiheit geht es im modernen Weltbild, und die Rechtfertigung der Methode liegt im Fortschritt, den sie uns bringt."
>
> *Herbert Pietschmann*

senschaft experimenteller Beschreibung wiederholbarer, objektiver Phänomene. Als Beispiel führt Pietschmann Untersuchungsergebnisse der Parapsychologie an, die ebenso sorgfältig und gewissenhaft arbeitet wie die Naturwissenschaft. Von dieser können sie aber nicht anerkannt werden. Denn spielt zum Beispiel eine besonders begabte Person eine wesentliche Rolle, steht dies im Widerspruch zur Unabhängigkeit von individuellen Menschen."

„Ein anderes gutes Buch, in dem das Thema auch angesprochen wird, ist Gott und die Götter. *Nach dem Autor Armin Risi beschränkt sich die Wissenschaft, angefangen vom Selbstverständnis bis hin zu ihren Werkzeugen und Methoden, auf das Sicht-, Mess- und Analysierbare. Sie ist im neutralen Sinne des Wortes beschränkt. Das Gleiche gilt zwangsläufig auch für Ihre Erkenntnisse. Das ist nicht grundsätzlich problematisch.*

Aber problematisch ist, dass dies, zur umfassenden, zur alleinigen Wahrheit erhoben, unser von ihr abhängiges Weltbild beschränkt macht. Und man, abstrakt ausgedrückt, mit beschränktem Wissen Entscheidungen in einer unbeschränkten Welt fällt. Folgen sind, konkret ausgedrückt, Umweltzerstörung, Krieg, Kriminalität und neue Krankheiten. Aber weißt du, was nach Risi eigentlich schier unglaublich ist? Dass ein Weltbild, auf dem Gesellschaften, Politik, Wirtschaft und Forschung basieren, nicht nur auf beschränktem, sondern auch auf unbewiesenem Wissen aufbaut.

Leben sei eine Funktion der organischen Materie, die sich zufällig und komplex selbst organisiert, oder es gäbe kein vom Körper getrenntes Bewusstsein. Das sind grundlegende Annahmen, die nie ‚wissenschaftlich' bewiesen wurden. Die nach der Wissenschaft selbst grundsätzlich dem Glauben zuzuordnen sind."

„Also damals die Kirche, heute die Wissenschaft. Bewusste Wissensunterdrückung von jenen, welche die Wahrheit für sich beanspruchen", resümiert Christian und fragt: *„Und wozu?"*

„Nun, eine Weltbildänderung, dass wir nicht allein sind oder dass wir mehr als nur ein Körper sind, könnte politische und wirtschaftliche Machtverhältnisse erschüttern."

„Ja, letztendlich erscheint es mir auch eine Frage des Machterhalts", bestätigt Christian.

„Ich denke aber, dass sich Freiheit und Wissen dennoch nicht ewig unterdrücken lassen."

„Darauf trinken wir", hebt Christian spontan sein Glas.

Von Materie zu Geist – von Geist zu Materie

„Im Kosmos wurden ja nicht nur Substanzen entdeckt, die Voraussetzung für Leben darstellen, in Meteoriten aus dem All fand man bereits Aminosäuren, Bausteine des Lebens [180]*",* knüpft Christian an unser Ursprungsthema an.

„Nicht nur das", ergänze ich, *„inzwischen ist man sich sicher, dass Meteoriten sogar Mikroorganismen enthalten können. Auch Bakterien werden für möglich gehalten. Sogar komplexere, photosynthesefähige Organismen.*

Und nicht nur, dass Mikroben Millionen Jahre auf der Reise überdauern können, neben interplanetarischer hält man sogar, wenn auch unwahrscheinlich, interstellare, also zwischen Sonnensystemen stattfindende Verbreitung für möglich [181]*. "*

„Leben im Universum ist keine Ausnahme, sondern die Regel."

Johannes von Buttlar

„Das Leben auf der Erde muss also gar nicht zwangsläufig auf der Erde entstanden sein", bemerkt Christian.

„Das ist die Theorie einiger Astrophysiker und Kosmochemiker [182]*. Nach ihnen ist die Entstehung von Leben in der sogenannten Ursuppe nur eine Vermutung ohne experimentellen Nachweis. Ein Kosmochemiker spekuliert sogar darüber, ob das Leben nicht genauso ewig sein könnte wie die Materie. Nur würde dies ein unendlich altes Weltall voraussetzen und nicht zu dem aus dem Urknall abgeleiteten Alter passen. "*

Nach heutiger Annahme ist das Weltall vor 13,7 Milliarden Jahren beim Urknall entstanden [183]. Schon 1927 mutmaßte der belgische Abt Abbé Lemaître, das Universum sei aus einem geballten Uratom entstanden. Der Gedanke, die gesamte Materie des Universums auf einen Ursprung maximaler Verdichtung zurückzuführen, von der Physik „Singularität" genannt, ist dabei schon sehr alt. Bereits Anaxagoras, ein vorchristlicher griechischer Philosoph, dessen Philosophie [184] nur in Fragmenten und hauptsächlich durch Aristoteles überliefert wurde, vertrat eine ähnliche Auffassung [185].

Durch die heute als „Big Bang" bekannte Theorie des Urknalls und die Entdeckung des amerikanischen Astronom Hubble, dass sich die Sternensysteme immer weiter voneinander entfernen, geht die Physik von einem

278

expandierenden Universum aus. Diese Ansicht wird untermauert durch eine Mikrowellen-Hintergrundstrahlung, die sich um einige tausend Grad Kelvin reduziert hat und als Relikt des Urknalls angesehen wird. Uneinigkeit besteht in den beiden Fragen, ob es etwas vor dem Urknall gab und was der wirkliche Anfang des Universums war.

Ebenso besteht Uneinigkeit darin, was auf die Expansion des Universums folgt.

Gibt es vielleicht einen zyklischen Verlauf, in dem sich Phasen der Expansion mit Phasen der Kontraktion abwechseln?

„Falls Gott die Welt geschaffen hat, war seine Hauptsorge sicher nicht, sie so zu machen, dass wir sie verstehen können."

Albert Einstein

Diese Überlegung formulierte der Physiker Richard Tolman schon in den 1930er Jahren [186]. Die Dauer des Kontraktionsprozesses berechnete der amerikanische Astrophysiker Prof. Allan Sandage später mit 45 Milliarden Jahren Dauer. Auch er vertrat die Ansicht, dass mit der Zusammenziehung auf maximale Dichte ein nächster Urknall folgen würde und von einem zyklischen Prozess auszugehen wäre [187].

Die gleiche Auffassung vertreten der britische Mathematiker Penrose und sein Kollege Vahe Gurzadyan in einer Veröffentlichung im November 2010 [188]. Diese beiden glauben, in den Messungen der WMAP-Sonde [189] konzentrische Kreise in der Temperatur der Hintergrundstrahlung zu erkennen. Dies müsste als Hinweis darauf verstanden werden, dass der Urknall nur einer unter vielen war und das Universum nur ein vorübergehendes Ereignis in einem zyklischen Universum ist, mit jedem Urknall neu beginnt und möglicherweise endlos neue Universen geschaffen werden [190].

Martin Bojowald, Assistant Professor an der amerikanischen Penn State University, weist zudem darauf hin, dass bei Annahme eines Punktes der Singularität Einsteins Gleichungen ihren Sinn verlieren. Dieser Punkt wäre also außerhalb der durch die Theorie gedeckten Physik. Somit wäre eine Erweiterung der Theorie notwendig, die ebenfalls expandierende Lösungen beschreibt, aber nicht in die Singularität läuft.

„Spannend ist doch, was frühere Kulturen über das Alter des Universums dachten", merkt Christian an.

„O ja. Zum Beispiel die vedische. Danach existierte das Universum schon vor einem Schöpfergott. Nach der vedischen Kosmologie finden innerhalb des großen, universalen Zeit-Raums, dem Mahat-Tattva [191], zyklisch Teilauflösungen und Teilschöpfungen zahlloser Universen [192] statt. Bildlich beschrieben, gehen die Universen aus dem Gott Vishnu, konkreter gesagt in seiner primären Form als Mahā-Vishnu, hervor und wachsen mit seinem Ausatmen. Nach der halben Zeit ihrer Existenz beginnt Mahā-Vishnu einzuatmen, und die Expansion des Universums geht in eine Kontraktion über. Die eingeatmeten Universen werden wieder in seinen Körper integriert. Jedes Universum ist eine beseelte Schöpfungseinheit, indem Vishnu in einer zweiten Form als Garbhodakaśāyī-Vishnu darin eingeht und einen Brahmā gebärt. In einer dritten Vishnu-Form geht er in das Herz Brahmās, das Herz jedes verkörperten Lebewesens und jedes Atoms als Überseele, Paramātmā, ein."

„Alle Materie entsteht und besteht nur durch eine Kraft ... so müssen wir hinter der Kraft einen bewussten, intelligenten Geist annehmen. Dieser Geist ist der Urgrund der Materie."

Max Planck

„Somit ist Vishnu Grundlage, Seele und Gedächtnis jedes Universums", fasst Christian zusammen. *„Ja, und Brahmā wird zum zweiten Schöpfer, der innerhalb des Universums alle grob- und feinstofflichen Formen erschafft [193]. Er entsteht mit dem Universum, und das Universum vergeht mit ihm. Während seiner Existenz durchläuft das Universum viele Zyklen der Schöpfung und Zerstörung. Die Zyklen sind insgesamt so lang, wie das Leben des Schöpfergotts Brahmā dauert."*

„Wobei Schöpfergott dann nicht Gott ist", bemerkt Christian.

„Ja, worauf Brahmā selbst hingewiesen hat [194]."

„Gott ist dann Vishnu und der eigentliche materielle Schöpfer, oder?", fragt Christian nach.

„Gottes (Vishnus) Gedanke ist die materielle Schöpfung, dessen Grundlage ist sein Bewusstsein.

In den Upanischaden [195] heißt es: ‚Er blickte, und er schuf alle materi-

280

ellen Welten.' Eine Analogie zur Quantenphysik lässt sich meines Erachtens hier kaum übersehen. Vishnu beziehungsweise seine drei Formen sind Ausdruck Krsnas [196], den Brahmā als den höchsten Herrscher bezeichnet [197].

Brahmā schläft und erwacht. Während seines Schlafs zerfällt das Universum in seine ursprüngliche Formlosigkeit. Wenn er erwacht, erschafft er es neu. Hat er sein Lebensende erreicht, hören er und alles Sein im Universum zu existieren auf. Die Entsprechung von Brahmās Zeit in unserer ist in den Veden angegeben [198]. Nach vedischer Ansicht befinden wir uns in der Hälfte eines Brahmā-Tags. Rechnet man in unsere Zeitentsprechung eine volle Nacht und einen halben Tag, kommt man für das Alter der letzten Neuschöpfung, was die Erde mit einschließt, auf etwa sechs Milliarden Jahre."

„Was dem entspricht, was Wissenschaftler unserer Zeit als Alter der Erde herausgefunden haben wollen", kommt mir Christian zuvor.

„Genau, nur beim Alter des Universums passen die heute angenommenen 13,7 Milliarden Jahre nicht. Berücksichtigt man die Lebensspanne von Brahma, kommt man auf ein sehr viel älteres Alter des Universums [199], das zyklisch neu geschaffen wird.

„Das Alter des Universums mit dem Alter der Sterne gleichzusetzen ist so unlogisch, als wenn man das Alter des Urwaldes mit dem Alter seiner Bäume gleichsetzen würde."

Armin Risi

Die heutige Physik hat neben dem Alter der Erde weitgehend im letzten Jahrhundert erst (wieder)entdeckt, dass sich das Universum ausdehnt, der Raum gekrümmt ist, Materie eine Form der Energie ist, die Sonne an ihrem Ende zu einem roten Riesen wird und verglüht. In der indischen Purāna-Kosmologie war das seit Jahrtausenden bekannt [200]. Mit gewisser Wahrscheinlichkeit könnte sich die vedische Kosmologie auch in einem Punkt als richtig erweisen, über den in unserer heutigen Zeit gerade erst die Spekulation begonnen hat, die Kontraktion des Universums.

Was heutige Astronomen mit ihren Teleskopen sehen, sind ja Bilder, die Milliarden von Jahren alt sind, denn so lange hat das Licht aus den Tiefen des Weltalls bis zu uns gebraucht. Wir haben also nur Bilder aus der Vergangenheit.

Wie es heute wirklich aussieht, könnten wir erst in einigen Milliarden Jahren sehen [201]. *Das Universum könnte also bereits von der Phase der Expansion in eine Phase der Kontraktion, nach der indischen Mythologie Vishnus Ausatmen ins Einatmen, übergegangen sein. Und genau das steht in den Veden so beschrieben* [202]."

„Wenn altes Wissen vedischer Kosmologie in Teilen schon von der heutigen Wissenschaft bestätigt wurde, ist es ja durchaus möglich, dass es mit anderen Teilen der Veden in Zukunft ebenso geschieht", schlussfolgert Christian.

„Absolut. Wir stellen fest, dass wir gewisse Dinge heute oder vor nicht allzu langer Zeit gar nicht neu entdeckt, sondern lediglich nur wiederentdeckt haben. Also müsste es doch unser höchstes Anliegen sein, herauszufinden oder zu verstehen, was uns indische Texte, die wohl ältesten Aufzeichnungen der Menschheit, noch alles verraten. Anstatt zu warten, bis wir in vielen Jahren erst wieder feststellen müssen, dass dann neue Entdeckungen dort auch schon längst gestanden haben", denke ich laut. *„Dann müssten wir uns aber eins eingestehen. Wir können nicht mehr davon ausgehen, dass, je früher irgendwelche Kulturen auftreten, sie desto primitiver wären* [203].

Wir müssen akzeptieren, dass uns ältere Kulturen, zumindest in Teilen, wenn es das manchen Menschen einfacher anzunehmen macht, sogar überlegen waren. Aber welcher Mensch hat die Größe, seinen Kindern einzugestehen, dass die Vorfahren wesentlich wissender waren?"

„Was es vielleicht noch schwerer macht, ist, dass es nicht die eigenen Vorfahren waren. Die Vorfahren von heute als weniger entwickelt angesehenen Kulturen. Vielleicht ist es dann aus diesen Kulturen selbst heraus einfacher. Warten wir ab. Wenn ich mich an Bangalore erinnere, weiß ich, was Indien für ein Potenzial hat, sich in den nächsten Jahrzehnten erfolgreich entwickeln zu können."

„Aber um nochmal auf das Thema zurückzukommen. Wenn Altersberechnung des Universums in Bildnissen von Brahmā und Vishnu richtig sind, was ist dann mit der Durchdringung des Bewusstseins?", hake ich ein. *„Kann ein Atom ‚beseelt' sein? Wenn, wie in den uralten Veden beschrieben, Bewusstsein die Gesamtheit der Schöpfung derart durchdringt und wenn, wie von modernen Physikern wie Amit Goswami beschrieben, das Universum bewusst ist, dann muss tatsächlich so etwas wie ein Gedächtnis der Natur existieren."*

Mit der Frage, ob die Rishis genau das als Informationsquelle nutzen können, beenden wir unsere spätabendlichen Gedanken. Nach der Nachtruhe werden uns wieder weltlichere Eindrücke bevorstehen.

Schnorchelausflug nach Mejangan

Zwanzigster Tag, 17. Februar. Als Entschädigung für das unattraktive Schnorchelgebiet vom Vortag geht es heute für uns vier zum halben Preis zu den sogenannten „Underwater Caves". Das breite Riff ist wesentlich flacher als gestern, höchstens zwei Meter tief. Zum Schnorcheln ist es das farbigste und fischreichste Gebiet, das ich bisher gesehen habe. Die mehrere Dutzend Meter abfallende, wenig bewachsene Steilwand wäre für mich zum Tauchen wenig spannend gewesen. Deswegen wurde also gestern der andere Ort ausgewählt.

Abends vor dem Essen machen wir den Rest unserer Rotweinpackung Singaraja Hill, die wir uns über Tage eingeteilt hatten, als Aperitif leer, da wir später noch für die Abreise packen müssen. Im Restaurant bekommen wir wieder unseren Lieblingstisch, keine fünf Meter vom Meer entfernt. An dieses traumhafte Ambiente werde ich mich, zurück im wahrscheinlich noch kalten Deutschland, gern erinnern.

Die Gastronomie des Taman Sari Cottages befindet sich am hoteleigenen Strand.

Träume

Träumen wird denn auch zu unserem Thema.

„Träumen ist immer noch ein interessantes Phänomen und wirft viele Fragen auf", eröffne ich.

„O ja. Warum träumen wir überhaupt? Warum erinnert sich der eine an viele, der andere kaum an Träume? Warum kehren wir an Orte zurück, die wir schon mal im Traum gesehen haben? Warum meinen manche, nicht in Farbe zu träumen? Warum andere, dass sie gar nicht wirklich sie sind, sondern sich genauso wie die anderen sehen?", stellt Christian alle Fragen, die ihm einfallen.

„Tja, manche halten es für Informationsverarbeitungsprozesse, andere für kreative Phasen. Andere bekommen auch Informationen im Traum."

„Richtig, dem Chemiker August Kekulé soll die Struktur des Benzolrings und dem Physiker Niels Bohr der Aufbau des Atoms im Traum erschienen sein", erinnert sich Christian.

„Das kann man ja noch als kreativ verstehen. Problemstellungen des Alltags verfolgen einen auch nachts. Noch spannender ist es natürlich, dass jemand die Zukunft vorausträumt."

„Von Buttlar, der das Thema ,Traum' oftmals in seinen Büchern aufgreift, beschreibt solche historisch belegbaren Erzählungen. In einem Buch [204] zitiert er die dokumentierte Geschichte eines Prinzen [205]. Dieser hatte einen Jagdunfall mit schweren Schädelverletzungen eine Nacht zuvor erlebt und ihn vor Beginn der Jagd zur Belustigung noch seinem Bruder erzählt", fällt Christian ein.

Einsicht des Tages:
Träume sind Abbildungen der Realität!

„Das habe ich auch gelesen. In einem anderen Buch [206] schreibt von Buttlar, dass nach tamilischer Überlieferung die Aufzeichnungen der Palmblattbibliotheken ,geträumte' Leben wiedergeben würden. Wenn die Rishis wie schlafend erschienen, während ihr Bewusstsein auf Reisen ging, könnte man das als Indiz für die Möglichkeit sehen, dass doch Astralreisen die Quelle der Information gewesen sind."

22. Südlicher Teil der Bali-Rundreise

Die Rückfahrt nach Kuta

Einundzwanzigster Tag, 18. Februar. Nach dem Frühstück treffen wir Ketut überpünktlich eine halbe Stunde früher als vereinbart. Nach dem Auschecken beginnt die anstrengende, fünfeinhalbstündige Rückfahrt. Es gibt viel Verkehr an der Küste durch von Java kommende Fahrzeuge. Ketut schlägt uns vor, noch einen Abstecher zum Küstentempel Tanalot zu machen. Sicher wäre das interessant gewesen, hätte aber noch eineinhalb Stunden länger zu fahren bedeutet. Wieder zurück im „un's Hotel" in Kuta, bezahlen wir Ketut, und ich mache die Abholung für den Flughafentransfer am Sonntagabend um 20.00 Uhr aus. Christian benötigt den gleichen Transfer genau eine Woche später.

Abends nimmt uns der Hotelinhaber Roman Gerber mit dem Auto mit in sein Restaurant in die Stadt. Roman hat die indonesische Staatsbürgerschaft angenommen und braucht heute für die Einreise in die Schweiz sogar ein Visum. Andere Europäer auf Bali haben ihren Pass behalten, lassen die Geschäfte auf eine indonesische Partnerin laufen und müssen spätestens alle paar Monate einmal aus- und wieder einreisen, um ein neues Visum zu bekommen.

Angekommen im gediegenen Restaurant, lernen wir weitere deutsche und Schweizer Gäste kennen. Roman wandert von Tisch zu Tisch, hier Smalltalk und einen Aperitif, dort die Vorspeise, am nächsten Tisch den Hauptgang, noch ein wenig Smalltalk am Nachbartisch, den Absacker mit den anderen Gästen. Nach überwiegend Seafood der letzten Wochen genieße ich ein exzellent zubereitetes Black-Pepper-Steak, während Christian von seinem Red-Snapper-Filet begeistert ist. Nachdem ich René, einem Schweizer, der sich nach seinem Burn-out auf Bali erholt, ausführlich von meinem Buchprojekt erzählt habe, setzen sich weitere Schweizer zu uns, die Roman ebenfalls neugierig auf unsere Erzählungen gemacht hat.

Politik und Bewusstsein

Im Laufe des Abends kommt interessanterweise das Thema „Demokratie in der Schweiz und der Europäischen Union" auf. Während Christian die Schweizer Unabhängigkeit lobt und von der Institution von Volksentscheiden überzeugt ist, würden andere Schweizer lieber einen Beitritt zur Europäischen Union sehen. Gefragt, muss ich sagen, dass ich die Grundidee der europäischen Einigung, nämlich nichts anderes als durch Zusammenwachsen Kriege zu verhindern, großartig fand. In der Rückführungstherapie zeigt sich übrigens kaum etwas Sinnloseres als das durch Krieg geschaffene Leid. Daher hat es mich nicht überrascht, dass die Sinnlosigkeit des Krieges darzustellen in meiner Palmblattlesung als eine meiner Lebensthemen vorgelesen wurde.

„Heute sehe ich die Einheit Europas gefährdet", erkläre ich. „Ich denke, dass es nicht nur ein großes Problem gibt, Entscheidungen und Beschlüsse für Bürger nachvollziehbar zu vermitteln. Ich stelle mit Bedauern fest, dass die Durchsetzung nationaler Einzelinteressen auf Kosten anderer Mitgliedsstaaten mehr und mehr der innenpolitischen Profilierung dient. Wer tut was warum? Wer bestimmt wirklich? Und was ist noch demokratisch?"

So tauchen natürlich die Fragen auf, was Demokratie ist und welche Formen welche Nachteile haben.

Persönlich finde ich mehr Direktdemokratie, zum Beispiel durch Volksentscheide wie in der Schweiz, durchaus erstrebenswert. Dass die Mehrheit entscheidet, entspricht meinem Demokratieverständnis. Erst vor kurzem habe ich das mit jemandem diskutiert. Wir haben uns schließlich auf eine Definition geeinigt: „Demokratie ist die durch wechselnde Minderheiten bewusst akzeptierte Unterdrückung durch wechselnde Mehrheiten." Meiner Meinung nach geht es auch nicht anders. Konsens haben wir aber nur unter der Prämisse, dass es echte Mehrheiten sind. Mehrheitsentscheidungen sind nämlich nur dann zum größtmöglichen Nutzen aller, wenn Mehrheiten vollständig informiert, konsequenzbewusst und nicht manipuliert sind. Sonst entscheidet in Wirklichkeit eine manipulierende Minderheit.

„Sind also bei der Abstimmung in Irland tatsächlich amerikanische Gelder in Werbekampagnen gegen die EU-Verfassung geflossen, um ein erstarkendes Europa zu verhindern?", weist jemand auf die Schwachstelle der Direktdemokratie hin.

„Ist es besser, das Volk nicht direkt entscheiden zu lassen wie in der repräsentativen Demokratie?", halte ich dagegen. „Ich denke, es ist wenig demokra-

tisch, wenn eine politische Führung, obwohl einmal mehrheitlich gewählt, Entscheidungen trifft, die nicht mehr die Mehrheit der Bevölkerung repräsentieren. Schlimmstenfalls korrumpiert durch wirtschaftliche Einzelinteressen, die alles andere als das Gemeinwohl im Sinn haben. Wer hat noch gleich am meisten an den Impfstoffen für die ja so gefährliche Schweinegrippe verdient? Was haben sich Lebensmittelmultis ihre Lobbyarbeit gegen die Ampelkennzeichnung von Lebensmitteln vor der Abstimmung im Europaparlament noch kosten lassen, damit ihre dreisten Werbeversprechen von Fitness und Gesundheit für überzuckerte, fettige Industrieprodukte weiter glaubhaft scheinen [207]?"

Einsicht des Tages:
Willensfreiheit nützt nichts ohne Informationsfreiheit!

So ist auch die Mehrheit in unserer repräsentativen Demokratie nicht immer eine wahre Mehrheit. Wo diktiert uns in Wirklichkeit eine geschickt manipulierende Minderheit [208]? Es ist nicht immer leicht zu erkennen, wo versucht wird, Freiheit zu beschränken, und wo Zusammenhänge von Verschwörungstheoretikern konstruiert werden. Jedenfalls kommen wir auch am heutigen Abend zum gleichen Schluss: Je höher der spirituelle Bewusstseinszustand, oder nennen wir es an der Stelle einfach „Ethik" für Rationalisten, einer Mehrheit sich entwickelt, desto weniger Regeln für ein gemeinwohlorientiertes Zusammenleben sind erforderlich, desto weniger Manipulation und Unterdrückung und umso mehr echte Demokratie gibt es. Und umso mehr Frieden.

Möchte ich persönlich einen Beitrag dazu leisten, kann ich mit meinem Schreiben zum spirituellen Bewusstseinszuwachs beitragen.

„Die globalen Probleme zeigen, dass global ein falsches Bewusstsein herrscht."

Armin Risi

Gegen zwölf verabschiede ich mich. Eine Zeit lang versuchten meine Schweizer Bekannten höflich, Hochdeutsch zu reden, verfielen aber immer wieder und öfter in ihren Dialekt. Vieles verstehe ich, aber es ermüdet doch sehr, sich auf die Verständlichkeit zu konzentrieren. Wenn man sich dann immer öfter ertappt, ausgeklinkt zu haben, ist es eine gute Zeit zu gehen.

Letzter Tag und Resümee

Zweiundzwanzigster Tag, 19. Februar. Nach dem Aufstehen ist von Christian noch nichts zu sehen. Irgendwann mache ich mich schon mal allein zum Frühstück drüben im Balcony auf. Das ist ein riesiger überdachter Balkon mit Dutzenden gerahmter Bilder berühmter Surfer. Kaum angekommen, beginnt es auch schon zu regnen. Christians alter Reisegefährte Rolf hatte uns für verrückt erklärt, im Februar nach Bali zu wollen. In der Regenzeit fährt man nicht nach Bali! Wahnsinn, bis auf ein paar Tropfen an einem Tag in den Bergen in der ersten Woche regnet es heute, an meinem letzten Tag, zum ersten Mal richtig. Wie schön, erst hatten wir Glück mit dem Wetter, und nun macht mir Bali den Abschied leichter.

Die Brandung in Kuta an der Südküste Balis zieht Sufer aus aller Welt an.

Der Regen wird immer heftiger. Touristen und Einheimische, die sich in der Hoffnung auf einen nur kurzen Schauer untergestellt hatten, setzen ihren Weg fort. Es sieht nicht so aus, als ob es in der nächsten halben Stunde besser würde. Als ich nur noch meinen Tee übrig habe, kommt Christian. Nachdem er in aller Ruhe vor seinem Zimmer seine Pfeife geraucht hatte und von mir noch nichts zu sehen war, wollte er sein Bircher-Müsli nicht länger warten lassen. Ob es das wohl sonst wo in Indonesien, aufwändig aus der Schweiz importiert, noch gibt?

Außer einem Besuch bei einem Schneider und dem Matahari-Kaufhaus steht für heute nichts an. Ich muss lediglich meine größtenteils zuvor gepackten Sachen bei Christian unterstellen, da ich wegen der heutigen Abreise mein Zimmer schon um 12.00 Uhr räumen muss. So können wir erst mal in aller Ruhe den Regen abwarten. Nach den Erledigungen spazieren wir die Bucht von Kuta an der Straße parallel zum Strand entlang am Bungeejumping-Turm vorbei. Ein paar mutige Australier stürzen sich kopfüber in die Tiefe. Noch bei Sonnenschein können wir ein letztes Mal ohne Schuhe direkt am Wasser schlendern. In den lang auslaufenden Wellen spiegeln sich die Spaziergänger und aus dem Wasser kommende Schwimmer und Surfer.

„Nun nähert sich das Ende unserer Reise", unterbricht Christian unser Lauschen der Wellen. „Was ich dich noch fragen wollte: Einige Bücher über Palmblattbibliotheken gibt es ja schon. Warum willst du eigentlich noch eins schreiben?"

„Die bisherigen Bücher sind sehr unterschiedlich, jedes hat seine eigene Perspektive, seine Berechtigung. Das eine beschreibt mehr die individuelle spirituelle Entwicklung des Autors, das andere mehr allgemeine Spiritualität. Eins beschreibt umfangreicher die Landschaften, Menschen und Gebäude, ein anderes mehr die Historie der alten Hochkulturen. Ich möchte das Phänomen der Bibliotheken aus anderen Perspektiven beleuchten.
Von der physikalischen Quantentheorie über die aus der Biologie abgeleitete Theorie der morphischen Felder bis hin zu den Erkenntnissen aus der Reinkarnationstherapie, um nur ein paar Modelle zu nennen. Ich möchte Zusammenhänge aufzeigen. Und ich habe die Hoffnung auf eine friedlichere

„Echte Freiheit bedeutet, Verantwortung für sein Tun und Denken zu übernehmen und sich selbst als Urheber und Gestalter seines Schicksals zu sehen."

Ingrid Vallieres

und bessere Gesellschaft und Welt, wenn die Menschen erkennen, dass sie unsterbliche Seelen haben, dass ihr Bewusstsein unabhängig vom Gehirn ist, dass sie den körperlichen Tod nicht zu fürchten brauchen, dass sie in allem Mitschöpfer sind und dass wir in Wahrheit alle eins sind. Zum anderen interessiert mich, wie du weißt, die Abgrenzung oder Vereinbarkeit von Schicksal und freiem Willen. Auch das möchte ich stärker ausarbeiten. Und ich möchte es Menschen einfacher machen, sich selbst auf die Reise zu ihrem Schicksalsblatt zu begeben."

„Ich für meinen Teil habe nicht das Gefühl, nach meiner Palmblattlesung meinen freien Willen abgegeben zu haben oder mich in ein gegebenes Schicksal zu fügen. Das hängt natürlich auch mit dem Inhalt meines Palmblattes und meiner Lebensphase ab. Aber würdest du eine Reise jedem empfehlen? Heißt es nicht, wer einem Menschen seine Zukunft sagt, raubt ihm seine Freiheit?" philosophiert Christian.

„Wenn er denn eine Freiheit hat. Aber wenn er sie hat, dann kann er sich auch dagegen entscheiden, sie sich rauben zu lassen. Freiheit oder nicht, ich glaube, dass wir viel weniger unabhängige Individuen sind, als wir glauben. Durch die verschiedenen Theorien, wie die Rishis die Zukunft sehen konnten und wie Realität entsteht, hoffe ich, dass viele Menschen unsere daraus folgende Verbundenheit untereinander und mit allem anderen erkennen. Dessen bewusst, wird sich der Umgang mit seinem Nächsten und der Welt, in der wir leben, ändern. Das zu erreichen beziehungsweise dazu beizutragen ist Grund genug, ein Buch zu schreiben."

„Absolut richtig", pflichtet Christian mir bei, „aber du musst dir bewusst sein, dass du nur einen bestimmten Teil der Menschen damit erreichst. Für andere sind deine Auffassungen, bei denen ich ja voll deiner Meinung bin, unvorstellbar bis absurd."

„Dessen bin ich mir bewusst. Hat nicht genau das auch Mr Murthy gesagt?"

„Stimmt, auch das hat er gesagt. Wo wir wieder bei Vorherbestimmung sind, wie würdest du denn jetzt die Vereinbarkeit mit dem freien Willen formulieren?"

„Ich denke, dies als Gegensätze zu sehen hat sich als typisch westliche Betrachtungsweise herausgestellt. Bei uns gilt meist das Entweder-oder. Im Osten mehr das Sowohl-als-auch. Im Glauben an Wiedergeburt und Karma schließe ich mich der östlichen Betrachtung an. Die auf freiem Willen basierten Taten dieses und auch vorheriger Leben bestimmen überhaupt erst das Schicksal in diesem Leben sowie auch zukünftiger. Wir sind also in höchstem Maß selbstverantwortlich. Innerhalb des Schicksals haben wir auch wieder den freien Willen, wie wir damit umgehen.

Für im östlichen Denken geprägte Menschen stellt sich die Frage der Vereinbarkeit also gar nicht erst. Ihr Anliegen beim Aufsuchen einer Palmblattbibliothek ist auch nicht, einem Schicksal zu entkommen. Für Inder stellen Nadi-Readings eine

Lebensberatung dar. Zum einen helfen sie, Lebensziele der aktuellen Inkarnation zu erkennen, um sie gut erfüllen zu können. Zum anderen helfen sie bei alltäglichen Entscheidungen. Ziel ist, das Leben mit Hilfe der hier erhaltenen Informationen in günstigere Bahnen zu lenken."

„Nach meiner Meinung impliziert die absolute Eigenverantwortlichkeit dann aber auch sogenannte Schicksalsschläge."

„Sicher ist das für viele ‚Geschädigte' erst einmal nicht leicht anzunehmen. Ein schwerer Unfall, eine schwere Krankheit – und man soll selbst schuld sein? Vielleicht aber muss man sich fragen, ob Schicksalsschläge nicht am Ende einer Reihe immer stärkerer Hinweise kommen, die ignoriert wurden. Dass jeder abgelehnte Hinweis immer stärker wiederholt wird. Und dass dies dann auch in Krankheiten und Unfälle münden kann.

Keine Krankheit und kein Unfall sind dafür da, dass man genauso weitermacht wie bisher. Sie geben einem die Chance, etwas über sich zu lernen und in seinem Leben etwas zu verändern. Man kann auf etwas hören oder nicht. Man kann sich in Harmonie mit seiner Lebensaufgabe befinden oder nicht. Man kann den leichten oder den schweren Weg gehen. Aber gehen muss man ihn in jedem Fall.

Nach östlichen Glaubenssystemen und Erfahrungen mit dem sogenannten ‚Höheren Selbst' in der Rückführungsbeziehungsweise Psychotherapie hat man sich vor der Geburt in dieses Leben ein bestimmtes Ziel gesetzt. Annehmen und Verfolgen dessen erspart immer schmerzhafter werdende Zeichen des Widerstands."

„Krankheit ist kein Schicksal – sondern nur ein momentaner Ausdruck des Bewusstseins."

Jörg Starkmuth

„Gewiss ist es fast noch wichtiger, wie der Mensch sein Schicksal nimmt, als wie sein Schicksal ist."

Wilhelm von Humboldt

„Und was wirst du schreiben, was die Bibliotheken den Menschen, die sie besuchen, bringen? Was ist der Nutzen, sein mögliches Schicksal oder Teile davon überhaupt zu erfahren?", will Christian wissen.

„Ich denke, dass man sich der Verantwortung für eigenes Handeln bewusster werden kann. Nicht aber um dem Schicksal ein Schnippchen schlagen zu können. So wie ich es verstehe, wurden die Schicksalsblätter als Wegweiser und Lebenshilfe geschrieben. Nicht aber, dass wir ein unveränderliches Schicksal erfahren sollen, nur um es mit dem Wissen darum besser verstehen oder annehmen zu können. Und dass trotzdem bestimmte Einzelheiten so dargestellt und beschrieben werden, wie sie sind, weil zum Zeitpunkt der Fragestellung beziehungsweise beim Besuch der Bibliotheken unter allen überlagerten, möglichen Realitäten oder alternativen Zukünften, wie immer man das bezeichnen möchte, die dokumentierte die am wahrscheinlichsten war.

Wer sich überlegt, eine Reise zu den Schicksals- und Palmblattbibliotheken zu machen, sollte sich fragen, warum er überhaupt etwas über sein Schicksal erfahren möchte. Ob er wirklich seine mögliche Zukunft wissen will. Dann, ob er sich davon frei machen kann, selbsterfüllend an einer Prophezeiung mitzuarbeiten. Auch ob er bereit ist, mit unangenehmen Vorhersagen umzugehen. Ob er sein Todesdatum wissen möchte, damit umgehen kann oder den Palmblattleser lieber bittet, es nicht zu nennen. Mit oder ohne Besuch sollte man versuchen, die für dieses aktuelle Leben vorgenommenen Ziele zu erkennen und sich ehrlich zu sich selbst damit zu beschäftigen. Das ist der Schlüssel zum persönlichen Glück!"

„Natürlich kann man sich dann fragen, ob man sich dafür überhaupt auf eine Reise nach Indien, Sri Lanka oder Bali begeben muss", merkt Christian an.

„Ich finde, und da wird es dir sicher nicht anders gehen, dass die Länder einen Besuch auf jeden Fall wert sind. Und Lesungen mit zutreffenden Details über das eigene Leben sind absolut faszinierend.

„Alle Reisen haben eine heimliche Bestimmung, die der Reisende nicht ahnt."

Martin Buber

Wir können die Vergangenheit und Gegenwart nicht ändern, aber unseren Blick darauf und unsere Einstellung dazu. Das geht statt einer Reise nach Indien natürlich auch in einer Reise zu sich selbst. Man muss Erkenntnisse halt selbst erarbeiten. Bei Reisen mit individuellen Besuchen in Schicksals- und Palmblattbibliotheken bekommt man die Mechanismen der Entstehung von Schicksal und von Karma leicht vor Augen geführt. Das macht bewusst, dass wir stets die Konsequenz tragen und die Verantwortung für unser Handeln übernehmen müssen.*

292

Diese Erkenntnis aus Palmblättern und Aufbewahrung in Palmblattbibliotheken sind vielleicht das wahre Geschenk der Rishis an die Menschheit.

Auf die Frage, warum die Rishis individuelle Schicksale aufgezeichnet haben, antwortete Dr. Mohan: ‚Zum Nutzen der Menschen und zur Verbesserung ihres Lebens‘, Mr Kumar: ‚Als Dienst für die Menschheit‘, und Mr Murthy ergänzte: ‚Als Dienst für die ganze Menschheit, da wir alle Brüder sind.‘ Wenn wir alle miteinander verbunden sind, wie man nicht nur in Indien glaubt, wirkt sich die Entwicklung des Einzelnen letztendlich auf die Entwicklung aller aus. Stell dir bildlich menschliche Individuen als Punkt auf einem großen Tuch vor. Hebt man auch nur einen dieser Punkte an, hebt sich das Tuch im unmittelbaren Umfeld mit an. Sieht man die Förderung des Einzelnen auch im spirituellen Sinne letztendlich als Förderung des Allgemeinen, könnte man Palmblattinformationen auch als eine Art Entwicklungshilfe für viele oder alle Menschen verstehen.

Hat man sich vorgenommen, eine Schicksals- oder Palmblattbibliothek selbst zu besuchen, sollte man versuchen, vor dem Besuch so viele aktuelle Informationen wie möglich zu bekommen. Was wird über die Trefferquoten eines Lesers veröffentlicht? Gibt es einen festgesetzten Preis oder soll man zahlen, was es einem wert erscheint, ohne dass sofort nachgezählt wird? Gibt es über bestimmte Bibliotheken nur negative Berichte oder sind von diesen auch umwerfend zutreffende Aussagen bekannt? Sind kritische Aussagen noch aktuell? Und wie sachlich ist die Kritik geäußert? Es gibt Palmblattleser, die am Anfang noch unsicher waren und mit Fragebögen gearbeitet haben, heute aber darauf verzichten und sich einen ausgezeichneten Ruf erarbeitet haben. Wenn von Bibliotheken berichtet wird, in denen für den Besucher leider kein Blatt vorlag, spricht das meines Erachtens eher für die Seriosität. Unseriöse hätten dem Besucher vielleicht sonst etwas erzählt oder rein astrologisch gearbeitet.

Schon Monate vor dem Besuch sollte man Kontakt mit der Bibliothek aufnehmen, einen festen Termin vereinbaren und sich nach der dort üblichen Bezahlung erkundigen. Bei aller wünschenswerten Aufgeschlossenheit sollte man ein Stück kritisch bleiben. Bei aller lobenswerten Kritikfähigkeit sollte man sich ein Stück Aufgeschlossenheit bewahren. Nicht alle Bibliotheken müssen unseriös sein, aber auch nicht alle Bibliotheken müssen seriös sein.“

„Und was, würdest du sagen, haben dir die Besuche der Schicksals- und Palmblattsammlungen an Erkenntnissen gebracht?“, ist Christian interessiert zu erfahren.

„Wie gesagt haben mich Vorhersagen für mein persönliches Schicksal mehr unter dem Aspekt der Beurteilung der Aussagen der Lesung interessiert. Als Autor habe

ich Antworten auf die Frage nach der Vereinbarkeit von Schicksal und freiem Willen gesucht. Gefunden habe ich Erkenntnisse von der universellen Verbundenheit bis zur gestaltenden Gedankenkraft. Man kann es in mehrere Punkte fassen:

1. Wir sind mit allem verbunden. Nicht nur biologisch. Je mehr Generationen wir zurückgehen, umso mehr wächst die Anzahl der Menschen, mit denen wir tatsächlich verwandt sind. Aber auch unkörperlich. Wir geben alle Informationen in ein Feld. Wir bekommen alle Informationen aus einem Feld.

2. Unsere ,Aktivitäten' beeinflussen alle anderen. Das Wort ,Handlungen' wäre mir noch zu oberflächlich gewesen. Es fängt schon bei den Gedanken an. Eigentlich bei den Gefühlen. Damit gebe ich bereits Informationen ins Feld. Je emotionsgeladener und stärker die Gefühle sind, desto länger schwingen sie nach.

3. Die ,Aktivitäten' aller beeinflussen uns. Wir können uns dem durch die Verbundenheit gar nicht entziehen. Wir können uns dessen nur bewusst sein oder nicht.

4. Die Beeinflussung hat keine zeitlichen Beschränkungen. Quantenexperimente haben, signifikant entgegen den Wahrscheinlichkeitsrechnungen, Einfluss nicht nur in die Zukunft, sondern auch in die Vergangenheit gezeigt. Vor langer Zeit ins Feld gegebene Informationen beeinflussen uns im Jetzt und noch in der Zukunft. Heute gegebene Informationen wirken in die Zukunft und auch in die Vergangenheit.

5. Die Beeinflussung hängt mit vom Empfänger ab. Wie stark und wovon wir beeinflusst werden, hängt von uns selbst ab. Mit was gehen wir in Resonanz? Auf welcher Frequenz empfangen wir?

6. Die Beeinflussung hängt mit vom Sender ab. Auf welcher Frequenz wird gesendet? Und wie stark ist der Sender? Wird er verstärkt? Beispiel Vektorkräfte.

7. Jede Aktivität ist als schöpferischer Akt zu verstehen. Wir schaffen unser Schicksal von morgen mit unserem freien Willen von heute. Unser Schicksal von heute verdanken wir unserem freien Willen von gestern. Dabei können ,morgen' und ,gestern' auch inkarnationsübergreifend verstanden werden. Sind wir uns unserer schöpferischen Gedankenkraft bewusst, erkennen wir die Verantwortung für uns selbst und alles mit uns Verbundene."

„Und was hat es dir ganz persönlich gebracht?"

„Ich denke, man wird auf so einer Reise mit eigenen Themen konfrontiert, bekommt sie gespiegelt. Meine spirituelle Entwicklung hatte erst in den letzten Jahren wieder Raum, sich zu entfalten. Meine Stresserkrankungen waren ein Wegweiser in diese Richtung. Ich hatte erst eine Menge Themen abzuarbeiten, bis ich zu meinem heutigen Selbst finden konnte. Dein Credo, dass du laut

*Mr Murthy lehrst, lautet: ‚Das Leben ist einfach.' Ich möchte noch ergänzen:
‚... und es liegt an jedem selbst, dies zu akzeptieren.' Man muss es sich nicht
immer so schwer machen. Und Menschen, die einem das Leben scheinbar schwer
machen, sind unsere Spiegel* [209] .

*Oft liegen wir nicht im Argen mit ihnen, sondern dem, was sie von uns selbst
spiegeln. Wir müssen nicht unseren Frieden mit ihnen, sondern mit uns machen.
Gerade meine Lesung aus Bangalore zeigt mir, dass ich auf dem richtigen Weg bin.
Ich werde mich auch spirituell noch weiterentwickeln. Mein Spagat zwischen Erleb-
tem und dem Annehmen von Ereignissen außerhalb der wissenschaftlichen Anerkennung hat zu meiner schriftstellerischen Auseinandersetzung mit diesen Themen
geführt. Vielleicht kann ich gerade so Brückenbauer für Menschen sein, die sich auf
den Weg gemacht haben.“*

*„In deinen Interviews der Palmblattleser war die letzte Frage, ob sie glauben, dass
sich die Zukunft noch gestalten lässt. Was würdest du, gefragt, nun darauf abschließend selbst antworten?“*

*„Auf den einzelnen Besucher bezogen und im Sinne von ‚Zukunft gestalten',
verstanden als ‚Schicksal gestalten', würde ich das grundsätzlich bejahen. ‚Grundsätzlich' heißt aber nicht ‚uneingeschränkt' gestalten können. Was sind nun die Einschränkungen und was ist Gestaltung?*

*Was Gestaltung angeht, so kann ja jeder nur im Rahmen seiner vorhandenen
Fähigkeiten agieren. Zum Beispiel ein Bild gestalten kann ich bestimmt weniger gut
als ein Cézanne oder Picasso, individuellen Geschmack mal außen vor gelassen. Auf
die Fähigkeiten, individuelle Fähigkeiten, kommt es also an. Diese können erlernt
oder angelernt sein. Erlernt resultiert dabei aus selbstgemachten Erfahrungen, also
selbst erlebt. Angelernt ist erfahren aus Erlebnissen anderer. Wenn ich also Wissen
vermittelt bekomme oder mir anlese.*

*Einschränkung ist sicher zum einen, dass wir uns alle gegenseitig beeinflussen.
Weltlich gesehen, brauchen wir nur an Werbung, Politik, Lobbyarbeit, also vorwie-
gend wirtschaftliche Beeinflussung zurückzudenken. Spirituell gesehen, brauchen
wir uns nur an systemisches Familien-Stellen, Felder im Sinne von Sheldrake, Akasha-Chronik, Weltengedächtnis und die Illusion von der Trennung von allem, was
uns umgibt, zu erinnern. Zum anderen, da wir uns selbst schon beeinflusst haben.
Ich denke, dass man sein Schicksal in diesem Leben auch nur deshalb in begrenztem
Umfang ändern kann, da die Ursachen ja überwiegend vergangenheitsbasiert sind.
Man ist zwar selbstverantwortlich. Man hat es selbst geschaffen. Aber es ist schon
geschehen. In der Vergangenheit dieses Lebens sowie in vergangenen Leben.*

Und diese Auffassung sehe ich in den Antworten der interviewten Palmblattleser bestätigt. Dr. Mohan sagte: ‚Nach Einsicht der Zusammenhänge und spiritueller Entwicklung kann eine Änderung der Zukunft durch göttliche Gnade möglich sein.‘ Dass mit der göttlichen Gnade lassen wir mal so stehen. Es setzt Handlungen voraus, die Gnade finden. Also kann durch Handlungen etwas verändert werden. Also bejaht er meine Frage. Der Dolmetscher Mr Kumar erklärt zwar: ‚Die Vorhersagen treten so ein, sie sind nicht veränderbar‘, aber ich unterstelle, dass er oder der Leser Mr Balasubramaniam der Abmilderung der Auswirkungen durch entsprechendes Verhalten durchaus zustimmen würden. Anderenfalls wären die von dieser Bibliothek empfohlenen Poojas ja nicht hilfreich. Damit würde ich die Frage auch als bejaht bewerten. Und Mr Murthy, indem er sagt: ‚Es gibt einen vorgegebenen Weg. Das Schicksal kann man nicht ändern, aber man kann das Leid verringern. Vor allem wenn man das Schicksal kennt und sich bewusst verhält und einen spirituellen Lebensweg sucht‘, beantwortet die Frage ebenso mit Ja [210]."

Als praktisches Beispiel fällt mir noch ein Vergleich ein: „Stell dir vor, du bist ein Auto. Nein stell, dir lieber vor, du bist der Autofahrer. Du hast dich bereits auf eine bestimmte Straße begeben, und du hast bereits bestimmte Abbiegungen passiert. Weil du vielleicht ein Ziel hast, das du erreichen möchtest. Oder weil du dir dessen nicht bewusst bist und dich trotzdem bei der Abbiegung und Gabelung ja irgendwie entscheiden musst. Du kannst den Weg vor dir bestimmen. Aber wie und wann du ein Ziel erreichst und welches, hängt von mehreren Dingen ab. Wo ist dein Ziel? Wo befindest du dich gerade? Was hast du dir für ein Auto ausgesucht? Und welche Fahrkünste beherrschst du? Du gestaltest also deinen Weg in der Gegenwart und Zukunft, aber beeinflusst bist du durch deine vergangenen Entscheidungen.

Und dann können wir in das Beispiel noch gut andere Autofahrer, Motorradfahrer, Fahrradfahrer und Fußgänger integrieren. Und das Reh, das dir über Land, oder den Hund, der dir in der Stadt vor dein Auto springt. Weil sich alle Teilnehmer im Straßenverkehr gegenseitig beeinflussen. Genauso wie die Ampeln und Verkehrszeichen, die Menschen wie du vor dir aufgestellt haben. Um es dir einfacher zu machen oder um dich zu limitieren. Das kannst du sehen, wie du willst."

„Das ist gut", schmunzelt Christian, „und ‚Auto‘ ist ein gutes Stichwort. In einem Buch [211], das ich kürzlich gelesen habe, wurde unser Körper mit dem Auto und unsere Seele mit dem Fahrer verglichen. Unsere Seele wechselt den Körper wie der Fahrer das Auto, wenn es durch Unfall oder Verschleiß nicht mehr zu gebrauchen ist."

„Ja, und jetzt stell dir vor, es gäbe noch Flugobjekte. Da sitzt ein Rishi drin und siehts dein Leben aus der Vogelperspektive. Er schaut sich dein Auto an und macht seine Notizen darüber. Die schreibt er auf, und irgendwann kann sie dir jemand vorlesen", phantasiere ich weiter.

„Nur dass er in der Zeit zurückgekommen sein muss"

„Richtig", grinse ich, *„früher hat man geglaubt, man könne nicht schneller als der Schall fliegen. Heute glauben manche, nichts könne sich schneller als das Licht bewegen. Aber wie war das mit dem Wissen von heute und dem Irrtum von gestern?"*

Der Spaziergang am Strand hat uns wieder in die Nähe zu unserem Hotel geführt. Obwohl die Bewölkung inzwischen zugenommen hat, glauben wir, auch noch den Sonnenuntergang im Trockenen genießen zu können. Kaum haben wir gegenüber der Straße zu unserem Hotel auf den aufgestellten Plastikstühlen am Strand Platz genommen, setzt heftiger Regen ein. Wir stellen uns relativ dicht gedrängt mit Dutzenden Balinesen unter den knappen Dachvorsprung eines nahen Toilettenhäuschens unter. Eine kurze Phase mit zwischenzeitlich nachlassendem Regen nutzen wir für den Rückweg ins Hotel, wo wir ein letztes Bier zusammen trinken.

Schauer in der Regenzeit sind meist heftig, aber dafür auch nur kurz.

Rückflug nach Deutschland

Schnell ist die restliche gemeinsame Zeit vergangen. Ketut, unser Fahrer, ist wie immer überpünktlich. Vor unserer Verabschiedung macht er mit Christian aus, ihn tags darauf nach Ahmed zu fahren, einen Ort, den Christian noch nicht kennt. Nach herzlicher Verabschiedung von Christian in Kuta verabschiede ich mich in Denpasar auch von Ketut. Zum ersten Mal muss ich mein Handgepäck wiegen lassen. Ohne meine große Wasserflasche halte ich trotz der großen Ganesha-Statue die 7-Kilogramm-Grenze ein. Befreit vom großen Rucksack nach dem Einchecken und nach der Begleichung der umgerechnet 14 Euro Ausreisegebühr, beginnt die erste Wartezeit.

Nach der Landung in Singapur müssen alle Passagiere das Flugzeug verlassen und nach dem Crewwechsel nach einer Stunde wieder besteigen.

Endlich in Frankfurt angekommen, führt mein erster Weg zu den Wechselstuben am Flughafen. Die aus Indien von der letzten Reise übrig gebliebenen Rupien hatte man mir in Sri Lanka nicht tauschen wollen. Die dazugekommenen sri-lankischen Rupien wollte man genauso wenig in Indonesien. Zusammen mit den indonesischen Rupien und ein paar Dollar, mit denen mir Christian geliehenes Geld zurückgegeben hatte, kann ich alles wieder in vertraute Euros zurücktauschen. Mein erster Einkauf ist dann erst mal eine schöne Auswahl verschiedenster Käsesorten. Das hatte ich am meisten während der Reise vermisst.

Die gesamte Flugzeit betrug 19 Stunden, die Aufenthalte auf den Flughäfen dauerten fünf Stunden. Wenn man um 20.00 Uhr auf Bali abgeflogen ist, um 7.00 Uhr aber schon aufgestanden war, in Deutschland um 14.00 Uhr Ortszeit landet, aber nicht vor 21.00 Uhr schlafen geht, um besser wieder in den deutschen Rhythmus zu kommen, heißt das, 44 Stunden kein Bett gesehen zu haben.

Einsicht des Tages:
Im eigenen Bett schläft es sich am besten!

298

Übersetzung von Christians Palmblattlesung aus Colombo

Wieder zu Hause, noch bevor ich meine eigene Lesung aus Colombo vom Englischen ins Deutsche übersetze, Mr Jaisankar meine Interviewfragen schicke und Wayan Kasta um Bestätigung der verstandenen Übersetzung per E-Mail bitte, mache ich mich zuerst an Christians Lesung aus Colombo. Glücklicherweise finde ich noch einen alten Walkman aus den 90er Jahren. Mein Kassettenrecorder-Element der Hi-Fi-Anlage hatte ich vor kurzem, jahrzehntelang nicht genutzt, ausrangiert.

Die abgehörte Kassette ergibt übersetzt folgenden Inhalt: *„Heute, am 1. Februar, lesen wir Mr Christians erstes Kapitel."* Leider ist der Name des Lesers nicht verständlich, und ich füge die Frage danach noch meiner Liste für Mr Jaisankar hinzu. *„In Huldigung der Gottheit Ganesha beginnen wir nun mit dem ersten Kapitel. Die Person ist in eine respektable Familie mit guten Eltern geboren worden. Die Person ist nach tamilischer Zeitrechnung am fünften Tag des Monats März im Jahr Sarvajit geboren. Nach westlicher Zeitrechnung ist das der 16. Februar des Monats Februar im Jahr 1946. Der Geburtstag war ein Mittwoch. Die Person ist geboren in Kanya rashi, Jungfrau nach Euren Sternzeichen. Der Planet Ketu ist am zweiten Platz, Sonne und Puja befinden sich am sechsten Platz, Rahu ist am siebten Platz, Shani (Saturn) ist am achten Platz. Das ist die Planetenkonstellation zu dem Zeitpunkt, als die Person geboren wurde. In dieser Konstellation ist der Person Geduld sehr wichtig.*

Am heutigen Tag der Lesung leben die Eltern der Person nicht mehr. Der Vater war zweimal verheiratet, die Person war Kind der zweiten Frau. Sie hat vier Brüder, zwei sind verheiratet, und eine Schwester, die auch verheiratet ist. Die Person ist das zuletzt geborene Kind in der Familie. Die Person war verheiratet und ist geschieden, lebt nun alleine und hat nicht wieder geheiratet. Die Person hat keine Söhne, aber drei Töchter. Alle drei Töchter sind verheiratet. Die Person war berufstätig, ist jetzt pensioniert und zur Zeit nicht berufstätig. Zu der Zeit, auf die sich die Lesung dieses Kapitels bezieht, hatte die Person das sechzigste Lebensjahr abgeschlossen und das einundsechzigste begonnen. Die Planeten der Person befinden sich nicht in guter Position. Das Leben der Person läuft gerade siebeneinhalb Jahre in der zweiten Phase. Darüber hinaus hat die Person vorgeburtliches Karma, das sich auch in diesem Leben auswirkt."

Folgend wird aufgezählt, worin Christian nicht erfolgreich sein könnte, welche Probleme und Erkrankungen man als möglich sieht. *„Um die schlechten, gerade aufgezeigten Aussichten abzuwenden, wird geraten, die Hinweise des Shanti-Kapitels zu beachten und die religiösen Gebräuche unverzüglich durchzuführen. Wenn die Person all die religiösen Verrichtungen ausführt, kann sie die Gefahren überwinden, wird sich ihr zukünftiges Leben günstiger entwickeln und sie freier sein. Was auch immer sie dann macht und was auch immer unterbrochen wurde, wird erfolgreich sein und gut werden. Durch Gottes Gunst wird die Person ein langes Leben haben. Der Name der Person ist Christian, des Vaters Name ist Werner, und der Mutter Name ist Hilda. Mehr Details können in anderen Kapiteln gefunden werden. Mit diesen gegebenen Informationen schließen wir nun das erste Kapitel."*

Warum Christians Geburtstag entgegen seiner schriftlichen Angabe bei Abgabe des Daumenabdrucks statt dem 17. mit dem 16. angegeben wird, verwundert. Nicht stimmig ist auch, dass Christian an einem Mittwoch geboren sein soll. Sein Geburtstag war ein Sonntag. Im falsch genannten Alter von 61 statt 64 Jahren liegen drei Jahre Differenz. Würde man die Wochentage der drei Jahre zurückrechnen, käme man von einem Sonntag drei Tage zurück auf einen Donnerstag. Wenn man vom richtigen Geburtstag des 17. Februar ausginge. Zum falsch wiedergegebenen Geburtstag des 16. Februar einen Tag zurück, würde man dann von Donnerstag einen Tag zurück tatsächlich auf einen Mittwoch kommen. Zwar wären Alter, Geburtsdatum und Geburtswochentag immer noch alle falsch wiedergegeben, aber zueinander stimmig passend. Skeptiker könnten hier daher behaupten, dass vielleicht nicht alle Informationen vorgelesen, sondern errechnet werden und dies hier durch einen Rechenfehler offensichtlich wurde.

Zunächst befremdet auch die Aussage: *„Die Person ist geboren in Kanya rashi, Jungfrau nach Euren Sternzeichen"*, denn Christian ist Wassermann. Allerdings recherchiere ich später, dass in der vedischen Astrologie *Kanya* zwar „Jungfrau", aber *rashi* „Aszendent" bedeutet. Die zwölf Sternzeichen oder auch Häuser zeigen im Horoskop an, wie man sich im Leben in persönlichen Situationen durch sie hindurchbewegt. Tatsächlich fand Christians Geburt im Aszendent Jungfrau statt. Damit landet der Leser nicht nur einen Treffer, sondern verblüfft mich zugleich. Wir hatten für Christian vor

Ort keine Geburtszeit angegeben, sodass der wirklich zutreffende Aszendent gar nicht hätte ermittelt werden können.

Ein Beweis für die Richtigkeit der Palmblattlesung? Leider nicht, ich hatte Mr Jainsankar Christians Geburtszeit mitgeteilt, und zwischen 9.00 und 14.00 Uhr hätten die Leser die Möglichkeit gehabt, Einblick in unsere E-Mail-Korrespondenz zu nehmen. Nach Christians Meinung, der sich, wie schon erwähnt, eine Zeit lang intensiver mit Astrologie beschäftigt hat, macht es Sinn, auf den Aszendenten einzugehen. Der Aszendent wäre im Gegensatz zum Sternzeichen individueller und würde mit zunehmendem Lebensalter an Einfluss gewinnen. Faszinierend ist, dass an dem Tag, an dem ich zwei Monate nach Rückkehr aus Bali für mein Manuskript morgens die Sache mit dem Aszendenten recherchiere, nachmittags eine E-Mail von Christian ankommt. Er hat sich am selben Tag mit denselben Fragen beschäftigt!

Die Aussage, Christians Leben würde seit siebeneinhalb Jahren in der zweiten Phase ablaufen, ergibt aus seiner Erinnerung zu diesem Zeitpunkt keinen markanten Einschnitt für ihn. Zurückgerechnet auf ein Alter von 56 bis 57 Jahren, kann er sich an kein außergewöhnliches Ereignis erinnern. Kurz vor Fertigstellung dieses Buches bekomme ich allerdings eine Mail, in der mir Christian unbedingt etwas Wichtiges mitteilen möchte. Nachdem ihm sein Herzinfarkt und Zusammenbruch in Griechenland wieder eingefallen war, der zu den Aussagen über Anfälligkeiten für Herzerkrankungen in der Palmblattlesung in Bangalore passte, hatte Christian zurückgerechnet. Sein Nahtoderlebnis, bei dem er sich in wunderbares Licht getaucht erlebte, wohl und geborgen fühlte, und nur relativ widerwillig in sein Leben zurückkam, war nicht nur ein einschneidendes Erlebnis. Der Zeitpunkt Herbst 2003 passt genau zu der Aussage der Palmblattlesung von Colombo, dass Christians Leben seit siebeneinhalb Jahren in einer zweiten Phase verlaufe.

Nach der Ankündigung des sechsten und achten Kapitels, die zusammengehören und in Huldigung der Gottheit Shiva gelesen würden, werden einige Passagen wie Name, Alter und jetziger Gesundheitszustand des letzten Kapitels wiederholt. Dann wird vorgelesen: *„In der Zeit, auf die sich das Kapitel bezieht, hat sie keine schwerwiegenden Erkrankungen. Der Person ist ein sehr langes Leben bestimmt."* Weiter wird über mögliche Probleme,

Gefahren, Ereignisse und kleinere Gesundheitsprobleme berichtet, die aber durch medizinische Behandlungen lösbar wären. „*Während des Alters 61, 65, 66, 67 ist es ratsam, vorsichtig zu sein.*" Wieder werden mögliche Probleme und Gefahren angesprochen. Auch für das Alter von 69 bis 70 wird von kleineren, durch medizinische Behandlungen lösbaren Gesundheitsproblemen gesprochen.

„*Die Person wird ein sehr komfortables Leben führen und von allen geschätzt werden. Während des Alters von 74, 75 werden sich stärkere Sehprobleme einstellen, die sich durch eine Brille beheben lassen. Da die Person auf gesunde Ernährung achtet, wird sie ein gutes Leben und Sexualleben haben, und ihre Krankheiten werden verschwinden.*" Für das Alter von 89 Jahren wird wieder eine Aussage zur Gesundheit gemacht. „*Bis dahin kann sie wie vorgetragen ein angenehmes und zufriedenes Leben führen.*"

„*In Huldigung der Gottheit Murga beginnen wir nun mit dem siebten und elften Kapitel, die wieder kombiniert sind.*" Nach weiteren Wiederholungen werden Aussagen zu letzten Beziehungen gemacht. „*Die Person ist verheiratet. Die Ehefrau ist gesegnet mit Kindern. Die Person hat sich von dieser Frau getrennt. Obwohl sie sich von dieser Frau getrennt hat, hat sie die Idee, wieder zu heiraten. Gemäß ihrem weisen Plan wird die Person in der kommenden Zeit Beziehungen und Vergnügungen mit gegengeschlechtlichen Partnern haben.*" Wiederholt wird auf ungünstige planetarische Konstellationen und vorgeburtliches Karma hingewiesen, die Einfluss auf dieses Leben hätten. Dann wird eine Aussage zum Gesundheitszustand der geschiedenen Frau gemacht. „*Die erste Frau wird der Person Schwierigkeiten bereiten, wodurch sie sich Problemen gegenübersieht und auch Geld verliert. Sie wird kein zweites Mal heiraten und wird möglicherweise betrogen werden. Um die schlechten, gerade aufgezeigten Aussichten abzuwenden, wird geraten, die Hinweise des Shanti-Kapitels zu beachten und die religiösen Gebräuche unverzüglich durchzuführen. Die Person hat sich rechtskräftig von der Ehefrau scheiden lassen. Es besteht keine Möglichkeit, mit der ersten Frau wieder zusammenzukommen. Es besteht aber während des Alters von 63 für die Person die Möglichkeit, Beziehungen mit anderen Frauen zu haben. Während des besagten Alters gibt es keine Möglichkeit für die Person, ein zweites Mal zu heiraten, aber Beziehungen mit Frauen zu haben. Diese Menschen werden der Person helfen und sie glücklich machen.*"

Eine Frau wird bereits verheiratet, geschieden und von ihrem Mann getrennt sein. Sie hat Kinder männlichen und weiblichen Geschlechts. Sie hat ihr eigenes Einkommen. Ihre Eltern leben nicht mehr. Sie wird Brüder und Schwestern haben. Sie wird als mittleres Kind geboren sein. Sie wird nicht die Älteste und nicht die Letzte in ihrer Familie sein. Sie ist moderat erzogen worden. Sie wird einen modernen Namen tragen. Ihr Vorname beginnt mit Ka…, Ce…, De…, Re…, Be…, Te… Die letzte Silbe wird ähnlich …scha, …ta, …na, …la, …ra enden. Beispielhafte Namen können sein Juliane, Irene, Catherine, Cecilianah, Madeleine. Diesen Namen oder einen ähnlichen wird die Frau haben. Sie wird fünf bis sechs Jahre jünger als die Person sein. Mit so einer beschriebenen Partnerin wird die Person eine Beziehung führen und durch sie unterstützt werden. Diese wird Liebe und Dankbarkeit für die Person empfinden, und auch die Person wird Liebe und Dankbarkeit für sie empfinden. Ohne jegliche Schwierigkeiten werden beide ein gutes Leben führen, was für die Person einen glücklichen Zeitabschnitt bedeuten wird."

Die in der Übersetzung auf die Zukunft bezogene Formulierung *„Die erste Frau wird der Person Schwierigkeiten bereiten, wodurch sie sich Problemen gegenübersieht und auch Geld verliert"* bezieht sich nach Christians Meinung zutreffend nur auf die Vergangenheit. Die Aussage *„Die Person wird kein zweites Mal heiraten und wird möglicherweise betrogen werden"* trifft nicht ganz zu. Er war in zweiter Ehe achtzehn Monate verheiratet. Wobei erwähnenswert ist, dass Christian eigentlich nicht geheiratet hätte, wäre nicht die Aufenthaltserlaubnis seiner Partnerin in der Schweiz ein Problem gewesen.

Das zehnte Kapitel wird in Huldigung der Gottheit Shiva gelesen und beginnt mit den üblichen Wiederholungen. *„Die Person war angestellt und ist nun pensioniert. Zum Zeitpunkt dieser Lesung ist sie weder angestellt noch beruflich tätig. Obwohl die Person ein gutes Leben hat und das zukünftige Leben keine Probleme bringt, wird die Person im Alter 61, 62, 63, 64 gemeinwohlorientierte Tätigkeiten ausüben. Dadurch wird sie einen guten Ruf und auch die Achtung anderer bekommen. Im Alter 65, 66 ergibt sich die Möglichkeit selbständiger Arbeit. Das ist verbunden mit künstlerischen Produkten, möglicherweise Fahrzeugen, Eisen und Maschinen oder* *spirituellen Aktivitäten. In dieser Form kann die Person selbständig sein und Einkommen aus ihrer Tätigkeit erzielen. In dieser Tätigkeit kann die Person mit hochrangigen Persönlichkeiten zu tun haben. "*

Für das Alter von 68 und 69 wird eine Aussage zur Vermögenssituation gemacht. *„Die Person wird ein komfortables und angenehmes Leben haben. Ihre Tätigkeit soll die Person nicht mit Partnern beginnen, sondern auf sich allein gestellt. Wenn sie allein anfängt, kann sie später Leute einstellen und sich dem Organisieren widmen. Später im Leben werden der Person Töchter und Schwiegersöhne helfen. Noch später im Leben erwartet die Person von niemandem Hilfe und wird ihr Leben selbständig führen. Sie wird ein komfortables, glückliches und friedliches Leben führen. "*

Ebenfalls Shiva gehuldigt und mit Wiederholungen beginnt das zwölfte Kapitel. *„Zur jetzigen Zeit ist die Person in einem anderen Land, als sie geboren ist. Sie hat die Möglichkeit, noch viele Länder auf der ganzen Welt zu bereisen. Bis zum Alter von 68 wird die Person sehr viele Länder bereist haben. Als Tourist hat sie sehr viele Möglichkeiten, andere Länder zu besuchen. Im Alter von 64, 65 wird die Person aus Gründen der selbständigen Tätigkeit oder auch, um religiöse Riten durchzuführen, nach Übersee gehen. Später im Alter wird die Person Hilfe von Freunden bekommen und auch von Freunden aus Übersee.*

Im Alter von 69, 70 hat die Person die Möglichkeit, nach Übersee zu gehen. Sie wird dort nicht leben, sondern in ihr Geburtsland zurückgehen. Diese Reisen werden der Person Freude machen, sind aber auch eine Pilgerreise zu Menschen, die Gott dienen und sie segnen werden. Im Alter von 70 Jahren wird die Person durch die Gunst oder den Segen Gottes eine Prophezeiung erhalten, die sich erfüllt. Später im Alter führt die Person ein komfortables und angenehmes Leben. Sie wird sich von allen Sünden dieses Lebens befreien, die vorgeburtlichen, karmischen Belastungen überwinden und wiedergeboren werden.

Das nächste Leben wird in Frankreich sein. Die Person wird als Junge in eine gute Familie geboren. In jungen Jahren wird sie Medizin studieren. Die Person wird sehr gemeinwohlorientiert sein und sehr vielen Menschen helfen. Sie wird andere Länder besuchen und sich auch dort engagieren. In der Wiedergeburt wird die Person ein komfortables, gesundes, glückliches, friedliches und langes Leben führen. "

Als ich Christian diese Übersetzung der E-Mail angehängt hatte, stellte ich mir vor, wie er seinen Rechner einschalten, die E-Mails abrufen und sich sehr darüber freuen würde. Ich freute mich bereits über seine vorgestellte Freude. Wenige Zeit später klingelt das Telefon: *„Grüß dich, Oliver, Christian. Du, ich habe heute Post bekommen. Du weißt ja, ich rufe nur höchstens einmal in der Woche meine E-Mails ab. Das habe ich gestern getan. Heute hatte ich einen so unglaublich starken Drang, meine E-Mails abzurufen, ich habe mich für verrückt erklärt, für total verrückt. Was soll denn das? Aber es hat nicht aufgehört, und ich konnte nicht mehr anders, als dem nachzugeben. Dann habe ich deine E-Mail mit der Übersetzung erhalten und mich riesig gefreut. Kannst du dir das vorstellen?"* Ja, eigentlich hatte ich genau das schon getan.

Wenige Tage nach Rückkehr scheinen die Reiseerlebnisse schon ewig her zu sein.

305

23. Skizzierung und Adressen der Bali-Rundreise

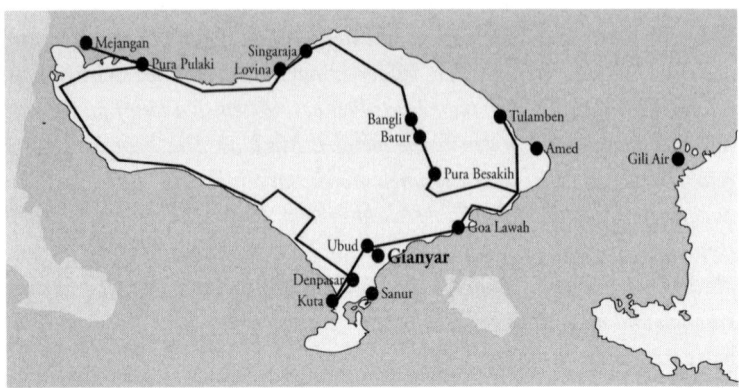

Nach Landung in Denpasar per Taxi nach Kuta. Per Leihwagen mit Fahrer nach Ubud zum Übersetzer Wayan Kasta. Mit ihm weiter zum Palmblattleser nach Gianyar und Rückfahrt nach Ubud. Weiter per Leihwagen mit Fahrer über Goa-Lawah-Tempel zum Tauchen nach Tulamben. Über die Tempelstadt Pura Besakih und den Vulkan Batur weiter nach Bangli. Weiterreise über Singaraja und Lovina nach Pemuteran bei Pura Pulaki. Nach Tauch- und Schnorchelausflügen nach Mejangan, Rückfahrt nach Kuta. Von dort zum Flughafen Denpasar. Über Singapur und Doha Rückflug nach Frankfurt.

Adresse der Palmblattbibliothek:

Palmblattbibliothek von Gianyar: Der Priester und Palmblattleser Ida Pedanda Madé Ngenjung lebt in Gianyar, spricht aber kein Englisch. Termine vereinbart man mit dem Übersetzer Wayan Kasta. Adresse: Lungsiakan, Kedewatan, in Ubud direkt neben dem Fly Café, Handy +62-6281337775393, E-Mail infopugig@indo.net.id

Palmblattmuseum Singaraja: Museum Gedong Kirtya, Jl. Veteran, Singaraja, Tel. +62-362-25141, Öffnungszeiten Mo. – Fr. 7.00 bis 15.00 Uhr

Hoteladressen alphabetisch nach Orten:

Hotel Meditasi, Bungalows & Prabu Café, Aas Beach, **Amed**, Bali, Tel. +62-82-837-22738, E-Mail meditasibali@telkom.net, http://meditasi.9m.com

Hotel Lakeview, Penelokan, Kintamani, **Bangli** 80652, Tel. + Fax +62-366-51464, -51394, -52525, E-Mail lakeview@indo.net.id, www.indo.com/hotels/lakeview

Taman Sari Cottages, **Desa Pemuteran**, Gerokgak, Singaraja 81155, Tel. +62-362-93264, Fax 0362-94755, E-Mail tamansaribali@yahoo.com, tamanri, web: balitamansari.com

„un's Hotel", Jl. Bene Sari 16, **Kuta** 80361, Tel. +62-361-757409, Fax +62-361-758414, E-Mail unshotel@yahoo.com, unshotel@denpasar.wasantara.net.id, unshotel.com

Hotel Sun Rise, **Lombok** Utara NTB Indonesia, Tel./Fax +62-370-642370, +62-81-907277-366, E-Mail sunrise_smile@ymail.com

Natah Bale Villa, Jl. Cemara 32 **Sanur** 80228 Denpasar Bali, Indonesia www.natahbalevillas.com/index.html, natah_bale_villa@yahoo.com

Paradise Palm Beach Bungalows, **Tulamben** Kubu-Karangasem, Tel. +62-36322910, Fax +62-36322917, E-Mail paradisetulamben@yahoo.co.id

Hotel Puri Manik Cottages, Jl. Hanoman, Padang Tegal, **Ubud**, Bali, Tel./Fax +62-361-975343

Adresse des Autoverleihs:

Mogen – Rent a car, Legian Street (Gg. Kamboja No. 1), **Kuta**, Tel. +62-361-752115, Ansprechpartner Ketut Pendro, Handy 08123806473, Tel. +62-361-808940

Nachwort

Mit dem Buch über das Phänomen der Palmblattbibliotheken hoffe ich Ihnen einen Einblick in andere Kulturen, Welten, aber auch Denkweisen gegeben zu haben. Exemplarisch für Menschen, die sich auf die Suche nach ihrem Schicksalsblatt gemacht haben, wurden unsere Lesungsprotokolle der Schicksals- und Palmblattbibliotheken in Indien, Sri Lanka und Bali wiedergegeben. Behandelt wurden die Fragen nach dem „Was", „Wo", „Von wem" und „Für wen". Auch die Frage nach dem „Warum", der Intention der Rishis, auf welche die Aufzeichnungen zurückgehen sollen, wurde aufgegriffen. Ausführlich wurde auch der Frage nach dem „Wie" nachgegangen, indem mögliche Erklärungen für das Phänomen der Zukunftsschau gesucht wurden.

Durch die Beschäftigung mit dem Thema, die Reisen, meine Gespräche und das Schreiben dieses Buches habe ich noch mehr darüber gelernt, wie wir unser Schicksal selbst bestimmen. Wie wir unsere Zukunft selbst bestimmen. Dass wir unsere Zukunft schon selbst bestimmt haben. Dass wir unser Schicksal schon selbst bestimmt haben. Und dass wir beides eigenverantwortlich in jedem Moment selbst weiter bestimmen. Dass es somit keinen Widerspruch zwischen Schicksal beziehungsweise Vorhersehung und freiem Willen gibt.

Ich hoffe, dass auch Sie durch die hier vermittelten Informationen mehr Möglichkeiten erkennen und nutzen, Ihr persönliches und unser aller Schicksal sinnvoll mitzubestimmen sowie Glück und ein erfülltes Leben zu finden. Wir sind keine isolierten und ohnmächtigen Individuen, und unsere Macht als Einzelne ist weder wirkungs- noch bedeutungslos. Wie wir alle mit dem Verständnis unserer Verbundenheit umgehen sollten, kann ich nicht besser ausdrücken als in folgenden Zitaten [212]:

„Ein menschliches Wesen ist ein Teil des Ganzen,
das von uns Universum genannt wird,
ein Teil, der durch Zeit und Raum begrenzt ist.
Es empfindet sich, seine Gedanken und Gefühle
als etwas, das vom anderen getrennt ist,
was eine Art optischer Täuschung seines Bewusstseins ist.
Diese Täuschung ist ein Gefängnis für uns,
sie begrenzt uns auf unsere persönlichen Wünsche
und auf Zuneigung zu einigen wenigen Menschen,
die uns am nächsten sind.
Unsere Aufgabe muss es sein,
uns aus diesem Gefängnis zu befreien,
indem wir den Kreis des Mitgefühls erweitern,
um alle Lebewesen und die ganze Natur
in ihrer Schönheit einzuschließen.“

Albert Einstein

„Würde die Allgemeinheit wirklich wissen,
dass das Verbindende zwischen uns und der Welt
nicht Materie, sondern Bewusstsein ist,
bekäme sie eine ganz, ganz andere
Einstellung zum Leben.
Krieg und Frieden, Umweltverschmutzung,
soziale Gerechtigkeit, religiöse Werte
und alle anderen menschlichen Probleme
und erstrebten Ziele
bekämen eine ganz andere Dimension.“

Amit Goswami

Reisetipps

Für diejenigen, die mit dem Gedanken einer Reise nach Indien, Sri Lanka oder Bali spielen, an dieser Stelle ein paar spezielle Tipps:

Für den Besuch der indischen Schicksals- und Palmblattbibliotheken, die ich zusammen mit meinem Reisegefährten aus der Schweiz bereist habe, war die **Vereinbarung eines festen Termins** erforderlich. In der Schicksalsbibliothek von Hoshiarpur sollte man nur mit der zuvor telefonisch zugewiesenen Referenznummer erscheinen. In der Palmblattbibliothek von Kanchipuram wurde ich um die telefonische Terminbestätigung einige Tage vor der Lesung gebeten. In der Palmblattbibliothek von Bangalore wurden unangemeldete Besucher mit der Bitte weggeschickt, mindestens drei bis vier Monate zuvor einen Termin abzusprechen. Dieser muss dann vier Wochen vor dem Erscheinen noch einmal telefonisch bestätigt werden. Auch vor der Reise zu den Bibliotheken nach Sri Lanka und Bali haben wir Monate vorher schon die Termine abgesprochen. Bali wird von Ausländern nicht so stark frequentiert, sodass hier noch kurzfristige Termine mit nur einer Woche Vorlauf vergeben werden.

Für die Einreise nach Indien braucht man ein **Visum.** Dieses erhält man durch Zusendung eines ausgefüllten Formulars, seines gültigen Reisepasses, zweier Passfotos sowie einer ausgedruckten Überweisungsbestätigung der Bearbeitungsgebühr von 63,50 Euro an die Indo-German Consultancy Services Ltd, Friedrich-Ebert-Anlage 3, 60327 Frankfurt am Main. Das Formular ist auf der Internetseite www.igcsvisa.de zu finden. Meinen viel zu früh eingereichten Visumantrag bekam ich mit der Bitte um spätere Neueinreichung zurück, da das Visum vom Tag der Ausstellung 6 Monate gültig ist und bis zu meiner Reise im November schon abgelaufen wäre.

Anders als für Indien besteht für deutsche Staatsbürger keine Visumpflicht in Sri Lanka, und man kann in Bali, sofern man sich nicht länger als 30 Tage im Land aufhalten möchte, bei Ankunft ein sogenanntes Besuchervisum am Flughafen erhalten. Die Einreisegebühr in Bali betrug bei der Ankunft 20 Euro, die Ausreisegebühr 50.000 indonesische Rupien, umgerechnet unter 4 Euro. Die aktuellsten Informationen zu Einreisebestimmungen oder zur Sicherheitslage gibt es im Internet auf der Homepage des Auswärtigen Amtes – www.auswaertiges-amt.de – oder auf den Seiten der jeweiligen Botschaften und Konsulate.

Die **Flugkosten**, also Hin- und Rückflug nach Indien, mit drei Inlands-flügen Delhi–Chandigarh, Chandigarh–Delhi und Delhi–Bangalore, haben im Jahr meiner ersten Reise knapp 1500 Euro betragen. Für die Reise nach Sri Lanka und Bali mit den Hinflügen Frankfurt–Doha, Doha–Colombo, dann den Weiterflügen Colombo–Singapur, Singapur–Denpa-sar und Rückflügen Denpasar–Singapur, Singapur–Doha und Doha–Frankfurt habe ich vierzehn Monate später insgesamt etwa 1200 Euro bezahlt.

Die **Hotelkosten** in Indien lagen umgerechnet zwischen 16 Euro bei den einfachsten bis 32 Euro bei den luxuriösesten Einzelzimmern. In Sri Lanka waren die Kosten für eine Woche Hotels mit bis zu vier Sternen, eigenem Auto, Chauffeur und organisierter Rundreise inklusive Flughafentransfer im Paketpreis von 735 Euro pro Person enthalten. Auf Bali haben wir in zwei Wochen in guten bis sehr guten Hotels und eigenen Bungalows addiert jeder etwa 430 Euro bezahlt.

Wenn es um **Fahrtkosten** geht, reichen die Forderungen oft völlig ver-hältnislos vom Fünf- und Mehrfachen der einheimischen Preise bis zum Vielfachen der in Deutschland üblichen Preise. Unverschämteste Forde-rung auf Sri Lanka war mit 26 Euro das fast Siebenfache des üblichen Prei-ses für eine Stunde Tuktuk-Fahrt. Dreisteste Forderung auf Bali war, uns 40 statt der üblich maximalen 6 Euro für die Fahrt vom Flughafen ins Hotel abzunehmen. In Indien war der ortsübliche Preis in Hoshiarpur 15 Cent für etwa zwei Kilometer mit der Fahrradriksha. Tuktuks haben in Chan-digarh etwa 2 Euro, in Bangalore etwa 3 Euro die Stunde gekostet. Für die Taxifahrt von Chandigarh nach Hoshiarpur haben wir 28 Euro für knappe 150 Kilometer bezahlt. Ein Auto mit Chauffeur hat von Bangalore aus 50 Euro pro Tag gekostet. Auf Sri Lanka wurde uns in Colombo als üblicher Preis für ein Tuktuk umgerechnet 1,60 Euro für ungefähr 3 Kilometer genannt. Ein Auto mit Chauffeur wurde mit 28 Euro pro Tag berechnet. Auf Bali konnten wir in Kuta alles zu Fuß ablaufen. Unterwegs hatten wir ein Auto mit Chauffeur, das, in Kuta gebucht, mit 65 Euro pro Tag berech-net wurde.

Die Verpflegungskosten sind in den beschriebenen Ländern sehr gering. Im Norden Indiens, in Chandigarh und Hoshiarpur, haben wir höchstens drei Euro, im Süden, in Bangalore, sogar unter zwei Euro für ein üppiges Abendessen bezahlt. Sri Lanka war durch den Aufenthalt an eher touristisch geprägten Orten etwas teurer. Auf Bali lag in der Touristenhochburg Kuta im von uns besuchten Restaurant das teuerste Essen der Karte immerhin noch unter 6 Euro.

Als beste **Reisezeit** für die meisten Gebiete in Indien empfehlen sich die Monate Oktober bis Februar. Danach wird es meist zu heiß. Zuvor kann es durch den Monsun täglich wie aus Eimern schütten, und Überschwemmungen können Regionen Indiens unpassierbar machen. Im November, zu unserer Reisezeit, sollte es im Norden bei Hoshiarpur durchschnittlich um die 18 °C, bei einem Minimum 8 °C sein. Für Delhi sollte die mittlere Temperatur bei 20 °C, die minimale bei 11 °C und in Bangalore die mittlere bei 22 °C und minimale bei 17 °C liegen. Wir hatten jedoch bis zu acht Grad höhere Temperaturen. Für Sri Lanka war Februar die perfekte Reisezeit. Auf Bali haben wir, trotz Regenzeit, nur an zwei bis drei Tagen kurze Schauer erlebt, allerdings in Kuta wegen der hohen Luftfeuchtigkeit mehrfach täglich die Hemden wechseln müssen.

Versichern können Sie sich für den eventuellen Fall des Reiserücktritts beim Kauf Ihres Flugtickets. Sehr empfehlenswert ist eine Auslandsreiseversicherung, die Krankenschutz und möglichen Rücktransport abdeckt. Bei manchen Kreditkarten sind bei Zahlungen damit bestimmte Versicherungsleistungen enthalten. Sprechen Sie gegebenenfalls noch einmal mit Ihrer Bank.

An **Gesundheitsvorsorge** wurde mir für den Aufenthalt die Auffrischung von Tetanus-, Diphtherie- und Hepatitis- sowie die Impfung gegen Typhus empfohlen. Auf Tollwutimpfung und Malariaprophylaxe habe ich verzichtet. Sprechen Sie am besten mit Ihrem Hausarzt oder einem örtlich nahen Tropeninstitut über Ihren Vorsorgeschutz. Eine kleine Reiseapotheke mit den nötigsten Mitteln wie Pflaster, Wundsalben, Sprühverband, Antimückenlotion, Mitteln gegen Durchfall, Grippe und Kopfschmerzen empfiehlt sich. In Apotheken vor Ort können Sie preisgünstig herkömmliche Medikamente bekommen. Spezielleres, wie zum Beispiel Medikamente bei Stirnhöhlenvereiterung, eher nicht.

Um **Erkrankungen**, insbesondere Durchfall, zu vermeiden, sollten Sie keinen mit Leitungswasser gewaschenen Salat essen. Eiswürfel aus Leitungswasser in Fruchtsaftgetränken sollten ebenfalls vermieden werden. Wasser sollte man nur aus verschlossenen und möglichst zusätzlich verschlussversiegelten Flaschen trinken. Die Flaschen sollte man nach dem

Leeren am besten zerstören, da sie mitunter mit Leitungswasser aufgefüllt und wieder an Touristen verkauft werden. Nicht empfehlenswert ist, an den Straßenrändern gekochte Speisen zu verzehren. Riskieren sollten Sie es vor allem nicht am Tag oder vor dem Tag Ihres Besuches der Palmblattbibliothek. Ersatztermine könnten sich unter Umständen als schwierig erweisen.

Für die **Hygiene** empfehlen sich Desinfektions- und Erfrischungstücher sowie antibakterielles Handgel, das man unterwegs nutzen kann, wo es keine Seife und kein Wasser gibt. Ideal sind kleine 20- bis 100-Milliliter-Gebinde von Shampoo-, Sonnencreme- und After-Shave-Fläschchen, wie es sie in vielen Drogeriemärkten gibt.

Geld können Sie am besten nach Ankunft im Flughafen an einem Geldautomaten abheben. Die Umrechnung indischer Rupien zu Euro lag zu unserer Reisezeit grob bei 65 zu 1, die Umrechnung sri-lankischer Rupien zu Euro grob bei 150 zu 1, in Bali indonesische Rupien zu Euro 12.500 zu 1. Unterwegs Geld mit einer VISA Card abzuheben ist in der Regel in Indien und Sri Lanka kein Problem. Regional kann man aber schon mal nach Automaten suchen müssen, die ausländische Karten akzeptieren.

In Bali sind Abhebungen mit der VISA Card an Automaten der Sicherheit wegen auf 2,5 Millionen indonesischer Rupien, umgerechnet 200 Euro, je Kalendertag begrenzt. Alternativ kann man den Maximalbetrag an einem Tag um 23.58 Uhr ziehen und die Abhebung um 0.02 Uhr wiederholen. Bei größerem Bedarf kann man in den Hauptfilialen der BCA Bank maximal 800 Euro Tageshöchstauszahlung unter Vorlage von VISA Card und Reisepass bekommen. Hierbei werden 5 Euro Provision einbehalten. Stattdessen kann man auch Euroscheine mitnehmen, die man einfach umtauscht. Dazu empfiehlt sich jedoch, die bankähnlichen Money-Exchange-Filialen aufzusuchen, denn auf der Straße getauscht wird so schnell vorgezählt, dass es hinterher zu wenig ist.

Einen Vorrat lokaler Währung benötigt man nicht nur, um Reiseagenturen, Leihwagen und Hotels im Voraus zu bezahlen. Bei Aufenthalten außerhalb der großen Städte findet man nicht immer Geldautomaten oder Wechselmöglichkeiten. Auch manche Hotels wollen in bar bezahlt werden. Beim Bezahlen sollte man immer darauf achten, dass man sich möglichst einen Vorrat an kleinen Scheinen für das Bezahlen kleiner Einkäufe, Eintritts- und Trinkgelder anlegt.

An **Bekleidung** haben wir in Indien im Herbst Pullover und Jacke während unserer Reise nicht gebraucht, und wir hätten sie auch vor Ort erwerben können. In Sri Lanka und Bali haben wir zu Jahresbeginn nur kurze Bekleidung benötigt. Regional kann es abends oder nachts natürlich, je nach Reisezeit, kühler werden. Allerdings sollten Sie sich etwas Langärmeliges mitnehmen, da es in klimatisierten Verkehrsmitteln oder in Flugzeugen meist sehr kühl werden kann und man sich schnell eine Erkältung einfängt. Lange Hosen sind unumgänglich, wenn Sie Tempel oder heilige Stätten betreten möchten. Ältere Bekleidung vor Ort zu entsorgen und sich günstigst neu einzudecken ist in größeren Städten Indiens eine echte Gelegenheit. Alternativ empfiehlt sich natürlich Funktionsunterwäsche und Outdoorbekleidung, die nach der Handwäsche in wenigen Stunden trocknet. Empfehlenswert mitzunehmen ist auch ein leichtes Paar Badeschlappen, damit man in den Hotelzimmern nicht immer mit Straßenschuhen oder barfuß laufen muss.

Als **Gepäck** empfiehlt sich ein großer Rucksack. Koffer sind weniger geeignet, und wenn, dann nur mit Rollen. Für Tagesausflüge ist ein kleiner Rucksack oder eine Umhängetasche ideal. Diese können Sie aber auch günstig vor Ort erwerben.

Als **nützlich für unterwegs** sind Sonnenbrille, Sonnenschutzcreme, Brustbeutel oder Geldgurt, aufblasbares Nackenkissen, Schlafmaske, Ohrstöpsel, Wecker, Föhn, Wäscheleine, kleine Taschenlampe für die nicht unüblichen Stromausfälle, Auslandssteckeradapter, Diktier- oder Aufnahmegerät für die Lesung in den Schicksals- und Palmblattbibliotheken. Empfehlenswert ist auch ein kleines Zahlenschloss fürs Reisegepäck, vielleicht sogar ein Skidrahtschloss für Ihren Hotelschrank, wenn Sie selbst in den besten Hotels das neugierige Personal nicht gleich persönlich in ihre Kamera- oder Laptopbedienung einweisen möchten. Wichtig wäre zum Schluss vielleicht noch, die Auslandsversicherungspapiere einzupacken und sich die internationalen Telefonnummern zur Sperrung von Mastercard (+1-6367227111) und VISA Card (+1-4105819994) für den Fall des Kreditkartenverlusts aufzuschreiben.

Insgesamt gilt, so viel wie nötig und so wenig wie möglich einzupacken. Viele allgemeine Tipps finden sich in Reiseführern, die man vor Beginn des Aufenthaltes unbedingt durchlesen sollte.

Internetservice

Auf meiner Homepage www.schicksalsbibliotheken.de habe ich für interessierte Leser bekannte Adressen und weitere Fotos der Schicksals- und Palmblattbibliotheken sowie der Reisen zusammengestellt.

Speziell für Leser, die selbst an eine ähnliche Reise denken, gibt es auch einen Link mit sämtlichen Kosten von Visa- und Einreisegebühren bis Hotel- und Fahrtkosten, die innerhalb des Buches den Lesefluss zu sehr gestört hätten. Und die zudem mit der Zeit überholt werden.

Alternativ zur eigenen, durchaus günstigeren Organisation einer Reise empfehle ich im Internet auch Veranstalter, die Reisen zu Schicksals- und Palmblattbibliotheken in Kleingruppen anbieten. Ergänzt werden meine Informationen durch Links zum Thema und empfohlene Literatur.

Tipp: Fotos und Zusatzinformationen finden Sie im Internet unter: www.schicksalsbibliotheken.de.

„Die Welt ist ein Buch, und jene, welche nicht reisen, lesen nur eine Seite." (Augustine)

Anmerkungen

[1] Ich suchte damals Erklärungen für meine subjektiv erfahrenen, aber dadurch für mich nicht weniger realen Wahrnehmungen. Naturwissenschaft und christliche Religion konnten oder wollten sich offensichtlich gar nicht erst mit bestimmten Themen auseinandersetzen. So begann ich mich bereits im frühen Teenageralter für alternative Auffassungen von Welt und Mensch zu interessieren.

[2] Die Begriffe „Quantenphysik", „-theorie" oder „-mechanik" werden im Folgenden synonym verwendet.

[3] Solange man in der Alltagsphysik die Relativitätstheorie auf größte und die Quantentheorie nur auf kleinste Objekte anwendet, treten keine Probleme auf. Anders sieht es in der Astrophysik aus, wenn man Phänomene beschreibt, bei denen auf kleinstem Raum starke Gravitation auftritt.

[4] Statt „Weltformel" werden auch die Bezeichnungen „vereinheitlichte Feldtheorie" oder „Quantengravitation" verwendet.

[5] Das Gegenteil ist Dualität, Zweiheit als Spaltung. In der Spiritualität versteht man Dualität als die Illusion des Getrenntseins.

[6] Vgl. Reclams Universalbibliothek Nr. 18521.

[7] Die Stoa gründet auf den griechischen Philosophen Zenon von Kition. Der Name, auf Griechisch „bemalte Vorhalle" *(stoa poikíle)*, soll auf eine Säulenhalle der Athener Agora zurückgehen, wo Zenon von Kition seine Lehrtätigkeit aufnahm. Die einprägsamste Kurzformel für das stoische Weltbild findet sich beim römischen Kaiser Marcus Aurelius, einem der letzten Vertreter der jüngeren Stoa: „Alles ist wie durch ein heiliges Band miteinander verflochten. Nahezu nichts ist sich fremd. Alles Geschaffene ist einander beigeordnet und zielt auf die Harmonie derselben Welt. Aus allem zusammengesetzt ist eine Welt vorhanden, ein Gott, alles durchdringend, ein Körperstoff, ein Gesetz, eine Vernunft, allen vernünftigen Wesen gemein, und eine Wahrheit, so wie es auch eine Vollkommenheit für all diese verwandten, derselben Vernunft teilhaftigen Wesen gibt."

[8] Siehe Forschner 2007.

[9] So Chrysipp von Soli (276–204 v. Chr.).

[10] Siehe Daiber 2007.

[12] Bericht des Ash'arī, Maqālāt, 513,5 ff. in Daiber 2007.

[13] Nach van Ess, Art. Kadariyya, EI 2. A IV, Sp. 370b–371 in Daiber 2007.

[14] Siehe Nickl 2007.

[15] Siehe Lochstampfer 2005.

[16] Siehe Fink 2006.

[17] Siehe Haggard und Eimer 1999.

[18] Siehe Schockenhoff 2006.

[19] Nach meiner Recherche werden Palmblattbibliotheken in einem Buch zunächst 1991 in Wulfing von Rohrs Reiseführer *Magisch reisen – Indien* erwähnt. Darin findet sich ein kurzer Bericht über die Erfahrung eines belgischen Fotografen, der Anfang der 70er Jahre während eines beruflichen Aufenthalts in Bangalore bei einem Palmblattleser gelandet sei. 1992 schrieb dann Johannes von Buttlar in seinem Buch *Gottes Würfel – Schicksal oder Zufall?* sowie in einer Ausgabe Nummer 8 des Magazins *esotera* noch einmal über die Palmblattbibliotheken. Im Januar 1993 widmete sich der mit Johannes von Buttlar in Kontakt stehende Moderator Rainer Holbe in der Fernsehserie „Phantastische Phänomene" dem Mysterium Palmblattbibliotheken. Er berichtete von der Bibliothek in Vaithisvarankoil und den Erfahrungen, die der zunächst äußerst skeptisch eingestellte Schriftsteller Holger Kersten Mitte der 80er Jahre dort gemacht hatte. Im gleichen Jahr 1993 fanden die Palmblattbibliotheken kurze Erwähnung in einem Buch des Autors Peter Krassa, der über die geheimnisvollsten Schauplätze der Welt schrieb. Die schon erwähnte ZDF-Dokumentation von Johannes von Buttlar und Wulfing von Rohr „Es steht geschrieben – Auf den Spuren einer Weltformel" wurde im September 1993 gedreht und Ostern 1994 ausgestrahlt. 1995 erschien als Buch die persönliche Reiseerfahrung zu verschiedenen

indischen Palmblattbibliotheken der Journalistin Ute York. 1997 erschien das gemeinsame Buch von Annett und Thomas Ritter, das nach ihrer Trennung später noch einmal von beiden einzeln in überarbeiteter Form unter anderen Titeln veröffentlicht wurde. Im Jahr 2000 veröffentliche die Journalistin Tigo Zeyen erstmals ihre Ansichten über das Phänomen der Palmblattbibliotheken, die sie während einer langen Indienreise aufgesucht hatte, in einem Buch, das später von einem anderen Verlag noch einmal unter anderem Titel veröffentlicht wurde. 2003 folgte dann das Buch von Johann Landes, 2005 das von Wulfing von Rohr über die Geheimnisse der indischen Palmblattbibliotheken. 2006 erschien dann noch einmal ein Buch von Thomas Ritter, der sich mit den Länderschicksalen auseinandersetzte, wie sie in Palmblattbibliotheken neben den menschlichen Schicksalen aufgezeichnet sein sollen. 2010 veröffentlichte Karin Czech ein Buch, das ihre Reise zu indischen Palmblattbibliotheken und ihre besonderen Begegnungen mit dort lebenden Menschen beschreibt. Im Februar 2011 erschien das Buch von Dirk Händel über eine Reise zu den Palmblattbibliotheken Indiens und zu sich selbst.

[20] Es gibt unter anderem medizinische Anleitungen, mythologische Erzählungen und philosophische Abhandlungen. Daneben wird Wissen wie aus den Bereichen der Astronomie, Kunst, Mathematik, Musik und Religion dokumentiert. Ebenso Anleitungen aus den Bereichen Architektur, Landwirtschaft, Metallbearbeitung, Schiffsbau und Teppichherstellung.

[21] Unser westliches Denken hat die Wurzeln in richtungsweisenden Ideen bestimmter altgriechischer Philosophen. Von ihnen wurden allerdings sehr unterschiedliche und auch konträre Weltbilder vertreten. Nach Bhagwan Shree Rajneesh, der sich im letzten Jahr vor seinem Tod „Osho" nannte, hätte sich unser westliches Weltbild anders entwickeln können, wenn sich der Westen mehr an das des griechischen Philosophen Heraklit angelehnt hätte. Heraklit ging davon aus, dass im Universum alles untrennbar miteinander verbunden ist. Sähe unser Weltbild dann wirklich anders aus? Ich denke, Ansichten wie die eines zyklischen Universums oder auch der Wiedergeburt wurden genau von jenen Philosophen vertreten, die unser heutiges Weltbild mit am stärksten geprägt haben. Durch diktierte Denkrichtungen über Jahrhunderte hinweg wissen das heute allerdings nur noch die wenigsten.

[22] Thomas Ritter (2006) gibt ein Alter von etwa 5000 Jahren an.

[23] Getrocknete Kokos- und Stechpalmwedel werden in Wasser oder Milch eingelegt, bis man das harte Blattgerippe leicht entfernen kann. Nach der Trocknung im Rauch werden sie in Bögen geschnitten und mit Steinen und Muscheln geglättet und poliert. Statt der Nutzung von Feder und Pinsel zum Beschreiben und Bemalen werden Palmblätter traditionell mit Griffeln eingeritzt, die das Blatt nicht reißen, mit Graphitstaub oder Asche eingerieben und anschließend so gereinigt, dass nur die Buchstaben sichtbar blieben. Vor bleichendem Lichteinfall geschützt, werden die Palmblätter zwischen gleich großen Holzplatten gebündelt.

[24] Die Herkunft dieser äußerst formenreichen Sprache, die mit „Zusammengesetztes" übersetzt werden kann, ist ungeklärt. Sanskrit ist vermutlich die älteste der nach wie vor gesprochenen Sprachen. Sie wird heute noch von Brahmanen für religiöse Riten genutzt und nur noch in wenigen Regionen in Indien gesprochen. Aus ihr hat sich das heute überwiegend auf dem Subkontinent verbreitete Hindi abgeleitet.

[25] Alt-Tamil ist eine nicht mehr alltäglich gebrauchte Sprache ähnlich wie bei uns Latein.

[26] Wobei es hier um einzelne Personen und nur um Gegenwartseindrücke geht. Eher: Wo befindet sie sich gerade? Was macht sie zurzeit?

[27] Laut Ramanuj Sharma ist die von mir über das Internet gefundene Leserin Sneha Amritananda seine Tante und eine Schwester Dr. Mohans, seines Onkels. Er selbst, wie auch sein Vater, Pt. Janardhan Dev Sharma, und seine Mutter, Satish Janardhan Sharma, seien Leser. Die gesamte Familie würde nahezu nach der gleichen Methode arbeiten, die Lesungen an ihren unterschiedlichen Adressen vornehmen und, wie schon Dr. Mohan mitteilte, alle auf den gleichen Bibliotheksbestand zugreifen. Der Name Sharma war mir übrigens schon einmal begegnet. Über dem Eingang des Hauses von Dr. Mohan stand neben seinem Namen auch das eines Gurdial Sharma, eines weiteren als Leser tätigen Familienmitglieds.

[28] Es gibt verschiedene Formen des Yoga, nicht nur körperliche Übungen. Wörtlich kann „Yoga" von

der Verform *yuj* mit „zusammenbinden, verbinden" übersetzt werden. Gemeint ist die Verbindung mit dem Göttlichen. Das lateinische Wort *religio* („Religion", wörtlich „Rückbindung") bedeutet dasselbe.

[29] Nach Helmuth von Glasenapp (1891–1963), deutscher Professor für Indologie und vergleichende Religionswissenschaft und Autor zahlreicher Publikationen, ist sie ungeachtet des Sanskritworts *akasha* dem traditionellen indischen Denken fremd.

[30] Die Theosophische Gesellschaft um Helena Blavatsky (1831–1891) versuchte, die Gemeinsamkeit aller Weltreligionen und Philosophien zu finden und durch Vermischung ihre Gegensätze zu überwinden. Blavatsky selbst beschrieb das Weltgedächtnis in ihrer Veröffentlichung *Die entschleierte Isis* mit „metaphysischen Tafeln" oder „Daguerreotypen, auf dem Astrallicht gedruckt", die Aufzeichnungen „von allem, was war, ist oder je sein wird", enthalten und „dem Auge des Sehers und Propheten als ein lebendes Bild hingestellt" würden. Die Bezeichnung „Akasha-Chronik" *(akashic records)* kann nach Helmut Zander, Historiker und katholischer Theologe, erstmals bei dem Theosophen Charles W. Leadbeater (1847–1934) in seiner 1899 publizierten Schrift *Clairvoyance* nachgewiesen werden.

[31] Die Vorstellung eines Weltgedächtnisses hat in Europa eine lange Tradition. Sie findet sich etwa bei Plotin (ca. 205–270), Marsilio Ficino (1433–1499) und Paracelsus (1493–1541) sowie in Ansätzen auch bei Agrippa von Nettesheim (1486–1535), Eliphas Lévi (1810–1875) und Eduard von Hartmann (1842–1906).

[32] Zwischen 1904 und 1908 erschienen.

[33] Rudolf Steiner (1861–1925) leitete zwischen 1902 und 1913 die deutsche Sektion der Theosophischen Gesellschaft (Adyar).

[34] Annie Besant (1847–1933).

[35] Der Begriff „Energie" wird in diesem Buch nicht nur als Bezeichnung einer physikalisch messbaren Größe verwendet. Er wird auch als Ausdruck von Mühe oder Tatendrang genutzt. Auch Emotionen oder Gedanken wird eine energetische Quantifizierung zugesprochen.

[36] Es werden neun Muscheln verwendet, die den neun Planeten der vedischen Astrologie entsprechen. Beachtung finden nur die mit der Öffnung nach oben geworfenen (so Thomas Ritter in seinem Film „Die Geheimnisse indischer Palmblattbibliotheken", Sternentorverlag, Wasserburg).

[37] So der Leser Mohana Sundaram der Palmblattbibliothek Chennai. Diese Zahl ließe in Kombination mit Geburtsdatum und Name das individuelle Palmblatt auffinden (laut Thomas Ritter in seinem Film „Die Geheimnisse indischer Palmblattbibliotheken").

[38] Shiva, der Zerstörer, ist die universelle Kraft, in der alles endet, um wieder entstehen zu können. Als Zeichen seines Sieges über alles wird er mit einem Tigerfell dargestellt. Er hat vier Arme, Zeichen der Herrschaft über die Elemente, und ein drittes Auge, das Auge der höheren Wahrnehmung. Als Verkörperung der Erleuchtung wird er in Weiß dargestellt, oft reitend auf einem Stier, der Verkörperung von Gerechtigkeit und Tugend. Seine Gefährtin ist Parvati, Tochter des Berges.

[39] Vashista, stellenweise auch Vashistra, Vashistrar oder Vasistrar geschrieben.

[40] Ganesha, der Entferner von Hindernissen, ist der vermutlich beliebteste Gott Indiens. Der elefantenköpfige Gott steht für die Weisheit und ist Schutzherr der Wissenschaften, der Künste und der Kreativität.

[41] Im Begriff „Reinkarnation" stecken die lateinischen Wörter beziehungsweise Wortbestandteile *re*, übersetzt „zurück" oder „wieder", und *incarnatio*, übersetzt „Fleisch-, Menschwerdung". Die ursprünglichste Übersetzung wäre also das „Wiederfleischwerden". Hierbei ist natürlich die Körperlichkeit gemeint, weswegen man auch von „Wiederverkörperung" spricht. Alternativ wird der Begriff der „Wiedergeburt" verwendet, da geboren werden ja bedeutet, einen Körper zu erhalten.

[42] Wie auch Orpheus, Plotin, Plutarch und Proclos.

[43] Entscheidung des Bundesverfassungsgerichtes vom 2.3.2004, Az. 1 BvR 784/03.

[44] Alternativ gibt es noch die Begriffe „Reinkarnations-" oder „Rückführungsanalytiker" oder „-Practitioner". Prof. Ingrid Vallieres hält sogar die Bezeichnung „Rückführung" für nicht so zutreffend wie „Herausführung", da ein Klient schon in frühere Situationen zurückgefallen ist und daraus ins Hier und Jetzt herausgeführt wird.

[45] Man trifft ihn von indianischen Völkern Amerikas im Westen, über die Kelten und Wikinger im Norden, afrikanische Stämme im Süden bis zu polynesischen Völkern im Osten.

[46] Siehe Weiss 2005, S. 32.

[47] Eine Auflistung findet sich bei Sigdell 2007, Kapitel 18.

[48] Siehe Schüle 2006, S. 25–50.

[49] Siehe Sigdell 2006, S. 429, und 2005, S. 9.

[50] Siehe Darms 2004.

[51] Siehe Stevenson 1977.

[52] Der Lehrstuhl gehört zur Abteilung für Klinische Psychologie des National Institute of Mental Health and Neurosciences. Siehe Friedrich 2007.

[53] Vishnu, der Bewahrer, stellenweise auch Visnu geschrieben, entstand wie Brahma aus der göttlichen Energie Brahmans. Er erhält Recht und Ordnung, Harmonie und Gleichgewicht. Dargestellt wird er mit vier Armen, die Lebensabschnitte symbolisieren, und Insignien seiner Hoheit in den Händen. Seine Gefährtin ist Lakshmi, die Göttin des Glücks, der Schönheit, des Reichtums und der Fruchtbarkeit.

[54] Buddhismus und Jainismus haben sich etwa im 6. Jahrhundert v. Chr. als Reformschulen entwickelt. Beide lehnten das erstarrte Kastensystem ab. Ursprünglich spiegelte es den spirituellen Entwicklungsstand mit religiös beschäftigten Priestern oder Brahmanen an der Spitze und einfachen Arbeitern an der Basis wider. In Hunderten von Jahren hatten aber kastenzugehörige Berufe, Kleidung, Privilegien und Verhaltensnormen zu einer so scharfen Abgrenzung geführt, dass selbst ein Vermischen von Angehörigen oder Aufsteigen in höhere Kasten unmöglich geworden war. Zur Verteidigung eigener Vorteile wurde vor allem seitens der höheren Schichten der Glaube an die Kastenzugehörigkeit als Ausdruck des persönlichen Karmas missbraucht. Die Geburt in eine bestimmte Kaste wurde mit den Auswirkungen des Vorlebens begründet und könne nur durch den Tod, das Wiedervereinen mit dem unendlichen kosmischen Bewusstsein und erneutem Geborenwerden überwunden werden. Sowohl Buddhismus als auch Jainismus lehrten individuell erreichbare Wege der Erlösung unabhängig von einem Kastendenken und konnten sich als selbständige Religionen durchsetzen.

[55] Der Buddhismus mit seinen geschätzten 500 Millionen Anhängern basiert auf den Lehren des Siddhartha Gautama, der dem nordindischen Herrscherhaus von Shakya im Fürstentum Kapilavastu entstammte. Nachdem er durchschaut hatte, dass Luxus und Reichtum nicht die Grundlage des Glücks sind, machte er sich im Alter von 29 Jahren durch das Studium der verschiedenen Religionslehren und Philosophien auf die Suche nach der wahren Natur menschlichen Glücks. „Buddha", übersetzt „Der Erwachte", fand Erleuchtung durch die Erkenntnis der Vier Edlen Wahrheiten, dass das Leben von Leid geprägt ist, dieses Leid durch Begierde verursacht wird, dass Begierde und somit Leid durch tugendhaftes Leben und Meditation überwunden werden können und der Weg dahin über den Achtfachen Pfad führt. Rechte Erkenntnis (Samyag Drishti), Rechte Gesinnung (Samyak Samkalpa), Rechtes Reden (Samyag Vac), Rechtes Handeln (Samyak Karmanta), Rechter Lebenswandel (Samyag Ajiva), Rechtes Streben (Samyag Vyayama), Rechte Achtsamkeit (Samyak Smriti) und Rechte Meditation (Samyak Samadhi) sind das zentrale Lehrstück buddhistischer Ethik. Er ist allen buddhistischen Strömungen gemeinsam, die sich vereint mit ursprünglichen religiösen und philosophischen Traditionen in den Ländern entwickelten, in denen sich der Buddhismus verbreitete. Den Achtfachen Pfad im Speziellen und die Lehre des Buddhismus im Allgemeinen symbolisieren die acht Speichen des „Dharma-Chakra". „Chakra" lässt sich hier mit „Rad" oder „Kreislauf" übersetzen. „Dharma" kann als „Gesetz", „Recht", „Sitte", „religiöse Verpflichtung", „Ethik", „Moral" oder „Gesetzmäßigkeit" und „Ordnung" verstanden werden. Mit fortschreitender Erkenntnis, wie auch im Brahmanismus gelehrt, und zunehmender Entsagung wird das Verlangen nach Sein aufgelöst, welches im Kreislauf der Seelenwanderung verhaftet, das Karma aufgelöst und das Individuum vom Wiedergeborenwerden befreit.

[56] Der Jainismus mit geschätzt fünf Millionen Anhängern, die zu 90 Prozent in Indien leben, gründet auf den Asketen Vardhamana Mahavira, übersetzt „der große Held". Ähnlich wie Buddha ließ er in gleichem Alter alles zurück und führte ein zurückgezogenes Leben, bis er der Gesellschaft seine Lehren verkündete. Anders als der Buddhismus sieht sich der Jainismus nicht als Reaktion auf den Adel der

brahmanischen Gesellschaft, sondern verwurzelt in traditionellen philosophischen Überzeugungen. Die drei ethischen Grundsätze des Jainismus sind Gewaltlosigkeit gegenüber allen Lebewesen (Ahimsa), Unabhängigkeit von unnötigem Besitz (Aparigraha) und Wahrhaftigkeit (Satya). Die Philosophie geht davon aus, dass die Welt aus zwei Prinzipien besteht, dem Geistigen und dem Ungeistigen. Das Geistige umfasst eine unendliche Anzahl individueller Seelen. Das Ungeistige umfasst die fünf Kategorien Bewegung, Ruhe, Raum, Zeit und Stofflichkeit. In der Vorstellung des Jainismus ist alles Stoffliche beseelt, nicht nur Mensch und Tier, sondern auch Pflanzen oder Wasser. Die ursprünglich reine und allwissende Seele (Jiva) wird durch Karma getrübt und im Kreislauf der Wiedergeburten (Samsara) verhaftet. Durch bedingungslose Achtung vor dem Leben und das Gebot des Nichttötens sämtlicher Wesen wird Karma aufgelöst, die Seele gereinigt und vom Kreislauf der Wiedergeburten befreit.

[57] Brahma, der Schöpfer, entstand aus der göttlichen Energie Brahmans. Mit seiner Gefährtin Sarasvati schuf er Menschen, Tiere, Götter und Dämonen. Er hat vier Gesichter, die für die vier Himmelsrichtungen, vier Veden und vier Kreisläufe der Zeit stehen. Dargestellt wird er oft reitend auf einem Schwan oder einer Gans, er gilt als die Verkörperungen des Wissens.

[58] Anhänger des Advaita-Vedanta.

[59] Anhänger der dualistischen Bhakti-Traditionen.

[60] Bhakti-Yoga.

[61] Hier wiederum ist man sich uneins, ob die Gnade Gottes ohne eigenes Zutun ausreicht oder die eigene liebende Hingabe zu Gott bedarf. Im Shivaismus geht es bei der Erlösung um die Auflösung jeglicher Dualität, die Überwindung der Individualität und das Aufgehen in der Einheit. Im Vishnuismus gilt als Erlösung die Befreiung von der materiellen Existenz und allen mentalen Bindungen.

[62] Karma-Yoga.

[63] Jnana-Yoga.

[64] Raja-Yoga.

[65] Siehe Sigdell 2005, S. 68, 94 f.

[66] Abgeleitet vom altniederländischen *schicksel*, übersetzt „Anordnung, Fatum", oder aus dem deutschen „Geschick", „etwas geschickt bekommen".

[67] Wogegen man im spirituellen Denken auch den Zufall verantwortet, selbst wenn man sich dessen Ursache nicht bewusst ist.

[68] „Resonanz", ein Begriff aus der Physik, stammt vom lateinischen Verb *resonare*, wörtlich übersetzt „zurückklingen". Eine Stimmgabel zum Beispiel kann nur dann bei einem Ton mitschwingen, wenn dieser ihrer eigenen Frequenz entspricht.

[69] Eigentlich kann man das mit der Spritze beim Arzt in den Po vergleichen. Akzeptiert man einsichtig die Notwendigkeit und ist man entsprechend gelockert, wird der Schmerzpegel geringer sein, als wenn man sich innerlich versperrt, verkrampft und die Muskeln anspannt.

[70] Wie auch der Glaubenssatz in der katholischen Auslegung des Christentums „Wenn Gott es so will …".

[71] Bhagavad-Gītā 4.13a: „Die Unterteilungen der menschlichen Gesellschaft richten sich nach den Eigenschaften und Fähigkeiten der Menschen [und nicht nach der Geburt]", in Risi 2010, S. 235.

[72] Śrī Caitanya (1486–1534) las die vedischen Schriften so, dass Besitztum, Ausbildung und sozialer Status keine Voraussetzungen zur Erreichung der höchsten Stufe der Spiritualität sind. Im Gegenteil sollten spirituell höchst Entwickelte die Stellung von Priestern, Politikern und Ausbildern übernehmen. Dass er kastenlose in brahmanische Traditionen einweihte, brachte ihm den Vorwurf ein, den Hinduismus zu zerstören.

[73] Caitanya-Caritāmrta, Adi-lila 2.8–9: „Derselbe Krsna, der im Śrīmad-Bhāgavatam beschrieben wird, ist nun auf der Erde als Śrī Caitanya erschienen."

[74] Ghandi, politischer und geistiger Führer der indischen Unabhängigkeitsbewegung des gewaltfreien Widerstandes gegen die britische Kolonialherrschaft in Indien, proklamierte, auch die unteren Kasten und die Unberührbaren, Harijans, hätten ein Recht auf ein Leben ohne Hunger und Armut, auf Ausbildung und einen selbstgewählten Beruf. Respektvoll nannte er sie „Kinder Gottes".

[75] So sehe ich auch die Arbeit gut ausgebildeter und verantwortungsvoller Reinkarnationstherapeuten nicht als Eingriff in das Karma eines Menschen, sondern als Hilfe zur Orientierung, emotionale Befreiung, Unterstützung der Lebensbewältigung, Erkennen von Zusammenhängen und Konzentration auf das Wesentliche. Befürworten kann ich allerdings nicht die Praxis, in einer Rückführung entdeckte Talente und besondere Fähigkeiten vergangener Leben mit in die jetzige Inkarnation zu ziehen. Diese lenken nach meinem Ermessen nur von den aktuellen Herausforderungen ab. Wir haben genau die Talente und Fähigkeiten, die wir für unsere derzeitige Lebensaufgabe benötigen.

[76] In alten Bibeln steht unter Matthäus 7,12 (1): „Alles nun, dass ihr wollt, dass euch die Leute tun sollen, das tut ihr ihnen auch." Etwas verwässerter klingt das in der Einheitsübersetzung der Bibel: „Alles, was ihr also von anderen erwartet, das tut auch ihnen."

[77] In Paulus Brief an die Galater 6,7: „Irrt Euch nicht, Gott lässt sich nicht verspotten; was der Mensch säht, das wird er ernten."

[78] Mitleid kommt von „mit leiden". Dies wird von den meisten gar nicht verlangt. Spirituell gesehen hilft mitleiden nicht, sondern verstärkt sogar die „Schwingung" des Leids, wenn man damit in „Resonanz" geht. Begrifflichkeiten werden im Verlauf des Buches noch erläutert. Etwas anderes ist Mitgefühl, also „mit Gefühl". Das erlaubt, Situation und Verhalten zu verstehen. Mit Gefühl kann man dann Liebe schicken.

[79] Sigdell 2008 schlägt vor, den Wechsel vom Täter in die Opferrolle als Erfahrungsergänzung zu verstehen, da man sonst nur ein einseitiges Erlebnis hat. In seinen Büchern *Reinkarnationstherapie*, S. 433, und *Rückführung in frühere Leben*, S. 73, geht er davon aus, dass Opfer und Täter sich zum gegenseitigen Verzeihen wiederbegegnen werden. Bei starken Emotionen wie Hass erscheint mir dies plausibel. Generell denke ich, dass beide in einem der nächsten Leben mit entsprechenden Schwingungen in Resonanz gehen, welches Lernen und Verzeihen möglich macht, ohne dass es genau des damaligen Täters oder Opfers bedarf.

[80] Siehe Risi 2010, S. 323.

[81] Bhagavad-Gītā 4.16.1: „Selbst die Gelehrten sind verwirrt bei der Frage, was karma, Handeln, und was akarma, Nichthandeln, ist."

[82] Bhagavad-Gītā 4.17: „Die Kompliziertheit des Karmas ist schwer zu verstehen. Deshalb sollte man genau wissen, was Handeln, karma, was falsches Handeln, vikarma, und Nichthandeln, akarma, ist." Bhagavad-Gītā 4.16.2: „Nun will ich dir jenes Karma-Wissen geben, das jeden, der es versteht, von Unheil [bindendes Karma] befreien kann." Und Bhagavad-Gītā 4.18: „Wer Nichthandeln, akarma, im Handeln, karma, und Handeln im Nichthandeln sieht, ist wahrhaft weise unter den Menschen, und er ist gottverbunden, obwohl er verschiedenste Handlungen in der materiellen Welt ausführt."

[83] Beeinflusst durch Risi 2007.

[84] Der amerikanische Autor Morgan Robertson veröffentlichte 1898 das Buch *Titan. Eine Liebesgeschichte auf hoher See.*

[85] Im Roman sank der Luxusdampfer Titan mit einer Länge von 286 Metern, drei Schrauben, vier Schornsteinen, 24 Rettungsbooten, circa 3000 Passagieren, mit einer Geschwindigkeit von 25 Knoten im Monat April im Nordatlantik nach Kollision mit einem Eisberg und hatte zu wenige Rettungsboote. 1912 sank der Luxusdampfer Titanic mit einer Länge von 268 Metern, drei Schrauben, vier Schornsteinen, zwanzig Rettungsbooten, circa 2200 Passagieren, mit einer Geschwindigkeit von 23 Knoten im Monat April im Nordatlantik nach Kollision mit einem Eisberg und hatte zu wenige Rettungsboote. Siehe auch http://parapsychologie.ac.at/programm/ss1999/mulacz/schiff.htm.

[86] Von Buttlar 2001 schreibt von neunzehn dokumentierten Fällen, in denen Menschen den Untergang der Titanic vorausgesehen haben. Er erwähnt Untersuchungen von Mathematikern, nach denen bei Eisenbahnunglücken weniger Menschen an solchen Tagen im Zug reisen als an Vergleichstagen zuvor. Und dass sich in den betroffenen Wagons die wenigsten Fahrgäste befinden.

[87] Von Buttlar 2001 schreibt, dass der englische Mathematiker Prof. J. W. Bunne in seinem 1927 erschienen Buch *An Experiment with Time* von einem Traum berichtet, den er im Frühjahr 1902 im Lager eines britischen Infanterieregiments hatte.

[88] Den statistisch nachweisbaren Zusammenhang von meditierenden Menschen einer Gemeinschaft mit Kriminalität, Verkehrsunfällen, Alkoholmissbrauch und Umweltverschmutzung dokumentierten Professor der Maharishi University of Management Michael Dillbeck et al. Siehe Dillbeck 1982, 1987, 1988.

[89] Siehe Orme-Johnson und Haynes 1981.

[90] Siehe Grinberg-Zylberbaum und Ramos 1987.

[91] Maharishi Mahesh Yogi schätzte in den 1970er Jahren, dass 1 Prozent der Bevölkerung in regelmäßiger Meditation eine positive Wirkung auf den Rest der Gesellschaft erwirken könne. Seine These wurde als der „Maharishi-" oder „1%-Effekt" bekannt. Siehe http://maharishi.de.

[92] Das „kollektive Bewusstsein" nach C. G. Jung wird als psychisches Erbe früherer Generationen als Bestandteil des menschlichen Bewusstsein, aber nicht als eigenständig außerhalb aller Individuen, gesehen.

[93] Stellenweise auch Agasthya oder Agathiyar geschrieben.

[94] So soll die Palmblattbibliothek in Bangalore auf den Rishi Baghawan Śrī Shuka Maharishi zurückgehen. Die Palmblattbibliotheken von Madras, heute Chennai, wiederum berufen sich auf den Rishi Kakabujandra. Andere Bibliotheken sollen auf die Rishis Kapila, Ravana und Vashista zurückgehen.

[95] Stellenweise auch Tanjuvar oder Tanjore geschrieben.

[96] Siehe Ritter 2006.

[97] Ritter 2011 berichtet als einer der ersten Europäer, Zugang zu unterirdischen Archiven im Śrī-Ekambaranathar-Tempel bekommen zu haben. Dort hätte er unbekannte Schriftzeichen auf hauchdünnen Metallfolien gezeigt bekommen, die sich weder zerknittern noch zerreißen ließen. wie zuvor vielleicht nur der amerikanische Abenteurer James Churchward.

[98] Die Mahabharata, übersetzt „Der große Krieg der Nachkommen des Bharata", soll der Erzählung nach von Vyasa, einem legendären Sänger, verfasst worden sein. Die klassische Indologie vermutet ein Entstehungsalter um 400 v. Chr., wobei Teile schon 1000 v. Chr. bekannt gewesen sein sollen. Eine vollständige deutsche Übersetzung gibt es heute nicht mehr. Englische Übersetzungen unterscheiden sich in der Nummerierung der über 100.000 Doppelverse.

[99] Die Bhagavad-Gītā, übersetzt „Der Gesang Gottes", erzählt in über 700 Strophen das Schickal zweier rivalisierender Familien.

[100] Bhagavad-Gītā 10.2.6 (zitiert nach Risi, 1996, S. 19).

[101] Die Veden, übersetzt „Wissen", gelten als älteste heilige Schriften. Die Texte der Veden, auf deren genaue Rezitation Wert gelegt wurde, sind über sehr lange Zeit an auserwählte Schüler mündlich überliefert worden. Während Expertenmeinungen auseinandergehen, vor wie vielen tausend Jahren vor Christus sie niedergeschrieben wurden, ist man sich einig, dass sie wohl zu den ältesten schriftlichen Aufzeichnungen überhaupt gehören. Das Sanskritwort *veda* ist abgeleitet vom Verb *vid*, übersetzt mit „sehen, wahrnehmen, erkennen". Das lateinische Verb *videre* ist gleichbedeutend.

[102] Die Upanischaden, übersetzt „sich zu Füßen setzen", ist eine Sammlung über hundert philosophischer und hinduistischer Schriften, die einige hundert Jahre nach den Veden, zwischen 800 und 500 v. Chr., entstanden sein sollen. Sie beschäftigen sich mit philosophischen und mystischen Fragen der Existenz, Wissenserlangung und Erlösung.

[103] Nach dem „Standard-Modell der Kosmologen" wurde unser Universum im Urknall, dem sogenannten Big Bang, vor 13 bis 20 Milliarden Jahren geboren. Aus einem Urzustand unendlich dichter, heißer Strahlung und Energie entstand in einer spontanen Explosion das Universum und begannen Raum und Zeit. Die Theorie von Roger Penrose, brillantem Physiker, Mathematiker und Lehrer von Steven Hawkins, stellt das in Frage. Danach könnte der Urknall nur einer unter vielen gewesen sein, und unser Universum wäre nur ein vorübergehendes Ereignis in einem zyklischen Ablauf, das mit jedem Urknall neu beginnt und möglicherweise endlos neue Universen erzeugt (http://www.heise.de/tp/r4/artikel/33/33741/1.html). Ist die Parallele zur hinduistischen Mythologie nicht verblüffend?

[104] Siehe Herr 2008.

[105] Julian Babour hat 1968 den angloamerikanischen Doktorgrad Ph. D. erlangt. Ohne an einer Universität zu arbeiten, beschäftigt er sich auf seiner Farm in der Nähe von Oxford mit dem Phänomen der Zeit und hat zwei Bücher und diverse Beiträge verfasst.

[106] Koans sind Kurztexte, die im Zen-Buddhismus Schülern einen tieferen Sinn aufzeigen sollen, damit diese eine höhere Bewusstseinsebene erreichen können.

[107] Ludwigis und Lengsfeld 2004.

[108] Tri-kāla-jña.

[109] Bei der Auswertung meiner Literatur zu diesem Buch fand ich die Idee zu diesem Beispiel wieder. Wenn auch ohne Bezug auf die Geschwindigkeit des TGV beschreibt Johannes von Buttlar 1989, S. 202, die Relativitätstheorie anhand einer Fliege in einem Zugabteil.

[110] Am 18. Mai 1990 stellte der französische TGV einen Rekord mit 515,3 Kilometer pro Stunde auf.

[111] Bei 50 Prozent Lichtgeschwindigkeit würden 10 Sekunden der Fliege 11,5 Sekunden des externen Beobachters entsprechen. Bei 99 Prozent Lichtgeschwindigkeit würden 10 Sekunden der Fliege über einer Minute des externen Beobachters entsprechen. Bei 99,9999 Prozent Lichtgeschwindigkeit würden 10 Sekunden der Fliege fast zwei Stunden des externen Beobachters entsprechen.

[112] Siehe Starkmuth 2007, S. 58.

[113] Die Physiker Joe Hafele und Richard Keating stellen den Unterschied zweier Atomuhren mit 59 Nanosekunden fest. Während die eine Uhr auf der Erde verblieben war, wurde die andere auf einem Flug um die Erde nach Osten mitgenommen. Nach Osten deshalb, damit die Geschwindigkeit des Flugzeugs nicht konträr zur Erdrotation lief, deren Bewegung ja auch die Uhr auf der Erde unterlag.

[114] Nach der Allgemeinen Relativitätstheorie verursacht Materie die Krümmung im Raum. Anders ausgedrückt, Masse verformt die Raumzeit, und Gravitation ist eine Eigenschaft des Raums. Die Quantenphysik erklärt Gravitation durch die Wechselwirkung sogenannter Gravitonen. Diese bewegen sich in einem ebenen Raum.

[115] Nach der Relativitätstheorie wächst die Masse eines Objekts umso rascher, je mehr es sich der Lichtgeschwindigkeit annähert. Somit ist für weitere Beschleunigung zunehmend mehr Energie erforderlich. Weil die Masse des Objekts irgendwann unendlich groß und weitere Beschleunigung unendlich viel Energie bedeuten würde, müsste jedes Objekt darauf beschränkt sein, sich unterhalb der Lichtgeschwindigkeit zu bewegen.

[116] Nachdem ein Physiker am Ende des Seminars über die sogenannte De-Broglie-Wellen 1926 scherzte und seine Aussage sogleich vergaß, dass es wohl eine Wellengleichung zur Beschreibung einer Materiewelle geben solle, wenn Materie doch schon eine Welle sei, machte sich sein Gegenüber, Erwin Schrödinger, an die mathematische Formulierung. Zum gleichen Ergebnis war, weniger mathematisch klar ausgedrückt, schon Werner Heisenberg gekommen. Schrödingers und Heisenbergs Arbeiten bilden die Mathematik, die heute an Stelle der Newtonschen Gesetze steht und unter der Bezeichnung „Quantenmechanik" bekannt sind.

[117] Max Planck fand heraus, dass Elektronen nicht kontinuierlich, sondern in bestimmten, diskreten Mengen Energie aufnehmen oder abgeben. Diese spezifischen Mengen nannte er Quanten, abgeleitet vom lateinischen *quantum*, übersetzt „eine bestimmte Menge" oder „Strecke".

[118] Um die Wellennatur des Lichts zu beweisen, führte Anfang des 19. Jahrhunderts der Arzt und Physiker Thomas Young ein Experiment durch, das die Grundlage der später entwickelten Quantenphysik bildet. Er ließ kohärentes Licht durch eine Blende mit zwei schmalen, parallelen Schlitzen treten. Auf einem Schirm hinter der Blende zeigte sich dann ein Interferenzmuster. Schießt man Elementarteilchen wie Photonen oder Elektronen durch einen Spalt, bildet sich ihr Aufprall an einem dahinter aufgestellten Schirm ab. Schießt man Licht in einem ersten Versuch durch einen Spalt, sieht die Abbildung wie ein durch den Spalt gerieselter Sandhaufen aus, in der Mitte höher und nach links und rechts abfallend. Licht verhält sich in diesem Versuch wie ein Teilchen. Schießt man Licht in einem zweiten Versuch durch zwei parallele Spalte, erhält man jedoch nicht die Abbildung von zwei nebeneinander liegenden Sandhaufen. Man erhält die Abbildung von hellen und dunklen Streifen, eines sogenannten Interferenzmusters. Licht verhält sich dann wie eine Welle. Wellen, je nachdem, wie sie zusammentreffen, können sie einander auslöschen (destruktive Interferenz) oder verstärken (konstruktive Interferenz) und erzeugen so das typisch gestreifte Interferenzmuster. Wo Wellenberge und Wellentäler aufeinandertreffen, heben sie sich auf, der Schirm bleibt dunkel, und es entsteht

ein dunkler Streifen. Wo zwei Wellenberge oder zwei Wellentäler aufeinandertreffen, wird der Schirm hell, und es entsteht ein heller Streifen. Licht besitzt also eine Doppelnatur und ist Teilchen und Welle zugleich. Kurioserweise ergibt die Summe der Lichtpunkte auf dem Schirm ein Interferenzmuster, als sei jedes Photon durch beide Spalte gleichzeitig gegangen, auch wenn man Photonen einzeln durch die Doppelspaltanordnung schickt und den Versuch an verschiedenen Orten zu verschiedenen Zeiten durchführt. Ein Photon scheint gleichzeitig an zwei Orten zu sein. Damit nicht genug, verschwindet das Interferenzmuster in dem Moment, in dem man nachmessen will, wann das Photon welchen Spalt passiert. Beim Versuch, es an einem der beiden Spalte zu messen, bildet sich auf dem Schirm wieder die sandhaufenähnliche Darstellung ab. Bei Beobachtung verhalten sich die Photonen nicht mehr wie Wellen, sondern wie Teilchen. Es scheint, als würde das menschliche Bewusstsein durch seine Beobachtung überlagerte Möglichkeiten oder Wahrscheinlichkeiten zusammenbrechen und verschwinden lassen und eine einzige Realität manifestieren. Als Erster formulierte in den 30er Jahren des letzten Jahrhunderts der Mathematiker John von Neumann diese Erkenntnis. Dennoch tun sich bis heute von der konventionellen Physik geprägte Wissenschaftler schwer damit.

[119] Zwischen den gemessenen Quanten und den benutzten Messgeräten konnte ein bestimmter Zusammenhang berechnet und experimentell belegt werden. Da Messegeräte letztendlich auch aus Quanten bestehen, treten diese in Wechselwirkung mit den zu messenden Quanten. Mit Größe des Messobjektes nimmt der Einfluss auf das Untersuchungsobjekt und das Verschwinden des Wellencharakters zu. Einigen Physikern genügt diese als „Dekohärenz" bezeichnete Feststellung als Erklärung des „Messproblems" der Quantenphysik. Kraft des Geistes die Realität zu beeinflussen oder zu gestalten wäre durch das Doppelspaltexperiment nach ihrer Auffassung nicht bewiesen. Anzumerken ist, dass sich die Kritik auf die Schlussfolgerung aus dem Doppelspaltexperiment bezieht. Die Ableitung, dass Geist Einfluss auf Materie hat, auch durch andere beschriebene Experimente an verschiedenen Stellen in diesem Buch durchaus gestützt. Zudem wurde die Kopenhagener Deutung weiterentwickelt, bekannt als „consistent histories" oder „Copenhagen done right" und unterteilt Quantenphänomene in beobachtbar und nicht beobachtbar. Bis zum Erlangen neuer Erkenntnisse kann also mit der Standardinterpretation der Quantenphysik argumentiert werden.

[120] Die Erklärung der String- und Superstringtheorie würde den Rahmen dieses Buches sprengen. Dem interessierten Leser sei die Lektüre von Gott 2005 empfohlen (siehe Literaturverzeichnis).

[121] Um die zukünftige Position und Geschwindigkeit eines Teilchens vorhersagen zu können, muss man seine aktuelle Position und Geschwindigkeit bestimmen können. Es bietet sich hierzu an, das Teilchen mit Licht zu bestrahlen. An einigen Lichtwellen, die vom Teilchen gestreut werden, kann man seine Position erkennen. Wobei die Position nur so genau bestimmt werden kann, wie der Abstand zwischen den Bergen der Lichtwelle es zulässt. Je kurzwelliger das Licht ist, desto exakter sind die Messergebnisse. Nach der Planckschen Quantenhypothese beträgt die minimale Lichtmenge mindestens ein Quant. Genau dessen Energie wächst aber mit der Frequenz an. Mit der Zunahme der Energie wächst jedoch die Wahrscheinlichkeit einer Störung. Schon ein einziges Lichtquant ändert die Geschwindigkeit des Teilchens in einer nicht mehr voraussagbaren Weise. Hier liegt das Dilemma. Je genauer man die Position des Teilchens bestimmen will, desto energiereicher muss das Quant sein. Je energiereicher das Quant ist, desto stärker stört es die Geschwindigkeit des Teilchens. Folglich ist, je genauer man die Position des Teilchens messen will, desto ungenauer seine Geschwindigkeit zu messen und umgekehrt.

[122] Genau genommen müsste er „Raumzeitreisender" heißen, denn wir bewegen uns nicht nur in der Zeit oder nur im Raum, sondern in der von Einstein untrennbar nachgewiesenen Raumzeit.

[123] Die Teams der Physiker Igor Novikov der Universität Kopenhagen und Kip Thorne vom California Institute of Technology.

[124] Die Parallelweltentheorie versucht Dr. Jan Erik Sigdell in seinem Buch *Reinkarnationstherapie*, Anhang 3, mit mathematischen Überlegungen ad absurdum zu führen.

[125] So genannt, weil die Physiker Niels Bohr und Werner Heisenberg ihre Deutung am Institut für theoretische Physik der Universität Kopenhagen formulierten.

[126] Reiki ist eine komplementärmedizinische Behandlungsmethode, die auf den Japaner Mikao Usui

zurückgeht. Hierbei wird Energie über die Hände (1. Grad), Symbole und die Ferne (2. Grad) und das weiterentwickelte Bewusstsein (3. Grad) eingesetzt, um die Selbstheilungskräfte im Krankheitsfall zu aktivieren.

[127] Versuchsergebnisse des Princeton Engineering Anomalies Research Programme (PEAR) der Princeton University wurden teilweise publiziert in Jahn und Dunne 1999.

[128] Siehe Sheldrake 2009.

[129] www.kik-seminare.at/radionik/info.htm.

[130] 1970, in leitender Position beim Flugzeughersteller Boeing, veröffentlichte der Physiker einen ersten Bericht über die Forschung des Vorauswissens in Verbindung mit scheinbar unvorhersehbarem Teilchenverhalten in quantenphysikalischen Prozessen.

[131] Siehe von Buttlar 2001, S. 62.

[132] Ausführlicher und durch Zeichnungen unterstützt ist das Experiment in Goswami 2007, S. 102 beschrieben.

[133] Die zweite Welle nennen Physiker „kunjugiert komplex". Eine komplexe Funktion setzt sich aus einem Real- und einem Imaginärteil zusammen. Von der ursprünglichen Welle unterscheidet sich die konjugiert komplexe nur durch ihr Vorzeichen des Imaginärteils. In dieser Richtung ist sie also gespiegelt.

[134] Siehe Starkmuth 2007

[135] Diese Vorhersage fiel mir eineinhalb Jahre später wieder ein, als ich eine Reiki-Ausbildung machte. Der Inhalt des sogenannten 1. Grades entspricht eigentlich dem, was anderenorts als „Chakrenarbeit" oder „Chakrenharmonisierung" bezeichnet wird.

[136] Was ist ein Lehrer? Ist das nicht jemand mit Alters- oder zumindest Erfahrungsvorsprung? Jemand, der einem durch das Berichten seiner Erfahrungen und dem Hinterfragen eigener Erfahrungen neue oder andere Perspektiven aufzeigt? Jemand, der auch herausragende Bücher empfiehlt, die einen auf bestimmten Gebieten weiterbringen? Nun, es gibt doch jemanden, der mir diesbezüglich immer mehr ins Gedächtnis kam, während dieses Buch entstand. Jemand mit 25 Jahren Alters- und Erfahrungsvorsprung. Der mir schon über vierzig, meist sehr gute Bücher empfohlen hat und bei jedem unserer regelmäßigen Telefonate neue empfiehlt. Mit dem ich viele und tiefe Gespräche auch über das Leben geführt habe: Christian!

[137] Einmal im Jahr, zum Geburtstag des Rishis, auf den die Bibliothek zurückgeht, sollen sich laut Annett Friedrich die Palmblätter mit neuen Schicksalen füllen. Sie beschreibt in ihrem Buch *Wege des Schicksals – Phänomen Palmblattbibliotheken*, dass in einem Zeitraum von zehn Tagen jeden Tag andere Palmblätter pyramidenartig in einen Raum aufgestapelt werden, wo sie sich mit neuer Energie aufladen und eine Transformation der Texte erfolgen solle. Thomas Ritter erzählt in seinem Film „Die Geheimnisse indischer Palmblattbibliotheken", wie er dieser Zeremonie beiwohnte und zunächst leere Blätter sich später mit Antworten auf Fragen gefüllt hätten, die er noch gar nicht gestellt hatte.

[138] Palmblätter mitnehmen zu dürfen ist eine absolute Ausnahme. Im Fall von Thomas Ritter hätte der Leser auf die Frage danach aber nach einigen Minuten intensiven Studiums auf dem Palmblatt die Aufforderung an ihn gefunden, das Blatt in dem Fall auszuhändigen, falls danach gefragt würde (laut Thomas Ritter in seinem Film „Die Geheimnisse indischer Palmblattbibliotheken", Sternentorverlag, Wasserburg).

[139] In sogenannter Lautschrift kann man Begriffe und Namen, die es in einer Sprache nicht gibt, so schreiben, dass die Aussprache der Laute eine Entsprechung darstellt.

[140] Über zwei Jahre später fand ich eine Parallele im wiedergegebenen Zitat des Bewusstseinsforschers Dean Raden. Dieser untersucht mit wissenschaftlichen Methoden paranormale Phänomene, etwa die Zufallsverteilung von Zahlenabfolgen mittels Willenskraft statistisch signifikant zu beeinflussen.

[141] Parvati, stellenweise auch Parvathi geschrieben, ist die Tochter des Gottes des Himalaya und Gefährtin des Gottes Shiva. Sie verkörpert Heim, Familie und Sexualität als Gegenpol zu Yoga und Askese.

[142] Murga, stellenweise auch Murgha geschrieben, ist unter anderen Namen auch als Murugan und Kartikeya bekannt. Wie Ganesha ist er ein Sohn Shivas. Murga gilt als Gott des Tanzes und der Musik.

Verehrt wird Murga mehr in Südindien und gilt als Schutzpatron der Tamilen.

[143] Olexa-Myron Bilaniuk, Deshpande und E. C. G. Sudarshan.

[144] Gerald Feinberg prägte 1967 die Begriffe „Tardyonen" für Teilchen, die sich stets langsamer als das Licht bewegen, „Luxeonen" für Teilchen, die sich stets mit Lichtgeschwindigkeit bewegen, und „Tachyonen" für Teilchen, die sich stets schneller als das Licht bewegen. Da Tachyonen bei ansteigender Geschwindigkeit Energie verlören, würde bei einem Energiewert gegen null die Geschwindigkeit unendlich (transzendenter Zustand) sein.

[145] Siehe von Buttlar 1973, S. 121.

[146] Siehe www.vedicknowledge.com und Hinduism – Hindu Religion: Discussion of Metaphysics und Philosophy of Hinduism Beliefs und Hindu Gods. www.spaceandmotion.com/philosophy-hinduism-hindu.htm.

[147] Genauer gesagt im Avatamsaka Sutra, einem der wichtigsten Grundlagenwerke des Mahayana-Buddhismus.

[148] „Weit oben in der himmlischen Wohnstatt des großen Gottes Indra gibt es ein wundervolles Gewebe, von einem geschickten Künstler so aufgehängt, dass es sich unendlich weit in alle Richtungen erstreckt." Siehe Cook 1977.

[149] Matthäus 25, 40.

[150] Johannes 10, 30.

[151] Ibn al-Arabi, sufistischer Mystiker: „Du hörst nicht auf zu sein, existierst aber auch nicht mehr. ‚Du' bist ‚er' ohne eine von diesen Begrenzungen. Nur wenn du dein eigenes Sein erkennst, erkennst du Gott, sonst nichts."

[152] Shankara, hinduistischer Mystiker: „Ich bin Wirklichkeit ohne Anfang und ohnegleichen. Ich habe nicht teil an der Täuschung von ‚Ich' und ‚Du', ‚Dies' und ‚Das'. Ich bin Brahman, das Eine ohne ein Zweites, endlose Seligkeit, ewige, unveränderliche Wahrheit … Ich lebe in allen Wesen als der Atman, das reine Bewusstsein, der Urgrund aller innerlichen und äußerlichen Erscheinungen … In den Tagen meiner Unwissenheit dachte ich, diese seien von mir getrennt. Nun weiß ich, dass ich Alles bin."

[153] „Gott … der sich zu seinem Schöpfungswerk entschieden hat, wir ‚Er' genannt. Aber Gott in seiner höchsten Offenbarung, in der sich seine erhabensten, allumfassenden Eigenschaften endgültig erfüllen, ihn nennen wir ‚Ich'" (Moses de Leon, jüdischer Kabbalist).

[154] Baruch de Spinoza: „Gott ist in der Natur und Gott ist die Natur."

[155] Die Hopi sind ein tiefreligiöser Indianerstamm im nordöstlichen Arizona mit einem Dialekt aus der aztekischen Sprachfamilie und wurden früher auch als „Moki" oder „Moqui" bezeichnet.

[156] „Als Erstes spann sie das große Gewebe, welches alle Dinge miteinander verbindet, und durch dieses Gewebe erschuf sie den Ort, an dem ihre Kinder leben konnten." Siehe Braden 2007.

[157] *Huna* bedeutet auf Polynesisch „Geheimnis". Im Gegensatz zum Schamanismus anderer Kulturen sieht die Huna-Lehre nicht das Wirken von Dämonen, sondern Störungen in der Harmonie als Ursache von Problemen an. Eigenverantwortung und der Glaube, selbst etwas bewirken zu können, kennzeichnen die Lehre der „Kahunas", der polynesischen Schamanen. Unglaublich modern und zeitgemäß erscheint die Gliederung der Huna-Philosophie des Menschen in einen unterbewussten, einen bewussten und einen überbewussten Teil. Diese sind für ein körperlich und seelisch gesundes Leben in Einklang zu bringen. Dazu weiß man im Huna um die Fähigkeit, durch Gedanken und Gefühle die persönliche Erfahrungswelt geformt zu haben, aber auch umformen zu können.

[158] Das „Über-Ich" nach Sigmund Freud wird als Teil der menschlichen Psyche gesehen, die in der frühen Kindheitsphase aus Normen und verinnerlichten Wertvorstellungen der kulturellen Umgebung gebildet wird.

[159] Die wissenschaftliche Zeitschrift *New Scientist* bezeichnete es als „eine der wichtigsten wissenschaftlichen Untersuchungen über die Natur der biologischen und physikalischen Wirklichkeit". Die Zeitschrift *Nature* nannte es „den besten Kandidaten für eine Bücherverbrennung der letzten Jahre".

[160] Siehe Holitzka und Holitzka 2004.

[161] Siehe Schwartz und Russek 2001.

[162] Gary E. R. Schwartz, Anfang der 80er Jahre Professor für Psychologie und Psychiatrie der Universität Yale, Direktor des Yale Psychophysiology Center und Kodirektor der Yale Behavioral Medicine Clinic.

[163] Siehe Schwartz und Russek 2001, S. 173 ff.

[164] In einem Interview, siehe Beaumont 2000, über die morphische Resonanz und Familien-Stellen weist Sheldrake auf wichtige Aspekte hin. Das Verlassen der Familie löst nicht Bindung und Einflüsse, da man das morphische Feld der Familie mitnimmt. Insbesondere beim Gründen einer eigenen Familie gewinnt das Feld der ursprünglichen Familie wieder an Einfluss, weil dann Resonanzen mit ehemaligen Familiensituationen entstehen.

[165] Systemische Aufstellungsarbeit geht bis in die 30er Jahre zurück. Jakob Moreno machte auf einer fiktiven Bühne für Klienten ihr Beziehungsgeflecht mit ihren Interaktionspartnern erlebbar. Später machte die Amerikanerin Virginia Satir in Aufstellungen problematische Familienstrukturen sichtbar. Sie entdeckte, dass bei der Arbeit statt der wirklichen Personen fremde Menschen als Stellvertreter freier und ungebundener agieren konnten. Der heutige Boom der Aufstellungsarbeit geht auf Bert Hellinger zurück. Er erkannte die generationsübergreifenden Verstrickungen von Familienmitgliedern mit dem Schicksal ihrer Ahnen. Sein systemisches Familien-Stellen zeigt auf, wessen Schicksal und Gefühle sich heute auf einzelne Familienmitglieder in Lebenseinstellung und damit Partnerschaft, Beruf oder Zufriedenheit auswirken.

[166] Siehe Charon 1977.

[167] 99 Prozent der Elemente im Universum sind Helium und Wasserstoff. Alle anderen, schwereren Elemente sind durch Kernfusion in Sternen entstanden. Die Atome, die unseren Körper ausmachen, sind vor langer Zeit also Bestandteil eines Sterns gewesen. Siehe Becker 2006.

[168] Der Psychoneuroimmunologe Paul Pearsall hat mehrere Dutzend Fälle eines offenkundigen Zellgedächtnisses dokumentiert. Siehe Pearsall 1999.

[169] So weitergerechnet, hatten wir bei zwanzig Generationen über eine Million, bei dreißig Generationen über eine Milliarde und bei vierzig Generationen über eine Billion Vorfahren.

[170] Siehe von Buttlar 2001.

[171] Emeritierter Professor der Physik des Birkbeck-College der University of London.

[172] Institute of Theoretical Sciences der University Oregon.

[173] Newton, der zum ausschließlich auf gesicherten, beobachtbaren Fakten arbeitenden Wissenschaftler gestempelt werden sollte, hat laut Charon 1979 mehr über Probleme des Geistes und das, was man heute als „Parapsychologie" bezeichnen würde, geschrieben als über Optik und Gravitation. In einer Studie (Sensorium Dei, Paris 1976) zum Wirken Newtons bemerken laut Charon 1979 Jean Zafiropulo und Catherine Monond, dass man aus dem Newton, den man fand, den Newton machte, den man haben wollte, indem man Teile seiner Arbeit nie veröffentlichte oder verschwinden ließ.

[174] Der Reinkarnationstherapeut Dr. Jan Erik Sigdell hält es daher für bedenklich, wenn das Operationspersonal unbedachte Äußerung und derbe Späße über narkotisierte Patienten macht, die scheinbar nichts mitbekommen. Die Rückführungsexpertin Ingrid Vallieres legt in ihren Büchern einen Schwerpunkt auf dieses Thema, da derartige Äußerungen sogar einen Anlass therapeutischer Behandlung darstellen können.

[175] Siehe Jahn 1982, Ebon 1986, Targ und Harary 1987.

[176] Klassiker sind die Bücher der Amerikaner Robert Monroe *Der Mann mit den zwei Leben*, *Über die Schwelle des Irdischen hinaus* sowie *Der zweite Körper* und William Buhlmann *Out of Body*. Robert Monroe trainierte das erstmals Ende der 50er Jahre bei ihm spontan aufgetretene Verlassen des Körpers über Jahrzehnte.

[177] Siehe von Buttlar 1973, S. 149 f.

[178] In *Über die Schwelle des Irdischen hinaus* heißt es: „Sie können sich mit Hilfe des außerkörperlichen Zustands an jeden Ort begeben und in jede Zeit – Vergangenheit, Gegenwart und Zukunft. Sie können jeden ausgewählten Ort direkt ansteuern und beobachten, was es dort im Einzelnen gibt und was dort gerade geschieht." Weiter schreibt Monroe, dass man nur beobachten, aber physische Gegenstände nicht greifen könne, da die Hand einfach durch sie hindurchgreife.

[179] Die von der Erde aus sichtbaren etwa 5000 Sterne entsprechen rund 0,0001 Prozent der Sterne unserer Galaxie. Diese ist nur eine von hundert Millionen Galaxien. Hawking und Mlodinow 2007 geben dazu ein plakatives Beispiel: Wäre jeder Stern ein Salzkorn, würden alle im Universum bekannten Sterne eine Salzkugel von mehr als 13 Kilometern Durchmesser ausmachen.

[180] In der Gaswolke B2 im Sternbild Schütze fanden Radiastronomen des Green-Bank-Observatoriums in Virginia schon in den 70er Jahren Aminosäuren, Ammoniak, Formaldehyd, Ameisensäuren, Kohlenwasserstoff und Cyanoacethylen. Im südaustralischen, sogenannten Murchison-Meteoriten fand Dr. Cyril Ponnamperuma vom NASA Ames Research Center in Kalifornien 17 Aminosäuren außerirdischer Herkunft. Siehe von Buttlar 1996.

[181] Siehe Vaas 2007a.

[182] Siehe Vaas 2007b.

[183] Durch Messungen des Hubble-Weltraumteleskops mit seinen Gravitationslinsen wurde ein Alter von 13,75 Milliarden Jahren berechnet. Frühere Berechnungen auf Daten des WMAP-Satelliten ergaben ein ähnliches Ergebnis von 13,7 Milliarden Jahren.

[184] Anaxagoras betrachtete im Gegensatz zu vielen seiner Zeitgenossen die Sonne nicht als Gottheit, sondern rotglühenden Stein. Zudem vertrat er als erster Philosoph die Ansicht, dass der Mond nicht von sich aus leuchten würde, sondern lediglich durch die Sonne angestrahlt würde.

[185] „Alle Dinge waren zusammen, unendlich der Menge wie der Kleinheit nach. Denn das Kleine war eben unendlich. Und solange alle Dinge zusammen waren, konnte man wegen ihrer Kleinheit keines darin deutlich unterscheiden."

[186] Laut Bojowald 2009.

[187] Siehe von Buttlar 2009.

[188] http://arxiv.org/abs/1011.3706.

[189] Wilkinson Microwave Anisotropy Probe.

[190] http://www.heise.de/tp/r4/artikel/33/33741/1.html.

[191] Auch das „Meer der Möglichkeiten" genannt.

[192] Das Sanskritwort für „Universum" bedeutet wörtlich übersetzt sowohl „Ei" als auch „Dunkelheit".

[193] Vom Philosophen Anaxagoros wird das Zitat überliefert: „Und alles, was sich mischte und absonderte und voneinander schied, das alles erkannte der Geist. Und wie die Dinge werden sollten und wie sie waren und wie sie sind, all das ordnete der Geist an."

[194] Śrīmad-Bhāgavatam 2.5.10: „... denn solang man sich nicht des wirklichen Gottes bewusst ist, der die endgültige Wahrheit jenseits von mir ist, unterliegt man gewiss der Täuschung, wenn man meine mächtigen Werke betrachtet."

[195] Aitareya Upanisa 1.1.1–2.

[196] Krsna sagt in Śrīmad-Bhāgavatam 11.24.19: „Mahā-Vishnu ist der Urgrund der Materie, die durch die Macht der Zeit Form annimmt. Materie, der allmächtige Vishnu und Zeit sind nicht verschieden von mir, dem höchsten, ewigen Ursprung."

[197] Brahmā in Brahmā-samhitā 5.1: „Der höchste Herrscher ist Krsna. Sein Wesen ist ewig, voller Wissen und Glückseligkeit. Er ist ursprungslos, denn er selbst ist der Ursprung, Govinda, die Ursache aller Ursachen."

[198] Tag und Nacht im Leben des Brahmā dauern jeweils vier Millionen und 320.000 Erdenjahre.

[199] Brahmās Lebensspanne wird mit 100 Jahren angegeben. Ein Jahr in Brahmās Leben besteht aus 360 Tagen und Nächten. Bei 360 Tagen und 360 Nächten von jeweils 4 Millionen und 320.000 Erdenjahren, in 100 Jahren, entspricht Brahmās Leben, und damit die Dauer unseres Universums, 311 Billionen und 40 Milliarden Erdenjahren.

[200] Siehe Risi 2010, S. 36 f.

[201] Nach Becker 2006 könnte die Menschheit das aber nicht erleben, da man die Kontraktion des Universums erst in fünfzig Milliarden Jahren sehen könnte, unsere Sonne ihre Kernkraft aber schon in vier Milliarden verbraucht hätte. Risi schreibt, dass nach der vedischen Kosmologie die Sonne bereits in zwei Milliarden Jahren verglühen würde, wie die vormalige Sonne vor etwa sechs Milliarden.

[202] Śrīmad-Bhāgavatam 3.11.34/37: „Die einhundert Jahre von Brahmas Leben werden in zwei Hälften *(parardha)* unterteilt. Die erste Hälfte ist vorbei, und die zweite hat nun begonnen." Und Linga Pruāna 1.70.108: „Wenn auch diese zweite Hälfte vorbei sein wird, wird die Auflösung des gesamten Universums beginnen."

[203] Auch Risi 2010 stellt fest, dass in unserem Geschichtsbild „frühere Kulturen" gleichbedeutend mit „weniger fortgeschritten Kulturen" sind. Zu Recht fragt er, ob es nicht verwunderlich ist, dass die höchststehende Sprache, das Sanskrit, zugleich die älteste ist.

[204] Siehe von Buttlar 1996.

[205] *Denkwürdiges aus meinem Leben*, Band I, 1897 von General Prinz Kraft zu Hohenlohe/Ingelfingen.

[206] Siehe von Buttlar 1989.

[207] http://www.foodwatch.de/kampagnen__themen/ampelkennzeichnung/industrie/index_ger.html.

[208] Zu sehr interessanten Schlussfolgerungen über das Funktionieren der Demokratie kommt Lochstampfer 2005, S. 139 ff. Nach ihm sind Gesellschaftsordnungen, welche die Freiheit des Einzelnen als Grundlage des menschlichen Zusammenlebens betrachten, als liberal zu bezeichnen. In liberalen Gesellschaften ist Korruption unvermeidlich. Die Politik kann Gruppen wie beispielsweise Unternehmern, Gewerkschaftlern oder Kirchenführern zum Tausch für Geld, geldwerte Leistungen und aktive Beeinflussung der öffentlichen Meinung gar nichts anderes als politische Entscheidungen zum Tausch anbieten. Gerade repräsentative Demokratien werden zu zeitlich begrenzten Diktaturen, bei denen die Macht nicht vom Volk, nicht immer von gewählten Repräsentanten, sondern oft dem Volk auch völlig unbekannten Interessengruppen von Menschen ausgeht.

[209] Robert Betz, psychologischer Vortragsreferent, nennt sie in seinem unvergleichlichen Humor „Arschengel".

[210] Passend dazu heißt es in Sigdell 2008, S. 67: „Bin ich auf der Seelenebene einigermaßen zur Einsicht gekommen, werden die Folgen nicht allzu hart für mich sein. Verweigere ich jedoch stur jede Einsicht, wird es sicher sehr bitter."

[211] Siehe Weiss 2007, S. 67.

[212] Zitiert nach Albert Einstein in *Mein Weltbild*. Das Buch wurde erstmals 1934 veröffentlicht, herausgegeben von Rudolf Kayser im Querido Verlag, Amsterdam. 1953 wurde es bearbeitet und ergänzt, herausgegeben von Carl Seelig im Europa Verlag, Zürich, Stuttgart, Wien neu aufgelegt. 2005 wurde es noch einmal vom Ullstein Verlag, Berlin, sowie der Philo Verlagsgesellschaft, Berlin gedruckt. Verändert zitiert nach Amit Goswami in *Das bewusste Universum*, erstmals 1993 mit dem Titel *The Self-Aware Universe* der amerikanischen Originalausgabe veröffentlicht und längst ein Klassiker geworden.

Literaturverzeichnis

Arntz, William, Chasse, Betsy, und Vicente, Mark (2006): *Bleep. An der Schnittstelle von Spiritualität und Wissenschaft. Verblüffende Erkenntnisse und Anstöße zum Weiterdenken.* VAK Verlags GmbH, Kirchzarten bei Freiburg

Ash'arī, Abū al-Hasan: *Maqālāt al islāmyīn wa-khtilāal-muṣin.* Hrsg. von Hellmut Ritter (1963): Bibliotheca Islamica 1., Wiesbaden

Beaumont, Hunter, und Sheldrake, Rupert (2000): „Morphische Resonanz und Familien-Stellen. Hunter Beaumont im Gespräch mit Rupert Sheldrake." In: *Praxis der Systemaufstellung* 2, S. 23–31, Internationale Arbeitsgemeinschaft systemischer Lösungen nach Bert Hellinger e. V.

Becker, Volker (2006): *Gottes geheime Gedanken. Was uns westliche Physik und östliche Mystik über Gott und Geist, Urknall und Universum, Sinn und Sein sagen können.* Books on Demand, Norderstedt

– (2009): „Im Quantenland – Abenteuer mit Schrödingers Katze." In: *Matrix3000*, Band 51, 06/2009. Matrix3000 Verlag, Peiting

Betz, Robert (2009): *Der kleine Führer zum großen Erfolg.* Verlag Roberto & Phillipo, München.

Blavatsky, Helena Petrovna (1906): *Die Geheimlehre.* Übersetzung der englischen Originalfassung *The secret Doctrines* (1888), Adhyar/Madras.

– (1907): *Die entschleierte Isis.* Übersetzung der englischen Originalfassung *Isis unveiled* (1877), Adhyar/Madras.

– (1907): *Der Schlüssel zur Theosophie.* Übersetzung der englischen Originalfassung *The key to theosophy* (1889), London.

Bojowald, Martin (2009): *Zurück vor den Urknall. Die ganze Geschichte des Universums.* S. Fischer Verlag GmbH, Frankfurt a. M.

Braden, Gregg (2007): *Im Einklang mit der göttlichen Matrix. Wir wir mit allem verbunden sind.* Koha Verlag, Burgrain

Buhlmann, William (2006): *Out of Body. Astralreisen – Das letzte Abenteuer der Menschheit.* Ansata Verlag, München.

Burges, Cliff, und Quevedo, Fernando (2008): *Stringtheorie – Auf der Suche nach den verborgenen Universen.* www.spiegel.de/wissenschaft/mensch/0,1518,533751,00.html

Buttlar, Johannes von (1973): *Reisen in die Ewigkeit. Der Mensch überwindet Zeit und Raum.* Econ Taschenbuch

– (1989): *Zeitsprung. Auf der Jagd nach den letzten Rätseln unseres Lebens.* Ullstein Verlag, Berlin

– (1993): *Die Wächter von Eden. Auf den Spuren der Weltformel.* Bertelsmann GmbH, Gütersloh Verlag, Düsseldorf

– (2001): *Gottes Würfel. Schicksal oder Zufall. Der Schlüssel zum Verständnis des Universums.* F. A. Herbig Verlagsbuchhandlung GmbH, München

– (2002): *Zeitriß. Begegnungen mit dem Unfaßbaren.* Verlagsgruppe Weltbild GmbH, Augsburg

– (2009): RaumZeit. Provokation der Schöpfung. F. A. Herbig Verlagsbuchhandlung GmbH, München

Byrne, Rhonda (2007): *The Secret.* Goldmann Verlag, München

Charon, Jean E. (1979): *Der Geist der Materie.* Paul Zsolnay Verlag GmbH, Wien/Hamburg

Cook, Francis Harold (1977): *Hua-yen Buddhism: The Jewel Net of Indra.* University Park, PA: Pennsylvania State University Press

Czech, Karin (2010): *Indische Palmblätter. Eine Reise durch Indien auf dem Weg zur Erkenntnis.* Novum Publishing, Neckenmarkt, Österreich

Dahlke, Ruediger (2009): *Die Schicksalsgesetze.* Arkana Verlag, München

Daiber, Hans (2007): „Frühe islamische Diskussionen über die Willensfreiheit des Menschen." In Heiden, Uwe von, und Schneider, Helmut (2007): *Hat der Mensch einen freien Willen? Die Antworten der großen Philosophen.* Philip Reclam jun. GmbH & Co., Stuttgart

Dambeck, Thorsten (2007): „Lebensboten aus dem All – Das neue Bild der Kometen." In: *Bild der Wissenschaft* 12/2007. Konradin Mediengruppe, Leinfelden-Echterdingen

Darms, Mengiarda (2004): *Die Akasha-Chronik. Liebe läßt die Seele klingen.* Books on Demand GmbH, Norderstedt

Dethlefsen, Thorwald (1998): *Schicksal als Chance.* Wilhelm Goldmann Verlag, München

Dillbeck, Michael C.,

– und Orme-Johnson, David, Dillbeck, Michael C., Wallace, Keith, und Landrith, Garland S (1982): „Intersubjective EEG coherence: Is consciousness a field?" In: *International J. of Neuroscience* 16, 203–209.

– und Cavanaugh, Kenneth L., Glen, Thomas, Orme-Johnson, David W., und Mittlefehldt, Vicki (1987): „Consciousness as a field: The Transcendental Meditation and TM-Sidhi Program and changes in social indicators." In: *The Journal of Mind and Behavior*, 8, 1, 67–104

– und Banus, Carole Bandy, Polanzi, Craig, und Landrith, Garland S. (1988): „Summary only of Test of a field model of consciousness and social change: The Transcendental Meditation and TM-Sidhi Program and decreased crime." In: *The Journal of Mind and Behavior*, The Institute of Mind and Behavior, Inc., 9, 4, Herbst 1988. 457.

Drewermann, Eugen (1991): „Jesus wollte diese Kirche nicht." *Spiegel*-Interview der Ausgabe 52/1991, http://www.spiegel.de/spiegel/0,1518,56578,00.html

Dusik, Roland (2009): *Bali & Lombok.* DuMont Reiseverlag, Ostfildern

Ebon, Martin (1986): *Neue Beweise der ASW-Forschung.* Goldmann Verlag, München

Einstein, Albert (1934): *Mein Weltbild.* Herausgegeben von Rudolf Kayser. Querido Verlag, Amsterdam.

– (1953): *Mein Weltbild.* Berarbeitete und ergänzte Neuauflage. Herausgegeben von Carl Seelig. Europa Verlag, Zürich, Stuttgart, Wien

– (1954): *Ideas and Opinions.* Crown Publishers, New York. Überarbeitet und übersetzt von Sonja Bergmann, basierend auf *Mein Weltbild*

– (2005): *Mein Weltbild.* Herausgegeben von Carl Seelig. Ullstein Verlag, Berlin

Eiseman, Fred B. jr. (1985): „The Balinese Calendars." In: *Garuda Magazine* V, 1 1985, S. 7–12

Ess, Josef van (1991–1997): *Theologie Gesellschaft im 2. und 3. Jahrhundert, Hidschra. Eine Geschichte des religiösen Denkens im frühen Islam.* Berlin/New York. I (1991), II (1992), III (1992), IV (1997), V (1993), VI (1995)

Fink, Helmut (2006): „Gehirne und Gedanken." In: Fink, Helmut, Rosenzweig, Rainer (Hrsg.) (2006): *Freier Wille – frommer Wunsch? Gehirn und Willensfreiheit.* mentis Verlag GmbH, Paderborn

Forschner, Maximilian (2007): „Stoa: Schicksal und Verantwortung." In: Heiden, Uwe an der, und Schneider, Helmut (2007): *Hat der Mensch einen freien Willen? Die Antworten der großen Philosophen.* Philip Reclam jun. GmbH & Co., Stuttgart

Frede, Dorothea (2007): „Platon: Wunsch und Begehren." In: Heiden, Uwe an der, und Schneider, Helmut (2007): *Hat der Mensch einen freien Willen? Die Antworten der großen Philosophen.* Philip Reclam jun. GmbH & Co., Stuttgart

Friebe, Margarete (1982): *Das Omega-Training.* Drei-Eichen-Verlag AG, Engelberg, Schweiz

Friedrich, Annett (2007): *Wege des Schicksals. Phänomen Palmblattbibliotheken.* Weigel Video Verlag Produktion & Multimedia GmbH, Dresden

Glasenapp, Helmuth von (1960): *Das Indienbild deutscher Denker.* Koehler Verlag, Stuttgart

Goris, Roelof (1960): „Holidays and holy days." In: *Bali: Studies in Life, Thought and Ritual.* Swellengrebel et. al. Selected Studies on Indonesia 5. The Hague-Bandung, S. 436–452

Goswami, Amit (2007): *Das bewusste Universum.* Lüchow Verlag in der Verlaggruppe Kreuz GmbH, Stuttgart

Gott, Richard R. (2005): *Zeitreisen in Einsteins Universum.* Rowohlt Taschenbuch Verlag, Reinbek bei Hamburg

Grinberg-Zylberbaum, J., und Ramos, J. (1987): „Patterns of interhemispheric correlation during human communication." In: *International Journal of Neuroscience*, 36:41–54

Grolle, Johann (2008): „Urknall auf Erden." In: *Der Spiegel* 27/2008, Spiegel Verlag, Hamburg, beziehungsweise www.spiegel.de/spiegel/print/d-57781776.html

Händel, Dirk (2011): *Mein Leben auf einem Palmblatt. Eine spannende Reise zu mir selbst.* Books on Demand, Norderstedt.

Haggard, P., und Eimer, M. (1999): „On the relation between brain potentials and the awareness of voluntary movements." In *Exp. Brain Res.* 126, S. 128–133

Hawking, Stephen W. (1990): *Eine kurze Geschichte der Zeit. Die Suche nach der Urkraft des Universums.* Rowohlt Verlag GmbH, Reinbek bei Hamburg

– und Mlodinow, Leonard (2007): *Die kürzeste Geschichte der Zeit.* Rowohlt Verlag GmbH, Reinbek

Heiden, Uwe an der, und Schneider, Helmut (2007): *Hat der Mensch einen freien Willen? Die Antworten der großen Philosophen.* Philip Reclam jun. GmbH & Co., Stuttgart

Hemenway, Priya (2007): *Götter der Hindus.* Taschen GmbH, Köln

Herr, Mirko (2008): „Die Entdeckung der Hyperzeit." In: *Welt der Wunder* 01/2008. Heinrich Bauer Verlag, Hamburg.

Hoffmeister, Robert (2010): „Internet des Bewußtseins. Die Natur ist online." In: *newsage* 03/2010. NEWs AGE Media GmbH, Freiburg

Hölscher, Thomas (2003): „„Wissende Felder' bei Sheldrake und Dawkins." In: *Praxis der Systemaufstellung* 1, S. 68–73, Internationale Arbeitsgemeinschaft systemischer Lösungen nach Bert Hellinger e. V.

Holitzka, Marlies, und Holitzka, Klaus (2004): *Der kosmische Wissensspeicher.* Schirner Verlag, Darmstadt

Huchzermeyer, Wilfrid (2007): Das *Yoga-Wörterbuch: Sanskrit-Begriffe – Übungsstile – Biographien.* Edition Sawitri. Verlag W. Huchzermeyer, 76135 Karlsruhe

– (2008): *Yogis, Yoginis und Asketen im Mahabharata.* Edition Sawitri. Verlag W. Huchzermeyer, 76135 Karlsruhe

– (2009): *Das Yoga-Lexikon: Sanskrit – Asanas – Biografien – Hinduismus – Mythologie.* Edition Sawitri. Verlag W. Huchzermeyer, 76135 Karlsruhe

Hürter, Tobias, und Rauner, Max (2009): „Paralleluniversen – Man lebt nur x-mal." www.spiegel.de/wissenschaft/weltall/0,1518,666555,00.html

Jahn, G. Robert (1982): „The persistent paradox of the psychic phenomena: An engineering perspective." In: *Proceedings of the IEEE*, 70:135–170

-– und Dune, Brenda J. (1999): *An den Rändern des Realen. Über die Rolle des Bewußtseins in der Physikalischen Welt.* Verlag Zweitausendeins, Frankfurt a. M.

Korn, V. E (1933): *De Dorpsrepubliek Tnganan Pagringsingan.* Santpoort

Kerkeling, Hape (2008): *Ich bin dann mal weg. Meine Reise auf dem Jakobsweg.* Piper Verlag GmbH, München

Kettner, Matthias (2006): „Selbstbestimmung – Das latente Thema der Willensfreiheitsdebatte." In: Fink, Helmut, Rosenzweig, Rainer (Hrsg.) (2006): *Freier Wille – frommer Wunsch? Gehirn und Willensfreiheit.* mentis Verlag GmbH, Paderborn

Krassa, Peter, und Habeck, Reinhard (1993): *Die Palmblattbibliothek und andere geheimnisvolle Schauplätze dieser Welt.* Herbig Verlagsbuchhandlung GmbH, München

Kübler-Ross, Elisabeth (2001): *Interviews mit Sterbenden.* Verlagsgruppe Droemer Knaur, München

Kupferschmidt, Kai (2010): „Die große Illusion." http://www.tagesspiegel.de/wissen/die-grosse-illusion/1840602.html

Landes, Johann (2003): D*er Zukunftscode. Das Geheimnis Ihres Schicksals entschlüsselt in den Palmblattbibliotheken Indiens.* Books on Demand, Norderstedt

Lochstampfer, Peter (2005): *Der freie Wille und andere Illusionen – Wie sich die Steuerung unseres Verhaltens naturwissenschaftlich erklären lässt.* Books on Demand GmbH, Norderstedt.

Lonely Planet (2006): *Indien.* Deutsche Ausgabe Lonely Planet Publications Pty.

Lonely Planet (2007): *Sri Lanka.* Deutsche Ausgabe Lonely Planet Publications Pty.

Lowenstein, Tom (2007): *Buddhismus: Philosophie und Meditation – Der Weg zur Erleuchtung – Heilige Stätten.* Taschen GmbH, Köln

Ludwigis, Fabian, und Liefeld, Peter (2004): *Mumonkan – Die torlose Schranke: Zen-Meister Mumons Koan-Sammlung.* Kösel Verlag, München.

Maslow, Abraham (1977): *Die Psychologie der Wissenschaft. Neue Wege der Wahrnehmung und des Denkens.* Goldmann Verlag, München

Monroe, A. Robert (2005): *Der Mann mit den zwei Leben. Reisen außerhalb des Körpers.* Heyne Verlag, München

– (2006): *Über die Schwelle des Irdischen hinaus. Reisen in Demensionen jenseites von Tod und Materie.* Heyne Verlag, München

— (2007): *Der zweite Körper. Astral- und Seelenreisen in ferne Sphären der geistigen Welt.* Heyne Verlag, München

Moody, Raymond A. (2002): *Leben nach dem Tod.* Rowohlt Verlag, Reinbek bei Hamburg

Mylius, Klaus (1978): *Älteste indische Dichtung und Prosa.* Philipp Reclam jun. Verlag, Leipzig

Nickl, Peter (2007): „Thomas von Aquin und Meister Erhard: Freiheit als Seinsprinzip." In: Heiden, Uwe an der, Schneider, Helmut (2007): *Hat der Mensch einen freien Willen? Die Antworten der großen Philosophen.* Philip Reclam jun. GmbH & Co., Stuttgart

Orme-Johnson, D. W., und Haynes, C. T. (1981): „EEG phase coherence, pure consciousness, creativity and TM-sidhi experienc." In: *Neuroscience*, 13:211–217

Pāsādika, Bhikkhu (2007): Grundpositionen des Buddhismus zum Problem der menschlichen Willens freiheit. In Heiden, Uwe an der & Helmut Schneider (2007): Hat der Mensch einen freien Willen? Die Antworten der großen Philosophen: Philip Reclam jun. GmbH & Co., Stuttgart

Payer, Alois (1998): „Materialien zum balinesischen Hinduismus. Die balinesischen Kalender." http://www.payer.de/bali/bali01.htm

Pearsall, Paul (1999): *Heilung aus dem Herzen.* Goldmann Verlag, München

Peter, Bernhard (2004): „Kalender und Zeitrechnung: Der Pawukon-Kalender in Bali." http://www.bern hardpeter.de/Kalender/seite219.htm

Pietschmann, Herbert (1980): *Das Ende des naturwissenschaftlichen Zeitalters.* Paul Zsolnay Verlag GmbH, Wien/Hamburg

Pink, Peter Wilhelm (1993): *WARIGA. Beiträge zur balinesischen Divinationsliteratur. Veröffentlichung des Seminars für Indonesische und Südseesprachen der Uni Hamburg.* Dietrich Reimer Verlag, Berlin

Pothast, Ulrich (2007): „Analytische Philosophie." In: Heiden, Uwe an der, und Schneider, Helmut (2007): *Hat der Mensch einen freien Willen? Die Antworten der großen Philosophen.* Philip Reclam jun. GmbH & Co., Stuttgart

Reclams Universalbibliothek Nr. 18521 (2007): *Hat der Mensch einen freien Willen? Die Antworten der großen Philosophen.* Philip Reclam jun. GmbH & Co., Stuttgart

Richter, Hans-Jürgen (2010): *Das Geheimnis der Palmblattbibliotheken. Meine Reise zur Palmblatt Bibliothek Sri Lanka.* Hologramm Edition, Berlin

Risi, Armin (2010): *Gott und die Götter.* Govinda Verlag, Zürich

Ritter, Thomas (2006): *Die Geheimnisse indischer Palmblattbibliotheken. Dem Schicksal auf der Spur.* Bohmeier Verlag, Leipzig

– (2008): „Die Zukunftsformel – Das Geheimnis der Palmblattbibliothek von Bali." http://www.thomas-ritter-reisen.de/html/palmblattbibliotheken_bali.html

– (2011): „Die goldene Tempelbibliothek von Mu." In: *Matrix3000*, Band 61, Matrix3000 Verlag, Peiting

Rohr, Wulfing von (2005): *Geheimnisvolle Palmblattbibliotheken. Das Leben – Schicksal oder Zufall?* Lüchow Verlag, Stuttgart

Rötzer, Florian (2008): „Der Urknall könnte nur einer unter vielen gewesen sein." http://www.heise.de/tp/r4/artikel/33/33741/1.html

Sabom, M. B. (1983): *Erinnerungen an den Tod: eine medizinische Untersuchung.* Goldmann Verlag, München

Schockenhoff, Eberhard (2006): „Beruht die Willensfreiheit auf einer Illusion? Hirnforschung und Ethik im Dialog." In: Fink, Helmut, und Rosenzweig, Rainer (Hrsg.) (2006): *Freier Willer – frommer Wunsch? Gehirn und Willensfreiheit.* mentis Verlag GmbH, Paderborn

Schüle, Christian (2006): „Warum glaubt der Mensch?" In: *Geo* 01/2006. Gruner + Jahr AG & Co. KG, Hamburg

Schwartz, Gary E. R., und Russek, Linda G. S. (2001): *Alles erinnert*. VAK Verlags GmbH. Kirchzarten bei Freiburg

Seidler, Christoph (2008): „Kosmologische Entdeckung – Astronomen feiern Nachweis der Dunklen Energie." www.spiegel.de/wissenschaft/weltall/0,1518,569125,00.html

Sheldrake, Rupert (2006): *Das schöpferische Universum. Die Theorie des morphogenetischen Feldes*. Ullstein Verlag, Berlin

– (2009): *Der siebte Sinn der Tiere: Warum Ihre Katze weiß, wann Sie nach Hause kommen, und andere bisher ungeklärte Fähigkeiten der Tiere*. Fischer Verlag, Frankfurt a. M.

Sigdell, Jan Erik (2005): *Rückführung in frühere Leben*. Ansata Verlag, München

– (2006): *Reinkarnationstherapie*. Heyne Verlag, München

– (2007): *Durch den Tod ins Leben*. Ansata Verlag, München

– (2008): *Wiedergeburt und frühere Leben*. Heyne Verlag, München

Singh, Sant Kirpal (1983): *Karma – Das Gesetz von Ursache und Wirkung*. Origo Verlag, Bern

Starkmuth, Jörg (2007): *Die Entstehung der Realität. Wie das Bewußtsein die Welt erschafft*. Eigenverlag des Verfassers

Steiner, Rudolf (1998): *Reinkarnation und Karma/Wie Karma wirkt*. Rudolf Steiner Verlag, Dornach, Schweiz

– (2009): *Aus der Akasha-Chronik*. Neuauflage der 1939 erstmals in Buchform verlegten Sammlung der Aufsätze zwischen Juli 1904 und Mai 1908 der Zeitschrift *Lucifer-Gnosis*. Rudolf Steiner Verlag, Dornach, Schweiz

Stevenson, Ian (1977): *Reinkarnation. Der Mensch im Wandel von Tod und Wiedergeburt. 20 überzeugende und wissenschaftlich bewiesene Fälle*. Aurum Verlag, Freiburg

Targ, Russell, und Harary, Keith (1987): *Jeder hat ein 3. Auge*. Goldmann Verlag, München

Thorgesson, Hagen F. (2001): „Das zweite Gesicht." In: *P.M.* Gruner + Jahr AG & Co. KG, München

Tillemans, Axel (2010): „Physik – Zeitlos im Quantentunnel." In: *Bild der Wissenschaft* 04/2010. Konradin Mediengruppe, Leinfelden-Echterdingen

Vaas, Rüdiger (2007a): „Lebensboten aus dem All – Per Anhalter durchs Sonnensystem." In: *Bild der Wissenschaft* 12/2007. Konradin Mediengruppe, Leinfelden-Echterdingen

– (2007b): „Lebensboten aus dem All – Kosmische Saat." In: *Bild der Wissenschaft* 12/2007. Konradin Mediengruppe, Leinfelden-Echterdingen

– (2008): „Zeit ist nur eine Illusion." In: *Bild der Wissenschaft* 01/2008. Konradin Mediengruppe, Leinfelden-Echterdingen

– (2010a): „Das Universum ist ganz anders." In: *Bild der Wissenschaft* 04/2010. Konradin Mediengruppe, Leinfelden-Echterdingen

– (2010b): „Kosmologie: Die ewige Wiederkehr der Zeit." In: *Bild der Wissenschaft* 12/2010. Konradin Mediengruppe, Leinfelden-Echterdingen

- (2011): „Die Relativitätstheorie." In: *Bild der Wissenschaft* 01/2011. Konradin Mediengruppe, Leinfelden-Echterdingen

Vallieres, Ingrid (2006): *Schicksals-Therapie*. Verlag Stephanie Nagelschmid, Stuttgart

Walde, Bettina (2006): „Was ist Willensfreiheit? Freiheitskonzepte zwischen Determinismus und Indeterminismus." In: Fink, Helmut, und Rosenzweig, Rainer (Hrsg.) (2006): *Freier Wille – frommer Wunsch? Gehirn und Willensfreiheit*. mentis Verlag GmbH, Paderborn

Walkowiak, Wolfgang (2006): „Wille, wo bist du? Handlungsplanung und -selektion aus neurobiologischer Sicht." In: Fink, Helmut, und Rosenzweig, Rainer (Hrsg.) (2006): *Freier Wille – frommer Wunsch? Gehirn und Willensfreiheit*. mentis Verlag GmbH, Paderborn

Waterstone, Richard (2007): *Indien: Götter und Kosmos – Karma und Erleuchtung – Meditation und Yoga*. Taschen GmbH, Köln

Weiss, Brian L. (2005): *Die zahlreichen Leben der Seele. Die Chronik einer Reinkarnationstherapie*. Wilhelm Goldmann Verlag, München

– (2007): *Die Liebe kennt keine Zeit*. Ullstein Buchverlage GmbH, Berlin

Wuketits, Franz M. (2007): *Der freie Wille. Die Evolution einer Illusion.* Hirzel Verlag, Stuttgart

York, Ute (2007): *Eine Reise zu den indischen Palmblattbibliotheken.* Schirner Verlag, Darmstadt

Zander, Helmut (2007): *Anthroposophie in Deutschland. Theosophische Weltanschauung und gesell-schaftliche Praxis 1884–1945.* Vandenhoeck & Ruprecht Verlag, Göttingen

Zeyen, Tigo (2006): *Der Schatz der sieben Rishis. Das Geheimnis der Palmblatt-Bibliotheken.* Ullstein Buchverlage GmbH, Berlin

Internet:

www.bhagavad-gita.org/ (Online Version der englischen Übersetzung der Bhagavad-Gita)

www.bibleserver.com (Online Version der deutschen Übersetzung der Bibel)

www.edition-sawitri.de_PDF_leseprobe2.pdf (Auszug aus Huchzermeyers Yoga-Lexikon)

www.gita-society.com (Pdf download der englischen Nacherzählung der Mahabharata nach C. Rajagopalachari)

www.prabhupada.de/bg/bg.htm (Pdf download der deutschen Übersetzung der Bhagavad-Gita)

www.ramayana.pushpak.de (Online-Version des Ramayana des Valmiki. Deutsche Komplettübersetzung 2006–2008, basierend auf der Übersetzung in englische Verse 1870–1874 von Ralph Thomas Hotchkin Griffith)

www.sacred-texts.com/jud/talmud.htm (Online-Version der deutschen Übersetzung des Talmud, basierend auf Michael L. Rodkin 1918)

www.sanskritweb.net/rigveda/rigveda.pdf (PDF-Download der deutschen Übersetzung der Rigveden, Rigveda Samhita, basierend auf der Übersetzung von Karl Friedrich Geldner)

www.shyamasundaradasa.com (PDF-Download der englischen Mahabharata-Übersetzung aus dem originalen Sanskrittext von Kisari Mohan Ganguli)

www.theology.de/downloads/koran.php (Download der deutschen Übersetzung des Koran)

www.theology.de/downloads/luthers-bibel-von-1545.php (Download der deutschen Übersetzung der Bibel in der Lutherfassung von 1545)

www.wikpedia.de

Filme:

Bleep. Down the Rabbit Hole. Das Mysterium geht weiter. Horizon Film Distribution 2007, www.horizon-film.de

Das Geheimnis der Palmblattbibliotheken. Dem Schicksal auf der Spur (ein Diavortrag). Veden-Akademie, Kränzlin, www.veden-akademie.de

Die Geheimnisse indischer Palmblattbibliotheken. Sternentorverlag 2007, Wassserburg, www.sternentorverlag.de

Es steht geschrieben – Auf den Spuren einer Weltformel. ZDF 1992

Palmblattbibliotheken. Wege des Schicksals. Weigel Video Verlag Produktion & Multimedia GmbH, Dresden 2007, www.weigelvideo.de

The Secret. Das Geheimnis. TS PRODUCTION LLC 2007, www.thesecret.tv

What the Bleep do we (k)now? Ich weiß, dass ich nichts weiß! Horizon Film Distribution 2006, www.horizon-film.de

Stichwortverzeichnis

336

337

Dank

Ein Dankeswort geht zuerst an Johannes von Buttlar. Ohne seine ersten Berichte und insbesondere ohne seine ZDF-Dokumentation mit Wulfing von Rohr wären in mir nie die Idee und der Wunsch entstanden, eine solche Reise zu machen und darüber zu schreiben. Und natürlich für die Bereicherung dieses Buches mit seinem Vorwort. Wulfing von Rohr danke ich für seine Tipps zu den Bibliotheken, die ich auf einem Seminar des Frankfurter Rings erhielt.

Ich danke allen Menschen, die mir vor, während und nach den Reisen und bei der Entstehung dieses Buches geholfen haben. Annett Friedrich und Thomas Ritter danke ich für Hinweise zu den Stimmigkeiten der Adressen der von mir besuchten Bibliotheken bei meiner Reisevorbereitung. Thomas Ritter verdanke ich auch den Kontakt zu Wayan Kasta, als er mir nach dem Hilferuf Christians auf seiner ersten Bali-Reise, er könne den Palmblattleser aus Gianyar nicht finden, dessen helfende Telefonnummer mailte.

Für das Korrekturlesen und Anmerkungen zum Manuskript oder Teilen davon danke ich meinem Reisegefährten Christian, meinem Bruder Manuel sowie meinen Eltern Siegfried und Irene Drewes, Rosie Höveler, Ilona Kroganski und Dagmar Staß. Klaudia Böhm und Stefan Simon danke ich darüber hinaus für viele inhaltliche Diskussionen.

Großer Dank gilt auch Subbiah Rajah Jayathirunathan, der mir bei der Suche nach Kontakten in Indien und Sri Lanka behilflich war, ohne dass wir uns bisher persönlich kennengelernt haben. Ein irisches Sprichwort sagt, ein Fremder ist ein Freund, dem du bisher nur noch nicht begegnet bist.

Besonderer Dank geht natürlich an Christian, meinen Reisebegleiter. Genauso, wie gemeinsam neue Erfahrungen zu machen, war es mir eine große Freude, sich über alte auszutauschen. Nicht zu vergessen ist der Dank an die besuchten Palmblattleser und Übersetzer für die Erfahrungen, die ich mit ihnen machen durfte, und für ihr Einverständnis der Bild- und Kontaktdatenveröffentlichungen.

Zum Schluss möchte ich mich bei allen Autoren der Bücher aus dem Literaturverzichnis und den Urhebern der wiedergegebenen Zitate für die Quellen der Inspiration bedanken, Hape Kerkeling für die Weisheit, dass man aus jedem Tag eine Erkenntnis ziehen kann.

Ebenfalls im Holistika Verlag erschienen:

Es begann in Babylon

Über den Autor

Dr. Jan Erik Sigdell wurde im Jahre 2006 von der Schweizer Stiftung für Parapsychologie „in Anerkennung seiner Verdienste für die Entwicklung neuer Methoden der Rückführungstherapie, die er mit seinen Büchern über Reinkarnationstherapie und als Therapeut der Öffentlichkeit zugänglich gemacht hat", mit dem Schweizerpreis ausgezeichnet. Viele seiner bisherigen Bücher beschäftigen sich mit dem Verhältnis zwischen Reinkarnation und Christentum.

Über das Buch

„Es begann in Babylon" beschäftigt sich mit der Geschichte der heutigen Menschheit, wie sie sich aus der Übersetzung babylonisch-sumerischer Schöpfungsmythen auf Keilschrifttafeln vor allem aus Mesopotamien darstellt. Die Übersetzungen einiger Texte sind noch immer nicht veröffentlicht, und einige der Veröffentlichungen sind als Dissertationen oder als wissenschaftliche Publikationen der Öffentlichkeit wenig bekannt oder schwer zugänglich. In der Auswertung drängt sich die für manche als ketzerisch empfundene Erkenntnis auf, dass die biblische Schöpfungsgeschichte in der Genesis (1. Buch Mose) nur eine abgewandelte Kurzfassung der babylonischen Schöpfungsgeschichte zu sein scheint. Jan Erik Sigdell geht in seinem spannenden Werk der Frage nach, ob biblische Wurzeln der Keilschrifttafeln Zeugnisse außerirdischen Eingreifens sein könnten. Haben sogenannte Annunaki durch genetische Manipulation Menschen auf der Erde gezüchtet oder bereits vorhandene Menschen in ihrem Sinne abgeändert? Muss unsere Geschichte umgeschrieben werden?

Hardcover, ca. 22 x 14 cm, 255 Seiten, ISBN 978-3-9812671-0-5
Leseprobe: http://www.holistika.de/Buch/Babylon/start.html